第十八军抗战风云

DI SHIBAJUN KANG ZHAN FENG YUN

国民革命军五大主力抗战纪实（一）

张 隼 著

重庆出版集团 重庆出版社

图书在版编目（CIP）数据

第十八军抗战风云 / 张隼著. — 重庆：重庆出版社，2018.6
ISBN 978-7-229-13016-9

Ⅰ. ①第… Ⅱ. ①张… Ⅲ. ①国民党军－抗日战争时期战役战斗－史料 Ⅳ. ①K265.210.6

中国版本图书馆CIP数据核字(2018)第019033号

第十八军抗战风云
Di Shiba Jun Kangzhan Fengyun

张 隼 著

责任编辑：连果
责任校对：杨婧
书籍设计：博引传媒

重庆出版集团 出版
重庆出版社
重庆市南岸区南滨路162号1幢 邮政编码：400061 http://www.cqph.com
重庆长虹印务有限公司印刷
重庆出版集团图书发行有限公司发行
E-MAIL:fxchu@cqph.com 邮购电话：023-61520646
重庆出版社天猫旗舰店
cqcbs.tmall.com
全国新华书店经销

开本：710mm×1000mm 1/16 印张：26.5 字数：432千
2018年6月第1版 2018年6月第1版第1次印刷
ISBN 978-7-229-13016-9
定价：69.80元

如有印装质量问题，请向本集团图书发行有限公司调换：023-61520678
版权所有 侵权必究

谨以此书

悼亡在抗日战争中
牺牲的 148 万中国军人
和数千万无辜的死难同胞
他们乃我
中华民族不屈之脊梁
中华儿女不屈之英魂

国民革命军五大主力军
抗战中阵亡的高级将领

姓名	阵亡时间	阵亡战役	职务	军衔	履历
睦宗熙	1937.8.17	淞沪会战	第18军第98师政治训练处主任	陆军少将	江苏丹阳人 黄埔军校1期毕业
蔡炳炎	1937.8.26	淞沪会战	第18军第67师第201旅旅长	陆军少将	安徽合肥人 黄埔军校1期毕业
韩应斌	1937.9	上海	第18军第11师第32旅62团团长	陆军少将（追封）	湖南岳阳人 黄埔学校4期毕业
姚子青	1937.9.5	上海宝山	第18军第98师583团3营营长	陆军少将（追封）	广东平远人 黄埔军校6期毕业
吴继光	1937.11.11	淞沪会战	第74军第58师第174旅旅长	陆军少将	安徽盱眙人 黄埔军校2期毕业
路景荣	1937.11月底	上海	第18军第98师参谋长	陆军少将	江苏常州人 黄埔军校4期毕业
程智	1937.12.5	南京保卫战	第74军第51师第302团团长	陆军少将（追封）	湖南醴陵人 黄埔军校5期毕业
刘国用	1937.12.13	南京保卫战	第74军第58师第147旅副旅长	陆军少将	广东梅县人 黄埔军校3期毕业
纪鸿儒	1938.4	兰封会战	第74军第51师第302团团长	陆军少将（追封）	安徽太和人 黄埔军校5期毕业
杨怀	1938.4	江苏戴埠	第18军第60师第108旅359团团长	陆军少将（追封）	四川綦江人
范荩	1938.9	湖北黄陂	第54军第198师副师长	陆军少将	江西丰城人 黄埔军校3期毕业
杨家骝	1938.9	江西麒麟峰	第18军第60师第108旅360团团长	陆军少将（追封）	贵州荔波人 黄埔军校5期毕业
龚选登	1939.3	江西永修	第79军第76师参谋处主任	陆军少将	广东乐会人 黄埔军校6期毕业

续表

姓名	阵亡时间	阵亡战役	职务	军衔	履历
王禹九	1939.3	江西奉新	第79军参谋处处长	陆军少将	浙江黄岩人
邵一之	1939.11	广西宾阳	第5军第200师600团团长	陆军少将（追封）	湖南湘阴人 黄埔军校6期毕业
章亮基	1941.8	江西宜春	第18军军长第9战区军法执行总监	陆军中将	湖南长沙人 保定军校3期毕业
陈烈	1940.10.31	云南富宁	第54军军长	陆军中将	广西柳城人 黄埔军校1期毕业
李翰卿	1941.9.27	第二次长沙会战	第74军第57师步兵指挥官	陆军少将	河南濮阳人 福建随营学校毕业
罗启疆	1941	湖南岳阳	第79军第82师师长	陆军少将	贵州松桃人，云南讲武学堂第18期毕业
柳树人	1942.5	缅甸	第5军200师599团团长	陆军少将	贵州安顺人 黄埔军校5期毕业
戴安澜	1942.5.26	缅甸	第5军第200师师长	陆军少将	安徽无为人 黄埔军校3期毕业
胡义宾	1942.7	缅甸	第5军第96师副师长	陆军少将	江西兴国人 黄埔军校3期毕业
杨剑秋	1943.11	湖北黄石	第74军第58师附员	陆军少将（追封）	河北雄县人 陆军随营学校毕业
柴新意	1943.12.12	常德保卫战	第74军第58师参谋长兼169团团长	陆军少将	四川南部人 黄埔军校3期毕业
董瀚	1943	云南芒市	第5军200师团长	陆军少将	河北大名人
张剑虹	1944.1.31	云南龙陵	第5军军部高参	陆军少将	
覃子斌	1944.6	云南腾冲	第54军第198师594团团长	陆军少将（追封）	湖北大庸人 黄埔军校4期毕业
王甲本	1944.9.7	湖南东安	第79军军长	陆军中将	云南富源人 云南陆军讲武堂毕业
罗树甲	1944	泖永乡谢家村	第18军副军长	陆军少将	湖南耒阳人 保定军校6期毕业
齐学启	1945.3.8	缅甸	新1军第38师副师长	陆军少将	湖南宁乡人 美国诺维奇军校毕业

注：第54军、第79军为第18军发展而建。

中国军队击毙的
日军高级将领

姓名	击毙时间	击毙地点	军衔
林大八	1932.3.2	上海	陆军少将
仓永辰治	1937.8.29	上海吴淞	陆军少将
家纳治雄	1937.10.11	上海	陆军少将
浅野嘉一	1937.11.14	天津	陆军少将
加藤仁太郎	1938.7.31	长江下游	海军少将
杵春久藏	1938.8.2	山西运城	陆军少将
饭家国五郎	1938.9.3	江西德安	陆军少将
小笠原数夫	1938.9.4	湖北孝感	陆航中将
饭野贤十	1939.3.22	南昌	陆军少将
山田喜藏	1939.5.12	湖北大洪山	陆军少将
田路朝一	1939.6.17	安徽南部	陆军中将
沼田德重	1939.8.12	山东	陆军中将
阿部规秀	1939.11.7	河北涞源	陆军中将
小林一男	1939.12.21	内蒙古安北	陆军少将
中村正雄	1939.12.25	广西昆仑关	陆军中将
秋山静太郎	1940.1.23	山东	陆军少将
左藤谦	1940.3.2	江西鄱阳湖	陆军少将
木谷资俊	1940.3.20	江西	陆军中将
水川伊夫	1940.3.22	内蒙古五原	陆军中将
吉川贞佐	1940.5.17	河南开封	陆军少将
前田治	1940.5.23	山西晋城	陆军中将
藤堂高英	1940.6.3	江西瑞昌	陆军中将
大冢彪雄	1940.8.5	晋东南	陆军中将
井山官一	1940.10.16	湖北宜昌	陆军少将
饭田泰次郎	1940.11.28	华北	陆军中将
大角芩生	1941.2.5	广东中山	海军大将

续表

姓名	阵亡时间	击毙地点	军衔
须贺彦次郎	1941.2.5	广东中山	海军中将
上田胜	1941.5.13	山西中条山	陆军少将
山县业一	1941.12.25	安徽	陆军中将
酒井直次	1942.5.28	浙江南溪	陆军中将
冢田攻	1942.12.18	安徽太湖	陆军大将
藤原武	1942.12.18	安徽太湖	陆军少将
浅野克己	1943.5	广东东江	陆军少将
仁科馨	1943.6.1	湖南	陆军少将
黑川邦辅	1943.6.28	云南	陆军少将
布上照一	1943.11.23	湖南常德	陆军少将
中畑护一	1943.11.25	湖南常德	陆军少将
下川义忠	1944.4.19	湖北应城	陆军中将
横山武彦	1944.6.11	浙江龙游	陆军中将
木村千代太	1944.6.11	河南	陆军中将
和尔基隆	1944.7.21	湖南衡阳	陆军少将
大桥彦四郎	1944.7.25	湖南长衡	陆军少将
左治直影	1944.7.27	湖北荆州	陆军少将
志摩源吉	1944.8.6	湖南衡阳	陆军中将
藏重康美	1944.8.16	云南腾冲	陆军少将
南野丰重	1944.9.8	云南芒市	陆军少将
与野山寿	1945.2.9	华中	陆军少将
山县正乡	1945.3.7	浙江椒江	海军大将
吉川资	1945.5.7	山东	陆军少将

在日本军国主义重新复活以及国共关系持续改善的情况下，描写国民革命军五大主力抗战的图书，势必对凝聚全体华人团结一心，反对侵略以及为侵略寻找借口的行为，维护和平和国家主权、尊严起到积极作用。

——张召忠少将，国防大学教授，
央视首席军事评论员

该书详细记录了1937—1945年间，国军革命军第十八军的抗战纪实，客观公正地记述了那段精彩的抗战史，弘扬了我国军民的爱国主义热情。作者查阅了大量战史史料、文献，采访过曾经的参战士兵，编撰成史诗般的巨著。

——柳江南大校，前任南京军区原宣传部副部长，
现任无锡军分区政委

目　　录

		自序	1
第一部分		**淞沪战场抗倭寇**	1
	1 章	淞沪会战概况	3
	2 章	第 98 师破茧成蝶	16
	3 章	第 11 师罗店筑磨坊	30
	4 章	第 67 师阵上换将	44
	5 章	第 14 师升格成军	59
	6 章	令人深思的大撤退	73
第二部分		**武汉外围血染衣**	89
	7 章	武汉会战前的准备	91
	8 章	马垱湖口地区的救援行动	100
	9 章	瑞昌武宁一线阻击战（一）	114
	10 章	瑞昌武宁一线阻击战（二）	128
	11 章	第 67 师贵池青阳战日寇	140
第三部分		**辗转万里赴戎机**	155
	12 章	整军备战千里赴三湘	157
	13 章	拱卫陪都两师进四川	169
	14 章	分进合击战枣宜（一）	178
	15 章	分进合击战枣宜（二）	191
	16 章	军长丢官参谋长丧命	210

第四部分		**湘鄂境内建功勋**	221
	17 章	内部调整与编制的变化	224
	18 章	作战态势及其战后评价	231
	19 章	东方斯大林格勒保卫战	248
	20 章	吸纳新队伍再度换血液	264
	21 章	常德外围战场再立新功	269
第五部分		**雪峰山上显神威**	283
	22 章	最后的编制与人事调整	285
	23 章	守备洞庭湖与换装整训	293
	24 章	最后一战前的军事形势	303
	25 章	雪峰山杀敌立功显神威	317
第六部分		**老树新苗话抗战**	333
	26 章	陈诚是个主战派	334
	27 章	抗日先锋罗卓英	351
	28 章	第 79 军御外侮	368
	29 章	第 54 军战日寇	376
	30 章	第 86 军抗倭寇	387
	31 章	其他各军抗日志	396
		参考书目	403

自 序

2015年是中国抗日战争胜利70周年，也是世界反法西斯阵线取得全面胜利、雅尔塔体制建立的70周年。70年来，德国和意大利经过深刻反省，已成为和平友善的国家，但日本右翼势力重新抬头，军国主义死灰复燃，特别是日本首相安倍晋三上台以来，加剧钓鱼岛的紧张局势、美化侵略历史、参拜靖国神社等种种无耻行动，无不表明日本渴求推翻自二战以来确立的国际新秩序的企图昭然若揭。在这样的情况下，中国以及所有曾饱受日本军国主义侵略的国家，必须保持高度警惕。

隆重纪念抗日战争胜利70周年，无疑会对抑制日本军国主义继续复活、维护战后国际秩序、保障亚太地区乃至全世界的和平稳定产生极其重大的意义。

1931年，自从日本军国主义者悍然发动九一八事变以来，中国国民政府经历了"从不抵抗到全面抗战，以至于成为世界反法西斯战争中极其重要之一部分的转变"。国民政府之所以会发生如此重大的变化，是在国家危亡关头，在中国共产党人以及国民党爱国将领的推动下，促使蒋介石摒弃了攘外必先安内的错误政策，与中国共产党合作，走上了全民抗战的正确道路；也是国际形势发展使然。特别是，当中国战场成为世界反法西斯战场的重要组成部分的时候，中国人民抵御日寇的侵略，对世界和平做出了极其巨大的贡献，为确立战后国际秩序建立了丰功伟绩。当年，美国总统罗斯福曾说过：

> 假如没有中国，假如中国被打垮了，你想有多少个师团的日本兵，可以调到其他方面来作战，他们可以马上打下澳洲，打下印度……他们可以一直冲向中东，和德国配合起来，举行一个大规模的夹攻，在近东

会师，把俄国完全隔离起来，吞并埃及，斩断通往地中海的一切交通线……

纪念抗日战争，形式可多种多样，其中，从历史中挖掘中国军队不怕流血牺牲，英勇顽强地抗击日本侵略者的作战行动，无疑是最激动人心的，也最能唤起民众的热情。中国整个抗日战场，大致可以分为两个部分，即中国共产党领导的敌后抗日战场和国民党的正面抗日战场。无论是敌后战场，还是正面战场，在与野蛮的日寇作战期间，都涌现出了大量英勇善战的王牌军队。他们"先为不可胜，以待敌之可胜"，凭着劣势装备，大量击毙击伤了穷凶极恶的日寇，激励了中国军队的士气，鼓舞了中国军民抗战到底的决心，一直为世人津津乐道。过去的岁月里，因为种种原因，我们在谈到抗日战争时，主要谈论的是敌后战场以及从敌后战场涌现出来的王牌军队；中国台湾方面则主要谈论正面战场以及从正面战场涌现的王牌军队。随着海峡两岸局势的日益缓和以及国共两党爱国思潮的共鸣，中国大陆出版的国民党正面抗战的图书、制作并播放国民党正面抗战的影视越来越多，但没有出现集中描写国民党王牌军队——五大主力抗战战史的作品。为了弥补这一缺憾，作者查阅了大量史料，参考了中国台湾国史馆，日本历史资料，分析数据并撰写了"国民革命军五大主力抗战纪实"系列图书，希望以国民革命军五大主力的抗战史为缩影，为读者全面介绍那段精彩而又不堪回首的抗战历程，以此，回顾我中华儿女之血泪抗战史，弘扬我中华民族之爱国精神，追思我华夏热土之民族英雄，为纪念世界反法西斯战争胜利70周年稍尽微薄之力。

这套图书力图再现国民革命军五大主力（即国民革命军陆军第18军、第74军、第5军、新编第1军、新编第6军）的成立、特点、发展历程，和他们与日本侵略军作战中可歌可泣的故事。

国民革命军五大主力均为蒋介石嫡系，在中国军队中属优势兵力，但与日寇相比，武器装备、兵员素质依然存在较大差距。即便如此，他们依然坚守在抗战一线，与日寇斗智斗勇、浴血奋战，取得辉煌胜利，充分体现了古代中国兵圣孙武的军事思想："兵非贵益多也，惟无武进，足以并力料敌取人而已。"

当然，这五支部队也各有不同。正因为如此，使得他们打上了各自特有的烙印，有别于其他的国民革命军。

首先，他们成立的时间不同、背景不同。第18军成立于中原大战，第74军成立于淞沪会战爆发之际，第5军成立于抗战相持阶段，新1军和新6军同时成立于反攻缅甸的战场上。第18军资历最老，战功最卓著，只有蒋介石与土木系将领能够驾驭这支部队。第74军则初生之犊不怕虎，敢打敢拼，以凶悍顽强著称，成为国民党军中作战风格最为剽悍的部队。第5军成立于抗战局势进入到相持阶段，他是力量的聚集，也是力量的释放，一旦投入战场，就具有一往无前的勇气与毅力，不死不休。新1军、新6军成立于抗战即将取得胜利的关键时刻，在美军的帮助下为滇缅战场而设，国民政府锻造的两柄威力无比的利剑，横空出世，就以摧枯拉朽之势，摧垮最为凶残的敌人。

其次，他们的渊源存在差异性。第18军是国民革命军第二号人物陈诚起家的资本，陈诚也正是以此为根基，打造出国军中实力最雄厚的军事集团——土木系（"土"代表第11师，"木"代表第18军）。1930年，陈诚率第11师参加中原大战，该师救曲阜、战郑州，为蒋介石立下了赫赫战功。同年8月，蒋介石以第11师为基础扩编为第18军，并默许陈诚吞并其他部队以壮大该军实力。在对中央苏区的第3次围剿期间，陈诚先后将韩德勤的第52师、郭华宗的第43师、川军张英的第59师收编，再加上教导3师改编的第14师，此时的第18军成为下辖5个师29个团的"超级军"，和汤恩伯的第13军、胡宗南的第1军并称国民革命军的三大王牌。陈诚也因此与卫立煌、顾祝同、刘峙、蒋鼎文并称为蒋介石的五虎上将，且为五虎上将之首。罗卓英、周至柔、黄维、胡琏等一批赫赫有名的国军名将，都是从18军走出来的。从该军中共走出了5位一级上将（含追晋1位）、4位二级上将（含追赠1位）、4位参谋总长、2位海军总司令、1位空军总司令、1位勤联总司令、20多位军长，可谓将军的摇篮。陈诚的军事才能一般，扩充部队的能力却非同凡响。由于历次吞并，铸就了土木系的庞大军力。该军顶峰时期竟下辖8个师，兵力相当于3个军。抗战时期，土木系实力达到7个军：第18军、第54军、第75军、第79军、第84军、第94军和第99军。其中，在抗战期间从18军这棵大树的根须上发展起来的军级单位有第54军、第79军，另外还有从曾经隶属于该军的其他各师加入的第86军、第87军、第37军、第66军、第32军，使得这些军同样拥有18军血脉。1946年5月，陈诚出任国防部参谋总长兼海军总司令，土木系发展到约10个军，最终成为蒋介石嫡系部队中实力最雄厚的军事集团。为此，该军在国民党军事集团中，享有"种子军"的称号。

第74军的首任军长俞济时是蒋介石的同乡，在整个国民党军事集团中，

浙江系高级将领虽多，但跟蒋介石具有更近的同乡关系的，就非俞济时莫属。正因如此，该军成立伊始，就获得了蒋介石的绝对信任。俞济时没有辜负蒋介石的信任，在一·二八淞沪抗战期间，曾担任第88师师长，在张治中的统率下，成为第19路军的唯一援军，与第19路军一道，打得日本人接连三次走马换将。要不是南京国民政府执行有限的抵抗政策，能派遣更多的精锐部队增援第19路军，中国军队未必会输掉第一次淞沪战争。有了这次对日作战经历，积累了宝贵的作战经验，俞济时率领第74军走上淞沪战场，虽说进入战场的时间比第18军稍晚，却是抵抗日军的绝对主力，一下就打出了该军的威名。

第5军首任军长杜聿明虽说并非浙江人，却是黄埔军校毕业，是蒋介石的得意门生之一。尽管他跟国民党浙江籍高级将领一样受到蒋介石的绝对信赖，却不可能像陈诚、胡宗南、汤恩伯、俞济时之流的浙江人一样专横跋扈，为所欲为。他必须持重谨慎，不会像俞济时一样勇于冒险。所以，他带领的第5军稳如泰山、攻击如风。但是，也正因为他不敢冒险，导致第5军进入缅甸战场后，在英军抛弃他们，日寇断了他们后路的情况下，几乎陷入灭顶之灾。

新1军、新6军的前身是第一次进入缅甸的中国远征军第1路军残部。他们之所以能够成军，一方面得益于美国政府从整个二战的战略布局出发，为了与中国军队一道早点打败日寇，给中国政府提供的军事援助，另一方面又得益于中国国民政府给中国远征军第1路军残部进行了卓有成效的人员补充。他们成军于反攻缅甸的战场上，全部的美式装备、全部的美军补给、完整的美军训练、美军顾问或者美军军官的全程参与，使得他们成为最具战斗力的中国军队。新1军军长孙立人与新6军军长廖耀湘相比，留学美国的背景使得蒋介石对他终不能彻底放心；廖耀湘的黄埔军校资历，以及该军下辖之第14师、第50师都是土木系人马，两个因素加在一起，使他受到了蒋介石的信赖，是以在打通了滇缅公路后，蒋介石立即将新6军调入国内，参加了雪峰山战役。

再次，他们的编制与装备不同。在整个抗战过程中，第18军的编制最为多变，由最先的4个师而变成3个师、2个师，直到后期的7个师。这些师级单位，有的是蒋介石的嫡系部队划拨而来，更多的则是对杂牌部队的兼并。利用抗战之际收编杂牌部队，并吞杂牌部队，把杂牌部队变为蒋介石的嫡系，不能说不是一个很重要的原因。第74军自成军之日起，编制非常稳定，起初一直是第51师和第58师，后来才加上了第57师。这两个军的武器装备在换装成美式装备前，在抗战过程中，均使用德式与苏式装备。在国内成立的国民革命军装备最好的是第5军。这支部队是国民政府唯一的一支机械化部队。其编制体系完全遵照机械化部队的作战特点，具有现代化武装体系的特征。新1军、新6军则是按照美军作战要求编制的，其武器装备全是美国造，其至连训练与作战行动都由美军教官、顾问全程保驾护航。1944年冬季之后，第18军与第74军同样换上了美式装备，但作战特点与新1军和新6军有着很大的差别。毕竟，编制与武器装备是外在的物质的，真正决定一支部队特色的东西大多反映在精神与文化等层面上，尤其与创建这支军队的首任军长的性格特性、军事才干、指挥与作战风格大有关系。

由于他们的不同特点，战争中对他们的运用也各有不同。是保存实力，还是更好地应用于战斗，是一个见仁见智的问题。事实是，自淞沪会战以来，以第18军名义参加的作战行动与第74军相比，明显少了很多；第74军参与了几乎所有重大军事行动（除昆仑关战役、入缅作战）。第5军参与了昆仑关战役、入缅作战以及其后重新整编的中国远征军。新1军仅在缅甸境内作战，新6军在缅甸境内作战后，转入国内加入雪峰山作战序列。

在对日作战中，尽管表现出了很多不尽人意的地方，但他们各自表现了独有的特点，为抗击日本军国主义的野蛮侵略出了力。也正是因为他们都是蒋介石的嫡系部队，一直以来，受到了军事爱好者以及所有试图了解抗日战争、研究抗日战史的人注目。许多人试图用最精炼的文字从不同侧面给国民革命军五大主力做出中肯的概括。诸如：

"第18军是宠出来的、第74军是打出来的、第5军是装备出来的、新1军是练出来的、新6军是孪生出来的"；

"第18军编制多变、第74军凶悍顽强、第5军沉静如山、新1军狂野无羁，新6军动如脱兔"；

"第18军狡如狐、第74军猛如虎、第5军锐如钩、新1军硬似铁，新6军快如刀"，等等。

很多说法不胜枚举。他们说得对吗？确实很有道理；他们说得不对吗？又确实很片面。

在本系列图书中，作者尽量突出每一支部队的特点，又兼顾其他方面，多方采集中国大陆权威参考资料，结合中国台湾"国史馆"文献、日本军事参考资料，尽可能客观地将每一支国民革命军主力部队的抗战故事真实地呈现在读者面前。

第十八军抗战风云

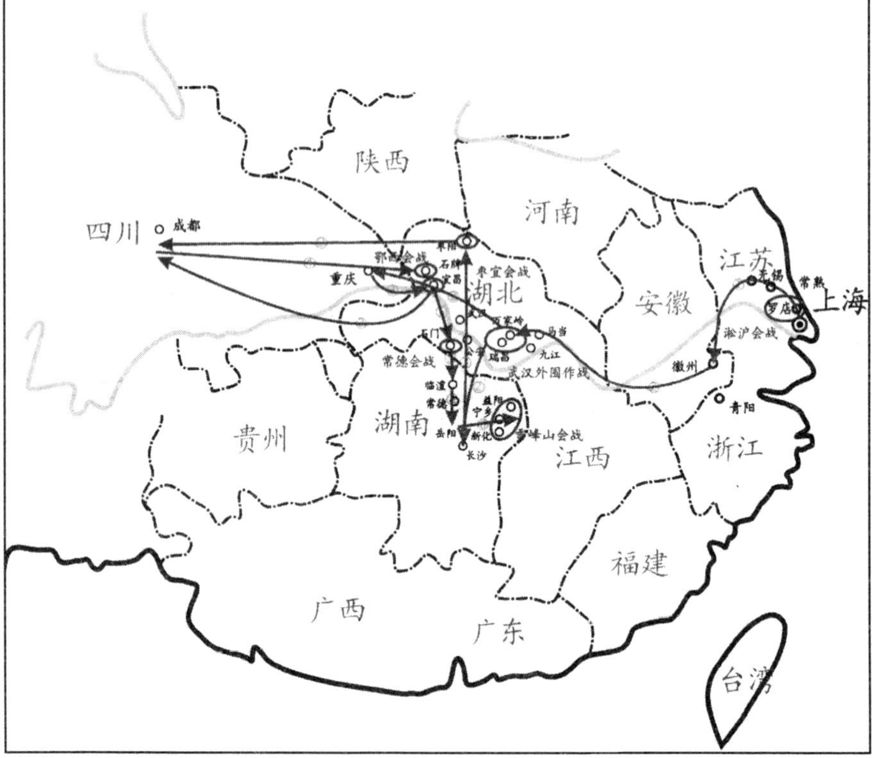

第一部分
淞沪战场抗倭寇

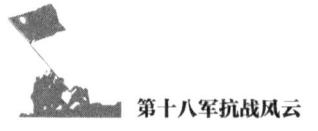

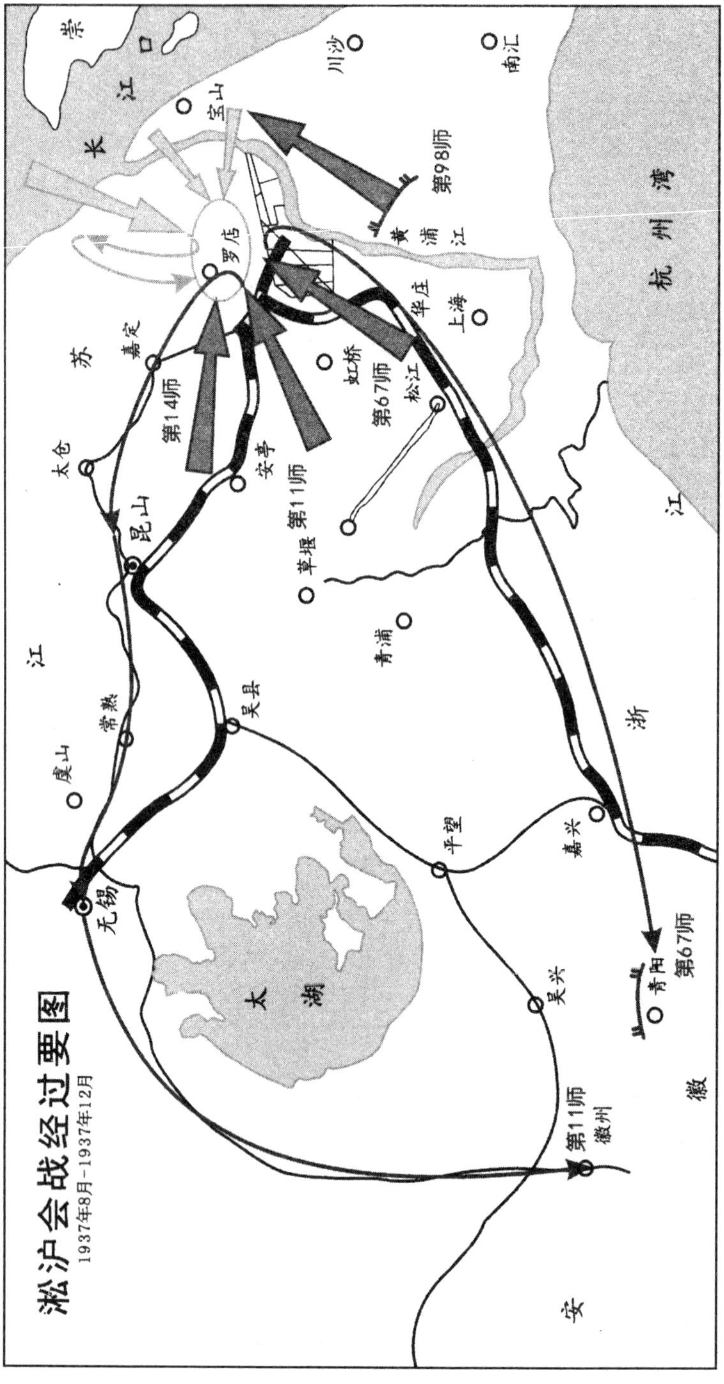

淞沪会战经过要图
1937年8月-1937年12月

第一部分 淞沪战场抗倭寇

1章 淞沪会战概况

　　1937年7月7日的卢沟桥事变拉开了日本军国主义者全面侵略中国的序幕，随着时间的推移，中国国民政府的抗战态度亦愈发明确和坚定，从蒋介石发表庐山谈话后，就陆续向华北地区调兵遣将，但从全局上看，华北地区的抗战只能算是区域性的，淞沪会战才是中华民族走向全面抗战的起点。因而，要谈全面抗战，就必须全面分析淞沪会战；要分析淞沪会战，就不得不提及一个关键人物，他就是京沪杭警备司令、国民革命军陆军上将张治中。

　　可以说，张治中是蒋介石嫡系将领中率军抗击日寇入侵之第一人。早在1932年的第一次淞沪抗战，史称一·二八抗战，张治中就作为国民革民军第5军军长，率领国民革命军陆军第87师、第88师、第36师走向抗日战场，在第19路军总指挥蒋光鼐、军长蔡廷锴的领导下，与日寇进行过激烈的战斗，终因援军不至致使战役失利。但第19路军与第5军却打响了旗号。其后，第19路军对蒋介石南京政府在国难当头之时不派遣军队与日寇进行战斗，却调集重兵围剿中共红军深感不满，在福建宣布成立中华共和国人民革命政府，与蒋介石公开决裂。第19路军的反蒋行动失败后，具有黄埔军校背景又有对日作战经验的张治中，显然成了蒋介石南京政府筹备抗战的重要人物。1936年2月，蒋介石任命张治中为京沪警备司令，在京沪地区从事抗战前期准备工作。

　　随即，为了隐蔽备战企图，张治中利用任中央陆军军官学校教育长的机会，选调一批干部，设置了一个高级教官室，作为备战的实际司令部，主要从事构筑国防工程、组训民众两项工作。为了便于工作，又把这个高级教官室移往苏州留园，并更名为"中央军校野营办事处"。卢沟桥事变爆发之际，张治中正在青岛养病，听到消息后立即返回南京，准备应付日

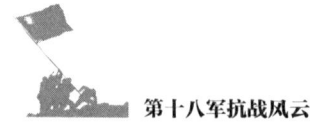

寇有可能对上海实施的进攻。

这时，日寇在上海的行动咄咄逼人。他们在各通衢哨所增加兵力，各屋顶架设高射炮，各要点构筑工事，对市中心地区及南翔方向实设炮位，日夜连续举行演习，疏散各地侨民，扩编义勇队及在乡军人。日寇还将原驻汉口的海军陆战队千余人撤调至上海。日军舰10余艘停泊于浏河至吴淞间，对入海口实行封锁。并先后制造多起事件，对上海攻击的气氛愈发浓厚。

此时的上海，因1932年的上海事变后规定，中国军队不能在上海驻扎，只可以有保安队维持秩序，导致上海的防御设施空虚，根本无法抵御日寇的攻势。所以，张治中命令独立旅第1团化装为上海保安队，入驻虹桥、龙华西机场，加强警戒；第1团化装为宪兵，驻扎松江；调江苏保安第2团接替浏河方面江防警戒，将原保安第4团集结太仓附近，担任岳王市、梅李两区的防务；并于7月31日向南京政府提出了如果日方决定派陆军师团来沪，已开始登陆输送时、敌派航空母舰来沪时、敌在长江舰队来沪集合时、敌在沪提出无理要求甚至限期答复时，采取先发制敌之方式，主动攻击敌人，以取得军事上的主动权的建议。

事实上，蒋介石非常重视上海方向的备战及其可能产生的影响。在张治中提出先发制敌的建议之前，蒋介石就已经命令作战参谋罗泽闿起草了《扫荡上海日军据点计划》。这一计划的要点是：出敌不意、夜间奇袭，迅速攻占上海虹口地区等各日寇据点；占领沿江要点，阻止日寇登陆增援。可以说，张治中的建议与这个计划基本上是吻合的。为此，南京政府很快就给予复电。内容是：卅未电悉，应由我先发制敌，但时机应待命令。

应该说，南京政府的复电基本上同意了张治中的建议。如果尔后张治中以此为据，忽略后面所说的时机应待命令，或者遵循孙子兵法所云：将在外君命有所不受。当进攻准备工作完成之时，立即命令部队发起进攻，那么，淞沪会战的历史或许将被改写。可惜的是，张治中过于听话，或者欠缺敢做敢当的魄力，不敢违背蒋介石的命令，致使攻击的发起时间一再延误。

当第2师独立旅旅长钟松率部按照张治中的指令进入上海市区时，日寇并未察觉，8月9日日寇派遣军曹大山勇夫于当日下午乘摩托车到虹桥机场实地勘察。大山勇夫看到岗哨依然身穿保安制服，大抵上以为他们还是那批在日本人的挑衅面前绝不敢有任何举动的保安部队，遂不把他们放在眼里，根本不听岗哨的阻止，开动摩托直冲机场大门。凶横霸道的日本人这

4

一次失算了，一看到日本军曹如此气焰嚣张，岗哨立即开枪射击，一下就把两个日本军人当场击毙。跟以前出现了突发事件一样，日寇借机对中国政府施压，提出了种种无理要求，试图获得中国政府更大的让步。同时日寇第3舰队驶集黄浦江及长江下游浏河以下各港口，摆出即将在淞沪登陆发动战争的姿态。这一次，日本人打错了算盘，蒋介石意识到日寇可能随时会在上海方向展开进攻，遂按预先拟定的计划，命令张治中率领所辖各部于8月11日下午进军上海。

国民党军第87师、第88师、炮兵第8团、炮兵第10团、警察总队1总队、独立第20旅的一个团等部队接到开进命令后，从当天晚上开始，就分别乘坐火车及其他运输工具从各自驻防地域苏州、常熟、无锡一带向上海市区开进。翌日早晨，各部全部抵达上海，分别进入张治中指定的攻击位置。当上海居民从梦里醒来，看到遍地都是抗日将士的时候，惊喜交加，纷纷发问："从哪里来的？为什么这样神速？"

张治中亦随军进入上海真如，在检查了各部的作战准备情况后，决定攻击部队于次日（13日）拂晓以前完成对虹口、杨树浦日寇据点的攻击准备，尔后率先向敌人发起进攻。可是，一切准备就绪后，他突然接到了南京军事委员会的电令："不得进攻。"

部队已部署到位，箭已上弦，岂能不发？张治中心头窜起一团怒火，立即致电南京，明确告知："我军业已展开，攻击准备也已完毕。"试图说服南京收回成命，得到的回电仍然是冷冰冰的四个字："不得进攻"。

战争固然是比拼综合实力，但先敌突发，无疑会率先掌握主动权。双方实力相差不大是这样，实力相差悬殊更是如此。日寇武器装备与中国军队相比，远远超越，占据绝对优势；日寇的战斗素养也是中国军队无法比拟的。不趁着日寇没有准备之时，突然对敌发动攻击，取得战争的主动权；等待敌人做好了准备，中国军队将面临怎样的危局。对于这一点，不仅张治中很清楚，南京军事委员会一样清楚。但张治中偏偏接到了不得进攻的命令，又缺乏抗命不遵的胆略，只能仰天叹息了。

中国军队没有按照预定的计划向敌人展开攻击，敌人却没有闲着。这一天的上午平安无事。到了下午，日本人大概已听闻中国军队进入了上海市区，便派遣搜索队前来打探动静。当一队日寇从虹口地区，沿吴淞路北四川路展开火力搜索时，国军第88师第262旅（旅长彭巩英）第523团团长吴求剑将军正率领易瑾少校的1营向八字桥搜索前进。这支队伍的先头部队进抵八字桥西面时，日军的前哨部队也正好抵达，两军对垒，立即发生战斗，由易瑾营打响了淞沪抗战的第一枪。随即，八字桥周边地区的战斗时断时续。假如这个时候张治中立即命令其他部队向日寇展开全面攻击，淞沪抗战也许会是另一种写法。可是，历史没有假如，现实是张治中恪守南京军事委员会的命令，尽管没有阻止中国军队与日寇发生零星战斗，也没有发出全面攻击的命令。

张治中，字文白，安徽巢湖市（原巢县）人。1890年10月出生，6岁进入私塾读书，因家境贫寒，10年后不得不辍学，在安庆巡警局当过备补警察，后入扬州巡警教练所受训，毕业后加入警队。辛亥革命爆发时，张治中在扬州参加反清起义。1912年进入陆军第2预备学堂，1916年毕业于保定陆军军官学校第3期步兵科，1917年到广东参加护法运动，历任驻粤滇军连长、营长、驻粤桂军总部参谋、师参谋长和桂军军校参谋长等职。1924年6月，因拥护孙中山的三大政策，进入黄埔军校，担任黄埔军校学生总队长、学生军团长，同时兼任国民革命军第2师参谋长、广州卫戍区司令部参谋长等要职。在此期间，他与中国共产党人周恩来、恽代英密切合作，结下深厚友谊。1926年7月参加北伐战争，先后任国民革命军总司令部副官处处长、黄埔军校武汉分校教育长等职。1928年7月后历任国民党中央陆军军官学校训练部主任、教育长，同时兼任教导第2师师长，参加蒋介石对冯玉祥、阎锡山等的战争。1932年1月兼任第5军军长，率部参加上海一·二八抗战。1933年12月任国民党第4军总指挥，率军入闽，参与围攻福建中华共和国人民革命政府的军事行动。1936年西安事变发生时，他主张和平解决，因而继续深得蒋介石信任。尽管在淞沪会战爆发之前，他没有预见到战事会扩大成中日两国都投入主力参战的大规模战役而有些准备不足，也因为对日寇登陆地点考虑不周而使杭州湾一带的防御部署极为欠缺，但是，第一次淞沪抗战以后，他在华东方向秘密进行抗战准备以及在第二次淞沪抗战前期拼尽全力，仍然给他的人生画上了极为光彩的一笔。

中国军队正式发动全面攻击的日子是1937年8月14日。这天上午，中国空军开始向黄浦江上的日舰实施轰炸；到了下午3时左右，张治中就下达了全面进攻命令。一时间，中国的炮兵朝日寇的阵地实施猛烈的炮轰，步兵则在炮火的掩护下，英勇顽强地向日寇阵地展开攻击。但先发制敌的主动权却丧失了，日寇早已进入了临战状态，一面依托各样的工事顽强抵抗中国军队的进攻，一面用炮火凶猛地对中国军队予以还击。同时，日寇的飞机也不停地对中国军队实施轰炸。中国军队的攻击遇到了极大困难。即便如此，中国军队还是从敌人的阵地上咬下了一些缺口，取得了一些进展。如果中国军队继续实施攻击，取得的战果一定会进一步扩大。随之将日寇赶出上海，毕竟这时的日寇增援部队还未抵达，盘驻在上海的日寇，仅为3 000~4 000人的海军陆战队，外加一些在乡军人。在数量上，日寇难以与中国军队相抵。

在这些日寇中，有1 000余人刚从汉口转移过来。如果没有他们，张治中的部队将更易于得手。说起他们为什么会从汉口顺利撤回上海，是一件令人唏嘘的事情。

按照南京政府的打算，在卢沟桥事变发生后，为了抗击日寇有可能发动的全面侵华战争，并且防止日寇从上海展开进攻，必须首先削弱日寇的力量，封锁江阴要塞，把驻扎在汉口的这支1 000余人的日寇全部滞留下来，在汉口予以解决；上海地区的日寇则在上海歼灭。但参加制订这一绝密计划的南京当局最高军事会议成员中，有一个秘书被日本间谍南造云子控制，并将其重要情报转入日方。于是，驻扎汉口的日寇在江阴要塞还没有封锁之前，就逃到了上海。

经过一天的战斗，中国军队虽说伤亡颇大，但终究从日寇的防御阵线上撕裂了一些口子，如果乘势继续展开攻击，战果将更为可观。可到了日落时分，竟然传来了南京军事委员会最新的命令："密，今晚不可进攻，另候后命（寒酉待参京店）"于是，大规模的进攻行动不得不停止下来。

这一停，就停了两天，8月17日拂晓，张治中命令部队再度发起全线进攻。仅仅过了一天，8月18日，张治中竟然再次接到了南京军事委员会发来的暂停进攻命令。战争已打响，进攻部队却接连3次接到延迟攻击与暂缓攻击的命令，反映了南京政府的犹豫不决：即使对一支拥有优势的武器装备、训练有素的军队来说，对战争的发展亦会产生非常不利的影响，何况是武器、军事素养均落后的中国军队，这种影响几乎是致命的，埋下了淞沪会战最终走向失败的祸根。

中国军队一再暂停进攻，正好给了日寇增援部队陆续抵达以改变战场局势的机会。8月15日，日军就从青岛和佐世保朝上海投入了2 000人左右的增援部队，增强了上海方面日寇的防御力量。到了23日，从日本本土开过来的增援部队在松井石根的率领下抵达上海附近海面后，中国军队面临的对手就更为强大了。

当然，这期间，中国军队也在南京军事委员会的指令下，陆续开往上海。8月15日拂晓时分，国民革命军陆军第18军第98师已经开到上海南翔，并于当天晚上就冒着敌机的轰炸进入了战场；随后，第18军基干部队，也是在该军系列里唯一没有改变过隶属关系的第11师也开了过来；还有第36师以及其他国民党军陆续进入了上海。更多的中国军队正准备朝淞沪方向集结，但兵员上的优势丝毫不能抵消武器装备上的劣势，更别说日本士兵极高的军事素养和战争经验。

战略地形上，淞沪地域褊狭，集中如此大规模的军队会战，对于劣势之军来说，即使战略指导上不犯错误，战役指挥以及战术行动诸方面都切合实际，代价都将十分巨大。恰恰中国军队在战略指导上过分依赖外交努力，没有通盘考虑中日双方军队的实际情况、地形因素、气候状况等各种原因，把本来已规划好了的战略部署搞得支离破碎，最后的结果也就可想而知了。

在战役指挥上，亦存在很多问题。单说张治中对于他手下军队的指挥控制，就很不得体。也许，他自以为是蒋介石的嫡系将领，深得蒋介石的信任，只要自己出于公心，问心无愧，就可以按照自己的构想来指挥任何一支军队，结果，在第3次恢复进攻的时候，张治中接到王敬久的电话，说是该师左翼最前沿部队已经突入杨树浦租界至岳州路附近，决心即刻扩大战果，突入贯穿杨树浦租界至汇山码头，截断敌左右翼的联系，向东西压迫，一举而歼灭之，遂调整部署：命令已经进入淞沪战场的第36师当夜加入沙浜港至保定路间的正面，向汇山码头江边突破攻击；在日寇正面的第98师292旅，受第36师指挥；令第98师第294旅归第87师指挥，加入该师左翼，向沪江大学、公大纱厂攻击。张治中的战略意图不能说不好，但他却没想到，这样做实际上架空了夏楚中。夏楚中这时属于第18军，按照第18军的传统做法，只有该军下辖的各部队架空并进而吞并其他各部的份，哪有让人家来架空他的道理？哪怕第87师与第36师同属蒋介石的嫡系部队，也是不能的。结果，命令一经下达，夏楚中立即破口大骂，消极应付。以至于在蒋介石三次下令停止攻击后，中国军队又出现了一次暂停。

至于战术动作上的不足之处就更加比比皆是。各部之间不能相互配合，不知道怎么攻击日寇的坚固据点，没有集中使用兵力于主要方向，几乎将人马平均分配在日寇据守地域的正面上展开进攻，步炮协同不畅等等，不胜枚举。如果说其他所有战术动作都需要在战斗中去发现去纠正的话,那么,首先确立进攻的重点方向,不要将有限的进攻力量平均分配,而是以极小的一部人马牵制敌人,主力猛攻日寇的主要方向,也不至于几天的进攻下来毫无建树。

至于中国军队的战场指挥系统,战争一开打,南京军事委员会立即下达了命令,委任张治中为第9集团军司令,负责上海市区京沪线方面的作战;张发奎为第8集团军司令,负责上海市区沪杭线方面的作战。这样一来,张治中具体规划淞沪抗战的角色宣告完成,实现了身份的转换,从一个负责全局的方面大员变成整个淞沪战场上一个方向的战役指挥官。

这时候,负责整个淞沪战场上作战指挥的是第3战区司令长官冯玉祥。

冯玉祥是著名的抗日将领。此人原名基善,表字焕章,1882年11月出生,安徽巢县人,生于河北省保定市。北洋军阀时期,曾任陆军第16混成旅旅长,第11师师长,陕西、河南督军,陆军检阅使。1924年10月23日,在第二次直奉战争中发动北京政变,将其所部改组为国民军,任总司令兼第1军军长,后任国民军联军总司令,参加北伐。1927年任国民革命军第2集团军总司令,后因与蒋介石集团发生冲突,举兵反蒋,先后爆发了蒋冯战争和中原大战,兵败后隐居山东泰山。1933年5月26日与吉鸿昌、方振武、佟麟阁在察哈尔张家口建立察哈尔民众抗日同盟军,出任同盟军总司令。终因实力不济且北平军事委员会分会方面策反了冯系将领,迫使冯玉祥不得不放弃抗日同盟军旗帜。

此次出任第3战区司令长官,在南京政府的抗战大旗下公开走上抗日战场,冯玉祥心里非常痛快,于8月15日从南京率领部分官兵进驻无锡锦园,组建了第3战区长官司令部。随后,为了掌握第一手资料,激励士气,协调各部的行动,他常常深入战场,不仅与张治中、张发奎、杨虎等抗战指挥官研究军事形势,而且向蒋介石国民政府转达抗战部队的要求并尽量为抗战部队争取装备与补给,乃至亲自指导各部破坏敌人坦克的战法。

雄心勃勃的他本打算大干一场,无奈这时淞沪战场上的所属部队绝大多数为蒋介石的嫡系,他们只听第3战区副司令长官顾祝同的调令,对冯玉祥的命令,他们往往拖延推诿,敷衍塞责。冯玉祥只能徒唤奈何,之后由于北方战场形势发生变化,急需一个深孚众望的人去北方主持军事,冯玉祥于9月12日离开第3战区,前往北方战场就任第6战区司令长官。随即,蒋介石亲自兼任第3战区司令长官,将实际指挥权交给了顾祝同。

淞沪战事爆发之际,第18军首任军长、土木系的后台老板与精神支柱、

开创第18军兼并其他各部先河的陈诚在干什么呢？据他忆录的记载：

> 8月14日，我仍在牯岭，委员长以前方军事紧急，要我急速回京。其时，水陆交通异常紊乱。15日早4时，交涉好了一条差船驶往九江，8时由九江开船；11时至芜湖，改乘汽车进京，抵京已午夜后2时矣。
>
> 事变发生后，我未能实时进京的理由，一因有病，一因负有庐山训练的任务，未敢轻动。而且当时政府中，少数妥协亲日分子与我积不相能，我也殊少和他们共事的可能，故未自动下山晋京也。既奉召命，只得立即就道。到京后，即晋谒委员长，承以三事相告：
>
> - 华北与晋陕将领来电要求中央派我至华北指挥抗战；
> - 赴上海视察张治中部作战，并协助之；
> - 速厘定战斗序列。
>
> 我当时不知应以何种身份参加各项工作，且亦不能同时分赴各地，因即面请委员长作一决定。委员长问我："何种名义较为合宜？"我说："如欲机动使用，高参名义即可。"委员长不以为然，似有设置行辕之意，但未成定议，还是让我先到上海看了再说。
>
> 关于厘定战斗序列一节，因主管部门缺欠资料，乃与白副参谋长健生（崇禧）、黄部长季宽（绍竑）、王次长达天（俊）等会商，我曾就我所知陈述各方将领之历史、个性、能力等，借供当局参考。后来决定的战斗序列，采用了我很多意见。
>
> 8月16日，偕熊主席天翼（式辉）赴沪视察，那时沪上抗战部队是第9集团军的第87师及第88师，集团军总司令是张治中。敌军登陆部队已被我包围，不过我军兵力仍不敷分配，预备队也很少。我觉得这种战法，与"孙子兵法：十则围之"的原理不合，因提议将第36师及第98师加入攻击，先将敌方阵地中央突破，再向两方席卷而扫荡。
>
> 18日晚返京请示，熊天翼于途中说："我们应商定如何一致报告委员长。"我说："各就所见报告，可使委员长多得一份参考数据，似可不必一致。"后来熊的报告是："不能打。"我的报告是："不是能不能打的问题，而是要不要打的问题。"委员长要我加以说明，我接着说："敌对南口在所必攻，同时亦为我所必守，是则华北战事扩大，已无可避免。敌如在华北得手，必将利用其快速部队，沿平汉路南犯，直趋武汉；如武汉不守，则中国战场纵断为二，于我大为不利。不如扩大

淞沪战事,诱敌至淞沪作战,以达成1925年所预定之战略。"委员长说:"打!打!一定打!"我趁此机会建议:"若打,须向上海增兵。"

随后就发表我为第3战区前敌总指挥兼第15集团军总司令的命令,增调部队,赴沪参战。从九·一八事变起,我誓愿为抗日战争效命,至此乃得如愿以偿。

陈诚的第15集团军总司令任命是8月23日发出的,也就是日寇从本土开过来的增援部队抵达吴淞口,并在吴淞口实施登陆作战的那一天。

从那一天起,中国军队虽说仍然处于攻击地位,却因日寇从本土开来了大量部队,兵力剧增,凭借其在海上、空中的军事优势,以及拥有先进的武器装备、极高的军事素质,使得中国军队的攻击举步维艰。尽管这时,蒋介石扩大在上海方面战争规模的意图已经形成定局,从此再没有命令中国军队停止或暂缓攻击,并不断抽调部队送入上海战场,但中国军队错过了最佳时机,进攻又没有重点,注定了战争的失败。

陈诚加入淞沪作战指挥序列,并没有改变张治中平均使用兵力的毛病,只是进一步削弱了张治中的实际指挥控制权。这是一项至关重要的人事任命。南京军事委员会本应通知张治中,却不知是疏忽还是刻意,直到张治中因希望与已抵达淞沪战场的第18军军长罗卓英就该军所辖各师的作战行动进行沟通时,才从罗卓英那儿得知了这项命令,心里的愤怒可想而知。紧接着,因电话联络遭到了日寇的轰炸而无法接通,他只好亲自去第3战区司令部面见顾祝同,准备与顾祝同探讨各战线的情况,却碰上蒋介石的电话。由于电话线路的故障,蒋介石一直无法找到这位陆军上将,不由得窝了一肚子火,终于在第3战区司令部找到了张治中,话就没那么好听了,虽说不是劈头盖脸地痛骂,但指责的意味非常浓厚。张治中一样感到窝火,同样没有好话跟蒋介石说,从此与蒋介石有了芥蒂,最后索性撂挑子走人,离开了第9集团军总司令岗位。事实看来,张治中的做法似乎太任性了,未从大局考虑。

自此以后,在比军更高一级的指挥体系里,与本书描写的内容有莫大关联的值得关注的人物就只有陈诚了。

陈诚似乎注定与淞沪会战有割不断的利害关系。如果说在此之前他对淞沪会战的影响是通过他早前谋划了把日寇的主攻方向引到华东方面,并继而在开战以后最终促使蒋介石下定了淞沪会战的决心,那么,现在,他

11

的命运就与淞沪会战直接休戚相关了。因为，此时此刻起，他已经是淞沪战场上的一员战役指挥官，直接指挥人马与日寇交战。

陈诚刚出任第15集团军总司令时，日寇即以松井石根大将为司令官，率第3、11师团等部，在吴淞、川沙强行发动登陆作战，似乎是送给他的一份厚重的贺礼。这份贺礼确实太沉重了，陈诚是在没有充分准备情况下接受这份贺礼的。出于本能，也是多年的指挥作战经验使然，他立即以第87师之一部及教导总队之一团、上海保安总团一部向张华浜登陆之敌展开攻击，令在吴福线之第11师及在杨行、宝山方面的第98师转向狮子林、川沙口方面之敌攻击，用汽车输送在昆山、吴县附近集结的第67师向罗店挺进；并急调正向常熟、福山前进之第14师，向太仓、罗店方面前进，力图从东西两个方向猛烈夹击敌人，趁日寇立足未稳之际，将其赶下海去。

但是，军事行动的结果，并不完全取决于个人意见，还会受到许多客观因素的影响。当各部冒着敌机的轰炸匆匆赶到战场时，日寇主力已经突破了中国军队薄弱的防线，登陆成功。一场登陆与反登陆的作战立即变成了争夺登陆场的控制权的战斗。如果此时，陈诚能果断地命令主力全部转移到对付日寇登陆部队的作战行动上，也许，情况会好很多。可事实是第88师、第87师、第36师并未调动过来。为此，在接下来的10余天的战斗中，中国军队虽说不惜流血牺牲，浴血奋战，但终因敌军增援不绝，未能将敌压迫在江中而歼灭，失去战役初期的主动权。于是，陈诚不得不转移阵地，逐次抵抗。

9月17日，中国军队退守至北站、江湾、庙行、罗店、浏河口一线，转入战略防守。在围绕着罗店这一要地的近一月的浴血奋战中，中国军队营连级单位大多伤亡半数以上乃至全部阵亡，日寇亦伤亡惨重。后来，日寇以及国际媒体把罗店之役称为"血肉磨坊"。

至此，中国军队的战略进攻正式结束，转入战略防守阶段。

9月22日，鉴于淞沪战场局势发生巨变，从内地调集的兵力陆续抵达战场后，南京国民政府军事委员会调整第3战区指挥系统，将第3战区所属部队划分为右翼、中央、左翼3个兵团，分别抗击各兵团当面之敌。其中，右翼兵团总司令张发奎，下辖第8、第10集团军，作战地域为苏州河以南、浦东及杭州湾沿海；中央兵团总司令朱绍良，辖第9集团军以及即将抵达的广西第21集团军，作战地域为蕰藻浜以北至长江南岸；左翼兵团总司令陈诚，辖第15、第19集团军，作战地域为蕰藻浜以北的万桥、罗店、广福地区。

当天，日寇集中主力猛攻固守罗店的左翼军阵地，试图从这里打开一道缺口，然后向左包抄，对全体中国军队实施包围。防守这里的国民党军正是陈诚的嫡系部队第18军以及广西叶肇的第66军。第18军虽说很有战斗力，但进入战场以来，与日寇血战近一月，人员伤亡严重；第66军则是广西地方部队，战斗力稍次。他们拼死抵御，虽然挡住了日寇的第一次进攻，却在次日黎明至9月24日夜，在日寇两个师团持续冲锋下，第66军之第159师、第160师全体阵亡，坚守了12个小时后防守阵地宣告丢失。

鉴于各部牺牲太大，陈诚深感继续打下去，手下的人马将会消耗殆尽，便向蒋介石提议：如无生力军加入，即应转移阵地，调整部队，继续抗战。10月1日，经蒋同意，左翼军即向蕰藻浜南岸、陈行、广福、施相公庙、浏河一线转移。

此时，松井石根见从侧翼突入包围中国军队的企图无法实现，决定改分割包围为中央突破，遂集中兵力进攻蕰藻浜一线。于是，在左翼军转移的当天，日本海军、空军协同地面部队发起新的攻击。北路以山室宗武第11师团指向广福、陈家行；南路集中第3、第9、第13、第101师团强渡蕰藻浜，向大场、南翔进攻，以切断大场至江湾地区守军与外界联系，使之成为孤军。

10月5日至9日，国民革命军第8、第59、第61、第67、第77、第90师以及税警总团等作战部队因连日与敌浴血激战，终因牺牲重大，无力对峙，不得不相继退出阵地。

10月9日起，日寇再度集中海空军火力，配合步兵向蕰藻浜南岸实施强攻。中国守军轮番上阵抵抗，经过数昼夜血战，终于遏止了日寇的攻势。

10月11日，日寇为控制大场、南翔，切断闸北、江湾、庙行中央作战军归路，向蕰藻浜发起全面攻击。中国军队究竟应该采取何种对策，摆在左翼兵团总司令陈诚的面前。鉴于中国军队的第5军，及第171、第173、第174、第176师，正陆续向上海输送，陈诚对这次作战提出了三种构想，报请军事委员会批准。这三种构想是：

第一：以第5路军（即第21集团军）由蕰藻浜北岸，同时以2个师由蕰藻浜南岸，各以一部由南岸及罗嘉公路以北取攻势，对敌实行歼灭战；

第二：以第5路军（即第21集团军）据守蕰藻浜南岸，以第16

军和第66军之一部,再另抽调几个师,由蕴藻浜北岸突击,将渡过蕴藻浜南岸之敌包围歼灭;

第三:暂取守势,待第5路军(即第21集团军)集中后,再相机出击。

最后,南京最高统帅部拍板定案:采用第三种构想。

此时,从广西调来的第5路军(即第21集团军)抵达淞沪前线,蒋介石急将该集团军10个师编入中央军序列,令其迅速领取作战军械以及粮食弹药,准备投入战斗。

第21集团军属李宗仁、白崇禧桂系王牌部队,以能打能拼在地方军中享有威名。白崇禧素有小诸葛的名声,这时向蒋介石献计献策,认为纯粹被动防守非长久之计,徒增伤亡更无法取胜,必须以一支主力突击部队主动出击敌人,实行积极防御的策略,才能改变战场上的不利态势。蒋介石征战已久,虽说算不上军事天才,却还是颇懂作战原则,一听小诸葛此言,不由得食指大动,据此下达了实施反击作战的命令。

10月19日,中国守卫蕴藻浜南岸的部队,配合廖磊率领的第21集团军向日寇发动全线反击。事有凑巧,当天,日寇吉住良辅第9师团、伊东政喜第101师团以及第3师团一部,亦向蕴藻浜南岸发起猛攻。双方主力迎头相撞。桂军初上战场,毫无与日寇交锋经验,凭借勇敢作战的精神,以血肉之躯冲击密集弹雨,以至于还没与日寇交上手就伤亡巨大;紧接着,将日寇施放的烟雾误认为是毒气,为了逃避被所谓的毒气侵袭,各自四散逃命,队形立刻混乱不堪;加上当时淞沪战场上只有桂军头戴钢盔、身穿黄色军服,极为显眼,成为日寇射击的活靶子。就这样,遭日寇飞机、火炮、坦克和机枪密集火力的打击,桂系部队的2万大军一日即被打散,上万敢死队大部战死。该集团军仅旅长即阵亡6人。鏖战至10月25日,部队被迫撤退。

与此同时,为了配合第21集团军的行动,左翼军4个团在广福南侧向北路日寇的反击作战,也被日寇击退。

接下来,日寇越加猖獗,乘机向中国军队展开反扑,兵锋直指大场。

10月23日,日寇以重兵直趋真太公路,威逼大场左翼。刘行方面日寇,渡过蕴藻浜后攻向大场以西塔河桥,国军第18师朱耀华、第26师刘雨卿、第67师黄维等部经过艰苦抗击,终于阻滞了日寇的攻势。此时,中国军队从大场东面,经大场、市中心向东北方向而成一半圆形阵线,绕于江

14

湾以北。庙行、大场位置突出，遂成日寇眼中钉。日寇调集各种火炮、飞机集中使用，密集轰击，方圆数里，几为焦土。日寇接着又以40余辆战车为前导，掩护步兵夺占胡家桥、塔河桥、走马塘等处阵地。为保存实力，守军在作出最大努力抵抗后向南翼转移，大场失守。此役，第18师几乎全军覆没，师长朱耀华悲愤难当，当即拔枪自杀，侥幸未死。

大场丢失，全线撼动，第3战区司令长官部只得作出放弃北站——江湾阵地之举。随即，中央军部队撤退到苏州河南岸，左翼军也奉命转移，至10月28日，中国军队全部退入浏河、沈家桥、朝王庙、徐家行、广福、陈家行、江桥、北新泾至梵王渡一线的第二期既设防御阵地。

11月5日拂晓，日寇第10军在强大炮火配合下，从杭州湾乍浦东北之全公亭、金山卫、漕泾等处登陆，威胁到了淞沪战场上中国军队的侧背。左翼军总司令陈诚立即调整战线，以第26师进占松江，第61师占领闵行，令第67师速渡松江向金山县前进，以警戒黄浦江之左岸；同时，令第79师在嘉兴下军列，用汽车输送至平湖、新埭镇线上占领阵地，第63师由乍浦方向，第62师由南桥方向，向登陆之敌夹击。但为时已晚，登陆日寇迅速分路直扑松江，对淞沪守军实行迂回包抄。陈诚深感大势已去，请求部队撤离战场，进入早就修筑好的国防工事，节节抵抗敌军。但九国公约组织正在开会，蒋介石希望通过中国军队的抗战引起九国公约组织的重视，命令在淞沪战场上的中国军队再坚持三天，结果致使淞沪守军腹背受敌。等到第3战区司令长官部终于下达撤离命令时，各部早就濒临崩溃，指挥紊乱，加上日寇追击速度太快，中国军队根本来不及进入防御工事，致使南京政府花费数百万修筑的国防工事成为摆设。

2章　第98师破茧成蝶

第98师早期曾隶属于第18军，但在抗日战争全面打响之时，并不在该军序列中。在此之前，他驻扎在汉口，原来准备北上平津地区参加抗战，却于8月11日接到新的命令，不去华北战场了，改去南京担任卫戍任务，便于第二日乘船东下，前往京城。当该师于8月13日午后抵达南京下关时，恰逢上海方面的战事即将全面展开，南京军事委员会正紧急调遣人马开赴淞沪战场，于是，最接近上海的第98师自然成为进入淞沪战场的部队。就这样，该师次日下午重新踏上征程，乘火车前往上海。8月15日拂晓前，该部就到达了南翔车站。历来救兵如救火，部队不容拖沓，在师长的指挥下，迅速呈疏散队形开赴预定作战地区——杨树浦一带。

不过，部队刚刚开进之际，天色已大亮了，日寇出动飞机对南翔车站实施猛烈轰炸，试图一举摧毁中国增援部队。该部迅速隐蔽，除了仍然滞留在车站的人员在敌机的轰炸下遭受了一些损失之外，其他部队几乎没有受到损失。

这时，第98师师长是夏楚中。此人也是该师首任师长，1904年5月出生，又名楚钟，别号贯难，湖南益阳人。在益阳县国民小学高级班及初级中学肄业后，考入湖北省立甲种工业学校，之后曾任湖南省矿务局实习员。1924年春由广东盐运使署秘书周润芝、广东大学师范院教师王绍佑保荐投考黄埔军校，同年5月进入黄埔军校第1期第3队学习。他先后参加过两次东征、北伐、军阀混战以及围剿红军的作战行动，历任黄埔军校教导2团排长，国民革命军第1军第2师连、营长，中央教导第3师第9团上校团长，第14师40旅少将旅长，在第52师残部基础上成立的第98师首任师长。1935年4月授陆军少将衔，1936年10月授陆军中将衔。由于出身黄埔，此人不仅是土木系重要将领，更是蒋介石的得意门生。在淞沪会战中凭借其战功得到南京最高统帅部的青睐，将第98师升格为第79军，夏楚中连升两级，担任该军军长。

第98师其他重要岗位的指挥官及其编制情况分别是：副师长王甲本，参谋长罗广文。该师尽管并没有完成整编，却跟那些已经整编过的师级单位一样，下辖两个旅，外加一个直属炮兵营、一个直属工兵营、一个直属辎重营。其麾下的两个旅分别是第292旅、第294旅。每个旅下辖两个团。第292旅旅长吕国铨，副旅长陈集辉，所辖第583团、第584团团长分别是路景荣、胡一；第294旅旅长方靖，副旅长龚传文，所辖第587团、第588团团长分别是侯思明、向敏思。师的装备以国产为主，每团有一个八二迫击炮连，每团下辖3个营，每营有一个重机枪连，每连有6挺捷克式轻机枪；师直属炮兵营装备了6门江南造七五厘米山炮。

这支部队是南京政府第3期陆军整编师，尽管并没有完成整编任务，却接受过德国军事顾问的训练，在国军战斗序列里，是一支令人生畏的力量。事实上，在该师进入淞沪战场的初期阶段，他们并未打出任何特色。由于是第一次接触日寇，完全不了解日寇武器装备的威力以及日寇阵地的编制情况，该部也没能充分发挥作用。一句话，他们虽说在刚开始的战斗中拼尽全力，也取得过一些进展，却打得平平淡淡，乏善可陈。

8月15日晚，第98师主力躲过了日寇飞机的轰炸，开进了作战地域，进入了预定攻击准备位置。其中，第294旅进至杨树浦马玉山路（今双阳路南段、营口路北段），接替了第87师沈发藻旅在马玉山路虬江码头向公大纱厂之攻击准备位置；第292旅则进至马玉山路以西地区集结，暂归第87师师长王敬久指挥。于是，一场恶仗似乎就要爆发了。

可是，因为中国军队已经停止了全面进攻，从翌日早晨开始，第98师两个旅的兵力实质上并没有全力以赴与日寇作战，只是对日寇发动了一些小规模的零星行动。他们遵照命令，协同第87师向当面之敌发动了进攻。一来因为敌机从早到晚不停地对中国军队进行轰炸，迫使中国军队的行动大受限制；二来中国军队实质上已根据军事委员会的命令停止了大规模进攻，使用的兵力有限，又缺乏重火器，是以一天中的每次进攻皆未能奏效。

经过一天的攻击后，中国军队改变了策略，白天停止攻击，黄昏以后开始对敌发起进攻。这样一连几天下来，还是没有取得较大进展，反而让第98师在8月17日牺牲了政治训练处少将主任睦宗熙。这是该师牺牲的第一位将军，也是土木系最早倒在日寇枪口下的将军。

第十八军抗战风云

睦宗熙是江苏丹阳人，1905年出生，1924年考入黄埔军校第1期第1队学习，毕业后因视力不好而从事党务工作，后提拔为第2师第6团党代表。1929年5月，担任武汉卫戍司令部宪兵团中校团附，3年后调升第90师交通处处长。1934年3月，受夏楚中之邀担任第98师政治训练处主任。第98师抵达南翔后，夏楚中带领人马开赴前线，却在南翔设立办事处，留下睦宗熙主持工作。8月17日上午，因为前线急需弹药补给，睦宗熙亲自督率辎重连赶赴前线，进入罗店时，突遭日海军第1航空战队的扫射轰炸，中弹牺牲。

8月19日，第98师进入淞沪战场以来的第一次大规模作战行动开始了。这一天，张治中决心利用日寇防御体系东西宽、南北窄，而且从开战起就受到一定程度压缩的有利条件，投入生力军彻底割裂日寇的防御体系，将日寇的阵地切割成两块然后分而歼之，命令第98师一个旅当晚向沪江大学、公大纱厂一带的日寇发起攻击；另一个旅协同第36师由沙泾港至保定路之间的正面，向百老汇推进。

然而，第98师与第87师、第88师、第36师等已经进入战场的其他中国军队一样，虽说竭尽全力对日寇阵地展开进攻，却因日寇在前一天晚上开来了横须贺镇守府第1特别陆战队、吴镇守府第1特别陆战队、佐世保海军陆战队共计2 400人的援军，中国军队没能取得较好进展。

到了8月23日早上5时半左右，张治中正全力以赴地指挥人马进攻日寇的阵地，忽然接到江防司令刘和鼎的电话报告：有一部分日寇正由宝山狮子林、川沙口登陆。张治中深知，因为那一带的中国守军只有一个连的兵力，一旦日寇登陆成功，并牢牢占据了登陆场，其增援部队就会源源不绝地涌进战场，对中国军队的进攻势必造成更大的困难。张治中不得不思考这股日寇登陆成功引起的后果，考虑到第18军即将全部抵达战场，毅然从进攻部队中抽调不久前抵达上海的第11师以及最早赶赴上海的第98师，分别向川沙口、狮子林方向前进，支持江防军的作战。为了理顺指挥关系，张治中指令夏楚中暂时统一指挥第98师与第11师的军事行动，先赶走登陆之敌，尔后接受第18军军长罗卓英指挥。

夏楚中接到命令后，指挥第98师立即由江湾急行军经吴淞开往宝山，与第11师一起击溃了进犯到罗店的日寇先头部队。当日傍晚，他们基本上清除了罗店之敌，从击毙日寇军官身上搜出日军作战图，证实敌进攻方向指向罗店、嘉定及浏阳地区。

罗卓英率第18军军部，于23日下午抵达太仓县城。当晚收到彭善关于第11师收复罗店的战斗报告以及叶佩高的侦察情报,并接到第15集团军总司令陈诚关于第18军即刻对宝山、狮子林、川沙一带登陆之敌展开进攻,就地歼灭日寇之命令。24日晨,罗卓英决定以第98师由杨行出击,对杨行—宝山之线以左地区之敌进行攻击;第11师由罗店出击,向新镇—月浦—狮子林之线以左的敌军发动进攻;第67师以第201旅接替第33旅守卫罗店,第199旅则从嘉定东进,对罗店—聚源桥—东王庙之线以左地区进攻。第18军军部则前进至嘉定县城,并预定于24日晚间于罗店,召开各师旅长以上军官会议。

第98师在24日早上已经全部转移到杨行附近,师长夏楚中获悉从狮子林、张华浜等地登陆的日寇正向驻吴淞的上海保安团发动进攻,宝山县城亦被日寇攻占,意识到这些敌人对上海市区和罗店方面中国军队的侧背威胁甚大,遂不等罗卓英规定的攻击时间来到,提前向侵入吴淞、宝山的日寇发动了进攻。该师以第294旅第588团支援吴淞守军,从吴淞西北发起反击,将入侵之日寇驱逐到江边,而该团之第3营更趁两军在吴淞激战时,日寇没有防备,由八字桥向宝山县城急袭。这时守卫宝山的日寇仅300人,立足未稳,激战一小时后,日寇弃城向狮子林逃窜,宝山遂被国军收复。与此同时,第292旅第583团团长路景荣指挥部队沿刘家行—杨家行—三官堂一线对登陆日寇发起猛烈攻击,配合吴淞守备部队,奋战终日,将登陆日寇击退,并毙敌300余人,取得了该团对日作战以来的第一场胜利。

8月24日晚,罗卓英在罗店第33旅旅部召开了第18军开到上海战场之后的第一次会议,出席会议的人员有第11师师长彭善、副师长方天、参谋长梅春华;第31旅旅长王严;第33旅旅长叶佩高;第98师师长夏楚中、第292旅旅长吕国诠、第294旅旅长方靖;第67师师长李树森、第199旅旅长李芳彬和第201旅旅长蔡炳炎;第14师师长霍揆章、参谋长郭汝瑰。

与会人员首先回顾了几天来对日作战的得失与经过,随后讨论有关淞沪战的后续发展,一致达成共识,认为应该集中第11、第67、第98师3个师的兵力,以宝山和罗店为依托,包围狮子林、川沙口、石洞口之敌,将日寇就地歼灭。罗卓英军长就此会议结论作出部署:

其一:第98师自宝山、三官堂一线向狮子林出击。
其二:第11师由月浦、新镇一线向川沙口出击。
其三:第67师据守罗店及附近要地,以第199旅向浏河西进,第

201旅一部固守罗店，主力向尤家楼出击，配合第11师作战。

其四：炮兵第16团各以野炮一个连配属第11师、第98师。

其五：补给兵站开设在嘉定城。各部于25日拂晓发动进攻。

8月25日凌晨，第11、第67、第98师遵照前一天会议的结论，对川沙口、狮子林、尤家楼等地同时发动进攻。其中，第98师以第292旅第583团姚子青营守卫宝山县城，第583团其他两个营由宝山向狮子林进攻，第98师主力则由月浦向狮子林展开。战至中午，狮子林被第98师收复。

随后，第98师以第292旅第583团3营固守宝山县城，主力在月浦镇构筑对东北方向的工事；第588团守备狮子林－月浦－宝山县城一线，6连守狮子林炮台；第587团在朱宅－孙家楼一线构筑工事；第584团在罗店以东韩宅、五斗泾、界牌桥、土竹园阵地钳制罗店的日寇。

8月31日拂晓，日寇飞机开始对狮子林炮台轰炸，日本海军则以舰炮猛射沿岸国军阵地。狂轰滥炸了一天后，日寇浅见支队千余人于翌日上午九时左右登陆进犯狮子林炮台。把守在狮子林炮台附近的第588团2营遭到了敌人的疯狂攻击，阵地在浓烟烈火中被毁，营长当场阵亡。6连更是支撑不住。赵营副一见炮台形势危急，立即率领5连前来救援。冲进炮台，只见双方正在肉搏混战，赵营副立即率领5连官兵加入战斗，跟日寇拼杀了一个多小时，终将日寇击溃。日寇对狮子林炮台志在必得，一旦被击溃，随即出动400~500人从西南方向冲向狮子林炮台。赵营副统领5连、6连残部跟日寇再度由枪弹拼杀发展到肉搏厮杀，足足混战了4个多小时。这时，第588团团部为了拯救危局，派遣3营前去增援。可是，日寇用强大的炮火封锁了增援的道路。2营逐渐不支。赵营副亦身受重伤。到下午2时左右，2营全体阵亡。狮子林炮台遂落入日寇之手。

攻下狮子林炮台后，9月2日，日寇浅见支队除了留下少部分守备部队之外，主力和吴淞方面开来的日寇一道继续向伍家宅、柯宅方向发展进攻。第588团和第583团在这一带和日军激战了一整天，两军白天杀得难分难解，但国军后继无力，到了晚上守军只能后退月浦、新镇。9月3日拂晓，日寇对第98师杨家桥、月浦间阵地发动了全面进攻。日寇先调来重炮猛轰杨家桥、顾三房等地，然后再以步兵发动冲锋。在日寇的猛攻下，顾三房阵地首先为敌所突破。随即，第588团3营和日寇展开肉搏，营长蒋作庸和营附晏如同时负伤，全营官兵大部为国捐躯。第587团以一个连的兵力前来增援，亦伤亡过半。至当日黄昏，残部只能被迫转移至顾家宅、周家宅。

为了打通吴淞和狮子林间的交通，9月5日上午，日寇以30辆坦克作开路先锋，向驻守在三官堂的国军第6师展开猛攻。三官堂位处宝山县城南面，地处宝山、月浦、杨行、吴淞四点中心，位置相当重要。当日寇从三个方向杀向三官堂时，第6师的官兵腹背受敌，伤亡过半，多名高阶军官重伤。至当天中午，第6师支撑不住，只能退守泗塘河，日寇继续越过泗塘河向西进攻，于是狮子林和吴淞的联系通道被敌打通，宝山县城从此陷入孤立。

事实上，宝山县城的战斗是从9月1日开始打响的。日寇攻势凶猛，次日即推进到了宝山和张华浜车站，停泊在吴淞口外的日军舰也不断用重炮轰击宝山城，日寇飞机在宝山上空低空飞行，扫射投弹，数百枚炸弹落入城中，霎时间宝山城内民房燃烧，火光冲天，烟云蔽日。

姚子青营自从进驻宝山县城后，即作好了独立作战的准备，日夜不停加固城防工事，并储备了大量的粮食及弹药，枕戈待旦等着日寇前来进攻。姚子青召集全营官兵，立下誓言："日本强盗是中国人民不共戴天的死敌，我们头可断，血可流，绝不忍辱偷生，宁愿战死于沙场，也不投降作那亡国奴。"

战斗一打响，姚子青立即在战壕中指挥作战。面对敌人飞机大炮的轮番攻击，他沉着冷静，章法不乱，指挥全营官兵多次打退日寇的疯狂进攻，并且以一支小部队出击到金家宅迎击从狮子林方向来犯的日寇，第一天共击毙日寇200多人。

姚子青，号中琪，阵亡前28岁，广东省平远县墩背乡人，16岁考入黄埔军校6期，平时戴一副近视眼镜，文质彬彬，颇有一点书生味道，但打起仗来异常勇猛，深得夏楚中赏识。

宝山地理位置非常重要，第98师却只有一个营的兵力在此驻防，夏楚中虽说十分欣赏姚子青，还是放心不下，多次打电话给姚子青，询问宝山战况。

"报告师长，我们已打退日寇多次进攻，击毙敌军200多人，但我军已牺牲了100多位兄弟，敌人在不断发起进攻。"

夏楚中清楚，姚子青此时此刻需要的是增援，可是，第98师与第18军其他各部都与日寇苦战多日，伤亡巨大，他无法抽调人员给予增援，只有口头鼓励:"姚营长,我把宝山县城交给你了,我随时会派援军增援你们。"

"是,请师长放心,我保证人在阵地在!"

夏楚中的增援确实是画饼充饥。残酷的现实摆在眼前:9月2日黄昏时分,第98师在死伤过半的情况下,被迫撤退到月浦东侧阵地。

事实上,9月5日,当日寇攻破了驻守宝山县城的第98师其他各部以及友军的阵地,再次倾全力进犯宝山县城,并从中国守军阵地侧翼迂回成功后,第98师第292旅3营官兵就陷入日寇的重重包围之中。

当天下午1时左右,日寇地面部队以坦克10余辆附步兵1 000余人,直扑宝山县城,妄图一鼓作气拿下宝山。这时,姚子青就近归第98师第294旅旅长方靖指挥。方靖闻报,认为宝山县城兵力单薄,命令姚子青放弃城郊的阵地,将部队收缩至城边,集中兵力抗击日寇的进攻;同时派出第587团的1个营前往支援,但这个营在行军途中屡遭日寇飞机轰炸,走走停停,因而受到延误。姚子青营主力在城边和日寇奋战了两个小时,国军在城外的阵地几乎全被夷为平地。下午3时以后,日寇越来越接近各个城门,姚子青遂下令守军全部撤入城内死守。

这时,夏楚中确实不愿放弃宝山县城,也舍不得姚子青营全体将士。他在苦苦思索解围办法,检视手中可用的兵力,要完成这个任务实在万分困难,便于当晚派遣师部通信兵穿越封锁线进入宝山城传达命令,要3营死守宝山,等待援军。姚子青代表全营表示:"誓死守卫宝山城,与敌人决一死战。"

当天夜间,姚子清又向师部发电:"全营官兵均抱与敌偕亡之决心","一息尚存,奋斗到底!"

6日凌晨,日本第3师团主力第68联队在鹰森孝指挥下,将宝山城团团围住。首先,日寇的舰炮、飞机对中国守军的阵地以及宝山全城不分目标地实施狂轰滥炸,大多数炮弹使用的是硫磺弹,致使全城内外陷入一片火海,烟雾直冲云霄。紧接着,日寇地面部队在海空军的掩护下向守军发动猛烈进攻。

与日寇的武器装备相比,第292旅3营仅拥有3门迫击炮,20挺轻机枪和600条老式步枪。在营长姚子青的率领下,全营官兵凭借这些武器,以顽强的战斗意志,一连打退了敌人10多次进攻,己方的伤亡也极其惨重。

姚子青非常清楚,如果没有援军,自己很快就会全军覆没,于是,不得不打电话请求师部给予增援。

　　夏楚中虽说无法拼凑增援部队，却可以向上峰请求增援。这时候，他已经得到了增援部队正在向宝山方向开进的消息，不由得大嘘一口气，给姚子青回话的口吻里充满自信："第1军增援部队已到杨行，正向宝山疾进，务必坚持！"

　　然而，夏楚中和姚子青的愿望都被日寇的炮火撕得粉碎。为了顺利夺取宝山县城，日寇用密集炮火封锁一切通道，阻挡了援军的去路。

　　战斗愈发白热化。很快，电话线被炸断，3营与外界完全失去了联系。下午时分，全营只剩下100多人，4个连长阵亡了3个，9个排长阵亡了6个。姚子青知道，最后时刻即将来临。他集合剩下的官兵，悲壮地说道："弟兄们，日本鬼子杀我同胞，奸我姐妹，占我国土，欺人太甚。不把鬼子驱逐出中国，是每一个中国军人的奇耻大辱，不做亡国奴，不做王八蛋，誓与宝山共存亡！"

　　7日早晨，日军以坦克自东门城墙缺口处破城而入，步兵随即潮水般涌进城内，姚子青和仅存的几十名官兵与敌军展开激烈的巷战。战斗间隙，姚子青叫来9连战士魏建臣，命令他出城向团长报告战斗情况。魏建臣乘夜越城而出，因而成为宝山保卫战唯一幸存的历史见证人。

　　此时，姚子青看到已坚守无望，想率残部杀出一条血路突围，与数十名士兵从宝山城东门发起反冲锋，但在接近城门时姚子青中弹倒地，流尽了最后一滴血。3营官兵战斗到最后一刻，全部壮烈牺牲。

　　听到3营官兵全体殉国的消息，旅长方靖悲痛地说："3营官兵全部牺牲，真正为国效忠，可歌可泣！"夏楚中则对着宝山方向脱帽三鞠躬，深表哀悼。在后来的一次营长以上作战会上，他说："姚营长和3营官兵血战宝山，为捍卫祖国领土献出了生命，体现了中国军人的爱国精神和民族气节。全师官兵要视为楷模，为驱逐日寇，壮我中华，不惜流血牺牲。"

　　英文报纸《大美晚报》也著文赞颂："此战姚营全部殉城，其伟大壮烈实令人内心震动而肃然起敬，此非仅中国人之光荣，亦为全人类之光荣，其伟绩将永垂史册而不朽！"当时国民党通电全国："宝山之战，姚子青全营与孤城并命，志气之壮，死事之烈，尤足以动天地而泣鬼神。"毛泽东则高度赞扬姚子青等阵亡将士是全国人民"崇尚伟大的模范"。

　　凭着姚子青营官兵全部壮烈殉国以及路景荣团，乃至整个第98师浴血抗战的英雄壮举，使得该师成为一支受人尊敬的抗日部队。这一仗，他们打出了自己的特色：英勇顽强、不屈不挠、视死如归。

宝山县城陷落后，第588团2个连防守狮子林，在日寇狂轰滥炸和猛烈进攻下，两个连的官兵全部牺牲，狮子林终陷敌手。

宝山地区的战斗越发激烈之际，第98师进行了一次人事更易。第98师参谋长罗广文奉调第14师任旅长。因战况紧急，罗广文接到命令后，即赴第14师任职。第98师参谋长由路景荣接任。

在第98师全体官兵眼里，路景荣是一位出色的指挥官，他所带的连、营、团，战斗力在全师乃至全军都是屈指可数的。事实上，他又是一位难得的幕僚人才。由于他虚心好学，工作一丝不苟，他所制订的部队训练和作战计划常常受到上级称赞。他担任师参谋主任期间，所做的一切工作，历任师长、参谋长都十分满意。为此，在罗广文调任第14师旅长的时候，他已成为接替第98师师长的不二人选。这时，调路景荣为第98师少将参谋长的任命已经下达，并送到路景荣手中，新任团长也跟着到达了第583团，师长急盼路景荣早日到师部任职。

第98师自从开赴淞沪战场以来，所进行的大多是阵地战，因为缺乏与日寇作战的经验以及一些主客观条件的限制，部队所构筑的防御工事十分薄弱，经不起日寇狂轰滥炸，部队每天都有相当大的伤亡。参战仅十天左右，第583团官兵已伤亡过半，其他各团的情况也差不多，部队已补充过3次，所补的官兵都是由后方部队抽调而来，随时补入连队，发给武器，开上前线，加入作战。在这样的情况下，临阵换将自然会对部队的作战行动造成很大的影响。为此，路景荣觉得，新团长刚到，情况不熟，加上官兵伤亡过半，战斗力有所削弱，在如此危急关头，他必须帮助新任团长尽快熟悉部队，因而征得师长同意后，决定等几天再赴任第98师参谋长。这一等，使得路景荣成为第98师乃至第18军又一个在抗战中牺牲的将军。

日军攻陷宝山，打通张华浜、吴淞、狮子林的联系后，下一个目标则是沿宝山—罗店公路西犯，以月浦为主攻目标，试图一举拿下月浦镇，打通吴淞与罗店之间的联系。此时国民党军第18军旗下其他各师正铆足全力对罗店进行最后一次攻击，没有关注到月浦方向的情况。而守备月浦的第98师经过数日激战，战斗减员甚多却没有补充，加上还要面对吴淞当面日寇的攻击，第98师的处境可以说是左支右绌，险象环生。6日下午，已越过泗塘河的日寇继续向西前进，已经威胁到了第98师的侧后方，于是该师乃转移阵地至月浦以东、马路河北岸一带至新镇顾家角一线。

第一部分 淞沪战场抗倭寇

9月7日，日寇支援部队陆续在宝山、狮子林、石洞口登陆，休息一天后，于9日在海空军炮火掩护下，开始向月浦附近发起猛攻。攻击月浦的日寇是第11师团天谷支队和浅见支队。面对日寇的疯狂进攻，第98师坚持于月浦镇及其东南方之村落，左侧和新来增援之第1师阵地相连接，两师并肩抗敌，血战一日，让日寇毫无所获。10日上午，日寇加强炮火打击，从石洞口、狮子林、宝山发射的海军舰炮炮弹，铺天盖地地飞来，月浦几乎成了一片焦土。紧接着，敌坦克8辆附步兵数百人，在空军10余架飞机的掩护下，气势汹汹地向月浦东边孙宅、周宅的第98师第588团阵地攻了过来。

日寇很快突破了第98师第588团的前沿阵地，双方在周宅展开肉搏战，阵地失而复得3次。第588团甚至动员了团部的文职人员和杂务兵，由团长亲自带队增援，才将周宅收复。当天下午，日寇增援部队也赶了过来，周宅再度陷入危机。夏楚中急调第584团前往支援，这才将敌击退，稳定了战线。

与此同时，另一部日寇也在月浦镇北部向守军第583团发动了多次进攻。刚升任第98师少将参谋长的第583团团长路景荣，面对来势汹汹的日寇，亲临一线阵地指挥督战。师部来电：援兵接不上，饭菜送不进，阵地要坚守。路景荣则在电话中向师长夏楚中表示，坚守阵地，不会后退一步，不成功便成仁。在守军奋力抵抗下，敌无功而返，不过该团也付出了团长路景荣、团附李馨远以下多人阵亡的惨痛代价。

经过连续十几日的战斗，日寇登陆上岸的第3、第11师团伤亡了4 000余人，却没有达成占领上海以北诸要地的目标，日本上海派遣军司令官松井石根大将不得不面对现实，向大本营报告："我军目前虽居有利态势，但兵力严重不足，加之中国的精锐部队第18军在当面顽强防守，如果要给中国军队予以重创，最小限度也要5个师团，希望能尽速增援。"日寇大本营讨论后，决定再增兵上海，除了抽调华北部队外，另外于本土也展开动员，组建新的师团前来中国。这样一来，日寇在淞沪战场投入的兵力像滚雪球一样越来越大了，终于将淞沪战场演变成了一场具有战略意义的大会战。

9月11日，日寇再度对月浦发动了总攻击。从天色渐明开始，日寇的各种炮火即向月浦镇内国军阵地不断倾泻，月浦东端工事悉数被毁，守军死伤惨重。这样一来，守军阵地遂被日寇突破，守军不得不撤入镇内，和敌人展开巷战。正当危急间，第14师79团的一个营前来增援，终于将敌赶出月浦镇。但日寇并没有放弃继续进攻月浦的打算,靠着坦克和火炮的优势火力再向国军展开反扑。此时,月浦右方至杨行间友军第1师的阵地摇摇欲坠,其第3团难以继续再坚持下去,已准备撤守杨行。当天深夜,第18军军长罗卓英见再守下去部队恐有被日寇围歼的危险,下令撤守。至此,月浦和杨行均告陷落。

罗卓英命令所属人马停止了对罗店的进攻后,即刻调整部署,以第14师主力驰援新镇,另外以该师一部支援在月浦苦战的第98师;以第11师加第67师第199旅沿马路河南北岸至钱家宅一线占领阵地,左翼则和沈家湾附近的第74军第51师相联系;第67师因在战斗中伤亡太重,留在施相公庙整补。

至于第98师,因在月浦血战了五天五夜,罗卓英下令该师撤退,并命令第14师掩护其向广福转移。随后,第98师转移到太仓进行增补,第14师则在第11师的掩护下向陆福桥转移。

9月10日,第98师将阵地移交给胡宗南之第1师接替后,后撤至嘉定县城及其外围,一面增补,一面构筑预备阵地。这意味着第98师在第一阶段的作战任务告一段落。该师自参战以来,伤亡达4 960人,几乎占全师兵力的62%,其中仅阵亡的营级以下军官就达200余人。

但该师在淞沪战场上的战斗并没有结束。短暂退出战场后,第15集团军总司令陈诚上将命令第18军其他各部以及该集团军下辖的其他部队继续向登陆之敌实施攻击,迫使日寇无法取得进展,只有从日本本土调集3个师团的兵力增援;与此同时,中国军队也源源不断地开进了淞沪战场,使得淞沪战场上敌我双方的兵力进一步增多,规模越来越大。

从中国方面来说,10月开始,广西部队就陆续进入了战场。这时,副总参谋长白崇禧觉得自己的子弟兵装备甚至好过蒋介石嫡系部队(为了备战,桂军从国外购买了大量武器弹药,乃至于钢盔),原先的战斗态势是敌我双方主要作战行动都分散在左右两翼进行,为了打垮敌人,显示广西部队的作战能力,向蒋介石提出了以第21集团军为主、其他各部相互配合,采用中央突破的办法,对敌中央集团实施全面反突击的建议。这让对淞沪战局一筹莫展的蒋介石看到了胜利的希望,于是,身兼第3战区司令长官的军事委员会委员长蒋介石立即拍板定案,准备据此制订并实施反突击计划。

反突击当然少不了第18军,该军其他各师一直与日寇作战,只有第98

师经过了一个月的增补，前后已4次补充兵员和装备，战斗力有所恢复，遂作为第18军的绝对主力参加了这次反突击作战行动。不过，他已经不再是第18军旗下的那个第98师了，而是以第98师为主，升格成与第18军平起平坐的第79军，原第98师师长夏楚中担任军长。

顺便说一句，第79军成立之初，旗下仅有第98师，在武汉会战时期发展到4个师，分别是：第118师，师长王严少将；第76师，师长王凌云少将；第98师，师长王甲本中将；预备第5师，师长曾戛初少将。

这次总攻行动是在10月21日正式开打的。根据第3战区司令部于10月18日发布的《第三战区作战命令第五号》之规定，这次大规模反击战分三个方面展开：以第21集团军下辖之两个军为第一路、广东第66军为第二路；第98师以及其他各部为第三路，同时向各自当面之敌发动攻击，目的在于收复蕴藻浜南岸阵地。其中，第98师担负第三路攻击部队的主攻任务，在兄弟部队的配合下，围攻以广福镇为中心的日寇据点。

第98师在此之前的作战行动中，打出了威名，这一次，他是否能延续辉煌？由于新增士兵均由后方部队中抽调而来，兵员素质不如参战初期，人们翘首期待第98师是一座熔炉，把这些新兵员熔化成剽悍的战士。

10月20日晚，第98师即进入了广福镇方面第一线阵地，接替第13师的防务，准备对敌发动攻击。

夏楚中虽则已提升为第79军军长，但第98师依然是他最依赖的基干力量，对该师这次复出作战，他寄予了很高的希望。全面了解了日寇阵地的特点，他决定采取有限目标的近距离攻击，把部队分成几波，第一波冲到指定目标，即构筑工事，第二波又向前冲。如此各波交换向前冲，直到敌炮兵阵地。

当天夜里，按照夏楚中的部署，第98师第292旅一进入攻击位置，立即在广东部队第160师的协同下，向日寇阵地突然发动攻击。日寇果然训练有素，反应奇快，中国军队一开始进攻，他们立即用强大的火力迎击攻击部队。中国军队的官兵们冒着敌人的炮火义无反顾地向前冲锋，但是广福镇的正面阵地上日寇的火力太强，中国军队攻了一夜，不仅拿不下敌军阵地，己方反而伤亡殆尽。其中，第98师第292旅第583团2营打得只剩下三分之一。

第98师第292旅第583团2营营长名叫蒋伟才。他是黄埔军校第5期毕业生，不仅是夏楚中的同乡，而且还是校友。战争年代的军人，都有十分浓厚的乡土观念，他们整天东征西讨，难免马革裹尸，家乡的信息，身后亲人的照料，指望同乡有个交代和托付。蒋伟才黄埔毕业后，先分配在第583团任团附，因为在前期作战行动中该团2营营长身负重伤，便由蒋伟才继任2营营长。蒋伟才在师部报到的时候，夏楚中与他进行谈话，知道蒋伟才所在的蒋家湾和自己所在的寨子村距离不过七八里地，就记住了这位湖南同乡。在休整这段时间，蒋伟才拜访过夏楚中两次，两人叙家常、话抗日，夏楚中勉励他胸怀大志，报效祖国，做一代将才。

黎明时分，蒋伟才率残部再次发起进攻，不幸身中数弹，倒在阵地上，但他仍然大呼："弟兄们，我没有死，不要后退，要狠狠打击敌人！"

蒋伟才的愿望也许是为了激励部下攻入敌人的阵地。但是，他的这个愿望注定无法实现，2营依然没有后退，在一往无前地攻击敌人，终因敌我力量悬殊太大，他们不仅没有攻入日寇的阵地，反尽数牺牲而丢失了自己的阵地。

第98师第292旅其他各部的情况跟蒋伟才营相似。一夜激战过后，全旅4个营自营长以下全部壮烈殉国。

一夜激战下来该旅再度被打残，兵力仅剩不到原来的三分之一，夏楚中异常悲痛，尤其令他悲痛的是湖南老乡蒋伟才为国捐躯。但是，这又是一个军人最好的归宿。夏楚中理解这点，没有忘记曾经对蒋伟才许下的诺言，交代身边的人，将蒋伟才的遗物全部交给亲属，并表示一定要将蒋伟才年幼的儿子抚养成人。

蒋伟才生于1909年，牺牲时年仅29岁。蒋伟才堂弟蒋径三，曾任国民党军第92师第275团1营营长，在广西与日寇作战中牺牲，堂兄弟俩同为蒋家湾村人，史称"一湾双烈"。蒋伟才遗孤去台湾后，得到了夏楚中的悉心关照。

次日，第98师第294旅按照预定计划接防阵地，继续与敌人战斗。第98师阵地当面，不足一公里处，其左翼是第9师，右翼是第160师，再往右是第6师周岩部及第32师。在向敌人发起总攻的意图遭到失败后，他们凭借坚固工事，与敌人打起了阵地战。他们无法攻入日寇的阵地，日寇同样无法攻入他们的阵地，双方形成了对峙。而发动总攻之广西部队很快因受到敌人的重大打击而不得不停止总攻企图。相持局面持续到11月9日，日寇由金山卫登陆，威胁到中国军队的侧背，迫使中国军队不得不全体撤离淞沪战场。

第98师剩下的事就是按照命令撤离战场，进入预先修筑的国防工事节节抵抗。可是，掌管进入国防工事钥匙的保长们逃跑了，他们找不到进入工事的钥匙，加之日寇追击甚紧，不得不放弃进入国防工事的意图，继续向皖南方向撤退。

纵观第98师这次重返战场，虽说没有打出声威，却一样有很多可圈可点之处。特别是在第21集团军全体反攻的时候，夏楚中能够针对日寇的作战特点与阵地构成，采取类似车轮战的战法，进至南北梅宅，并迫使当面日寇无法取得进展，稳定了战线，没有造成中国军队全面溃败的局面，功不可没。导致他们不能像前期作战行动中一样出彩的原因，不在他们自己，而是白崇禧制订的反攻计划本身存在很大缺陷。

白崇禧认为最好的防御是进攻固然很有道理，可是，在日寇的军事实力比中国军队更强大的情况下，他既没有事先使用有限的海空军力量与炮兵压制敌人的火力，又没有从敌人的薄弱处选择好突破口，三没有控制足够的预备队，四没有构成对敌突破的重点，从而导致了中国军队难以发扬火力、与日寇形成了顶牛式的强与强的硬拼、在第一线部队伤亡惨重的时候无法增援补充、不能一下子集中绝对优势的火力突破敌人的防线。最后，在强与强的硬碰下，最强的一方肯定是胜利者。这一仗导致的直接后果是：中国军队伤亡惨重，当日寇从金山卫登陆后，无法抽调出足够的兵力阻挡敌人，最终全面溃退。

无论怎么说，第98师在整个淞沪战场上，拼尽了全力。作为第18军的一个重要成员，它承袭了该军顽强拼搏，不顾牺牲的作风，给日寇以巨大打击。

3章 第11师罗店筑磨坊

第11师是陈诚起家的资本,第18军发展壮大的摇篮,继而在整个土木系中具有难以撼动的特殊地位。无论什么样的战争,无论战争打到什么程度,无论第18军旗下的编制多么变幻无常,第11师从没有脱离过该军编制序列,土木之不可分拆,比自宋朝流传至今的焦赞离不开孟良还要牢固。它们融为一体,休戚与共,在国民党军队系统里打造出了一个其他军队望尘莫及的神话,以至于这样一个说法流传甚广:刚从军事院校毕业的低级军官宁愿去第18军担任排长,也不愿去其他各部队担任连长。事实亦是如此,因为任何人一进入第18军,对以后晋升职务将会有极大的好处。作为第18军最基本的力量,第11师尤其如此。无论是谁,有过该师的任职经历,更是意味着日后前程辉煌。但是,前程绝不是仅仅在这个师里呆过就会自然降落到每个低级军官身上,它需要用自己的军事才华与顽强的战斗经历博取。在这个师乃至这个军呆过,只不过是给低级军官提供了一个很好的可以展示自己的平台。

俗话说,树大招风,第18军与第11师为低级军官提供了快捷的晋升机会,着意于培养壮大自己的实力,势必会引起其他各部的防范、猜疑、嫉恨,乃至公然作对。即使它们的后台老板是蒋介石的心腹爱将陈诚,也无法避免。后来,因为枣宜会战失利,国民党军政大员在何应钦的鼓噪下借机发难,对陈诚以及时任第18军军长的彭善群起而攻之,迫使军事委员会不得不采取丢车保帅的办法解除了彭善的军长职务,就说明了这一点。

在淞沪会战爆发之际,第11师师长正是彭善。他自率领第11师进入淞沪战场以来,一直到会战结束之整个战役过程中,指挥第11师把自己打残了多次,就地补充了多次,从来不曾下过战场。尤其是在具有血肉磨坊之称的罗店之战中,他指挥人马与兄弟部队一道,与日寇展开反复拼杀,打残了自己，也打残了日寇，在抗战史上，写下了悲壮而又辉煌的篇章。

第11师是8月18日傍晚抵达上海大场郊区的。在此之前，该师担负粤汉铁路的护路任务。卢沟桥事变后，日寇占领了平津，随即大举南下，妄图侵占华中，情势非常危急。这时，南京最高军事统帅部不得不从各地调兵遣将，命令他们前去华北战场阻击日寇。第18军军长罗卓英接到了这样的命令，立即指令第11师于8月9日率部先北上增援华北，第67师、第14师依次跟进。当第11师即将到达保定时，适逢上海战事爆发，南京最高军事统帅部遂改令第18军前往华东地区作战。第11师接到命令后，即刻开往上海。

第11师进入上海之际，恰逢中国军队对日发动全面进攻的前一天。张治中已为翌日的全面攻击做出了部署，手头缺乏足够的预备队，便将第11师当作总预备队，令其进入江湾市中心市区。

第二天，日寇的第1批增援部队抵达上海。张治中原以为凭着手里的兵力一旦率先对敌发动攻击，就可以一鼓作气消灭驻扎在上海日租界的日本海军陆战队，然而，接连三次来自南京的暂缓攻击命令，让部队进攻丧失了先机，致使日寇有了充足的准备，攻击部队遭遇到日寇的强力阻击，进展异常缓慢。这时，敌增援部队陆续抵达上海，无疑使得中国军队的处境越加窘迫。在这样的情况下，张治中不得不从留作总预备队的第11师中抽调第31旅归第87师指挥，加入对日寇的攻击行动。第11师对日寇的首战即将开打。

事实上，当第31旅做好战斗准备，向战场前进时，刚刚抵达张行，日寇从日本本土开来的第二批增援部队就已经驶入上海附近的海面，一部兵力正在张华浜登陆，他们接到新的命令：火速阻击业已登陆之敌。旅长王严即令第62团3营（营长何慕侯）先行出击。该营抵达张华浜后发现日寇第3师团第6联队的先头部队已经占领该处，便立即向日寇发起进攻。

第11师与日寇的第一场战斗就这样开始了。这是一场不期而遇的战斗。

8月23日凌晨，第11师第31旅第62团3营向日寇发起进攻，立即遭到了敌人的疯狂反击。这时，日寇后续部队陆续到达。3营官兵们冒着敌人海空火力的凶猛攻击，与已经登陆的日寇反复争夺，伤亡惨重，被迫退回张华浜车站附近收缩阵地，继续拼死抵抗。

关键时刻，团长余子温率领1营、2营全部抵达战场，立即指挥全团人马冒着日寇的猛烈海空火力奋力阻击正朝3营展开攻击的日寇。在该团官兵的英勇阻击下，不仅顶住了日寇的进攻，而且于11时左右将进犯之敌击退。

此时，日寇第二批增援部队相继在川沙口、狮子林地区登陆，对正在进攻的中国军队形成了极大的威胁，张治中立即抽调第98师向狮子林方向前进，派遣第11师向川沙口方向攻击前进，消灭登陆之敌。张治中是冒着敌机的不断轰炸扫射从南翔司令部前往江湾亲自向彭善下达这项命令的。

天空中不断有敌机轰炸扫射，部队根本无法行动。如果是其他部队的指挥官，接到命令后，决不会反问指挥官。彭善却不一样，他是第11师师长，在第11师以及第18军的长期浸润下，已经养成了目空一切、以自我为中心的傲慢性格。一接到命令，他就立即反问道："简直炸得不能抬头，怎么办？"

张治中亦非善辈，严厉地呵斥："不能抬头也得走，难道我能从南翔一路冒着轰炸走到江湾，你们就不能从江湾走到罗店吗？"

碰到如此不讲情面而且背后有蒋介石作后盾的司令长官，彭善再也无话可说，不得不带领人马奔向罗店。这时的彭善绝对没有想到，在第11师的军史以及他个人的军旅生涯上，罗店将成为他们被人永远谈起的话题。在这里，受军长罗卓英的委托，彭善以该师师长的身份，甚至可以指挥第67师等其他兄弟部队，把罗店变成一座磨坊，磨掉了无数中国军队与日寇的血肉；在这里，一寸山河一寸血是中国军队英勇抗击倭寇的真实写照。

彭善，字楚珩，1901年出生，湖北黄陂人。陆军军官军校第1期毕业，毕业后进入黄埔军校任职。后在教导第3师任团附，当该师被陈诚收编为第14师后被任命为代理团长。1932年11月升任第41旅上校副旅长。1933年3月升任第52师第155旅少将旅长。同年8月，第155旅改称第98师第292旅，他出任少将旅长。1934年1月升任第98师少将副师长。1935年6月兼任陆军整理处军官训练团营附。9月调任第67师少将副师长。1936年6月调任第11师少将副师长。黄维留学去职后升为第11师师长。

这时，彭善手里其实只有第33旅。他权衡了一下当前的军事形势，意识到以一个旅的兵力，即使一举收复了罗店，也难以坚守，便命令第31旅将阵地移交给教导总队第2团以及第61师第362团之后，火速归建；叶佩高之第33旅立即向罗店方向前进，准备消灭登陆之敌。

第33旅是冒着大雨向罗店方向前进。下午4时左右，师长彭善得知先头部队已经进至罗店东南的长浜车站，并与日寇登陆部队相遇。他立即命令部队做好攻击罗店的战斗准备，并亲率参谋长梅春华、参谋蒋中光等人抵达罗店以南之旅部指挥，另调师直属山炮营支援作战。

一切准备就绪，彭善下达了进攻命令，第33旅官兵立即向日寇奋勇冲杀。

担任主攻任务的是该旅第66团。团长胡琏，此时虽说没有多大名头，但以后在国民党军中是一个大名鼎鼎的人物，甚至连中共最高领袖毛泽东都称他狡如狐，提醒中共将领跟胡琏部相遇时，必须多加小心。

狭路相逢勇者胜。胡琏深知这个道理，决定在日寇来不及反应时，突然发动攻击，一举消灭当面之敌，然后朝罗店猛攻。

第66团，3营是主力，廖营长也是一员虎将。胡琏很信任他，就把主攻任务交给了该营。该营在做好了必要的准备后，在机炮连的掩护下，突然朝日寇发动攻击。日寇似乎被中国军队的突然攻击打懵了头，一直没有反应。3营官兵更加气势如虹地朝敌军聚集地冲去。然而，当部队冲到距离日寇聚集地不足100米的时候，日寇轻重机枪的子弹泼水般地打了过来，冲在前面的战士们立即倒在了血泊之中。

日寇的反应能力确实惊叹。在没有野战工事、没有战壕的情况下，突然遭遇了中国军队的攻击，他们很快反应过来，各依地形，布设好了火力点，给予中国军队极大的杀伤。

敌人的火力点一暴露，廖营长立即命令机炮连用迫击炮轰击日寇的轻重机枪阵地，同时，两挺重机枪也朝着日寇火力点猛烈地打了过去。在己方火力掩护下，廖营长带领预备队第3连朝着日寇的火力点冲了过去。

激战过后，3营成功地将日寇临时占领的据点全部围困起来。但是，据点内日寇强大的火力网仍然让3营的官兵们只能趴在地上，根本无法对据点发起进攻。

廖营长立即命令各连组织敢死队。敢死队员们拿着手榴弹，在轻机枪的掩护下，冲向日寇据点。

眼看着敢死队距离据点越来越近，日寇的机枪突然加大了火力，有3名敢死队员当即倒下。掩护的轻机枪朝着日寇机枪射击，子弹从射击口打了进去。日寇的机枪忽然哑巴了。敢死队抓住这个机会，再次发起了冲锋。轻机枪射手们不敢大意，枪口纷纷对准日寇的各个射击口。一个敢死队员冲到了距离据点20米的地方，开始朝日寇的射击口投掷手榴弹。但手榴弹刚投掷出去，他就被敌人的机枪击中，整个人倒在地上。另一个敢死队员立刻趴下来，慢慢地朝着日寇据点爬行过去。这时，从据点旁的一道壕沟里出现了一个端着步枪的鬼子兵，一颗子弹击穿了敢死队员的胸膛，他趴在地上不动，过了一会儿，突然站了起来，拿着几颗手榴弹，朝着据点跑了过去。日寇的子弹毫不留情地打在这个敢死队员的身上。敢死队员拼尽了最后的力气，扑在了据点上面，手榴弹缓缓地冒着烟雾。剧烈的爆炸响了起来，日寇据点炸塌了，敢死队员连具完整的尸体都没有留下。

然而，战斗还没有结束，十几个日寇端着步枪仍然耀武扬威地站在阵地上。廖营长一声呐喊，跃出阵地，端着步枪冲了过去，战士们紧跟在他的后面，向敌人冲去。两军一下子就杀在一起，此时日寇的武器优势就发挥不了了。

怀着对敌人的刻骨仇恨，第33旅官兵如下山猛虎一般，在日寇的阵线上肆意冲杀。激战几十分钟后，日寇在肉搏战中不敌，再也坚持不住，轰一下垮了下去，留下了一地的尸体。

此战日军伤亡数百人，被生擒三人，还有一名工兵上尉被击毙，余者狼狈退出罗店镇，进入罗店镇北面陆家村一带的村落里。

入夜后，第66团在胡琏的率领下，乘胜进击陆家村，将占领该村的日寇全部逐退。至此，中国军队全部收复罗店。这是中日两军围绕罗店进行的第一次拉锯战，也是第33旅乃至第11师第一次收复罗店。

在这次收复罗店的行动中，33旅的将士们击退了日寇后，发现日寇煮着饭的行军锅就扔在大街上，饭还没有煮熟，可见日寇退出得多么匆忙。

在打扫战场时，他们在打死的工兵上尉尸体上发现一份作战地图，上面标注了进攻路线，由此国军知道日本第11师团主攻方向就是罗店。

这一仗，中国军队亦付出了巨大代价。冲锋在前的敢死队员数百人基本没有幸存者。战后检查他们的遗体，发现他们很多人直到战死还保持着冲锋和投掷手榴弹的姿势。有的拿着已经打开盖的手榴弹倒在地上，人还保持着投掷的姿势，埋葬烈士遗体时，怎么也取不下这枚手榴弹，因为抓得太紧！有的阵亡时还保持着怒发冲冠的冲锋姿势，一只手撑着地往前爬，而胸部早已被子弹击穿，观之让人忍不住流泪！

成功地收复罗店后，师长彭善不会忘记夸耀一下第11师的战功，立即拿起电话，向张治中报告了战果。张治中兴奋地表扬说："你们打得好，打出了中国军队的威风！"同时提醒他说，"敌人是一定要来争夺罗店的，你们一定要寸土不让，像钉子一样钉在罗店！"

"长官放心，我们一定寸土不让！"彭善坚定地回答。

为了巩固战果，彭善当晚便发动部队挖交通壕。这时天气十分炎热，官兵们挥着铁锹、洋镐，高呼着号子，挖刨着泥土。彭善到各营指导士兵们，要他们挖成"之"字形战壕，便于隐蔽。

没过多久，日寇果然卷土重来，分三路各约千人的部队，搭配装甲车，准备夺回罗店。其中，西路日寇约有1 300人，伴随5辆装甲车，携带山炮数门，沿浏河至大场公路直扑罗店而来。

据守在罗店西北长桥的第66团8连首当其冲，成为日寇的第一攻击目标。由于兵力悬殊，胡琏命8连不要死守，以奇袭和埋伏的方式迟滞日寇，跟他们玩捉迷藏。该连便按照胡琏的命令，放弃长桥，与日寇展开游击战。此举果然奏效，让日寇主力无法快速前进。不过，日寇主力却乘机钻隙迂回，接近了第66团的团部小石桥和第33旅旅部的罗店站。叶佩高旅长赶紧组织旅部官兵，人人执枪上阵，利用旅部所在地罗店站的房屋和围墙，抗击日寇，并命第65团团长朱鼎卿率部前来支援。

朱鼎卿团长接到命令后，立即下令所属三个营各留下一个连在原阵地防守，副团长曹金轮率1、2营主力进攻潘宅、十里长街，打击日寇进攻部队侧后方，他亲自率领第3营前往小石桥和罗店站救援。

第65团的救援行动很成功，一个营的兵力加入到小石桥和罗店站方向，不仅改变了敌我双方力量的对比，而且改变了双方的作战态势。经过2小时的激战，日寇在第33旅前后夹击下溃不成军，丢下了200多具尸体和3辆装甲车残骸，便夺路而逃，分别向罗泾、川沙、盛桥方向逃命。中国军队随即展开追击，直到23日子夜，罗店附近的枪声才逐渐平息下来。

次日，军长罗卓英率领军部指挥机关来到了战场，召集旗下各师旅长以上将领开会，带来了他们的老长官、土木系精神领袖陈诚已经出任第15集团军总司令，即将率领他们在淞沪战场上与日寇拼杀（实际上等于是脱离了张治中的指挥）的消息，令每个与会人员都感到格外振奋。紧接着，他们在全面检讨了对日作战的经验教训，分析了日寇的攻击方向以后，罗卓英决定调整各师的作战任务，命令第11师由月浦、新镇一线向川沙口出击。

这样一来，第11师听命于张治中的短暂日子结束了，该部重新归属第18军领导。面对自己的老长官，无论罗卓英给出什么样的任务，彭善都不会发任何牢骚。把防守罗店的任务交给刚刚抵达战场的第67师，彭善便将自己的第33旅和第31旅分别编为左右两翼，附以炮兵第16团，在马家宅附近进入阵地,逐次向五斗泾、新镇、月浦一线推进。8月25日凌晨3时左右,各部沿着预定路线推进至月浦及附近地区。随后,彭善命令各部开始攻击前进。

这时候,侦察人员报告,有一部日寇正绕道朝新镇方向攻击前进。彭善判断,第11师师部极有可能与该股日寇遭遇,立即命令各部火速回援,共同消灭该敌。

第11师第31旅第62团率先赶到师部所在位置新镇,立即修筑简易工事,准备抗击日寇的攻击。上午8时许,日寇进入第62团阵地跟前,即刻向该部发动猛烈冲击。这时候,第31旅第61团回援赶到,彭善即令第61团1营驰赴顾宅西侧阻击来犯日寇,余部构筑工事拱卫师部前沿。经过第62团与第61团1营奋勇反击,当面日寇攻势暂时停顿下来。

随后,鉴于第11师第33旅即将抵达战场,彭善采纳该旅旅长叶佩高的意见,命令第31旅旅长王严指挥该旅第62团固守新镇;第61团绕至当面日寇之右侧;以正在回援的第33旅第66团改道西线桥、北顾宅袭击日寇左侧;意图夹击该股日寇。第65团则作预备队使用。

中国军队正在调整部署之际,日寇再度向新镇发动进攻。第62团在顾宅一线层层阻击,让日寇寸步难进。日寇不甘心就此失败,组织数波援军,甚至想迂回新镇包围该团,但被在该团侧面防守的第61团打得抱头鼠窜。上午9时半,日寇在聚源桥之主力再派1个大队前来助攻。叶佩高旅长得知情报,命第66团1营在朱湾塘设伏,一举击毙了日寇军官小林义正大尉和岩井一郎中尉等80余人,并生擒5名士兵,俘获一批武器。残敌只能向西线桥逃回。第33旅乘胜追击,再克西线桥。

这时候,彭善见新镇附近日寇分散各地,孤立无援,命令旅长王严率部从第62团正面出击,将来犯日寇全部赶回出发阵地聚源桥。中国军队攻势凶猛,日寇无力抵抗,不得不后撤至聚源桥。

这样一来,聚源桥就聚集了日寇第43联队2、3大队。彭善觉得向敌人发动最后攻击的时刻来临,决定利用第11师优势兵力围歼此股日寇,下达了总攻命令。在该师官兵拼死冲杀下,这批日寇终于遭到击溃,留下了近800具尸体后,残敌逃入尤家楼。这一仗,第11师再度打出了威风,打出了战果,不但让日寇第11师团和第3师团会师的梦想随之破灭,更全歼了超过一个步兵大队的兵力,极大地鼓舞了中国军队的士气。

战后,罗卓英军长在致彭善师长的信中说道:"第11师本日(25日)

在新镇一役中,再次予敌重创,既挫敌焰,更扬我威,诚为对淞沪会战有重大价值之胜仗,殊堪嘉许。"

敌人被打退,彭善错误地估计敌人退却后,当晚不会再进攻,除留一个营监视敌人外,其余部队都撤到徐行休整。谁知敌人只稍稍休整后,便于半夜时分发起了进攻。一个营的兵力在暴雨般的炮弹、炸弹的攻击下,死死地坚守着阵地。这一次,松井石根为了再度攻占罗店,向罗店方向增援了两个联队的兵力。敌人依仗大炮和兵力,压碎了该营的阵地,立即向罗店狂奔而来,接连向第67师201旅把守的阵地发动了5次进攻,一口气攻占了罗店大部。

彭善心知不妙,赶紧派遣部队向罗店方向增援。

8月26日上午7时左右,日寇为了全面攻占罗店,两个联队的兵力全体出动,对把守罗店一隅的中国军队再次发动攻击;同一时刻,第11师和第67师各出动两个营向敌人发起了冲锋。

双方在罗店的东边迎头相撞,很快绞杀成一团。喊杀声、惨叫声、枪械的撞击声响成一片。彭善为了迅速解决战斗,果断地命令预备队投入战斗。敌人在中国军队的攻势下,渐渐不支,前面的被分割包围,后面的吓得向后逃窜。不到10分钟,被包围的敌人被消灭了。彭善命令部队打扫战场后,暂时休整待命。谁知,敌人的步兵后退了,炮兵却向中国军队发起攻击,一发发炮弹在中国官兵中爆炸,官兵伤亡大半,团长李维藩、2营营长魏汝谋负伤,1营营长张培甫阵亡。

敌人炮袭过后,步兵又发起了冲锋。中国守军官兵伤亡太大,无力反击;第67师第201旅旅长蔡炳炎壮烈殉国,罗店遂全部落入日军手中。

罗店丢失,震动了南京最高军事统帅部,蒋介石打电话给陈诚,以最严厉的口吻逼迫第15集团军火速收复罗店,否则军法处置。

罗店的战役意义太过重要,即使不需要蒋介石的命令,第18军乃至15集团军也会集合全军的力量,重新夺回罗店。当陈诚、罗卓英接到蒋介石的命令后,更是不敢怠慢,即令第18军各部:

一、全军以歼灭突入罗店之日军为目的,决定对该敌于28日拂晓前展开三面围攻,力求全歼。

二、第98师第292旅自南长沟、潘宅之线向罗店东北展开进攻,左翼与第11师密切协同。

三、第14师以一个旅自曹王庙方向对罗店西北角进攻,右翼与第57师密切协同。

四、第11师从罗店的东面的坍石桥与南面的白房子等处,向罗店日军核心阵地进攻,左与第67师,右与第98师第292旅密切协同。

五、第67师应固守现阵地,竭力阻止牵制当面之日军,使其他友军部队能够顺利进攻。

六、由第11师彭善师长担任此次进攻任务之前敌总指挥,统一指挥各部队作战行动,前进指挥所设在罗店西南方的第67师三官殿师部内。

为了让彭善懂得这次作战的重要性,罗卓英对彭善施压道:"如果不能收复罗店,你就自裁吧。"

接到命令后,彭善即刻展开行动。其中,给第11师的任务是以33旅为主攻部队,并附以师直山炮营、重迫击炮连、配属给第11师的炮兵第16团8连、师直工兵营,在第18军其他各师的配合下攻占罗店;为了减轻第33旅正面压力,命令第31旅在其侧翼对罗店东南地区进行佯攻,试图吸引日寇兵力。

8月27日,担任主攻任务的第33旅按照预定计划向盘踞罗店之敌发起了猛烈攻击。经过一个半小时的激战,第65团一举攻克龚家宅、李家宅等地,并击毙日寇第43联队第2大队大队长冈田少佐以下300余人,之后乘胜追击,向白房子、罗店站猛追逃敌;第66团则攻下了周家宅、马家宅等地,击毙日寇第43联队第3大队中队长板仓大尉以下近400人,随即再下潘宅、坍石桥,与左翼的第65团一同突入罗店镇内。入镇后,在黑暗中与日寇展开巷战。日寇抵挡不住,逐渐放弃阵地,向罗店西北角退却。

这时候,第31旅也插入罗店以北之陆家村,切断了罗店日寇与其主力部队的联系。

战事发展到这个地步,中国军队似乎再度攻占罗店已成定局。

然而,日寇同样深刻地认识到了罗店的重要,绝不会将罗店拱手送给中国军队。一旦被中国军队赶出罗店,日本方面立即派遣增援部队在飞机大炮的配合下对攻进罗店西面的第11、第67师猛烈反扑。

天一亮,在日寇舰船、飞机、大炮的猛轰下,第33旅官兵死伤枕藉。紧接着,日寇大批援军开进战场,使得我军虽拿下了罗店四分之三的区域,但西北角之敌却站稳了脚跟,怎么样都撵不出去。而原定要来增援的第31旅，因第98师第292旅陷入危机，被彭善派去解围，这样第33旅形成孤军奋战的不利态势。

旅长叶佩高审慎度量情势，决定暂停进攻，先以主力固守现有阵地，等待援军到达后再行发动进攻。于是，他命令第66团主力赶紧构筑工事，转入防御，3营据守坍石桥、龚家宅、李家宅等地，与第31旅留在大小竹园、五斗泾之部队联成一气，防止日寇向其后方钻隙；第65团则据守罗店站、白房子、小石桥等要点，同守在罗店西南小堂子、高家宅的第67师密切联系。

此时，罗卓英来到三官殿的军前进指挥所，得知目前的战况后，即令彭善师长指挥第11师第31旅和第67师第292旅，务必尽全力阻击日寇由尤家楼、聚源桥一线前来增援的部队，并切断罗店镇日寇对外公路交通，使其不能获得补给；命第67师李树森师长率领第398团和第401团，分别由罗店镇和小石桥进入第65团现有阵地，由李师长指挥第67师和第11师第33旅，统一围歼罗店西北角之日寇；另调第51师运至嘉定城东之澄桥镇集结，命第6师第16旅推进至施相公庙，策应第67师作战。

第65团团长朱鼎卿等到友军第401团前来接防以后，立即命令该团全体官兵向罗店镇内集结。

随即，李树森、叶佩高等高级将领召开作战会议，定下了歼灭罗店之敌的作战方案：以第66团阻击从聚源桥、尤家楼前来支援的日寇；由友军第401团阻击来自公路之敌；由第65团和友军第398团充当攻击主力，围攻盘踞罗店西北角之日寇；攻击时间定于8月28日上午9时。

预定时间一到，各部立即向当面之敌展开攻击。第11师第65团和友军第398团官兵奋勇出击，但日寇炮兵火力强大，飞机又不断前来助战投弹，使得进攻部队寸步难进，激战终日，两个团的主攻部队没有取得任何进展。与此同时，担任阻击任务的第66团和友军第401团也分别在各自阵地面前和增援的日寇拼命交火。一时间，罗店内外到处都是激烈的枪炮声。最终，进攻部队虽然毙伤了日寇500余名，自身亦遭受了近400人的伤亡，其中第66团3营营长王仲彬少校不幸牺牲。

在此后数天的战斗中，中日军队一直处于胶着状态。

这就迫使日军的松井石根向其大本营报告说：

"第3、第11师团自8月23日分别在吴淞、川沙登陆后，虽居有利态势，却因兵力不足，兼之中国军队抵抗极其顽强猛烈，已使我军伤亡4 000余人，仍无进展，未能达成占领上海以北要地之任务。值得注意的是，该方面使用了中国军中最精锐的陈诚指挥的第11师和第14师。我军需要给当面的中国军队以更大的打击，因此判断我军的兵力最小限度也要5个师团，当前最重要的是紧急调第14师团和天谷支队神速到达。"

日寇集中众多兵力未能拿下罗店，焦急万分，急切地向大本营请求增援。中国方面的情况也相差不多，罗店迟迟拿不下来，军事委员会委员长蒋介石忧心如焚，一再向第15集团军总司令陈诚施加压力。

其实，陈诚何尝不想尽快收复罗店？可是，他非常清楚，中国军队与日寇相比，完全不在一个档次，能以血肉之躯打成目前的样子，第18军，特别是第11师已拼尽全力。不管怎么说，他还是希望赢得战争，决心利用日寇阵地未固，且分兵进攻宝山、月浦、杨行之际，再度命令部队向罗店发动进攻。

8月30日，陈诚发布《淞、沪、浏、嘉、宝附近围攻计划》，将围攻并收复罗店的任务仍然交给了第18军。这一次，为了顺利拿下罗店，陈诚甚至给罗卓英下了命令："不惜任何代价收复罗店，就算第18军全部拼光了也在所不惜！"

从9月1日起，第18军再度打响了进攻罗店的战斗。这是第18军第3次反攻罗店。吸取了前2次攻击罗店的经验教训，第18军自从发动进攻的那一刻开始，就没有停歇下来，日夜不停地对日寇实施攻击。到了9月5日，进攻部队虽说未能收复罗店，却已经缩小了对该镇的包围。

从6日开始，中国军队除了仍以第18军为主攻部队外，还调集了第51、第56、第58师参战，对罗店发动了第4次攻势。当天晚上，第11师与第14师即已完成了对罗店的包围。罗卓英大喜，立即下令第67师第201旅出击，亦向罗店镇进攻，试图一举完成收复罗店的任务。但是，在日寇猛烈的炮击下，该旅前进受阻，攻势陷入停顿。

更加严重的是，这时，宝山已经落入日寇之手，包围罗店的第18军各部侧背受到了敌人的威胁。第18军各部尤其是担任主攻的第11师第33旅伤亡惨重，又没有援军。在这样的情况下，罗卓英被迫命令各部从9月7日起全部退出罗店。

在这次战斗中,第31旅旅长王严受伤,师参谋长梅春华暂时接替了该旅旅长职务。

此战,第33旅曾四次攻入罗店,后两次在孤军奋战的情况下曾一度收复罗店三分之二地域。其旅长叶佩高也因此战倍受第18军官兵景仰。在夺取罗店失败后第11师被部署在罗店东南地区,与友军遥相策应阻击来犯日军。

惊天地泣鬼神的罗店之战以中国军队的失败告终。其间,中国军队用他们英勇悲壮的抵抗行动谱写了一曲曲令人荡气回肠的赞歌。任何抽象的文字描写,都不能反映战场的实际,还是用罗店之战的参与者时任第11师65团1营营长林映东后来的回忆文章来叙说吧:

我军第67、第14师亦先后到达浏河以南塘口、广福、陈行、顾家宅之线,与敌人进行非常激烈的战斗。敌海军旗舰"出云"号和其他很多舰船已开进我吴淞口,我军在敌陆海空联合进攻下,伤亡极大。月浦之敌以一部牵制我师正面,其主力绕到我侧背进占罗店。罗店为通宝山、上海、嘉定、松江几条公路的枢纽,极为重要。我师对此改变了部署,以第65团和第66团进攻罗店,第62团协同浏河附近的第67师进攻月浦。师长彭善亲临指挥,以劣势装备攻击武器精良的敌人,官兵激于爱国热忱,同仇敌忾,士气极高,勇敢非常,与敌殊死搏斗。我师伤亡很重,全师阵亡营长4人。第67师第402团团长李维藩为国捐躯。我是第65团1营营长,亦负轻伤,但我不下火线。我率部抢先占领罗店以南三岔路口和李家集附近的要地,控制了罗店敌军的进出。这一仗虽未夺回罗店、月浦,但敌军遭到严重打击,伤亡累累,不能前进一步,形成了对峙局面。

罗店、月浦、浏河以南的敌人为了打通几条公路,消灭我军,侵占上海,不断对我军发起攻击。其战术大同小异,很少变化。在发动攻势之前,总在天蒙蒙亮的时候,以飞机对我阵地狂轰滥炸一阵,再升起气球,指示海军和陆地炮兵作第二次炮击,然后步兵才在坦克掩护下向我阵地进攻。我军制胜的法宝则是利用夜间控断公路,埋设地雷和集捆手榴弹,设置多种障碍物,纵深配备,埋伏两侧,不断袭击其哨兵,待其战车上来,使之陷入深坑,然后与其车后跟进的步兵拼刺刀,拼手榴弹,拼肉搏。这种歼敌战法,屡试屡效。白天我军则隐蔽起来。其时棉花梗已长得很高,敌人不易发现目标。散开在棉田里的士兵看到成群的敌机来轰炸,不但不害怕,反而说:"你看,老鸦又在下蛋了。"但对海军炮击有些顾忌,因为只听隆隆炮声,不知道炮弹投落在什么地点。有一次,一发炮弹落在我3连掩蔽部里,死伤一排预备队,连长被炸得只剩一条腿,惨不忍睹。

罗店、月浦、浏河以南的敌人,想达到预定目的,经常出动相当兵力攻击我阵地,统被击退,形成了拉锯战。有一次,敌人出动很大兵力,攻击我师正面,在海空军掩护下,来势很凶。我则利用不露头的交通壕隐蔽,待敌接近时,与之肉搏。敌步步紧迫,与我军扭打成一团,敌我不分,尸满战壕。顷刻之间,我师8次补充连排长,有的连仅存官兵10余人,但仍坚守,阵地屹然不动。

罗店之战结束不久,胡琏因为作战勇猛,升任第67师第119旅旅长,曹金轮接任第66团团长。

第11师接下来的战斗并不轻松。10月1日,第11师奉命向张家村、林家宅转移,并切实占领该处构筑工事。师长彭善以梅春华之第31旅先行出动,一面战斗、一面转进。在转移中,担任掩护任务的第62团1营1连遭到日寇突袭,该连官兵在战至只剩6人后仍坚持不退,与突入之日寇展开肉搏,最后全部壮烈牺牲。10月3日,第11师顺利完成任务。此后又与日寇第11师团第10旅团激战十昼夜。

10月18日,第3战区司令长官部为求击破已侵入蕴藻浜之日寇,决定对该处日寇进行一次攻击。第11师于21日晚由北朱宅渡河攻击,第31、第33旅分别于次日凌晨攻占中心阁与苏家宅。由于左右友军或遭受日寇猛攻或奉命救援,使得第11师孤悬敌后,遂陷入了日寇的包围中。罗卓英得知情况,急命第11师于22日突围而出,转移到嘉定南面的石岗门构筑二线阵地,这是该师自淞沪会战以来第1次撤下火线,不过由于战局紧张,无兵可调前线支持,第11师仅休息了一天,又加入了支援新泾桥、走马塘的友军作战行动。

10月24日,由于日寇突破蕴藻浜,进犯大场。第11师又奉命驰援。师长彭善以第31旅第61团守洪桥浜,第62团守刘家桥;第33旅第65团守裴家桥、顾家浜,第66团守洛阳桥、羊马巷。

次日正午,日寇第13师团以战车20余辆,掩护步兵5 000余人对第33旅防守之洛阳桥、裴家桥阵地猛攻。该旅官兵沉着应战、坚强抵抗,数次将突入阵地之日寇赶出。战斗中第33旅第66团团长曹金轮负伤，彭善以师部参谋主任彭战存接替该团团长职务。

从10月29日起，日寇开始强渡苏州河，第11师与第67师此时担任姚家渡、江桥镇至南翔一线的守备工作。第11师坚守的大场阵地曾被日寇数次突破又数次夺回，使得当面之日寇毫无进展。10月31日，奉命撤出原有阵地，转移至石桥、江桥镇占领新阵地，阻击日寇。11月7日，师长彭善奉命对日寇进行侧击，乃命全师于拂晓对日寇第13师团发动突袭。日寇遭袭措手不及，仓皇应战，于次日中午纷纷溃退。第11师第31、33旅则分别占领金家弄、丰庄。

11月10日晚，第11师转移至安亭驻守，13日又奉命转移至青阳港在铁路桥至吴淞江北岸间占领阵地。就在第11师占领阵地后不久，日寇第45联队即在飞机、坦克、大炮的支援下向该师阵地发动进攻。第11师第33旅与第31旅第62团奋力阻击，终于在午后击退日寇，击毙日寇大平大尉以下68人。入夜后由于友军阵地相继失守，第11师也撤离青阳港阵地转赴常熟集结。

4章 第67师阵上换将

在第18军序列里,尽管第67师是从第11师分离出来的,拥有跟第11师一样的血脉,但它却更为另类。

一般来说,如果一支部队里的主官位置出现空缺,通常情况下是把该单位的副职提拔起来,补充上去;当然也可以由上级领导机关直接指派人员前来接替。只是,后一种情况发生的比例不高。少量军事主官由上级指派是可以接受的,可是,战争年代,一个师级单位,在作战过程中,师旅两级主官不是阵亡,便是受伤离职,且全由其他师派遣人员过来接任,没有一个是该师人员直接提拔,就非常怪异了。这种怪异的事情恰恰就出现在第67师。

在战场上,主官殉职或受伤离任,如不是副职接任,或从该单位产生主官人选,而是从外单位调来人员接替,那么,接任者势必很难迅速熟悉该部的情况,更不可能在短期内把当面的敌情搞清楚,从而制订出符合实际的作战计划,率领部属投入作战行动,达成作战目的。这历来是兵法上的大忌。一个师级单位,师旅长相继空缺,全从其他地方空降过来,岂止是大忌,完全是不可想象的事情!

不可想象的事情发生了,就发生在第18军,发生在第67师。

那么,第67师师长、旅长的交椅又是怎样易手的呢?自从开进淞沪战场以来,第67师首先阵亡了第201旅旅长,由军部派遣第14师第84团团长杨勃接任该旅旅长;随后,师长李树森受伤离职,军长罗卓英派遣刚从德国求学归来的黄维接任该师师长一职;再后,第199旅旅长受伤,又由第11师空降第66团团长胡琏接任。在一场战斗中,第67师三次阵上更换主将,接替者均不是原师指挥官,不仅在第18军绝无仅有,就是整个国民党军中恐怕也不多见,甚至在全球的军史中都难以找到相同例子。

如果说此时接替第67师师旅长的人选都是第18军核心部队第11师以及次核心部队第14师的人员，还可以理解的话。那么，淞沪会战结束后，直到武汉会战时期，第67师仍然留在第18军编制之内，却一直受第23集团军领导，就更加不可思议了。不过，这时，该师师长早就不是黄维了，已经换成了莫与硕。也许是自知第67师是后娘养的孩子，莫与硕颇有些英雄气短，率领第67师官兵在第23集团军里，先后接受过第23军军长陈万仞、第50军军长郭勋祺的指挥，没有表现出丝毫的不恭与桀骜。这与夏楚中、彭善对待张治中的态度大相径庭。

第67师之所以得到如此待遇，当然不是因为它是第18军收编的杂牌部队。事实上，第67师是因为第11师编制过于庞大，而从第11师分离出来的，打从一开始，就是纯正血统的土木系人马。而在陈诚牢固地掌控第11师以前，第11师却是名副其实的杂牌部队。陈诚掌控了它，对它实施了彻头彻尾的改造，把它变成了陈诚自己的嫡系部队，随后把它升格成第18军，这时候的第18军就是第11师。后来，陈诚采取收编杂牌部队以及其他蒋介石嫡系部队的做法，使得该军不断扩大成若干个师，把所有归于第18军旗下的部队都变成了陈诚的嫡系，发展为国民党军中实力最强的土木系。

该师师长李树森，黄埔1期毕业，史料上对此人记述极少。与第18军之第11师、第14师一样，在淞沪会战还没开打之前，第67师原本在广东韶关一带驻扎，却因卢沟桥事变爆发，接到命令，准备随同第18军其他各师一道去华北战场抗击倭寇。后来，淞沪发生战事，第67师突然接到命令，改去上海，立即以第201旅为先头部队，第199旅随后跟进，开赴上海战场。

第201旅抵达上海的时间是8月24日，恰逢第11师把登陆日寇从罗店赶出去，并准备扩大战果乘胜追击之际。旅长蔡炳炎随即奉命接替罗店的守备任务。

8月25日凌晨，遵照第18军前一天晚上旅长以上军事会议关于第67师以第199旅向浏河西进，第201旅一部固守罗店，主力向尤家楼出击，配合第11师作战的决议，第201旅旅长蔡炳炎抽调出4个营的兵力，由副旅长兼第402团团长李维藩指挥，配合第11师攻击登陆日寇；他自己则亲自率领第401团2个营的兵力，与该团团长朱志席一道在罗店担任防守任务。这样一来，第67师走上抗日战场之后与日寇的第一场战斗即将由第402团打响。

李维藩是一个很有进取心和爱国心的军官，早就等着在战场上与日寇进行血与火的搏杀，接到命令后，立即率领第402团按照规定向被第11师从罗店赶出而退入尤家楼的日寇发动攻击，试图用猛烈的进攻将日寇赶出阵地，取得一次漂亮的胜利。然而，事与愿违，第402团的攻击遭到了据守该地的日寇强力抵抗，部队伤亡很大，多名高阶军官阵亡，乃至副旅长兼第402团团长李维藩上校也为国捐躯，部队立刻呈溃败之势。第67师在淞沪战场上与日寇第一次作战行动就这样画上了悲壮的句号。

首战即以损失一员大将、伤亡大量官兵的代价告负，师长李树森心里十分震惊，深知不集中力量，将难以应付敌人，向军长罗卓英汇报战况并征得同意后，立刻命令原本要赴浏河的第199旅回转罗店，将第402团撤下火线整补。

第201旅第402团进攻受挫，反而激起了日寇的猖狂气焰。日寇随即兵分数路向罗店组织反扑，其中一路日寇约莫1 000余人，附炮4门，由尤家楼向新镇急进，很快就冲到了中国军队面前，与在新镇的第11师和罗店的第67师第201旅旅长蔡炳炎、第401团团长朱志席带领的两个营的兵力刀枪相向，面对面地展开厮杀。

日寇与第401团官兵的厮杀凭借的是优良的武器装备。他们在海空军火力支持下，接连不断地朝第401团把守的阵地——陆家村至白房子一带发动猛攻。密集的子弹、炮弹、航空炸弹瞬息间将中国军队把守的阵地吞没。

蔡炳炎十分清楚战场上的情况：官兵们依托被日寇炮弹与航空炸弹炸得很不像样的阵地，顽强地阻挡日寇步兵的进攻；不断地有人倒在血泊之中；多处阵地有被日寇攻破的危险。为了挡住日寇的攻击，蔡炳炎一边组织力量反击，一边向师长李树森电话求援。这时，李树森已命令第199旅两个营的兵力朝罗店方向收缩，告诉蔡炳炎援兵很快就会抵达罗店，命令他必须坚守下去。

第67师201旅401团团长朱志席把团指挥部设在最靠近前沿的地方，亲自督率两个营的人马英勇顽强地阻击日寇的进攻。由于兵力单薄，守军逐渐不支，部分阵地被日寇突破，情况万分危急。朱志席虽说明知旅长手上此时没有兵力，却还是向旅长蔡炳炎打电话请求增援。在得知增援部队即将到达后，一面督促官兵更加用心杀敌，一面迫不及待地向蔡炳炎多次电话询问援军的到达时间。

第67师第199旅两个营的援军终于赶到罗店。蔡炳炎喜出望外，决定亲自带领援军投入反击。当他率领援军冲进战场第一线时，坚守阵地的官兵已经伤亡过半。这批生力军在蔡炳炎的指挥下，经过数次肉搏，总算将日寇赶出阵地。

不过，日寇并不死心，午后即向第67师位于白房子右翼的陆家村阵地发起了更大规模的攻击。把守在这里的一个连的官兵全部壮烈殉国，陆家村再度落入敌手。

如果不把日寇赶走，这里就会成为日寇打进罗店的一个楔子，其造成的直接后果是第201旅很快会丢掉整个罗店。旅长蔡炳炎非常清楚这一点，因而决计不惜一切代价恢复左翼阵地。他除急电师长李树森再度请求增援外，亲自率领第199旅第398团2营以及旅部特务排向日寇发起反击，试图收复阵地。不幸的是，在激战中遭日寇狙击，蔡炳炎将军中弹身亡，成为第67师乃至第18军系列里首位也是唯一一位在抗战中阵亡的旅长。

蔡炳炎，字子遗，安徽合肥人，1899年1月出生。7岁入私塾，因家贫于10年后辍学，先以教书为生，后考入黄埔军校第1期2队学习。毕业后出任黄埔军校教导2团2营6连连长、国民革命军第3师8团8连连长、副营长、营长、第9军教导大队上校主任、国民革命军总司令部补充第5团团长、第1军3师8团团长、第2师5旅10团团长、第45师268团少将团长兼徐州警备司令、第1师参谋长兼开封警备司令、第18军军部参谋兼干部训练处副主任、安徽省保安处任少将参谋长、中将处长、中央陆军经理处任少将处长等职。他任职第18军干训班副主任期间，协助时任陆军整理处处长的陈诚整编全国军队，与陈诚结缘。由于他工作认真细致，得到了陈诚的赏识，使他于1935年12月，经陈诚提名，就任第67师第201旅旅长，成为土木系重要将领。

张治中很熟悉蔡炳炎。突闻蔡炳炎在罗店阵亡的消息，不由流下泪水，悲痛之时，为蔡将军填词一首，寄托哀思。

满庭芳·缅怀蔡炳炎

寡言少语，
忠厚老实，
离乡从军，
纵马横刀十余年；
尽心尽职，
淞沪战役挺身出，
高举抗日救国旗，

罗店战身先士卒,
功德传后世。

大敌当前,军中不可一日无将。蔡炳炎将军牺牲后,该旅旅长空缺,必须有人来填补这个空缺,才能带领该旅官兵继续与日寇作战。接替蔡炳炎将军位置的是从刚抵达前线的第14师挑选出来的。这个人是杨勃,时任第14师第84团团长。

杨勃这次从第14师第84团团长提升到第67师第201旅旅长岗位,是第67师阵上换将的第一次。紧随其后还有第二次、第三次换将。不过,后面两次空降过来的是大名鼎鼎的黄维和胡琏,就不像杨勃一样令人疑窦丛生了。

蔡炳炎殉国后,第67师第199旅派过来的后续援军陆续赶到,尽管他们接连向日寇发动了几次攻击,但这时的日寇已在陆家村站稳脚跟,进攻没有取得任何进展。鉴于援军已经不可能把日寇从已占据的陆家村赶出去,继续进攻只会徒增伤亡,他们只有退而求其次,转入战略防御不让日寇占领更多地盘。

中国军队停止了攻击,日寇却得陇望蜀,依托陆家村向罗店镇中国军队阵地发动猛攻。第67师官兵依托野战工事英勇抵抗,大量杀伤了武器装备精良的日寇,最后还是在日寇陆海空的联合攻击下,伤亡惨重,前沿阵地渐渐遭到蚕食,致使罗店镇的北半部落入敌手。随后,日寇因为强攻数次后也伤亡惨重,渐感不支,无力再作进一步攻击,两军便在罗店镇内的陆家村、十里长街一带处于相持状态,战线犬牙交错,枪声随处可闻。

第201旅旅长蔡炳炎、团长李维藩、营长张培甫捐躯,固然使罗卓英心情悲痛,但他没有时间悲痛,他应该为蔡旅长等第67师牺牲的烈士们正名,让他们含笑九泉。在充分研究了敌我双方的作战态势,判断了日寇的作战意图后,罗卓英决定将第11师调到罗店以东的顾家角、北塘口、马家宅占领阵地;第98师守备狮子林、新镇、月浦等地;第67师则继续死守罗店现有阵地;急令刚刚抵达上海的第14师前来增援。

26日晚,各部均已到达指定地点,形成了有利的对日攻击态势。罗卓英眼见得心里蓄谋已久的计划很快就要变成现实,心头泛起了一丝笑意。他立即命令第11师、第98师展开进攻,第67师固守现阵地,竭力阻止牵制当面之日寇,使其他友军部队能够顺利进攻。

经过一天的艰苦作战,第11师、第98师都取得了一些进展。这时候,不仅第18军旗下各师人马全部聚集在各自指定位置，为了歼灭登陆之敌，确保罗店的安全，第15集团军总司令陈诚上将命令陆续抵达上海归其指挥的其他各部协助第18军的作战行动。罗卓英知道，让第67师发威的时候到了，便来到三官殿的军前指挥所，亲自给师长李树森下达命令：第67师之第398团和第401团，分别由罗店镇和小石桥进入第65团现有阵地，由李树森师长统一指挥第67师和第11师第33旅官兵，围歼罗店进入西北角之日寇；同时命令第74军第51师至嘉定城东之澄桥镇集结；命令第6师第16旅推进至施相公庙，策应第67师作战。

李树森接到命令后，立即召集第33旅旅长叶佩高等人举行作战会议，分析敌情，讨论兵力部署，决定以第11师第66团阻击来自聚源桥、尤家楼前来支援的日寇，由第67师第401团阻击来自公路之敌，由第11师第65团和第67师第398团充当攻击主力，围攻盘踞罗店西北角之日寇。具体行动时间定在8月28日上午9时。

已经知道接下来的作战行动计划，第401团前来第11师第65团阵地接防时，第65团团长朱鼎卿立即命令本团全体官兵向罗店镇内集结。其他各部亦按照命令迅速进入了攻击位置。

攻击时间一到，两个团的官兵立即同时向盘驻在罗店西北角的日寇发起攻击。一时间，战场上枪炮齐鸣，愤怒的子弹与炮弹像布满天空的火焰，朝日寇席卷而去，大有一举把敌人化为灰烬之势。然而，炽烈的复仇火焰遇到了敌人祭起的灭火器，火焰与灭火器的较量惊心动魄。

日寇的反应确实迅速。中国军队一发动攻击，他们立刻就用猛烈的炮火压制中国军队的行动，同时又派遣飞机对中国军队进行轰炸和扫射，使得进攻的第65团与第398团官兵寸步难进；与此同时，日寇从聚源桥、尤家楼方向朝罗店派遣两路援军，试图与固守罗店西北角的日寇一道，对围攻罗店日寇的中国军队形成反包围，以彻底歼灭这里的中国军队。

一时间，第67师的进攻行动遭到了强大的抵抗。激战终日，进攻部队仍然没能取得丝毫进展。而担任阻击任务的第66团和第401团也与增援的日寇拼命交火，整个罗店内外都是激烈的枪炮声。此战，第67师毙伤了日寇500余名，自身遭受了近400人的伤亡，其中第66团3营营长王仲彬少校不幸牺牲。

入夜之后，日本海空军停止轰击，第67师似乎可以喘一口气，好好休息一个晚上，养足了精神，恢复了体力，等天亮后与日寇再度交锋了。但是，一向不喜欢夜战的日寇步兵却突然对其发动了反击，重点直指第67师在罗店西部的第398和第401团。

这时，白天进攻不利，本可利用敌机、军舰在晚上无法跟步兵密切配合之机夜里向日寇发动攻击的第67师官兵却因没有得到夜间作战命令，加之白天作战已极度疲劳，思想松懈，面对日寇的突然反攻，不由得颇为慌乱失措，仓促中组织起来的防御阵势很快就被日寇瓦解，全师官兵只有不断往后溃退。作为这次进攻行动的总指挥官，第67师师长李树森面对这样的情景竟然束手无策。关键时刻，附属第67师行动的第11师第33旅旅长叶佩高挺身而出，见日寇势不可挡，立即下令本旅第65团2营冲过去解救第67师。

第11师官兵的军事素养确实是第67师望尘莫及的。第11师第65团2营接到命令，立即取捷径迅速沿着日寇的追击方向冲去。他们刚刚抵达预定目标地域，第67师的溃兵已经逃了过来。2营迎了上去，迅速抢占有利地形，等待日寇冲到跟前，果断地朝日寇追兵开火，一下就把日寇的追击之势阻遏下来。

趁此机会，第398团和第401团收拢队形，撤至沈家湾、小堂子安顿整理。

日寇眼见即将歼灭第67师两个团的兵力，却突然遇到另一部中国军队的拦截，不由得恼羞成怒，索性把气全部撒在第65团2营身上，集中火力猛攻其防线，试图攻破他们的防线后，继续追击第67师。日寇的如意算盘差一点就成功了，2营因为没有时间修筑工事，武器装备又劣于日寇，禁不住日寇的猛攻，几个回合下来，人员伤亡惨重，多处阵地遭到日寇突破。全营顿时陷入被日寇分割包围的危险局势。在此千钧一发之际，第33旅旅长叶佩高亲率第66团1营增援，用勇猛的攻击把日寇的攻势挡住了，暂时稳定了战场局势。

本来为第67师歼灭日寇打下了很好的基础，没想到竟然把仗打成这个样子，军长罗卓英接到战况报告，对第67师师长的行为非常不满，立即打电话把李树森大骂一通，随即命令他亲自率领旗下另四个营的兵力以急行军的速度朝第33旅阵地方向前进，支持第33旅的作战。

这样一来，因为第398团、第401团的溃败，使得中日双方在罗店地区的作战行动，无形之中转移了作战的主要方向——第33旅成了日寇的主攻目标。

李树森接到命令后，不敢怠慢，立刻抽调四个营的兵力，亲自率领，急匆匆地前去解救。当时天降暴雨,又是晚上,视线极其不好,部队跌跌撞撞,行进起来异常艰难。李树森管不了那么多,一个劲地催促部队向前疾进。

队伍越来越接近第33旅与日寇对阵的战场,李树森判断了战场上的情势后,命令人马分开成战斗队形,从行进间向日寇发起攻击。然而,没等救援部队展开行动,他们的行动就被日寇发现了。日寇秘密调整部署,用机枪交织成强大的火网,突然朝李树森和他的人马打去。救援部队猝不及防,官兵一下子就倒下一片。李树森双眼冒火,立即组织人马展开反击。

一场异常激烈的战斗后,第67师伤亡惨重,师长李树森右臂重伤,第401团副团长汪兆霖为国捐躯。

第67师死伤惨重,再也承担不了攻击敌人的责任,罗卓英只有徒唤奈何,不得不下令第33旅坚守阵地,掩护第67师全面后撤。至于师长李树森,一则确实欠缺一个军事指挥官应有的反应能力,二则因为负伤必须离开指挥岗位,罗卓英正好可以解除李树森师长职务,另选良将。这样一来,第67师第二次阵中换将的时机来临了。不过,这一次,更换的不是旅长或者其他将领,而是师里的一把手、主将,套用现在的话说,就是换帅了。

罗卓英为李树森选择的继任者是大名鼎鼎的黄维。此人接任第67师长时,是与南京政府最高军事统帅蒋介石一块来到上海的。国民革命军将军如云,能够享有如此殊荣的,可谓不多。

黄维,江西贵溪人,1904年出生。童年时代读过几年私塾,13岁考进江西师范学校。后得到同乡、共产党人方志敏的热情相助,于1924年来到上海报考黄埔军校,初试合格,即赴广州参加复试,被正式录取,成为黄埔军校1期学生。黄维读书成绩非常优秀,毕业后留校在第3期入伍生总队任区队长,曾2次随蒋介石东征,以战功晋任连长。北伐时期,他先在严重任师长的第21师担任营长,在福建永安和浙江桐庐一带打败孙传芳的劲旅张贞和孟昭月两部的作战中,战功卓著,受到嘉奖,升任第61团团长;嗣后,在南京龙潭、栖霞山击溃孙传芳一役中,再次立功,在第11师成立时调该师任团长。1928年末,他进入陆军大学特1期学习,1931年毕业回到第11师,担任旅长。1933年,被提拔为第11师中将师长。为了提高个人军事素质,准备更长久的抗日战争,他于1936年末向上级提出准备赴德考察和研究军事的要求后,被选派赴德国陆军大学进修。因抗战爆发,他应召提前回国,于1937年8月28日回到南京。

黄维向军事委员会报到之日，正是第67师师长李树森在进攻罗店的战斗中受伤离队之时。军长罗卓英及第15集团军总司令、第3战区前敌总指挥陈诚，在淞沪前线得知其事后，以急电报请蒋介石任命黄维继任第67师师长之职。蒋介石立即予以批准，并于9月2日上午召见了黄维，垂询其在德国之所见和对当前中国抗战形势的看法。黄维畅谈了旅德8个月的见闻和观感后说道："日军虽强，却是蕞尔小邦，资源匮乏，无法久战，故对我行速战速决战略。校长采取全民总动员长期抗战、逐次消耗日军、蓄势反攻之方针，必能克敌制胜。现沪战正酣，请即派学生赴战。"蒋说"好！好！我已派你接替李树森任第67师师长，即随我赴沪"。中午留黄维与其一同进餐，并向黄维颁赠他的照片一张和几本书。在照片右上侧写有"培我同志"四字，落款为"蒋中正"。黄维一见便喜形于色，领悟到这是蒋介石有意用"培我"二字以昭示其寄望殷切的心意，从而使他不禁心潮汹涌，受宠若惊。

9月3日，黄维随蒋介石来到昆山，面见了顾祝同、陈诚、张治中、罗卓英，并一同到大场、刘行前线视察。当晚，罗卓英偕黄维来到澄桥镇第67师师部，向应召来此的各师、旅长传达了蒋介石视察后的指示，并宣布黄维接任第67师师长，同时下达定于9月6日夜攻夺罗店的命令。

就这样，黄维被罗卓英隆重推出，闪亮登场了。作为黄埔1期毕业生，很会读书的黄维并没有完全从书本上走出来，灵活地加以运用，而是把教科书当成了经典，几乎影响了他的一生。管理部队，打仗布阵，他都会不折不扣地按照教科书规定的程序一板一眼地来，似乎很少有变通的时候。不过，由于他对陈诚、蒋介石忠心耿耿，在国民党军中算得上是一员虎将，一直很受器重。

这一次，能够一回国就接任师长，黄维决心不辜负罗卓英、陈诚、蒋介石的栽培与信任，在与日寇作战的战场上好好表现一把，叫那些身材矮小、脚板异常的东洋倭寇一听到他的名字就闻风丧胆，因而，决计按照教科书的规定，先把他的思想灌输给该师每一个官兵，对该师进行一番整顿，使之脱胎换骨。

他是如何做的呢？时任第11师第33旅特务排排长王楚英回忆：

> 他向副师长、参谋长了解全师现状后，便由熟悉情况的参谋陪他连夜到前线巡视部队，次日中午才回到师部，吃完午饭略作休息后，又随

刘参谋长去师直属部队巡视。他经这一天一夜的深入巡视，对全师现况有了具体的了解，并在巡视中同官兵交谈时讲出了他的意见，提出应兴应革之要求。这样，他的战术思想、训练要求、管理目标、作战和指挥要领，便被官兵们了解，全师立即进行整顿补充和突击训练。他重点要求抓射击（特别是夜间射击）、手榴弹投掷、敌火力下接敌运动和地雷敷设；防御时的工事构筑与伪装、障碍和埋伏设置；防空和对空射击；夜间射击和战斗等等。黄维向来注重实际和实效、不讲形式，他关心官兵疾苦，勤于接触基层，素有"平民将军"的雅号。他到第67师时间虽短，效果却很好，在官兵心目中留下了很好、很深的印象。

部队的思想状况有了很大变化，军事技能在短时间即使没能得到大面积提升，但官兵们对日军作战特点均有了详细的了解。紧接着，黄维便按照罗卓英给出的攻击时间表制订作战计划、调兵遣将，准备在对日作战的首战中打一个漂亮仗。

9月5日，黄维来到马家宅会晤第11师师长彭善，根据此前在施相公庙一线防守不能参与攻击作战的情况，通盘考虑了第67师、第11师的现状之后，提出了如下作战方案：由第67师第199旅旅长李芳彬率第398团接替第14师顾家角的防务，他亲率第397团在第11师第33旅左翼进攻罗店。

彭善赞同黄维的方案。他们立即上报军长罗卓英，获得批准后马上付诸实施。

因为要率领第11师第33旅作战，黄维自然少不了要与该旅旅长见面，了解该旅情况，并与旅长叶佩高商量具体作战战术。

黄维与叶佩高见面以及此后的作战情形，引用王楚英的回忆如下：

我当时在第11师第33旅（旅长叶佩高）任特务排长。叶佩高同黄维曾在陆大同学三年，在第18军又是老搭档，私谊甚笃。他得知黄维已到师部，一种久别重逢的激情顿时涌上心头，叫我带两名卫士陪他赶去师部见黄维。他二人见面时那种热烈激动的情景，使一旁的目击者也受到感染。黄维仪表堂堂、更显儒雅，虽已30出头，外表却显得很年轻，一脸和蔼可亲的神态。彭师长见我呆立在门口，便招呼近前见师长。黄维微笑着点了点头，又继续同彭、叶二人谈话。这是我首次同黄维见面。

当晚，黄维同叶佩高一道来到浦宅第397团，由叶佩高介绍罗店的敌情、地形后，黄维则亲自指导该团实施侦察和夜袭准备。

9月6日午夜刚过，第397团的重机枪、迫击炮，从侧翼向敌阵地猛射，各突击队便乘机过河冲入敌阵，同敌短兵相接，逐屋争夺，血战至天明前完全占领了罗店镇内河南大片地域，敌弃尸287具，退踞河北岸，仍负隅顽抗。黄维、叶佩高、胡琏、朱鼎卿、覃道善等均随队在前线，正计划整顿态势继续向河北之敌进攻时，忽遭敌机10余架轮番轰炸扫射，兼之敌舰和地面炮兵对我猛烈轰击，我伤亡骤增。敌援兵三股各千余，在战车和装甲车前导下，分向罗店扑来，猛攻第397团和第33旅，战斗异常惨烈，形势对我不利。但黄维和彭善、叶佩高仍在火线指挥反击，一次次打退了敌军，激战至午后，战局仍未改观。罗卓英决定放弃罗店。

第18军第4次攻克罗店，又予放弃，演成罗店之战我军"四进四出"之局面。黄维认为："进攻罗店的战术和战斗技巧运用得当，指挥适当。只是对战场外敌军的反扑既缺乏预见，临战又处置不力，遂致功败垂成，可惜！"

9月7日，罗卓英下令停止进攻，各部回守原阵地。

黄维亲自指挥该师第199旅在顾家角与敌天谷支队血战至9月15日，击退敌多次猛攻，歼敌600余人，成功地掩护了第14师、第98师向后方转移，方回到施相公庙与该师第201旅会合，防守该地，与右翼的第11师一道同敌血战至10月5日，计20个日夜，不但始终坚守阵地，次次退敌，且歼敌1 000余人，生俘5人，缴获机枪8挺、步枪208支，击毁坦克4辆。第67师遂因伤亡过重，于10月5日调到嘉定休整。

后来，黄维带着2 000名久战沙场的官兵，奉命撤到昆山青阳港布防，又受命经无锡赶到宣城，补充了7 000多新兵和武器装备，便在洪林桥夜以继日地训练，黄维则不分日夜地下连队督导，第67师又迅速恢复了战斗力。

在前面的叙述中，第67师第199旅官兵在战斗中似乎不见了旅长李芳彬的踪影。其实，有师长黄维亲自指挥，旅长李芳彬确实只能算是一个配角，历来的舞台都是由主角占据的，不必为李芳彬难见踪迹感到惊讶。只是，在罗卓英命令部队停止进攻罗店后，第199旅在顾家角同日寇血战时，李芳彬受了伤，无法担起旅长的重任，第67师再一次到了必须换将的时候。这时候，师长黄维无疑是决定谁来担任第199旅旅长之中最有分量的人了。那么，谁在黄维心目中是旅长最合适的人选呢？这个人就是第11师第66团团长胡琏。

论胡琏在对日作战中的表现，担任旅长肯定能发挥更大的作用。可是，他并不完全是因为其在作战中的表现获得晋级的。原因很简单，果真如此的话，在旅长蔡炳炎将军为国捐躯的时候，接任该旅旅长的就不是从第14师空降来的连一个日本人都没有看到过的杨勃，而是已经跟日寇血战好几天、立下功勋的胡琏。这次的提升，主要原因恐怕是他是黄维的老部下，黄维了解他；在第67师与第11师联手攻击罗店时，黄维又亲眼目睹了胡琏指挥官兵奋勇杀敌的英雄气概。书呆子将军黄维自然非常清楚，上阵杀敌需要的是能征惯战的猛将。那个时候，黄维心里是不是想到过如果胡琏在自己手下，一定会打得更好，谁也不知道，不过显然，旅长李芳彬受伤，让黄维可以利用这个机会把胡琏挖过来，收入自己的麾下。

不管怎么说，第67师第3次换将以胡琏担任第199旅旅长而告结束。

胡琏刚接任第199旅旅长，就担负起与第14师一道抗击日寇进攻的任务。无论他多么凶悍、狡黠、智谋百出，面临官兵早已疲惫不堪、弹药补充捉襟见肘、日寇攻势凶猛等各种状况，他也拿不出更好的办法抑制敌人的攻击。这样一来，因为连日战斗，部队伤亡很大，前沿阵地一再被敌人突破，阵地不得不一再向后转移，旅部已经顶不住了。这时，胡琏与第14师第40旅旅长阙汉骞不得不跑到第14师第42旅旅长郭汝瑰的指挥部，三个旅长共享一个指挥所。

战斗仍在激烈进行中。忽然，第199旅一个团长从前线给胡琏打电话说："我子弹没有了。"武器弹药消耗太大，胡琏手里掌握的一点弹药储备早就用完，他已是两手空空，无奈地回答："我也没有子弹。"

前线没有子弹，官兵们怎么能与日寇交锋？幸而郭汝瑰旅的子弹运过来了，分给了胡琏一些，解了胡琏的燃眉之急。那个团得到子弹补给后，稳住了阵地。

撤离战场后，经过近一个月的整补，第67师基本恢复了战斗力。此时，中国军队战局每况愈下，该师到了再度出山的时候，便于11月5日奉命由南翔附近增援苏州河南岸作战。这时，该师转归第19集团军总司令薛岳指挥（第19集团军与第15集团军同属陈诚之左翼军），以不同于初次进入淞沪战场的全新阵容投入到了新的战斗。

当天夜里，黄维把师指挥所设在虹桥机场东北角的一个独立住户家里，命令第402、第401、第399团接替北新泾方面的第87师及其以东第3师的阵地，抗击日寇的进攻，将第398团置于八字桥作为师预备队。

在第67师左翼是第46师占领的姚家宅阵地。次日拂晓，日寇即向黄维师发动了攻击。在出动步兵进攻前，日寇首先用系留气球升高在第67师阵地上空，指导炮兵向该师把守的阵地实施猛烈轰击；同时，敌机亦飞到该师阵地上空，对该师阵地狂轰滥炸。这一轮轰炸持续了很长一段时间，日寇才出动步兵在战车的掩护下向阵地发动了一波接一波的猛烈冲击，试图借着炮兵与空中火力打击造成的有利攻击态势，用凶猛的冲击动作，强行冲垮第67师防御阵线。然而，第67师在黄维、胡琏、杨勃等人的领导下，经过近一个月的战斗训练、作战检讨和精神教育后，全师团结一心，同仇敌忾，士气高昂，官兵们无不沉着应战，坚决地挡住了日寇的攻势，使得阵地上日寇横尸遍野。与此同时，第67师也付出了极大的代价。

很快，第67师左翼之第46师在日寇的强烈冲击下溃退了。

这下，使得该师陷入了巨大的危险之中：第402团左侧阵地被日寇占领，该团受到了日寇包围；布设在八字桥之第398团猝不及防，被迫在原地与日寇展开战斗。这两个团几乎形成一个九十度的拐角，构成了向西的作战正面，局势很是危险。

本来留作预备队的第398团被迫提前迎战，打乱了黄维的部署。此时，全师都投入了对日作战中。黄维明知道这里充满了危险，却无法抽调部队前来支援，只能寄希望于薛岳派遣援军。

第二天，广东部队开过来增援了。不过，该师的行动并不是黄维所希望的一上来就对敌人外翼构成反包围，而是向西延伸了战场正面，摆出一副老老实实在那里挨打的样子。黄维不能指挥该部的行动，只有摇头苦叹。不过，有了增援部队，他们无论如何也会牵制日寇的一部分力量，稍微减轻一下他们面临的压力。这对于黄维来说，也是颇感欣慰的。

战至第三天，第402团仍然坚守阵地。从这一天起，他们跟日寇展开了惨烈的逐屋争夺战。在战斗过程中，团长赵天民负伤致残。中校团附叶迪负重伤，少校团附王家骏阵亡，营长连长基本上伤亡殆尽，士兵的伤亡就更加惨重了。到第五天夜里，教导总队前来接替整个第67师阵地时，尽管大部分阵地因部队死亡严重已经丢失，残余人马仍然在垂死坚守。

在第402团右翼的是第401团。受到前者遭到日寇猛攻的影响，第401团的阵地也一度动摇。黄维放心不下，电话询问战况，却多次中断。他意识到不妙，担心那边出问题，会对整个师的防线造成不可收拾的后果，立即亲自率领工兵营向该团增援。他们接近该团阵地时，适逢团长朱志席带领零星部队向后撤退。黄维暗称侥幸，立即命令工兵营投入战斗，并亲自指挥准备后撤的401团官兵重返阵地。官兵受此激励，情绪稳定下来，继续投入战斗，一场难以收拾的局面立刻扭转了过来。

八字桥这边的战斗同样异常艰苦。团长曹振铎负伤后仍然坚持指挥作战。

该师在黄维的率领下，发扬勇敢作战不惜牺牲的爱国精神，顽强地坚守自己的阵地，迫使日寇的攻势停滞不前，直到五天后把它们移交给教导总队。充分说明：临阵换将虽说历来是兵家大忌，但从该师的实际情况来看，三次阵中换将确实起到了很好的效果。

从前线撤下来后，该师准备开到七宝镇休整，只休息了一天，就接到了薛岳的命令：

> 限第67师务必于11日到达安亭车站附近，扼守苏州河泗江口公路大桥，掩护全军总退却。

第67师已经打得七零八落，筋疲力尽了。为了完成这次任务，黄维把四个团的战斗兵力集中编到第399团和398团，每团编足两个营，以便投入战斗，归第199旅旅长胡琏指挥；把其余所有勤杂人员编为第401团和第402团，由第201旅旅长杨勃率领，开赴后方接领新兵。

黄维亲率第199旅在规定时间抵达规定地区后，立即在泗江口公路大桥的苏州河北岸占领掩护阵地。此时，公路大桥已由第19集团军工兵部队装好炸药，只要一按电钮，便可炸毁大桥。黄维选好了师部指挥所的位置后，向西撤退的大军就宛如潮涌一样流淌过来，到处混乱不堪。黄维立即向薛岳汇报他看到的情况，并询问第67师周围还有没有其他掩护部队，得到的回答是广东巫剑雄师在第67师右翼担任掩护任务。

然而，事实上巫剑雄已与所属部队失去联系，根本掌握不了部队，无法将部队配置在掩护位置，酿成日寇袭扰薛岳司令部的恶果。

当天深夜，日寇挺进队在泗江口以西十几里的地方偷渡苏州河，骚扰和袭击退却中的中国军队，给退却中的中国军队造成了更大的混乱，甚至连第19集团军总司令薛岳的司令部也受到了日寇的骚扰，害得薛岳不得不泅水逃脱。

黄维是在与薛岳进行有线联络的时候根据电话突然中断判出那边出了

状况。为了防范部队发生不测，他立即转移到泗江口，直接掌握部队。所幸的是泗江口公路大桥方面平安无事。当退却部队通过泗江口公路大桥之后，工兵炸毁了公路大桥。黄维指挥所部向北进入丘陵地带，经无锡、宜兴、广德、誓节渡、宁国到达皖南山区，进行保卫南京的外围作战。

第一部分 淞沪战场抗倭寇

5章 第14师升格成军

在国民革命军陆军第18军旗下，第14师是最后一个开进淞沪战场的。

跟第18军其他各师一样，七七事变后，第14师一直秣马厉兵，时刻等待着走上抗日战场。那个时候，华东地区还没有爆发战争。为此，南京军事委员会命令该师官兵进入抗日战场之初，并不是要他们去上海，而是开赴河北长辛店。作为第18军序列里地位以及威望仅次于第11师的部队，第14师的动作称得上十分敏捷，一接到命令，经过紧急动员，立即从驻地常德出发，乘火车前往指定地区参加抗日战争。

这时候，该师有一批军官并不在军营里，而是进入蒋介石在庐山开办的军官训练团参加轮训去了。不过，在部队开拔之前，这些人已经结束了轮训，正日夜兼程准备赶回部队原驻地。到了武汉，他们知道部队即将路过武汉开赴河北，便在武汉等候着列车到来，一同北上。

当装载着第14师官兵的火车抵达永年车站时，上海方面战云密布，军事委员会借机将主要战场转移到华东方向，急忙调遣人马赴上海作战。在这样的情况下，第14师接到了蒋介石发来的最新电令："原车南下，开赴苏州待命。"

于是，火车停止北进，迅疾转入津浦路向苏州方向疾驰而去。

第14师并没有直接开往上海战场，而是首先开赴苏州，并非上海方面的战事此时已完全由中国军队掌控了主动权，而是针对1932年1月28日淞沪抗战时，日寇指挥官白川大将派兵从浏河口登陆，抄了第19路军的后路，迫使第19路军不得不从上海撤退的教训而采取的防范措施。如果第14师一直扼守苏州，没有随着第9集团军、第15集团军旗下各部与日寇交战的战况变化而做出改变，直接进入战场，那么，中国军队很可能不会酿成从撤退演变成溃败的结果。不过，战场上的情况总是瞬息万变的，没有任何一支

59

部队走上了战场，能够按照原定的计划以及原来领受的任务干下去。

刚刚开进指定地域的时候，第14师的编制以及团以上主官的基本情况是：师长霍揆章、副师长凌兆尧、参谋长郭汝瑰，下辖第40、第42旅，旅长分别是方天和曾粤汉。第40旅下辖第79、第80团，团长分别是阙汉骞和王中柱。第42旅下辖第83、第84团，团长分别是高魁元和杨勃。随后，曾粤汉被战场上血与火的交战场面吓坏了，不愿继续当旅长，由郭汝瑰接替；方天后升第11师副师长，阙汉骞续任该旅旅长。战至淞沪会战接近尾声，第14师升格成第54军，霍揆章担任第54军军长，该师师长由陈烈接任，与进入淞沪战场之初相比，几乎大变样。

霍揆章，1901年出生，炎陵县东风人。1924年黄埔军校第1期毕业，参加国民革命军的东征和北伐战争，立有战功，渐次升为中将。

在第14师旗下，有一个特别值得关注的人物，就是郭汝瑰。此人来自杂牌部队川军，在国共合作时期，考入中央军事政治学校第5期政治科，也就是黄埔军校武汉分校学习。1928年加入了中国共产党，后与组织失去了联系。因为这一经历，使得他被国民党人看作危险分子。尽管尔后他进入国民党中央陆军大学第10期学习时，被公认为战术专家，却无法带兵，毕业后只能留在陆军大学当教官。抗战爆发前，时任第14师参谋长的曾粤汉不愿当参谋长，就向师长霍揆章推荐郭汝瑰接替他的位置。得到陈诚同意后，1937年5月，郭汝瑰正式调离陆军大学，出任第14师参谋长。日后，他与中国共产党重新接上组织关系，成为中共在国民党最高军事领导指挥机关的超级特工。

第14师开进苏州地区后，师长霍揆章立即给所辖各部分配了任务：命令第80、第84团防守江岸，第79、第83团留作机动部队，以便日后遇到紧急情况，可随时出动应付。

这时，为了夺回被日寇占领的罗店，第67师与第11师正在与日寇激烈战斗。在作战过程中，不仅罗店无法收复，而且中国军队伤亡巨大，第201旅旅长蔡炳炎将军亦为国捐躯，急需生力军前去增援。军长罗卓英已将旗下其他各师全部投入战场上了，唯有第14师在苏州执行江防任务，那儿暂时不可能发生战事，遂急令第14师前去增援。

尽管救兵如救火，但是，江防责任重大，霍揆章不可能把防守江面的那两个团撤下来，只有率领第79、第83团迅速从常熟出发，星夜兼程，奔赴罗店。在前面等待着第14师的会是一场什么样的战斗呢？

第一部分 淞沪战场抗倭寇

无论作者现在用什么样的文字，都无法描绘当年的作战场面，还是引用当年的参战者郭汝瑰将军的回忆来详细说明第14师官兵是如何打出第一仗的吧：

> 79团、83团到达嘉定城后，发现罗店虽被日军占领，但未继续进攻，第67师部队仍在罗店南与敌对峙。师长霍揆章同我研究作战方案，我讲："我们虽然只有两个团，但右侧方是我们的第67师，现在是晚上，敌人不知道我们增援上来了。因此，我们可乘日军立脚未稳之时，拿一个团正面进攻，另一个团迂回到敌背后，两团夹击，第67师伴攻配合，定可夺回罗店。"
>
> 师长对此作战方案表示赞同，乃命高魁元的83团由西向东正面进攻罗店，阙汉骞的79团迂回包围。第67师协同我作战，在右侧方伴攻。
>
> 这时候，我刚到第14师任师参谋长不久，在官兵中尚无威信可言。因此，师下属个别军官对我的作战方案表示怀疑，阙汉骞就以要我给他划战斗地境线为借口，不愿接受命令。
>
> 副师长凌兆尧听见后反驳阙说："迂回部队就根本不划地境线嘛，两个团又不是并肩作战，要什么地境线？"
>
> 阙无言对答，只好带着部队勉强地出发了。
>
> 高魁元接到命令后，带领全体官兵从正面向罗店发起了进攻。罗店的西侧横隔着一条小河，挡住了我军前进的道路。83团正面河面上有一座桥，但早已被敌人轻重机枪火力所封锁。我军虽数度向这座桥发起冲击，均被敌人打退，死伤惨重，进攻顿挫。
>
> 这是由于那时，国民党军队没有经过严格训练，进攻战斗动作不行。同时，以前从未遇到过这样激烈的战斗，士兵们缺乏战斗经验，加之山炮营尚未到达，进攻又无炮兵支持，我血肉之躯，怎敌得过敌人无情的炮火，于是几百个士兵就在桥头作了壮烈的牺牲。
>
> 造成进攻失利的另一个重要原因是阙汉骞没有严格执行命令。阙在接受命令时就表现得不坚决，他的部队迂回到敌背后时，敌人并未发觉他们。但阙并没有立即带领所属3个营的兵力向敌人进攻。因罗店背面也隔有一条小河，他只命令第3营过去，其余两个营原地待命，第3营的士兵们找了一些桌子、门板、板凳搭了一个临时浮桥，就顺利地到达河对岸，敌人也未曾发觉。他们一举捣毁了敌人的清水司令部（可能是

代号），并缴获了敌人大量的服装、背包、味精酱油、正宗酒等物品。但是正面枪声激烈，情况不明，不敢前进。于是，他们找了一块方圆不到两公里的竹林，到里面藏了起来。

第14师司令部设在嘉定城内，攻打罗店时，师指挥所推进到施相公庙。部队向罗店发起冲击，战斗最激烈的时候，师指挥所接到从嘉定城内打来的电话，说陈诚要上前线视察，师长叫我回去接他。

我回到嘉定城内，片刻，陈诚来了，我以香茶相待。陈问："这儿离前线有好远，汽车能不能去？"

我答："不远，汽车能去。"

我便同陈诚一道坐小车来到施相公庙。陈听到前线枪炮声十分猛烈，而司令部就在敌人的大炮射程之内，感觉有点震骇，急忙对师长说："嵩山，你这个指挥所太靠前了，日本人的飞机厉害得很，一到天明，他飞机一炸，我们就会溃不成军，赶快撤下去。"说完就离开了指挥部。

陈诚来前线视察，不鼓励士兵们奋勇杀敌，反而叫部队撤退。师长霍揆章听陈诚这么一说，当然是求之不得的事。陈刚走，师长就立即给正面进攻的83团下达了撤退命令，而迂回的79团与师部电话老叫不通，命令不能下达。霍竟要丢下这个团不管就要走。我说："整整一个团丢下不管怎么行？"霍不听，与副师长凌兆尧坐上小车就跑了。

我一直等到把79团电话叫通，下达了撤退命令后，才离开指挥部。

当时，情况并不十分危急，师长竟置一个团的士兵生命于不顾，甚至连参谋长也不要了，实在是叫人哭笑不得。

我离开指挥部后，步行了好几里，才到一条河边追上他们。他们大概认为这里比较安全了，才停下来等我。天明前，我们回到嘉定城，打电话问前方情况，知道83团已撤退下来，牺牲了200人。79团2个营完完整整地撤退下来了，但第3营还未撤下来。

傍午才知道，该团因第3营未接到撤退命令，在竹林天刚亮，敌人就发现了他们。敌人用大炮、轻重机枪一齐向他们开火，并动用飞机对这一片竹林狂轰滥炸。在这片方圆不到两公里的竹林上，丢下了数十枚炸弹，部队立脚不住赶忙撤退。来到河边，原来搭的临时浮桥本来就不坚固，有些门板、桌子早已被水冲走，渡河困难，加之敌人在后面追赶，部队一片混乱，又有不少士兵被敌人打死，或负伤后掉入河中淹死了。第3营的李营长也在此阵亡，生还者不到半数。

第一部分 淞沪战场抗倭寇

第14师与日寇的第一仗是在28日开打的,第三天,即以该师参与这次作战行动的83团和79团撤回施相公庙至曹王庙一线原阵地而告结束。前后不到三天的战斗,一个完全不同于其他任何一个师级单位的形象出现在我们面前。

那是一种什么样的形象呢?根据这场战斗的亲历者郭汝瑰将军的回忆,无论怎么看,都非常别扭。下级不愿意听从长官下达的作战命令,在执行作战命令的时候消极怠工,不思进取;同属一个师的2个团不能很好地协调配合;部队并没有受到多大伤亡就无端撤退;在撤退的时候,竟然置仍在与敌人战斗的下属于不顾。种种做法,无论发生在哪一支部队,如果严肃军纪,团长阙汉骞即使不被枪毙,最轻也得撤职查办。奇怪的是,阙汉骞不仅没事,以后竟然提拔为旅长。由长桥乘虚突入罗店镇内的营长李伯钧突入敌营,身负重伤,李营长为免被日寇所俘,最后选择投河自尽殉国,和阙汉骞形成鲜明对比。

至于师长霍揆章的行为,就更加不可理解了。从郭汝瑰将军的回忆里,大家很难看出陈诚有让霍揆章命令已经投入战斗的两团人马全部撤离前线的打算。就陈诚不久之前曾经向第18军军长罗卓英公开表态"第18军即使打光了,也在所不惜"这一点上,可以推断,陈诚的真实意图应该是提醒霍揆章,出于安全考虑,师指挥所不应该太靠近第一线;否则,师指挥所一旦发生状况,就无法指挥全师人马的行动,影响到战役全局。霍揆章就此将师指挥所向后面撤退一段距离,可以说他是尊重了陈诚的意见,借此机会根本不管战况如何就命令刚刚投入战斗的两个团人马全部后撤,恐怕只能说他试图保存实力。

无论第14师与日寇的第一仗打得如何别扭、如何不体面,毕竟,在第18军旗下,该师是仅次于第11师的基干部队,或者说次核心部队,军长罗卓英没有也不可能追究他们的责任,曾经担任该师师长的第15集团军总司令陈诚也没有追究他们的责任,第3战区司令长官部即使想追究他们的责任,由于罗卓英、陈诚都不可能把这件事情捅上去,追究他们的责任也就无从谈起。即使如此,陈诚肯定不会容忍他们继续这样跟日寇打下去的。

当这次战斗结束后,罗店的战况更加危殆,陈诚、罗卓英必须调集力量在罗店地区跟日寇继续战斗,担任江防任务的第80、第84团到了必须全部归建,在第14师序列里与日寇放手一搏的时候了。

63

事实上，当该师全体人马集中在一块，与第18军旗下其他各师乃至归属第15集团军指挥的其他国民党军一道再度向罗店发起进攻时，日寇步兵在海空军的支援下，尽管付出了惨重的代价，还是顶住了中国军队的进攻，并且迫使中国军队付出了更为惨重的代价。这样一来，中国军队因为无法进一步获得增援而不可能收复罗店，陈诚、罗卓英不得不极不情愿地宣布停止对罗店日寇的进攻。

接下来，第14师将有怎样的表现呢？让我们继续看郭汝瑰将军的回忆：

时隔不久，日军又从宝山登陆，攻打宝山县城。周磊的第6师在宝山苦撑1周，伤亡殆尽奉命后撤。夏楚中的第79师（属陈诚第18军）又在月浦一线与敌人交锋，夏与日军作战数日，伤亡很大，呼叫军长罗卓英，请求增援。夏说："我的人牺牲完了，没有人了。"罗说："你是什么？难道你不是人？你就在那里给我顶住。"

此时，第14师已将罗店方面的防务交给第11师及第67师。全师2个旅4个团，在南、北塘口、顾家角及其以南地区摆成一线，等候第79师被消灭后，迎击日寇的进攻。

第42旅旅长曾粤汉食欲大减，夜不能眠，有些胆怯，不愿当旅长。师长怕他误事要副师长去代理，可副师长却说："这种状况叫我去，我才不干呢。"师长问我愿意否？我说："为国家打仗嘛，怕什么？我去。"我便同曾对调，曾粤汉当师参谋长，由我代理第42旅旅长。

当我率第14师第42旅在南塘口一线布防时，夏楚中向我通话，埋怨罗卓英说："我给罗卓英打电话，请求派兵增援，他派一个班的人来我也不嫌少，他却一个人不派，还问我是什么，我当然是人啰。"

我听后将此事告诉了师长霍揆章，并说："这是一个好机会，我们乘日军进攻夏楚中时，派兵夜袭进攻月浦之敌的右侧背，去一个团、一个旅都行，我愿意带队。"

师长不敢做主，叫我直接请示罗卓英。罗说："你不明白现在是持久抗战，要一线一线地顶，以争取时间。"

我说："以攻为守，一样可以争取时间，我们加一个部队上去，假如把日本人打垮了，他退下去了，我们实际上就争取了时间；即使不打垮，给他以很大的伤亡，他的进攻速度也就慢了，这与持久抗战并不矛盾。"

罗说："你没有弄清楚上级的意图，不准你乱动，擅自行动要受军法制裁。"

我的意见未被罗采纳,故只好死待在南塘口、北塘口、顾家角一线,等日军来进攻了。

月浦离南塘口、北塘口仅15里地,夏楚中师被打垮后,我们就成了敌人进攻的目标。1937年9月13日(阴历八月初九),日军正式向我阵地发起进攻。这一天,正是我30岁的生日,我开玩笑说:"有这样多的日本人给我放炮做生,自感洪福不浅。"

紧接着,连日数十架敌机在我阵地上狂轰滥炸,我指挥所又在敌炮射程之内,炮声震耳欲聋,死神时刻在等待着我。一颗炮弹正巧落在指挥所内爆炸,尘土飞扬,房上的瓦片稀里哗啦掉了下来,我等竟无一人伤亡,亦云幸哉。有人凑趣引83团团长王中柱的话说:"哎,这炮声这么凶,叫人什么名利心都没有了。"我拿起一个钢盔往头上一戴,也开玩笑地说:"我什么也不顾了,但是,我的头也还是要顾一下。"众人一听,一阵苦笑。

敌人总是炮击后就要冲锋,我军如顶住了,就再进行炮击,然后又冲,战斗异常激烈。每到下级营、团长叫喊顶不住了,或一部溃退下来,我就出指挥部督战,指挥作战时,总急得我满头大汗,汗水变成水蒸气蒸发到钢盔上,然后又变成水顺着钢盔边沿流下来,如同下雨一般。由于我军只要坚持到薄暮,敌人就停止进攻。所以下午不断看表,望太阳落山,但每看表一次时间都不过过去五六分钟,真是度日如年。副师长凌兆尧一次上前线视察,见到这种情形,急忙要离开前线,他的卫生员倒还想得很周到,特地给我带来了两个苹果。

在这次战斗中,我配备一个团正面与敌人作战,另一个团作预备队,若第一线团阵地失守,我就立即命预备队以一个营进行反冲击,复又将阵地夺回。但伤亡很大,一个团连冲3次就快搞光了。

充预备队的84团1营营长宋一中,个子矮小,他带一个营反冲上去后又被日军打退,我即命士兵将宋绑起,送来枪毙。宋营长苦苦告求。我说:"那你就回去恢复阵地,丧失阵地的就杀头,没有第二个办法。"

宋营长心想,丧失阵地是死,与敌人作战也是死,不如为国捐躯。他又带领士兵们冲了回去,果然把阵地从敌人手中夺了回来。伤亡仅几十人,他本人不但没有死,甚至连轻伤也未曾负,但几天以后,他却瘫了。当时战斗之激烈,可以想见。

战局危急之时，84团团长邹毓南力主退却。我说："那怎么行。"立即拿出纸笔，给师长写信留下遗嘱，大意是："我八千健儿已经牺牲殆尽了，敌攻势未衰，前途难卜，若阵地存在，我当生还晋见钧座。如阵地失守，我也就战死在疆场，身膏野草，再无见面之期了，他日抗日战争胜利后，你为世界名将，乘舰过吴淞口时，如有波涛如山，那就是我来见你了。我有两支钢笔，请给我两个弟弟一人一支，我那只手表就留给我妻子方学兰作纪念。"

这位团长看了我的遗书后，无地自容，即返前线。

我亦亲临前线督战。有一次，我见一个广东教导旅的干部临阵脱逃，拿出手枪正准备向他开枪，他急忙冲到我的面前，用手将我的手枪托起，跪在地上说："我家还有老母啊！"

"混账！"我一边骂一边用力踢了他一脚，他顺势在地上一滚，爬起来就跑。我见他返回阵地，也就没有再向他开枪了。

一天，在我旅与第40旅战斗分界线顾家角南的第40旅防御阵地一侧，垮了一个缺口，敌人钻了进来。我向师长报告说："右翼进来了一股敌人，好像是在第40旅的地境线内。"

师长左袒阙汉骞，打电话给阙，问究竟是哪旅的正面被突破了。

"郭旅长，你没有查清楚，是谁的地境，怎么就往上报呢？"阙汉骞认为我中伤了他，很不示弱地打电话质问我。

为弄清情况，以免引起内讧，我对一个姓刘的传令兵说："你敢不敢上前线去，查明敌人是从哪个旅正面进来的？"

传令兵："我敢。"

我又问："到顾家角呢？"

传令兵："我也敢。"

我继续问道："那么到连部呢？"

传令兵："敢。"他回答很坚决。

我说："那好，你去吧！"

传令兵接受任务后，即刻出发，天还未亮便从前线返回来了。他不识字，画了一张草图给我，图上画有一座桥，桥的右侧方画了一个醒目的大箭头，而我旅与第40旅正以桥为界，桥左侧属我旅，桥右侧属第40旅。

我将此情况报告给师长，并说："我不是与阙旅长争输赢。敌人打到了我的正面，我也要垮下来。打他那边，坚持不住，也没有办法，补救就是了。"

结果，第40旅丧失阵地的那个营长被革了职。

本来，阙汉骞的第40旅在我右翼，第67师胡琏旅在我左翼，连日战斗的结果，阵地逐渐后移，但旅部硬顶住不能退。于是他二人来到我的掩蔽部，三个旅长共享一个指挥所，指挥所设在郭家宅。

战争正激烈进行时，一天，第67师前线的一个团长给胡琏打电话说："我没有子弹了。"

胡琏说："没子弹怎么？我还是没有子弹。"

说完把电话丢了。

我在旁听见后，马上对胡琏说："伯玉，不行啰，他借故说没有子弹了，退下来，你把他没有办法，将来这个账难得算。你赶快打电话给他，就说郭旅长的子弹运来了，大家分到用，快回来领。"

我的子弹确实刚运到。其实，那个团长要子弹是假，借故想溜是真。运了一些子弹上去，再没有借口，他又稳住了。从此，胡琏常常对人讲，在那么紧张的场合下，郭汝瑰能够想到这些，出乎他意料之外。

这一仗打得十分艰苦，国民党的部队与日军作战时，最不讲究做工事，战壕挖得既不深，又不坚固，同时也很暴露，敌人一眼就能看见我们战壕在什么地方。而日军训练有素，作战不慌不忙，首先对我阵地用炮猛烈炮击1~2小时，战壕里的士兵多数被破片所伤，我下级官兵又缺乏战斗经验，凡遭敌强烈炮火袭击，不是往竹林里躲，就是到小山包里去藏。这正是敌人求之不得的。敌人将所有的炮都对准竹林、小山包打，竹林、小山包就成了弹巢，往往伤亡很大。这时候，敌人开始冲锋了，往往一冲就垮，如冲不垮，他又退下去再炮击。敌人冲锋时，我方即用轻重机枪猛打，而敌人的三七平射炮又是专门对付机关枪的，很快就能瞄准，只听见"卡、孔"一声，机枪就完了。士兵们都叫它"卡孔"炮，确实很厉害。

敌人实在太猖狂，可我师一个山炮营一共只有8门大正六年式山炮，口径很小，射程又短，东一炮、西一炮，打得很不解恨。一天晚上，我命山炮营长将8门山炮集中放列，急袭射击3分钟。营长很害怕，但军令如山，他不敢违抗。8门山炮朝着敌人的阵地一齐开炮，仅5分钟就打了一百来发炮弹。敌人迅速用光测、双曲线交会法，很快测出我炮兵阵地所在，几分钟后就行制压射击。敌人集中火力向我炮阵地开炮，下了4~5分钟的炮弹雨，地都震动了。幸亏是夜间，敌人目标不准，我方仅伤亡十几人，山炮完好无损。但从此以后，山炮营就再也不敢集中射击了。

师长知道后对我说："你不要勉强，我们是劣式装备，两家伙打烂了，我们就没有了。"

9月17日（中秋节），我部接到撤退命令，我8 000多人的旅，撤下时只有2 000多人了，而且多是一些伤号和炊事员。36挺重机枪，都打坏了，把打坏的枪互相拼凑，亦只有4挺机枪还能用，其余概被敌人三七平射炮所打坏。唯有迫击炮连的炮，一门也没有坏，且伤亡很少。

我问迫击炮连的张连长："你是怎么打的？"

张说："我把迫击炮连阵地设在一片开阔的棉花地内，对敌人打炮时，不用炮架，而用手托起炮筒，连打几炮，就搬几十到一百公尺又打，敌人就拿我没有办法了。"

郭汝瑰将军的回忆栩栩如生地描写了当年第14师第42旅在上海战场上抗击日寇的情景，部分展示了该旅以及整个第14师的抗敌行动。在这接连7个日夜的战斗中，该师全体官兵不畏强敌，视死如归，与日寇血战到底，打出了血性以及王牌军应有的风采，值得后人敬仰。

不过，郭汝瑰将军描写的有关第40旅、师长霍揆章、军长罗卓英在这次战斗中的某些做法与言论，似乎有些不符。我们丝毫不用怀疑，在当年的作战过程之中，霍揆章、罗卓英确实对郭汝瑰说过那些话；可是，综合整个第18军在淞沪会战时期的作战行动，可以看出，霍揆章这一次并没有借机完全推卸责任，还是尽力了的；罗卓英也没有对第98师完全置之不理，而是在月浦遭到日寇围攻即将落入敌手的时候，命令霍揆章从第40旅之第79团派遣了一个营的兵力前去增援，将日寇赶出了月浦。只是日寇随即依靠坦克和火炮的优势火力再向国军反扑，迫使月浦右方至杨行间友军第1师的阵地摇摇欲坠，其第3团已准备撤守杨行，难以继续再坚持下去。11日深夜，罗卓英见再守下去恐有被日寇围歼的危险，才下令撤守，将第14师全部暴露在日寇的攻击面前的。

如果说通过郭汝瑰将军的回忆，可以综合出一些在作战的时候普遍管用的东西，那么，无疑就是能给予我们这样的启示：劣势装备的军队在与强敌作战时，只要充分发挥主观能动作用，如迫击炮连连长一样机动灵活地打击敌人，保存自己，并最终战胜敌人，并不是神话，而是客观事实。

在这次战斗中，郭汝瑰表现了在外敌入侵时不计个人得失，置生死于度外的爱国情操，从而有了意外的收获——跟阙汉骞建立了很好的个人关系。

这一点，在他的回忆录里有着比较详尽的描写：

阙汉骞最初老跟我过不去，我当师参谋长时，他就经常拿我在陆大时讲的欧洲战史来讥讽我，说："参谋长，你开口兴登堡，闭口坦仑堡，这前面你还敢来呀？"

我说："为什么不敢来？"

南塘口这一仗，我与他同当旅长，曾经共享一个指挥所，他见我作战时将生死置之度外，敌人的炮弹打中了指挥所，我仍从容不迫，照常指挥，从此，他不小看我了，与我感情很好。

经过七天七夜的战斗后，我的喉咙肿了，嗓子哑了，说不出话来，拿电话筒的手痛得抬都抬不起来。中秋节晚上部队下撤时，皓月当空，我与阙汉骞骑马并肩而行。一路上，他兴致勃勃，问这问那，好像这时候他才刚认识我一样。而我却在马背上睡着了，也不知与他谈了些什么。

第14师虽说暂时撤出了血与火的战场，可是，他们在淞沪战场上的作战行动仍然没有结束。霍揆章奉命率领被打残的部属一路撤至太仓之后，在那儿休整了一个月左右，补充了损失的人员和弹药，完成了战前强化训练，基本上恢复了战斗力，遵照前敌总指挥陈诚的命令，将部队重新开进战场，担负守卫南翔的任务。

这期间，日寇的攻击方向是由大场南下，南翔方面的战斗并不激烈，第14师几乎没与日寇发生过像样的战斗。不过，该师却接连经历了一系列人事变化，使得种子军的队伍越发繁茂起来了：首先是郭汝瑰回任师参谋长，由第98师参谋长罗广文接任第42旅旅长；紧接着，该师升格成第54军，师长霍揆章担任军长，第14师师长则由陈烈接任。

这时，国民革命军第54军旗下只有一个师（即第14师），正如当年第11师升格成第18军一样。在抗击倭寇的战斗中，第54军学会了第18军的手法，不断收编杂牌军以及其他国民党军，最后变成了一支令人生畏的武装力量。不仅如此，在成立新编第6军时，第54军旗下的第14师和第50师被输送到缅北战场，成为新编第6军基干力量，从而使得国民党5大主力部队之中有两支主力具有土木系血统。

接下来，因为第21集团军的反突击失败，日寇从金山卫登陆，对整个淞沪战场上的中国军队形成了迂回包围之势，中国军队不得不从淞沪战场上撤军，等待第14师的亦是从淞沪战场上撤退。事实上，由于各种各样的原因，这是一次毫无秩序的极度混乱不堪的撤退。无论现在用什么语言，都难以描绘第14师撤退的情景，还是继续引用郭汝瑰将军的回忆吧：

> 不知何故，我师一直未接到撤退命令。此时，广东叶肇的第66军在我左侧，离我师尚近，我便向第66军参谋处长郭永镳（我陆大十期同学）通话，问："撤退有我们没有？"郭说："全部撤退，你们第14师经青羊港、昆山往下撤。"
>
> 我将撤退命令记录下来。天黑时，我师亦开始撤退。
>
> 敌人占领青浦后，又派出一支小部队夜袭安亭，并捣毁了薛岳的军团部。薛岳泗水逃脱，我们撤退路过安亭时正与其相遇。见他冻得缩成一团，狼狈不堪，霍揆章（进攻罗店时已任第54军军长，但仍只指挥一个师，所以他仍在第14师）忙将自己大衣脱下给薛岳披上。
>
> 薛岳的司令部被敌人打垮后，士兵们不知敌人虚实，一个个闻风而逃，公路上的十几个师远远望见安亭起火，也以为敌人大部队至此，又都横朝铁路线上乱跑。简直是草木皆兵，风声鹤唳。恰巧又遇一座铁路桥，一匹马四只脚落入枕木空隙里，既把它推不下河，又把它弄不起来，挑子、马匹全都过不去。后面的人又拼命往前挤，不少士兵便被挤下河去淹死了。
>
> 幸喜撤退部队中，有一个连长，来到安亭后，命他的部队侧击夜袭安亭之敌。事实上，这里只有敌人的侦察分队，所以很快将其打退，我们所有部队才安全后撤。
>
> 霍揆章既任第54军军长，第14师新任师长陈烈到任了，我仍任第14师师参谋长。次夜，我与陈烈带部队撤退到了青阳港公路桥时，见奉命在青阳港组织收容的第87师的部队要过早地烧毁那座桥。如果公路桥被破坏，我师的第40旅，以及其他部队的几万人就会因桥梁破坏，无法过河，而被日军歼灭。陈烈看见后，急忙上前制止。
>
> 守桥部队的士兵问："你是谁，不烧桥你能不能负责？"

陈说:"我是第14师师长,我们还有一个旅的人没有过来。"

守桥士兵又说:"那你打电话请求我们上级,看意见如何?"

陈烈便给在昆山指挥青阳港战略收容部队的吴奇伟打电话说:"我们还有一个旅的人没有过来,这个桥不忙烧,我把师工兵营调到这里来,把炸药安装好,另外派一个连的人在青阳港东岸,组成一个桥头堡,尽量掩护我们的人都过桥,到最后,说炸桥,一炸就行了。这样好些。"

吴表示同意。

但守桥的士兵说:"这桥是你叫不烧的,那就由你们来负责防守。"

陈说:"负责就负责。"

陈烈一面令扑灭桥上的火,一面命工兵营聂营长装药,并派出一个连到青阳港彼岸桥头占领桥头阵地,收容我们的部队过桥。一等等了一天,退却部队仍未过完,我师40旅也还有一部分受伤士兵未到达。

这时日军混在我退却士兵中,突然发起冲击。守桥头堡的连被冲垮了。

"敌人来了!"负责警戒的士兵大叫。

工兵营聂营长即令炸桥,但因电机点火装置出了毛病,炸药未能引爆。敌人一下子就冲过桥来,占领了桥头阵地。

本来安装炸药时应准备两套装置:电机点火以外还要安装导火索点火,以防万一,孰料工兵营聂营长考虑不周,竟酿成如此大错。

陈烈见桥被敌人占领,早已吓得语无伦次,不知如何是好。我安慰他说:"不要紧,我可以亲自上去组织人深夜拿炸药到桥下去人工点火。"陈听了这话以后,同意我去组织工兵人工爆破。但我到达前线时敌火力非常猛烈,桥头防守更严,无法接近。炸桥未遂。

陈怕桥夺不回来,要受军法制裁,便不惜牺牲,命士兵硬冲。但多次向敌人发起冲锋,均被敌人强烈火力所击退。这时候,我又想起了山炮营。

山炮营自从在南塘口与敌人较量之后,再也不敢集中射击。山炮很笨重,撤退不便,丢掉又可惜。我叫山炮营长留下3门山炮及全部炮弹,其余撤走。并命3门山炮对准公路桥一齐开炮,炮弹打完为止。炮兵们一心想把炮弹打完了好往下撤,因而,一个个也都不怕死了。3门山炮对准公路桥拼命打了2个多钟头,几百发炮弹在公路桥周围开了花。虽山炮弹威力太小,桥未被炸断,然而却阻止了敌人进攻。

敌人见公路桥方面不能进展,次日半夜又用几只铁舟在公路桥下游

偷渡，又占领了一个新据点——朝霞村。

为了阻止敌人继续向前推进，我师又在朝霞村附近与日军对垒。

离朝霞村不远的河岸，国民党原修有一个水泥工事，我部20多个士兵带着一挺机枪进入工事，对准朝霞村猛射，给敌人造成很大伤亡。但这种机枪掩体设计实在太差，工事高出地面一公尺多，外八字的枪孔完全暴露在敌人火力下。敌人用三七平射炮对准机枪孔连打了几发炮弹进去，工事里的士兵不炸死也震死了。从那以后，就再也没有人敢进那样的机枪掩体了。

我师在青阳港与敌人作战数日，伤亡近700人，包括7个营长。战斗激烈，仅次于南、北塘口。待到战略收容的目的已达到，部队又奉令乘黑夜撤退，经昆山来到苏州。接着又由无锡向西沿太湖到宜兴，又由宜兴到广德。刘湘第7战区的部队到广德后，第14师再退誓节渡。这时敌人又开始向南京进犯了。

到此为止，第14师在淞沪会战中的作战行动全部结束，在第18军编制系列里的使命也走向终结，从此以后，该师将在第54军的麾下活跃在抗日战场上。综合该师在第18军编制序列以及在淞沪战场上的表现，可以归纳为：打了四场仗，两次不咋样，换了两员将，师长变军长。

第一部分 淞沪战场抗倭寇

6章 令人深思的大撤退

第18军在淞沪战场上抗击日寇的经过，是按照第18军旗下各师进入战场的时间顺序分别讲述的。这种做法能够给读者提供一条详细了解各师作战行动及其不同作战特点的明晰线索，却妨碍读者从战役全局的角度出发了解第18军的整体行动。这确实是一个很大的缺点。可是，对于非军事研究人员来说，更感兴趣的是血与火的交战，而不是事关全局的调兵遣将、排兵布阵。

当然，为了弥补这个缺点，作者专门利用本章内容讲述时任第18军军长罗卓英在淞沪战场上的表现，以及在整个淞沪战场上中国军队撤退的时候的态势。换一个角度，从第18军乃至第15集团军整体的部署与作战行动上着墨，来满足那些关注作战全局的读者的需要。

在后面的章节中，由于第18军旗下的第98师、第14师已分别脱离升格为军级单位。淞沪会战后，又有许多部队投入第18军麾下，故笔者不再分别讲述各师的对日作战行动，而是统一围绕第18军整体展开。

不可否认，从整体上说，在淞沪战场上，中国军队的撤退是异常混乱的。可是，混乱中仍存在着一定的秩序，存在着许许多多有血性有担当的国军，为惊慌不堪的其他部队乃至普通老百姓撑开一把保护伞，使中国仍然可以留下足够的部队在苦难的华夏大地上与横行无忌的日寇战斗下去。基本上，第18军旗下的各师都属于这一类。

打从一开始，就有许多军事评论家对这场大撤退提出了尖锐的批评，并且批评的声音至今也没有结束，甚至永远不可能结束。总括起来，批评者们的主要观点集中表现在如下三个方面：

一、大场被日寇侵占后，中国军队就应该从长期抗战的战略目标出发，保全作战能力，有秩序地逐步退守吴福线、锡澄线，保卫南京安全，不必退守沪西；

二、日寇从金山卫登陆后，中国军队应该立即从淞沪战场上全部撤退出来，不必继续与日寇打下去；

三、蒋介石试图通过九国公约组织向日本军国主义施加压力，造成淞沪战场上的中国军队该退而没有退，是酿成这场混乱的主要根源。

这三种观点归根到底，其实就是一个意思：蒋介石造成了混乱不堪的大撤退。

为了说明这一点，批评家们举出了这样的例证：蒋介石的心腹爱将陈诚在中国军队从闸北大场撤退以后，向蒋介石提出全军撤至吴福线、锡澄线的建议，蒋介石却以国际联盟及九国公约组织开会在即，能守住沪西、南市两地，可壮国际视听为名，决心要守住沪西，至会议结束通过谴责日本侵略决议时，中国守军再向杭州方向撤退；在日寇已经从金山卫登陆之后，蒋介石又以同样的理由命令中国军队在淞沪战场上坚持三天，正是这三天使得中国军队的防线被日寇打成了一面破筛子，迫使中国军队不得不仓促撤退，从而酿成了混乱不堪的大撤退。

持这种说法的批评家们是单纯从军事观点出发看待中国军队的这次军事行动的，他们似乎忘记了战争是政治的延续这一铁律。古今中外，任何一场战争，无论哪一方，要想获得战争的胜利，就必须综合外交、经济、文化、政治等除了军事之外的所有手段，来达成目的。积贫积弱的中国，想要与发达资本主义国家日本战斗到底，必须利用一切可以利用的资源。为此，蒋介石从政治的角度赋予中国军队在战场上必须坚守下去是比较正确的。

当然，实事求是地说，蒋介石对淞沪会战造成如此混乱不堪的局面确实应该担负很大一部分责任，其中主要包括：他以最高军事统帅的身份，插手前线指挥官应做的事情，无法充分发挥各级指挥官的军事才干，造成各级指挥人员过分依赖上级乃至最高统帅部而不愿意随着战况的变化对兵力部署、主攻方向做出适度的调整。这是蒋介石经常干的事情。即使一个天才的战略家这样指挥部队，也不可能充分发挥部队的作战能力，何况蒋介石并非一个聪明的战略家。因而，酿成部队无法发挥应有作战能力的正是蒋介石本人。

作为一个战略家、一个最高军事统帅，对战略全局了解不清以及对日寇登陆意图判断不明，是蒋介石在整个淞沪会战过程中表现出来的最致命的缺点。当然，蒋介石非常了解始于1932年1月28日的第一次淞沪之战。在那场战争中，第19路军在张治中率领的第5军配合下，打得日寇3次换将，在中国军队的阵地面前得不到任何好处，转而从浏河登陆，抄了第19路军的后路，迫使第19路军不得不退出战争。为了防止悲剧重演，打从这次战争一开始，蒋介石就非常重视浏河一线的江防，是以有了血肉磨坊之称的罗店争夺战。可是，蒋介石是受到了下属的影响，还是欠缺更高的军事预见能力？对日寇有可能登陆金山卫毫无察觉。

事实上，日寇对从金山卫登陆的构想由来已久。早在九一八事变之前，驻在北平的陆军大学聘请过来担任教官的日本高级军官就曾酒后狂言："金山卫、大鹏湾、北海都是登陆的好地方。"日本军官为什么会说出这番话来？只能解释为他们一直在寻找全面侵占中国的最佳登陆地点。

陆军大学师生对这一说法记忆犹新，迁入南京后，该校第10期同学曾到金山卫作野外战术实施，误认为水浅涂深，大小船只靠岸困难，内部又是水网地带，河港纵横，登陆后活动困难，就不予重视。后来，唐生智任警卫执行部主任，也曾带领参谋人员亲往金山卫视察，同样认为登陆不利，就未构筑工事，不在那儿设防。日寇在罗店、吴淞登陆突破大场阵线后，中国军队前线指挥官又认为不会有第二次登陆，要登陆也必在长江方面，对浦东各县更不注意。

日寇1932年的登陆，教会了蒋介石重视浏河地区；1937年的登陆，理当教会蒋介石重视金山卫。不过，那以后，日寇再也不可能在中国上海地区登陆。蒋介石是不是学会了这一点，谁也不知道。倒是蒋介石对九国公约的幻想，对日寇的忍让，反而激发日寇全面侵略中国进而试图彻底征服中国的欲望，令人深思。

既然战争是政治的继续，政治需要中国军队继续打下去，那么，中国军队就必须继续打下去。中国军队还有继续与日寇打下去的资本吗？淞沪会战一打就打了两个多月，中国军队面对武器装备占绝对优势地位的日寇，用血肉之躯阻遏了日寇的攻击势头，迫使日寇三个月内灭亡中国的梦想破产，足以证明中国军队是有血性的军队，哪怕没有增援部队，也要坚决抗战到底。

这时候，蒋介石的心腹爱将陈诚担任第3战区前敌总指挥，全面负责淞

沪战场上中国军队的调动与作战指挥。如果陈诚能够从战斗中学会打仗，汲取以往的教训，不要坐等日寇进攻，也不要像广西部队一样集中力量向日寇展开全面反击，而是选择有利作战地域，利用夜暗等有利条件，向日寇意想不到的方向运动，在日寇的侧翼与后方展开有限的积极的攻击行动，将会打乱日寇的进攻步伐。

那么，在淞沪地区能不能找到适应中国军队作战的地域呢？这是一个非常值得探讨的问题。几乎所有军事专家以及学者都认为上海地域狭窄，靠海临江，境内水网港汊之地甚多，有利于日寇的海陆空三军联合作战；但他们忘了，水网地带固然便于日寇陆海空三军联合作战，却也给予了中国军队隐蔽接近日寇的诸多便利条件以及袭击日寇的方法。只要中国军队充分发挥每一个作战人员的主观能动作用，积极探索克敌制胜的战术，还是有战胜希望的。

为了赶在九国公约组织会议结束之前打赢淞沪会战，日寇从本土再次开来了增援部队，随即，兵分两路，向中国军队发动了大规模攻势。从11月5日拂晓起，日寇以从本土开来的第10军为一路，在浓雾与飞机、舰炮的猛烈火力掩护下，于杭州湾北岸全公亭至漕泾间登陆成功，迅速击破右翼军第63师的防守阵地，占领了金山县城和松隐镇等要地，然后强渡黄浦江，直趋淞江城，并攻占枫泾镇，完全切断了沪杭路；敌第101、第13、第3、第9、第11师团和台湾旅团为另一路，在苏州河、杨泾河方面对左翼军阵地展开全线猛攻，策应日寇第10军的行动。

日寇从金山卫方向突然登陆，一下威胁到淞沪战场上全体中国军队的侧后，使得所有参与淞沪会战的中国军队都有被日寇包围的危险，右翼军总司令张发奎急调部队对登陆日寇实施拦截。该兵团副总司令黄琪翔坐镇松江，指挥迅速从其他方向抽调过来的第67军以及第26、第61、第62、第79师分途对敌第10军进行堵击。然而，中国军队难以阻挡日寇的锋芒。

敌遂以国崎支队进攻松江，以第6师团主力绕过松江直取青浦、昆山，以图切断苏州河和杨泾河方面中国军队的退路；另以一部向平望镇奔袭，企图切断吴县、嘉兴之联系；再以第18师团直接向嘉兴进攻，共同构成对中国军队的合围。

这时，日寇大本营为了统一指挥上海派遣军和第10军的作战行动，围歼上海地区的中国军队，攻占苏州、嘉兴以东地域，顺利结束战争，将上海派遣军和第10军编成华中方面军，由松井石根担任司令官。松井石根一朝权在手,便把令来行,立刻命令第6、第9师团合攻昆山,夺取苏州;以第18、第114师团攻占嘉兴;令第16师团及台湾旅团分别由浒浦、白茆口登陆,会同第11、第13师团攻常熟;将第3、第101师团作为预备队,分别置于太仓、嘉定。

如此一来,渐次从第一期作战地域退到苏州河、杨泾河方面的中国守军陷入即将被敌人全面包围的危险。第3战区长官司令部立即做出反应,于11月8日晚命令中国军队向吴福线、锡澄线既设阵地转移:其中,右翼军分别于莘庄、七宝线和青浦、仇江线配置掩护阵地,主力即向昆山、甪直、周庄、平望、南浔转进,在上述各地占领阵地;左翼军坚守现阵地至11日夜,以便掩护右翼军转进。

此时,右翼军其实已与中央军合并,仍由张发奎担任总司令,负责原右翼军与中央军方面的作战行动。在日寇从金山卫登陆后,他们直接受到了日寇的冲击,很多部队打乱了打残了打怕了,一听到撤退的命令,就迫不及待地寻找脱离战场的道路,结果你挤我拥,一时间秩序混乱不堪。这样一来,部队的撤离行动就受到了很大的阻碍。

在这样的情况下,陈诚意识到如果左翼军不继续对其实施掩护,不仅右翼军难以安全撤离,就是左翼军也将无法全身而退,遂改令左翼军延至12日夜方开始撤退,向指定目标转进。

陈诚的冒险行动后来证明是成功的。由于日寇自从在杭州湾北岸全公亭至漕泾间登陆成功以来,进攻行动过于快捷,各进攻部队之间出现了一些不太协调的地方,此时也在调整部署,左翼军当面之敌并无进攻行动,使得该兵团下辖之第15、第21集团军得以从容撤退。

当右翼军主力以及左翼军第19集团军大部陆续转进到指定地区占领阵地、完成战备后,陈诚下令尚在江桥镇、八字桥担任掩护任务的第11、第67师,于11月11日凌晨脱离与敌人的接触,分别向安亭、青阳港转移。

第11师到达安亭后,又奉命转移至青阳港,在铁路桥和吴淞江北岸间占领阵地,掩护兄弟部队后撤。13日,第11师抵达青阳港。不久,日寇第6师团第45联队即在飞机、坦克、大炮支持下,向第11师占领的阵地发起进攻。第33旅和第31旅第62团奋勇抵抗,击退了这股日寇,击毙了日酋大平大尉以下68人,掩护第8军(第36、第61、第88师和税警总团)安全向锡澄浅转移。

随后,因为常熟方向战况紧张,彭善接到陈诚命令该师赶紧向常熟罗卓英的第15集团军（陈诚任前敌总指挥后，罗卓英代理第15集团军总司令兼第18军军长）归建的急电，便于当夜率部冒着大雨兼程赶往常熟。17日拂晓前，第11师赶到了常熟城南的和尚田。

第67师则因伤亡过多，经无锡、宜兴到宣城接兵整训。第54军军长霍揆章指挥第8师和第14师据守周巷用直。

接到陈诚令第15集团军和第21集团军推迟撤退的密电后，罗卓英即与第21集团军总司令廖磊商妥了撤退部署和行进路线，并且明确了各部占领福山至常熟一带主阵地的范围，决定第15集团军利用太仓、支塘、常熟道路及其南方地区行动，第21集团军则在太仓、支塘、常熟道路以北地区行动。

随即，第21集团军命令第173师先行出发，占领支塘一带阵地，并与把守在白茆口、浒浦镇的第40师密切协同，确保这一地域的安全；其余各部迅速脱离敌人，急向福山、常熟城北肖家桥至兴隆镇之间前进，在该线占领阵地。

罗卓英则命令第20军立即向昆承湖和湘城镇转进，切实据守该地；第26军（第32、第44师和第76师之第228旅）即向巴城镇、任阳镇，周市镇转进，在该地占领阵地，北与在支塘的第173师、南与在昆山的第8军密切协同作战；第79军军长夏楚中统一指挥第98师和第13师以及正在万隆镇的第60师和在太仓的第44师，迅速脱离敌人，沿太仓、支塘道路速向常熟城区转进，在古里镇、藕渠镇、莫城镇地区确实占领阵地，加以固守；第44师到任阳镇归还第26军建制；另电报陈诚请调第11师、第67师到常熟增援。

这时，第67师急待补充，已经赶赴宣城补充兵员了。陈诚能够派遣的人马只有第11师，遂急令第11师前来救援。

11月14日夜，第11师冒着大雨，由青阳港经苏州，向常熟方向急进。他们日夜兼程，于17日晨赶到了常熟之和尚田。这时，那一带正在发生激战，第11师一到，立即投入战斗。

正当罗卓英、廖磊两部向福山、常熟转进时，敌第16师团和台湾旅团于13日晨在新泾口、白茆口、徐六泾、浒浦口一带强行登陆，以一部猛攻鹿河镇，主力分向周泾口镇、徐家市猛扑，一下打得中国守军第40师只有招架之功而无还手之力。

第40师眼看就要守不住了，廖磊急令第176师协同已在支塘的第173师一齐向进犯周泾口镇之敌发动攻击；命令已到何家市的第174师，即刻向徐家市之敌展开攻击，并掩护其右翼之安全；急令已从浏河地区撤退正向常熟前进的第39军，立即占领支塘镇；复令由太仓向支塘转进的第171师速到梅李镇、苏家镇占领阵地，以一部占领兴隆镇至谢家桥镇之间要点。同时将上项处置和当面的敌情迅速告知正向常熟前进的第15集团军总司令罗卓英和相关部队，催促其尽快通过支塘镇，速赴常熟备战，严阵待敌。

11月13日傍晚，罗卓英率第15集团军总部刚到常熟城，即接到已在古里镇的第60师师长陈沛报称："半小时前敌军约一大队，由周泾口镇方向窜来，对苏家镇的第171师和天主堂本师前进阵地发动猛攻，战斗甚为激烈。"

罗卓英立即命令据守在支家塘、石墩、花园里、藕渠镇、徐泾港一带的第79军军长夏楚中，派第98师前往天主堂、苏家镇迎击该敌。第98师与日寇激战至夜里10时左右，将敌全部击退。

随后，罗卓英命令各部仍旧回到各自防区，严密监视日寇动向，连夜亲赴各处巡视一遍，面嘱参谋长施北衡在虞山南麓花园浜战斗司令部坐镇，自己则在中校参谋王宴清和数名卫士护卫下，驱车来到虞山港口镇第21集团军总部会晤廖磊，与之共商阻击日寇的方略。

在这里，通过廖磊的介绍，罗卓英得到了第21集团军各部的作战情况：

一、从白茆口登陆的敌第16师团一部（据报系第30旅团）正对鹿河镇第40师第120旅阵地猛攻。刘培绪师长报道，第120旅有重大伤亡，敌却相继得到新援，该旅恐难支撑。廖磊已令向徐家市进攻的第174师派兵驰援该部。第174师师长王赞斌则说，派去增援鹿河镇的黎团，于下午5时半行至陆家浜（何家市北方4公里处）与优势之敌相遇发生激战，另饬庞旅长率队赴援，现已打成相峙状态。

二、第173、第176师进攻周泾口镇仍无进展，而敌却有新援来到。

三、敌一股千余自徐六泾河段沿江边向福山镇窜去，廖磊已责成福山镇的第76师王凌云师长派队堵击该敌。

四、日本台湾旅团正在进攻第40师据守的浒浦镇梅李镇阵地，攻势甚猛。廖磊已令第39军刘和鼎军长派第56师刘尚志师长率所部和独立34旅罗启疆部火速赶往浒浦镇、梅李镇一带，增援第40师作战，务须确保该地。现该地战况甚为激烈。

随后，罗卓英把第15集团军的战况也向廖磊通报了一遍。2人通盘研究当前军事形势与两集团军的行动计划后，做出决定：

一、两军以何家市、董浜镇、淼泉镇、四方桥、邹巷一线为作战地境线，线上归第21集团军，从而将支塘镇、古里镇、兴隆镇、兴福街以南地区改由第15集团军据守；

二、现据守苏家镇及兴隆镇的第171师改守福山镇常熟城之线的肖家桥至谢家桥地区；

三、现在周泾口、徐家市一带作战的第173师、第174师、第176师，应在现地竭力阻止当面之敌，坚持到黄昏后依次撤退，由古里镇南方转进到常熟城北部在四方桥以北至肖家桥一带占领阵地，各师应守备地区由韦军长规划之；

四、伤亡甚众的第40师由现地撤退到无锡东郊安镇整补；

五、第56师和独立34旅仍固守梅李镇、浒浦镇阻敌西窜；

六、第26军仍固守支塘镇、任阳镇、白茆镇、东塘墅，竭力阻敌西犯，应俟第48军安全通过古里镇后方可撤退，到常熟东北郊据守兴隆镇、楼家村、金童村、兴福街一带要点，右与古里镇的第60师及在支家塘、藕渠镇的第79军，左与四方桥的第48军密切协同。第228旅为第15集团军机动兵团先集结于昆承湖北岸石岸头；

七、请陈诚另派第73军或第75军来援（但一直未兑现）；

八、两集团军总部均设在冶塘镇，但第15集团军前进指挥所仍设在花园浜。

11月15日，日寇第6、9两师团突破青阳港，攻陷昆山；敌13师团从岳王镇出发，一路追击国军第48军，经何家市，窜抵周泾口、徐家市、董浜镇地区；敌11师团则猛攻支塘镇、任阳镇一带国军第26军阵地。

中国军队与日寇激战数日，直到第40师和第48军各部均于当日傍晚安全通过了古里镇后，罗卓英即按约定密语"茶沏好了"电告肖之楚，该军便依计划于15日深夜转进常熟城在规定地区布阵应战。

11月16日晨，日寇第16、13、11师团和台湾旅团，在其飞机、坦克、大炮掩护下，对浒浦镇、梅李镇、淼泉镇、苏家镇、古里镇、苏家浜一带中国军队把守的阵地发动了猛烈进攻。国军第56师和独立34旅伤亡重大，支持不住，不得不退守福山镇、肖家桥一带。据守在昆承湖、东苏家浜和沙家浜一带的第133师所属第399旅在与日寇激战至中午时分，同样难以支撑下去，被迫后撤。敌人紧追不舍，强渡昆承湖，分别在石岸头和莫城镇登陆，直接冲击第133师的阵地。

师长杨汉域早有准备，已经抽调400余人组成大刀队，交由骆守义少校率领，埋伏在岸边芦苇丛里，乘登陆敌军不备，从其背后猝然挥刀相向，冲入日寇的阵线，一阵血拼。刹那间，那些持枪向莫城镇冲去的日寇不是人头落地，便是被砍伤倒地，死伤累累，溃不成军。第二梯队的日寇闻讯迅速赶来救援，骆守义率领大刀队消失无踪，迎接这伙敌人的是国军据守在莫城镇、赵家浜、石岸头的轻重机枪和迫击炮的集中猛射，又将敌军打得伤亡枕藉，相率逃回湖东。

与第133师畅快淋漓地痛宰日寇形成鲜明对比的是，据守在淼泉镇、苏家镇、天主堂和古里镇的国军第60师从清晨开始，即遭到了敌第11、13师团先遣队的合力猛攻。为了迅速解决战斗，日寇不但出动飞机轮番实施轰炸、扫射，使用各种口径大炮30余门持续炮击，步兵在10余辆坦克的掩护下，向第60师阵地发起猛攻。师长陈沛指挥全师官兵与日寇激战至中午时分，防御工事大多被毁，官兵伤亡过半，数处阵地被敌突破，形势非常危急。

这时候，罗卓英来到第79军军部了解战况，得知这一消息后，立即命令夏楚中亲率第98师和第13师增援第60师，并将炮兵第16团拨给夏楚中指挥。

夏楚中接到命令后，展开如下部署：将第98师和第13师拥有的16门4.5厘米百禄式战防炮，以及第60师之6门3.7厘米苏罗通战防炮全部集中到古里镇，归第180旅旅长梁仲江指挥，集中对付日寇的坦克；炮兵第16团集中炮火压制敌炮；集中各师炮兵直接支持第98、第13师的反击部队。

第79军以第180旅阵地为依托，以炮兵压制日寇的炮兵、炮兵对付日寇的坦克、步兵在炮火攻击下猛攻日寇阵地的战术，对苏家镇、天主堂之敌展开猛攻反击，一举将日寇击退，收复了失守的阵地。

不久，日寇增援部队到达，立即对中国军队展开反扑，抢占了中国军队刚收复的阵地。随即，夏楚中再次组织反攻。深知水无常形、兵无常势的夏楚中这一次改变了战术，决定采取迂回战法，先集中全力夺取天主堂，断敌后路，迫使日寇退却。此举果然奏效，日寇见其后路已被切断，便相率分途向梅李镇、珍门镇、董浜镇、白茆镇龟缩。

次役，第79军一共击毁日寇坦克3辆，毙伤日寇近千人。

此战一结束，因第60师伤亡惨重，罗卓英命令陈沛师长率所部在第98师和第13师的掩护下，移到冶矿镇从速整补，同时对第79军的任务进行了微调：第98师和第13师利用夜幕掩护，退守原阵地（支家塘、石墩、藕渠镇及张家桥、沙泾、花园里、周家桥、尤墩里地区）；派遣突击队利用夜暗潜入敌后，破坏其通信设施，抗袭其指挥机构，伏击其巡逻，并与据守石岸头的第228旅密切协同。

11月17日天亮后，日寇第13、11师团，兵分4路，各以坦克为前导，分向藕渠镇、周家桥、花园里、三里桥、石墩、支家塘、张家桥、金家村一带中国军队之第13、第98、第32师阵地发动猛烈进攻。

激战2小时后，第32师阵地被敌突破。罗卓英急调刚到常熟城北吴家村的第44师，火速赶往增援，从侧翼迂回攻击敌后之金家村、兴隆镇，迫使日寇第13师团第58联队仓林公任部逃逸。肖之楚即以第44师全部接守第32师原来据守的阵地，而将第32师调到常熟城北集结整备，保持机动。

与此同时，日寇对第98师和第13师的攻击更加凶猛，其飞机轰炸与火炮轰击的密度和强度，实属空前。随后，日寇步兵在坦克的引导下向中国军队阵地发动猛烈冲击，使中国守军的防御工事大部被毁，官兵伤亡骤增，阵地屡失屡夺，失而复得者再三，形成惨烈的拉锯战。

前方打仗，必须有后方的支援。在抗日战场上，常熟民众，无论男女老幼，都自觉投入到支持中国军队作战行动上来了。他们不顾自家房屋被炸被烧、不顾敌人的机枪扫射，一往无前地把前线的伤员背下来，把前方急需的弹药背在身上匍匐前进送给射手，其中有些人就在中途被敌打死或打伤。面对民众们如此不顾生死地勇敢相助，阵地上的官兵勇气倍增，死守不退，即使阵地被日寇攻占，也要拼命夺回。多次上演了惨烈拉锯战。

部队伤亡剧增，请求调来增援的第73、第75军仍然未见踪影，罗卓英忧心如焚，按捺不住心头的愤懑，在同左翼作战军代总司令薛岳通电话时，毫不隐讳地表达他对第3战区长官司令部的不满，痛数第3战区司令长官在常熟面对日寇第11、13、16三个师团以及台旅团绝对优势敌人猛攻的关键时刻，不但没有及时派第73、第75军来援，反将第20军调走的种种令人费解之行。

可是，抱怨没用，愤懑也没用，痛骂更没用，有用的是罗卓英必须得到援军。恰在此时，罗卓英接到报告：第11师已于今（17日）晨8时日夜兼程赶到和尚田。

第18军旗下精锐部队赶到，罗卓英喜出望外，立即命令第11师各以1个团的兵力守卫常熟城和莫城镇、徐泾港，主力火速赶往尤里墩，援助第13

师击退当面之敌；严令第13师必须固守待援，不得擅退；另令第32师增援第98师作战。第62团守常熟城。

此时，第13师已缩编成各千余人的两个步兵团，编为第37旅，据守在周家桥和尤里墩一线阵地。叶佩高率第33旅前去救援时，两股敌军，各有1 000余人，正在飞机、大炮以及5辆坦克的支持下，分途对第37旅据守的花园里、周家桥阵地展开猛烈进攻。守军防御工事遭到严重破坏，官兵伤亡惨重，已成溃退之势。第11师来援的消息传至前线，守军士气不由得为之一振。

叶佩高迅速赶到第13师和第37旅指挥所面见吴良琛师长，详细了解了敌我双方的作战态势后，并没有将所属部队直接拉到第37旅的阵地协助他们进行防守，而是决计采取迂回攻击战术，来瓦解日寇的进攻企图。为此，他将第11师工兵营、搜索连加强给第37旅，命令他们与第37旅官兵一道依托被击毁的工事与日寇周旋，拖住日寇；第11师战防炮连集中8门火炮阻击敌人的坦克；亲率第33旅从周家桥南侧向敌人背后藕渠镇迂回，攻击日寇的后方指挥部。

日军第44联队位于藕渠镇。该镇又名五渠镇，在周家桥东侧1 800米处，尤里墩东侧2 500米处，其西北距花园里2 000米。与尤里墩和常熟城相通的白茆塘从该镇南面经过，塘深数米、宽约10米，可行木船。为了歼灭该敌，并且攻占藕渠镇，第33旅官兵遵照叶佩高的命令，涉水潜行，利用岸边芦苇掩护，向日寇联队展开迂回行动。

第33旅的行动奏效了。他们乘敌不备，迅速而隐秘地迂回到了藕渠镇的东南方，突然对敌猛攻，一举攻占了藕渠镇，击毙日军130余人，生俘3人，敌第44联队长和知鹰二大佐仓皇逃脱。

紧接着，第33旅趁着胜利的余威，一鼓作气地从藕渠镇对正在进攻周家桥和花园里的敌第44联队前线部队的背后发起猛攻。

这样一来，作战双方立刻主客易位，中国军队英勇奋战，一举打退了日寇的进攻。在其右翼进攻第98师之敌也因此受到波及不得不后撤，使第79军以及第26军44师阵地稳定下来。

日寇第11、13师团在对第13师与第98师的阵地实施进攻受挫后，为了迅速取得进展，日酋调整了部署，改变了主攻方向：以一部分日寇改向阎家村、金家村、王家村、吴家村、陆家巷、黄泥墩、兴福街一线国军第44师阵地发动猛攻；同时，日寇第16师团第38联队和台湾旅团沿江边进攻福山镇；第16师团主力则进攻据守在肖家桥、四方桥一带的第171师和第174师阵地。

第44师难以承受日寇的凶猛攻击，在付出了重大伤亡后，被迫退到虞山联珠洞、兴福寺一带进行防守；第174师的谢家桥阵地也被敌突破，经第176师赶来反攻，方得收复；福山镇方面，敌人虽说进攻猛烈，却无法攻破守军的阵地。

激战一天，日寇没有取得太大进展，便于18日上午，用汽艇拖拽木船，载千余名步兵渡过昆明湖，分袭徐泾港和莫城镇，试图一举拿下这两个重镇，造成中国军队的震动。可是，日寇的如意算盘没打响，在驻守此地的第11师之第61团的顽强阻击下，日寇不得不退了回去。紧接着，日寇出动步兵4股各1 000余人，在装甲车、坦克引导下，再度对第98师和第13师展开猛攻，敌机和大炮则对中国守军阵地狂炸猛轰，连夜赶筑完成的防御工事多被摧毁，伤亡大增。

夏楚中见日寇势大，手下的人马难以抵挡，只有频频向罗卓英呼救。

仗打到现在，罗卓英手里早就没有预备队了，每一处阵地都吃紧，他也抽调不出增援部队，只有强令第33旅和第32师分别从第98师和第13师的左右两翼对来犯之敌进行反击。

救兵如救火，叶佩高冷静思考了战场情势，决计仍采取利用沟渠向敌军侧背迂回，猝然突袭的战术，率第33旅由张家桥、三里桥出击，与敌激战至午，一举收复了被敌攻占的石墩和支家塘，打死敌军300余人，击毁敌坦克、装甲车各1辆，使第98师和第13师转危为安。此战，第33旅也有近300人的伤亡。

然而，第32师的反击却遭到了日寇第13师团强力兵团增援的反扑而没有进展，与敌对峙在王家村、陆家巷之线。

此时，另一股约莫千余人的日寇从第32师左翼与第171师右翼之间钻隙迂回突袭，夺取了第44师据守的虞山联珠洞、兴福寺。第44师被迫退到虞山上的祖师庙、降龙古洞一带，且战且退。

一旦日寇牢固地占据了虞山降龙洞以西地区，常熟城便受其瞰制，花园浜也将直接面临敌人的攻击，中国军队将陷入危局。罗卓英忧心如焚，急调第62团登山据险阻敌，收容第44师。

第62团虽然神勇，奈何日寇武器精良，士气旺盛，尽管抑制了日寇继续进攻的步伐，却无法将日寇从降龙古洞一带赶走。

第一部分 淞沪战场抗倭寇

得知日寇已牢固地占据了虞山降龙洞以西地区，罗卓英大为焦急，立即赶往常熟城督饬第26军军长肖之楚急调第32师和独立34旅、第228旅连夜反攻虞山。然而，没能奏效。

11月19日凌晨，肖之楚决计重新组织部队对虞山日寇进行反攻：由第32师及第228旅从常熟城西、虞山东端，在第62团掩护下，先取维摩寺，再向祖师庙进攻；第33旅及第60师的第359团从尚湖北岸花园浜对虞山中部祖师庙之敌进攻，同第32师在祖师庙会师；独立34旅从六店街、孙家村对虞山西端联珠洞之敌进攻，尔后并力西进，肃清虞山之敌而固守之。

拂晓前，第359团来到花园浜，叶佩高立即命令该团从花园浜攻击虞山中峰祖师庙；第65团3营归第66团指挥，沿玉石谷直捣祖师庙东端维摩寺，策应第32师进攻；第65团2营置于钱牧斋墓附近保持机动。

总攻时间定在当日凌晨5时。

时间一到，肖之楚一声令下，部队全线出击。激战3小时后，第33旅首先攻克维摩寺。肖之楚闻讯大喜，立刻命令第32师师长王修身率领该师接防，随后仍由第33旅向西进攻，夹击祖师庙之敌。第33旅与第359团一鼓作气，很快攻克了祖师庙，迫使日寇退往244主峰。此处地形险要，第33旅接连发动几次攻击，都没能将日寇消灭。

中午，敌援军3股各约1 000余人，分途向维摩寺、祖师庙和尚湖北岸的花园浜3处猛烈反扑，第33旅顿时腹背受敌，情况万分危急。关键时刻，第65团团长朱鼎卿亲率该团主力将花园浜之敌击退，然后登上虞山，加入攻击占据主峰之敌的阵容。在继续向前展开攻击的时候，第65团与由坠石涧方面急驰而来的敌增援部队遭遇，一场激烈的遭遇战随即爆发。几个小时后，不得不退回祖师庙与第33旅主力会合，以便共同阻击敌人反扑。

这时，独立34旅在联珠洞已被日寇击退，该股敌军遂向已攻取祖师庙的第33旅展开猛烈进攻；与此同时，因在244主峰之敌也乘势来犯；兼之此时向维摩寺反扑之敌越打越多，越打越猛，第32师处境甚危，肖之楚紧急呼救。

罗卓英只得从守卫常熟城的第62团抽出两个营，另从守徐泾港的第61团抽出1个营，令方天率领，前往维摩寺增援第32师。经过激烈战斗，才将敌打退，使第32师转危为安。

当肖之楚指挥部队对占据虞山之敌展开反攻，相继攻克维摩寺、祖师庙时，日寇第16师团和台湾旅团则同时对福山至四方桥第21集团军阵地全

85

面猛攻。激战至午，谢家桥等地先后陷敌，中国军队伤亡大增。

此时，苏州已被敌人占领，嘉兴同时陷落。事已至此，薛岳不得不令罗卓英和廖磊按照他此前的部署，撤出福山以及常熟阵地，分别向广德和长兴转进。

这时候，在整个左翼军系列里，由于其他各师在常熟阻击日寇的作战行动中伤亡都很惨重，只有第11师相比之下较为完整，于是，罗卓英命令该师断后，接替第13、第32、第98师的原守备阵地，掩护这3个师陆续后撤。

以1个师去接替3个师的守备阵地是非常困难的，幸好当面日寇因连续多日进攻，也需休息整补，没有穷追猛打撤退中的国民党军。第31、第33旅等到掩护任务完成后，即急行军和师部会合，一起向无锡转移。

11月22日，第11师转移至无锡东郊时，接到第13师第37旅在查桥镇被日寇所困的消息，彭善再次令叶佩高率第33旅前往救援。

第33旅赶到查桥镇后，首先肃清了公路上的日寇，然后以第65团向镇内日寇发动冲锋，第66团向日寇右侧翼偷袭。叶佩高这招迂回奇袭战术一个星期内已经玩了三次，但日寇就是没有吸取教训，屡屡中招，每次都措手不及被打得灰头土脸。经过一小时的混战，日寇不支退走。第33旅和第37旅会师后也赶紧后撤，以免再陷日寇包围。

11月26日，彭善率第11师从无锡经宜兴抵达广德，接到罗卓英的密电，整理如下：

一、日军第10军的第6、8、114师团，连日对我右翼作战军猛攻，无锡已于25日陷落，现在正对防守妙西镇至横山一线的我军第7军等部进攻。

二、第15集团军奉命改为第16军团，辖第16、第18、第54、第79军，担任广德至誓节渡地区之守备，归第7战区指挥。

三、第11师目前任务为固守广德。

当天中午，罗卓英突然接到命令，调任南京卫戍司令部副总司令，协助总司令唐生智负责指挥中国军队进行南京保卫战。

这样一来，第18军军长的位置就空出来了，得有人顶上去，不是一般的顶，而是顶上去后能完成带领第18军乃至整个第16军团与日寇作战的任务。无疑地，需要一个非常能干，而且有资历的人，才能担负这个重任。

原第11师师长在淞沪会战打得难解难分之际,接替李树森担任第67师,一样打出了很好的战绩,使得他成为不二人选。为此,黄维被提拔为第18军副军长,暂代第18军军长一职,且由黄维和参谋长施北衡代为指挥第16军团的作战行动。

罗卓英随即由洪林桥,带领幕僚人员由宣城、芜湖驱车赴南京就职,但在离开前调整了一些部署:将原第11师驻守的广德,交给第23军第148师陈万仞部;第11师则负责扼守誓节渡(广德西边50里);第67师则置于姚村、石鼓地区,为第16军团预备队。

就这样,第18军的罗卓英时代结束了。在罗卓英时代,第18军第一次走上抗日战场,与穷凶极恶、狂妄无忌的日寇展开了3个多月的血战,打残了自己,也打残了敌人,在民族解放事业中立下了不小的功绩。

但是,第18军的对日作战仅仅只是开始,他们还有很长的路要走。即使眼前,他们也没有完全摆脱日寇的攻击。

11月27日,日寇第6、18师团连续追击而来,向川军第21军在长兴以西的阵地展开进攻。激战了一天,该军退守泗安。日寇亦跟踪而至。于是,广德以东外围地区全面陷入战火之中。川军装备落后,尤其缺乏火炮以及机枪等重装备,面对飞机、大炮样样俱全的敌军火力,死伤惨重,全凭一股爱国心与敌搏斗,但最后泗安、广德仍是落入了日寇手中,第145师师长饶国华见部下伤亡殆尽,保卫广德的任务又没有达成,悲愤之下,以手枪自戕身亡。

12月2日,日寇第18师团于清晨天亮时分,即倾全力向誓节渡南北之线第16军团防线发起猛攻。

负责第一线的第11师第33旅首当其冲,成为日寇攻击的主要目标。发扬英勇顽强的作战精神,该旅官兵经过一天的浴血奋战,击毁了日寇3辆战车,击毙了日寇数百人,迫使日寇放弃进攻,不得不后撤。

此役虽然击退日寇,暂时遏止了敌人的攻势,但第33旅从开始大撤退以来,经历了无数次大小战役,官兵伤亡甚多却都没有得到补充,旅长叶佩高也大喊吃不消了。黄维得知后,将第33旅后调10里休整,以第31旅接替第33旅阵地,另调第6师增援原第31旅防地,归彭善师长指挥。

接下来的数日里,第16军团各部在誓节渡一线寸步不让,给日寇造成了很大麻烦。坚持到12月5日,宣城陷落、芜湖失守后,第16军团再守下去会有被日寇前后夹击的危险,军事委员会不得不下令该部撤退,经宁国向徽州转移。

12月15日,第18军余部陆续抵达了战场后方——徽州。

在这里,这支在淞沪战场连续作战3个月的国军精锐部队,总算为第一次对日作战行动画上了句号,获得了较长时间的休息。

第二部分
武汉外围血染衣

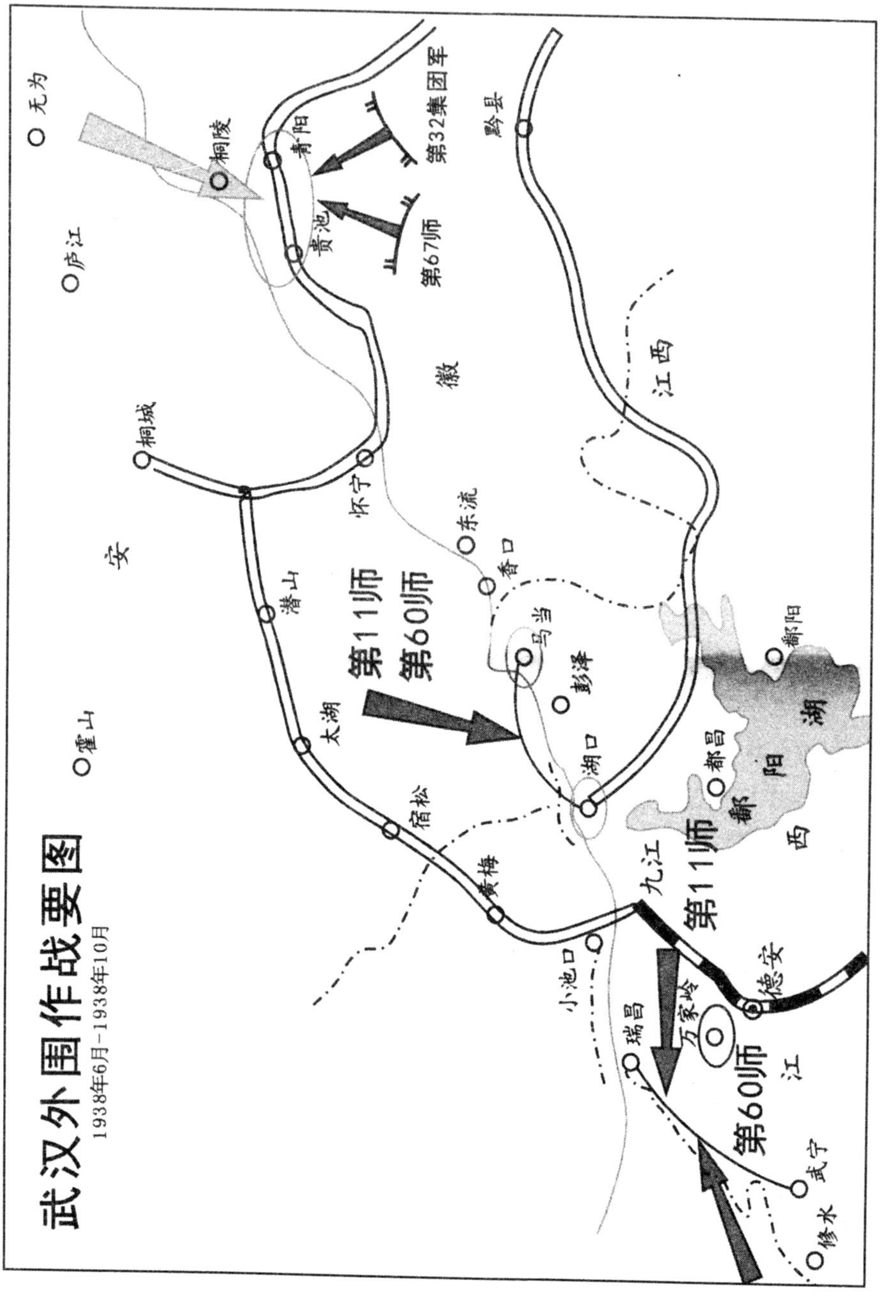
武汉外围作战要图
1938年6月-1938年10月
无为
桐陵
庐江
青阳
贵池
第32集团军
第67师
黟县
桐城
怀宁
东流
香口
安
徽
江西
潜山
第11师
第60师
马当
彭泽
湖口
太湖
霍山
宿松
黄梅
九江
第11师
都昌
鄱阳
鄱
阳
湖
西
小池口
瑞昌
万家岭
德安
第60师
江
武宁
修水

第二部分 武汉外围血染衣

7章 武汉会战前的准备

在张治中率领人马打响了淞沪之战后，第18军是第一支增援淞沪战场的军队。自他们进入战场，就时常处在最激烈的前线，与日寇展开短兵相接的战斗，部队打光了再补充，再打光再补充，却一直没有退出，一直挺立在前线，直到淞沪会战结束。淞沪会战的最后阶段，负责掩护其他中国军队的撤退任务，第18军涌现了许多可敬可佩的英雄人物，流传了许多令人荡气回肠的杀敌故事。

那么，接下来，他们的抗战之路将如何走下去呢？

毫无疑问，它会继续抗战到底。不过，这时的第98、第14师已升格为军，第18军旗下只有第11、第67师，显然是不能让第18军感到满足的，他必然会把目光盯在那些可以被自己吸收的部队身上。在大撤退之际，第60师不仅与该军并肩作战，而且最后接受该军的指挥，使得这支部队很快就被第18军纳入麾下，成为其中的一个重要成员。

说起第60师的来历，就不能不说到第19路军以及一·二八淞沪抗战（即1932年的第一次淞沪会战）。

在一·二八淞沪抗战期间，第19路军麾下有第60师、第61师、第78师。其中，第60师师长沈光汉，广东罗定人。1932年1月28日，日本派陆战队登陆上海。沈光汉率第19路军第60师奋起抵抗，因而成名。闽变爆发后，蒋介石调8个师的陆军入闽镇压，他依附蒋中正，并宣布拥护南京中央。之后，第19路军的番号取消，部队亦被分散收编，他仍任师长。蒋介石终究对他不放心，便将具有黄埔军校背景的广东籍将领陈沛调入该师，接替师长职务。从此，蒋介石通过陈沛之手控制第60师，第60师也就变成了蒋介石的嫡系。

这样一来，淞沪会战后第18军旗下的基干队伍就由第11师、第67师、第60师组成。

当日寇侵入安庆、撞开了武汉外围的第一道防御之后，第67师没有跟随第18军主力一道作战，而是配属给了第23集团军，防守苏浙皖边境一线；在与日寇作战的不同时期，配属给第18军，奉命听从第18军指挥的部队有好几个师的人马，其中，既有杂牌军，也有蒋介石的嫡系部队。在反攻马垱、湖口要塞区时期，第18军可以指挥控制的部队包括第53师、第167师、第16师、第77师以及从马垱要塞撤下来的其他国民党军。后来，第18军甚至将第188师（原167师）收入囊中，变成了它的直接属下。不过，这是抗日战争最后1年的事情。在武汉外围战进行得如火如荼之际，又有第110师、第141师等部队加入到第18军的作战序列。第110师是汤恩伯的基干部队，汤恩伯几乎跟陈诚一样受到蒋介石的信任和器重，该师能够加入到第18军旗下，听从第18军军长黄维的号令，可见第18军的地位。

本章要讲述的主要内容就是第18军在武汉外围的作战行动，也就是第18军参加武汉会战的经过，那么，首先必须搞清楚，武汉会战到底是一场什么样的会战。

武汉会战是抗日战争时期一场横跨安徽、江西、河南、浙江及湖北五省的广阔地域的具有决战性质的大规模会战。这场会战之所以会发生，并且发展成抗日战争中规模最大影响最深远的大战，根源于武汉的特有地理位置与地理环境，也是中日双方的作战目的决定的。众所周知，武汉素有九省通衢之称，战略地位十分重要。依托武汉，可以四面出击：东指江淮（皖），北出河洛（豫、晋），南下洞庭（湘），西进梁汉（陕），回溯长江则可直达巴蜀。更重要的是，全国主要水陆交通线、人口和城市、物资财富大多集中于此。对于进攻方而言，一旦攻占了以武汉为核心的广阔地域，不仅在军事上处在了进退自如的境地，而且在经济上取得了以战养战的物质基础；对于防御方而言，一旦守住了这一地带，就等于遏制了侵略者攻击锋芒，有利于尔后的反攻。为此，对于日寇来说，武汉志在必得；对于中国军队来说，武汉势在必守。所以，只要日寇发动全面侵华战争，无论其主攻方向在哪里，武汉会战都不可避免。

为了阻挡日寇进攻武汉，中国方面先后调集约50个军130个师共计100万人，以及各型飞机200余架、各型舰艇及布雷小轮40余艘，利用大别山、鄱阳湖和长江两岸之有利地形，布设阵地，组织防御作战。其中，第5战区司令长官李宗仁（7月中旬—9月中旬由白崇禧代理）指挥23个军负责江北防务；第9战区司令长官陈诚指挥27个军负责江南防务；另以第1战区在平汉铁路（今北京—汉口）的郑州至信阳段以西地区，防备华北日寇南下；第3战区在安徽芜湖、安庆间的长江南岸和江西南昌以东地区，防备日寇经浙赣铁路（杭州—株洲）向粤汉铁路（广州—武昌）迂回。

日本方面则由日寇司令官畑俊六指挥第2、第11军共约140个大队25万兵力负责对武汉方面的作战行动。其中，冈村宁次指挥第11军5个半师团沿长江两岸主攻武汉；东久迩宫稔彦王指挥第2军4个半师团沿大别山北麓助攻武汉。为了支持地面部队的行动，日本海军及川古志郎第3舰队120余艘舰艇，日本第1个上天的飞行员德川好敏男爵中将的航空兵团500余架飞机，投入了作战行动；另外，日寇华中派遣军直辖的5个师团分别担任对上海、南京、杭州等地区的警备任务，以巩固后方，保障此次作战。

这场会战共进行了4个半月，在整个抗日战争中时间最长、规模最大。主要包括：马垱战役、九江战役、黄梅战役、广济战役、田家镇战役、瑞昌战役、马头镇战役、星子战役、万家岭战役、富金山战役、信阳战役。

在这历时4个多月的血战中，中国军民以40万人的伤亡为代价，造成了日寇近10万人的死伤，不但粉碎了日寇迅速"解决中国"的企图，也鼓舞了全国抗战的热情。日寇经过这次大战，由于战线过长、人员伤亡巨大、作战物资难以及时补给等原因再也无力发动大规模进攻性作战。从此，中国的抗战赢来了相持阶段。

1938年6月11日，日寇一部在海军支援下登陆攻占安庆市，这被视为武汉会战的开端。紧接着，6月24日，日军向马垱要塞发动进攻，使得中国军队面临的局势越来越险恶。

就是在这样的情况下，第18军接到命令，正式投入到武汉会战。这次，第18军基干部队以及配属给该军的其他各路人马，再度与日寇展开了残酷的较量，种子军全体将士的鲜血染红了他们的征衣。

在会战期间，第18军能够自如地指挥控制所有人马，充分表明种子军绝非浪得虚名。这一点，在本书后面的篇幅会有比较详细的介绍。

第18军将第60师纳入旗下时，主管该军的第16军团军团长罗卓英正经受着淞沪会战结束后的人事与体制的改变。正是这一改变，使得第18军从此进入了由黄维直接指挥和掌控的新阶段。

那么，第18军究竟发生了怎样的改变，以及在武汉外围作战之前的近半年时间里，第18军是如何与日寇战斗的呢？

要说清这些问题，无疑得从南京保卫战说起了。

罗卓英在淞沪会战结束后，调任南京卫戍副总司令，协助唐生智指挥中国军队保卫国民政府首都南京。可是，南京很快就陷落了。这样一来，罗卓英南京卫戍副总司令一职自然没有了，便返回了第16军团驻地屯溪。这时，已经移往武汉的国民政府军事委员会电令第16军团改为第19集团军，由罗卓英担任第19集团军总司令兼第18军军长。由于事务繁多，罗卓英开始效法前任军长陈诚，逐渐放手第18军的事务，将第18军交由副军长黄维实际负责管理。

1938年元旦，罗卓英在屯溪第19集团军总部举行团拜，并对淞沪会战以来有功人员举行授勋仪式。黄维联合第11师师长彭善利用这个机会，向罗卓英报告了部队的补充情况及新的训练计划，得到了罗卓英的嘉许。

随即，按照计划，黄维率领第18军抵达徽州后，开始对部队进行整训，并接收了来自江西的数个保安团，以及浔饶师管区、赣南师管区的一批新兵，以补充淞沪会战期间的伤亡。作为第18军的实际负责人，为了尽快恢复和提高部队的战斗力，黄维特意在徽州以东20里的蔡坑，举办了一个第18军干部训练班，由第11师第33旅旅长叶佩高担任训练班主任，第66团伤愈刚归队的陶达纲中校担任军官队长，轮流调集各部队尉级以上军官来此集训；士官和士兵的训练工作，则由旗下各师各自负责。

这时候，第18军旗下之第11师、第67师相继发生了人事更迭。在淞沪战场上提升为第11师副师长的方天仕途上再度春风得意，一下子当上了刚刚由武汉警备旅升格成的第185师师长，第11师副师长一职便由自抗战以来屡立战功的叶佩高接任；原第67师师长黄维则专任第18军副军长，副师长莫与硕接过了该师师长的指挥棒。至于叶佩高第33旅旅长的位置，则由在淞沪战场上负伤归队的原第31旅旅长王严接任；王严离开期间代理第31旅旅长职务的师参谋长梅春华继续担任该旅旅长。该师其他主要职位的当家人是：参谋长彭战存、第61团团长龙佐才、第62团团长尹作干、第65团团长曹金轮、第66团团长陈简中；增补了一个补充团，该团团长是靳力三。

1938年2月，第3战区为贯彻军事委员会积极在敌后发展游击战的要求，命令在苏、皖、浙各部队，须各自抽调一部，对日寇进行骚扰性的作战，同时设立了由黄绍竑担任司令的游击总指挥部。为了落实战区的指示，第18军决定成立第16突击总队，以荣孝雨营长为总队长，由第11师副师长叶佩高负责训练。

这期间，第60师还没有归属第18军，第16突击总队只能从第11师和第67师中抽调人员组成。黄维采取不偏不倚的策略，将最初的突击总队编成两个大队，分别由旗下两个师组成。

部队整编完毕后，由叶佩高亲自给参加整训的干部讲授游击战术。他根据中国红军游击作战的经验，全盘接受了毛泽东提出的"敌进我退，敌退我追，敌驻我扰，敌疲我打"的灵活战术，经过一个星期的严格训练后，命令第16突击总队开始向敌后出击。该总队先在龙洞桥重创日寇第4联队第2大队，击毙第2大队大队长松井上三郎等200余人，接着又在泗安公路上，伏击了日寇的辎重车队，击毁日寇汽车12辆，击毙日寇士兵38人。除此之外，第16突击总队还先后进行了安吉、孝丰游击战，宜兴、溧阳追歼战以及宣城、孙家埠的围攻战。

第16突击总队神出鬼没，到处破坏日寇设施，截杀落单的日寇小股部队，让日寇高层恨得牙根痒痒，为了彻底解决这个心腹之患，日寇决定调集步兵第4联队和第23联队，企图南北夹击，一举消灭之。

罗卓英收到日寇将大举清剿的情报，急命第16突击总队迅速转移。随即，为了反击日寇的清剿行动，罗卓英决定将第11师31旅、骑兵连、侦察连、战防炮连、通信连、工兵营、炮兵营，和第16突击总队合并起来，组成苏皖支队，由叶佩高亲自指挥，选择适当时机，主动出击，消灭日寇。

5月14日，叶佩高率苏皖支队来到广德南方的杨滩后，查知日寇在凤桥防守薄弱，只有日寇第23联队第3大队的一个加强中队200余人，立即召开会议，决定先对这股日寇下手，打一个漂亮的歼灭战，以鼓舞人心士气。

凤桥距杨滩仅25公里，汽车1个小时即可到达。叶佩高的作战部署是：以31旅61团为主攻部队，62团和第16突击总队负责阻援任务。

15日凌晨5时左右，攻击行动开始。炮兵先以山炮轰击熟睡中的日寇，接着61团的官兵从三个方向杀入凤桥，经过一个多小时的激战，全歼这个加强中队，并击毙中队长前田正治以下68人，俘获日寇134人。

其他日寇得知凤桥遭到攻击，急调两个中队前来增援，但遭到苏皖支队其他部队阻击，只能退回原防。

苏皖支队首战就大获全胜，拿了个好彩头，加强了该支队官兵的信心，不过叶佩高却没有因此自满，他料定日寇必然会报仇发动反击，随即在广德附近山地部署兵力，等待日寇攻势。

日寇得知凤桥守军被全歼，果然派出147联队一个加强大队近千人要向

苏皖支队算这笔账,由于叶佩高所部先占领有利地形,居高临下,日寇攻击并不顺利,反而阵亡中队长高井芳卫以下100余人。日寇联队长原田良夫见势不利,赶紧命令部队先撤回宣城休整后,等待机会,再次向中国军队出击。

但是,叶佩高不会给日寇喘息之机,打算乘胜彻底打掉日寇的进攻企图。这时,他发现宁国县城日寇守军不多,仅有第106大队第4中队骑兵100多人,决定先拿这伙敌人祭刀。不过,距离宁国60公里外的宣城驻有日本第147联队主力两个大队的兵力,一旦部队对宁国之敌发动攻击,该敌可以随时救援宁国。叶佩高采用"声东击西"的战术,以第16突击总队,大张旗鼓地向宣城进攻,以牵制日本第147联队主力出援,但暗地里则以第31旅偷袭宁国县城。

日寇果然中计。5月23日,第16突击总队攻克宣城外围的几个阵地后,日寇即龟缩不出,日本第147联队长原田良夫赶紧向附近日寇呼叫求援。随即,我师第31旅向宁国日本守军发动攻击。由于双方兵力悬殊,战斗很快结束,击毙日寇骑兵队长茶村秀男大尉以下官兵53人,俘虏56人、战马97匹。

宁国战斗结束,叶佩高赶紧命令第16突击总队撤出宣城,赴宁国集结。这几次战斗,除了毙、伤、俘日寇各数百人外,还缴获日寇装甲车2辆、汽车8辆、摩托车6辆、速射炮2门、轻重机枪39挺以及步枪、子弹无数;击毁日寇装甲车18辆、汽车28辆、摩托车8辆,被击毁车辆有部分被国军修复。

罗卓英命令将缴获和修复的日寇马匹车辆,新成立装甲车队、汽车队以及骑兵第2连,连同原有的骑兵第1连,组成第11师搜索营,由廖省三担任营长。

对于叶佩高率苏皖支队屡建战功,罗卓英5月26日发电给予叶佩高及所部官兵奖励,电文中提到:

> 第11师副师长叶佩高亲率该师第31旅及突击总队,连日以来,连克广德、宁国,予敌重创,尤其是在凤桥和三里店全歼敌军,缴获甚多,殊堪嘉许。特颁5万元以示奖励,有功官兵,着即具报,叙授勋奖。

此时,日寇蠢蠢欲动,正在着手武汉会战的部署。罗卓英命令这个临时性编组的苏皖支队解散,第11师速向祁门集结,由第67师接替宁国城防。于是，第67师就此留在了第3战区，第11师即将踏上武汉外围作战的征程。

这时候，第60师同样没有闲着，一边做补充训练工作，一边等待命令，时刻准备走上战场与日寇再度展开厮杀。

1938年初，在陈沛的率领下，第60师自安徽宁国挺进江苏宜兴、溧阳，遮断了日寇京杭交通线，然后进出无锡、金坛，破坏京杭铁路交通。不堪烦扰之日寇，恼羞成怒，陆空联合大举扫荡。第60师与日寇在宜溧地区周旋旬日，被迫退守金鸡岭高地。这时，日寇以4个师团的优势兵力，将金鸡岭团团围困，先用大小钢炮向金鸡岭猛烈轰炸，随即轮番组织步兵进攻，妄图一举歼灭全师。双方酣战九昼夜，战况惨烈。在日寇妄图围歼该师之际，陈沛当机立断，指挥第60师主力伺机乘夜突围，进至流洞桥一带，汇同友军一部，向日寇实施反包围。日寇猝不及防，激战至次日，日寇木杰三郎旅团伤亡惨重，不支溃退。国军乘胜追击30余里，斩获甚众，造成江南大捷。

战后，第3战区司令长官顾祝同给该师颁"光荣60师"锦旗一面，前敌总司令薛岳驰电该师贺勉，军团司令罗卓英亲往犒劳，陈沛获宝鼎二等勋章。

第60师在这次战斗中，涌现出了许多可歌可泣的英雄故事。

在敌军大兵围困、全师生死存亡的危急关头，第359团团长杨怀率先向师长陈沛请命："我杨怀人在阵地在，不守住金鸡岭，死不瞑目！"

随即，杨怀亲临战斗第一线指挥官兵沉着应战、奋勇反击。他亲自率领特务排，冒着枪林弹雨，哪里最吃紧，就冲到哪里助战。在他的英勇气概激励下，全团官兵不怕牺牲、越战越勇，激战七天七夜，坚守阵地。

第360团团长杨家骝在这七天七夜的战斗中，率领部队突破日寇重围后又重创日寇，使侵略者为之胆寒。为此，国民党军政部对他电令嘉奖，记大功一次。

由于第60师全体将士不惜牺牲，英勇杀敌，顽强地顶住了日寇的攻击，随后又在师长陈沛的率领下突破日寇的包围，与援军第59军会合后，立刻向日寇发动反击，取得反包围的胜利，使整个部队转危为安。

1938年4月初，第60师开到戴埠修整待令。未几日，日寇又攻到戴埠。

这里地处平坝，地形开阔，易攻难守。日寇以数倍优势兵力发动猛攻，该师全体官兵虽然顽强抵抗，终因力量悬殊而致戴埠失守。为夺回戴埠，牵制日寇兵力，师长陈沛下令杨怀："不惜一切牺牲，限期夺回戴埠！"

杨怀受命后，立即召集各营、连长开会讨论作战方略，决定夜间突袭敌人。

4月5日晚，金鸡岭大红山，杨怀命令3连的一个班做掩护，决定率领多次与他同生共死、敢于赴汤蹈火的特务排，采取声东击西战术，首先突破敌人的铁丝网，为大部队进攻撕开缺口。

杨怀个子虽然瘦小，却行动敏捷，夜间行走依然健步如飞。特务排的战士个个也都身手不凡，是夜战高手。他们很快到达日寇阵地前沿，按照计划剪断了敌人的铁丝网，并接连通过了敌军2道防线。这次行动中，杨怀还亲手夺得敌军碉堡上的一面军旗。正当杨怀率领特务排突破敌军第3道防线时，不慎触动了铁丝网上的响铃。日寇发觉后，当即用机枪猛烈扫射。杨怀为掩护战友，胸部、头部连中数弹，壮烈牺牲，成为第60师在淞沪会战结束后牺牲的第一位团长。

第二天，日寇找到杨怀遗体，认出这就是让他们闻风丧胆的抗日名将杨怀，又恨又气，就把杨怀的尸体放在一个高坡上示众。

第359团官兵义愤填膺，纷纷请战，要求抢回团长遗体，为团长报仇。

第60师师长陈沛满足了该团官兵的要求，随即调来第360团在正面抗击日寇，掩护第359团官兵夺回杨怀遗体。

当天上午，由第359团2连连长罗庆荣（綦江人）率全连100多名战士和特务排一起，冒着枪林弹雨，终于攻入日寇阵地，消灭了大量日寇，成功地把杨怀团长的遗体抢了回来。

随即，悲痛欲绝的第359团官兵为杨怀举行了隆重的悼念活动；同时，将杨怀的遗像烧制在长23寸的白色薄瓷砖上，以志永存。为了表彰杨怀英勇捐躯的爱国精神，第3战区组织全军追悼，追认杨怀为少将团长。

第60师还有一位抗日名将，时任上校参谋主任的谢日旸。

在淞沪会战的最后阶段，第60师负责掩护大军撤退，3个团都被冲散，是谢日旸和参谋陈祖荣出生入死地到各处寻找、联系、传令，才使第60师上下取得联系，不至溃散。在金鸡岭之战中，第60师第359团团长杨怀牺牲后，另一位团长王树德亦阵亡，部队陷入极度危险之境，陈沛师长接受谢日旸的意见，指挥师主力部队（包括杨家骝的360团）乘黑夜潜出包围圈，至流洞桥附近，率部队同一部分友军（第59军），向敌人作反包围阵势。敌人猝不及防，激战至次日，敌伤亡惨重，不支溃退。第60师与第59军乘胜追击30余里，斩敌甚众，成为江南大捷。第3战区司令长官不仅奖励该师

第二部分 武汉外围血染衣

"光荣60师"锦旗一面,而且贺谓:"堪与台儿庄大捷互相辉映。"

这时,第67师同样在与日寇进行游击战。

1938年初,第67师第119旅旅长胡琏率部挺进皖南、苏南,效仿新4军开展游击战,多次重创日寇。其中,第402团团长邱行湘率领所部直捣溧阳、宜兴一带,直逼苏浙边境张渚诸地,使日寇沪宁铁路交通受到严重威胁。

6月,日寇攻陷安庆后,利用长江水道运粮运兵,谋攻武汉。第67师奉命掩护海军特种兵沿江布雷,阻敌西进。第119旅旅长胡琏将司令部设在九华山,亲自到前沿阵地了解情况,发现日寇在江岸各地修碉堡,并有重兵把守。他为了配合海军特种部队在长江布雷,将沿线据点中的敌人引开,采取声东击西、调虎离山战术,四处袭击日寇据点、碉堡,掩护布雷部队在长江布下大量水雷,炸沉日寇舰船60余艘,对迟滞日寇对武汉的进攻起到不小的作用。

99

8章 马垱湖口地区的救援行动

马垱位于江西省彭泽县境内，距彭泽县城30华里，离九江稍远一些，约有80里。这里地处长江中游，太白湖横亘其东南，是皖赣两省接壤之地。马垱山横踞江滨，与小孤山互为犄角。江中流沙甚多，冲积成沙洲，把江流一分为二，其左水道为别江，早已淤塞不通；右水道就在马垱山下，是长江航运孔道，江面狭窄，不及1里，水流湍急，形势险要，是一个难得的军事要地。在日寇溯江而上西攻时，中国军队只要守住了马垱，就等于堵住了日寇沿长江进攻武汉的通道。为此，这里成为国军必守之地。

湖口位于江西省北部，地处湖北、安徽、江西三省交界处，由长江与鄱阳湖唯一交汇口而得名，是鄱阳湖水进入长江的必经之地，长江中下游天然的深水良港。湖口沿江可上溯重庆、武汉，下达南京、上海，沿鄱阳湖可直通南昌及流域各市、县，素有"江湖锁钥，三省通衢"之称。如果湖口落入日寇之手，日寇陆上部队不仅可以大兵团自由行动，而且还能得到海军支援，陆海空三军协同，以凶猛的攻势首先攻取九江，进而攻击武汉。

因为马垱、湖口一线十分险要，在战略上可谓武汉江防门户，是整个长江武汉防线的枢纽，中国军队若能固守这一线阵地，则可以向南浔、浙赣路及赣鄂两省作有力的战略机动；小而化之，在战役上，马垱为湖口前哨，湖口为马垱依托，二者相辅相成连为一个整体。为此，能否确保这一线不失，将直接关系武汉的安危，中国军队非下极大之决心不可。

事实上，坚守任何一个军事要地，都必须充分利用当地的地理环境与地理特点，构筑很好的防御工事，或者称之为阻拦火网，同时必须有强大的军事力量。这两个方面缺一不可。为了确保能在马垱湖口要塞坚守得长久一些，国民政府军事委员会同样采取这两种办法，试图把这一线打造得固若金汤。

第二部分 武汉外围血染衣

第一种办法是在马垱湖口一带构筑阻塞线。

这项工作是在1937年冬京沪失陷之后开始的。那个时候，军事委员会成立了长江阻塞委员会，专门负责阻塞长江工程的设计和施工。其中，马垱附近长江的阻塞被列为重点阻塞工程。这项工程是在江心里横贯两岸构筑拦河坝式的阻塞线，具体办法是将大型铁锚和大块石头放置在大帆船和铁驳船里，以水泥凝固，沉列在阻塞处，上面布有水雷，坝面约低于水面两米许。之所以这样布置，按照设计人员的意图，假如敌舰溯江而上，则一方面将被水雷轰击，另一方面必然会触撞在暗礁上从而遭到致命打击。为了不会中断水上交通，在南岸留下了一个仅可通行一只船的缺口，使船在航标的指引下，能照常航行。到了战况紧急的时候，此处亦可以适时予以阻塞。在阻塞线两岸山峰险要处，还设有碉堡和炮台，进驻守军，水陆配合，形成一个巩固的防御阵地。

第二种办法是部署强大的军事力量，为此，遵照国民政府军事委员会的命令，设立了江防要塞守备司令部，用以防备和抵御日寇的攻击。守备司令部下辖3个总队和1个陆战支队第2大队。其中，第2、第3总队和陆战支队第2大队担任马垱要塞和湖口要塞的守备任务。就其兵力构成来说，守备马垱要塞的其实只有一个营的兵力，最先进的武器只是日本造三八式七五野战炮，一共8门，弹药仅一个基数。显然，单纯从江防要塞守备司令部的兵力配置来说，这样的兵力部署是跟马垱要塞极为重要的地位不相称，根本谈不上强大，勉强有了军事存在而已。

为什么会出现这种情况呢？也许，江防守备司令部下辖的军队数量不多，难以把更多的力量放在马垱，是一个重要原因。另一个原因恐怕还在于，在马垱要塞与湖口要塞之上，军事委员会还成立了一个马湖区要塞指挥部，由第16军军长李韫珩兼任司令长官，江防要塞守备司令部据此觉得可以让第16军的人马来补充自己兵力的不足，便没有投入更大的人力物力了。

事实上，江防要塞守备司令部的想法没有错，第16军军长李韫珩确实把1个团的兵力，也就是第313团部署在距离马垱不远处香口到东流以南的江边阵地，防止日寇在这一带登陆；其他部队，有的在马垱西南地区，有的在太白湖以南，有的在彭泽地区，还留有部分兵力机动，可随时向马垱要塞地区增援。

这样一来，马垱要塞既有非常坚固的防御工事、难以突破的阻塞线，又有强大的中国军队把守，日寇要想从这里登陆打开攻击武汉的大门，是

非常困难了。可是，问题恰恰出在第16军。

按理说，在日寇随时都有可能向西发展进攻时，军长李韫珩率领部队防守马垱、彭泽、湖口一线，任务艰巨，责任重大，必须把提高部队的战斗力和警觉性、严防日寇的攻击放在首位，一切都要以这个为中心开展工作。可他竟在1938年6月10日左右，召集马垱、彭泽两地的乡长、保长以及该军的副职军官和排长进行了为期两周的训练，美其名曰"抗日军政大学"。这样一来，一线部队指挥官不在主阵地，士兵找不到主将，一片混乱。

最坏的情况还在后面。两周的训练完成后，日寇并没有发动进攻，李韫珩更加放心了，索性趁着训练结束之际，在6月24日搞了一个非常重大的结业典礼，然后是一个大型聚餐活动，第16军所辖各部师、旅、团、营、连主官悉数参加，使得处在第一线的部队几乎没有指挥官。

问题就在这一天出现了。拂晓时分，日寇用小艇悄悄地在香口附近第313团把守的阵地前面靠岸，上去后就用轻机枪向中国守军发动突然袭击。这时候，该团大多数连队里的军官只有一个排长和一个司务长，难以组织有效的防御。阵地一下子就被日寇突破，日寇夺取香口后，紧接着组成3个突击组，抬着重机枪，从太白湖向长山阵地发动突击。

把守长山阵地的江防要塞守备司令部下辖之第2总队立即进入联接有8个钢筋水泥的重机枪掩体，用重机枪向日寇展开猛烈反击。一天时间，他们接连打退了日寇的4次突击行动。

第2总队的指挥官在发现日寇的攻击后，一边指挥手下官兵与日寇展开激烈厮杀，一边不停地用电话向马垱要塞司令部以及马湖区要塞司令部汇报，希望迅速得到增援，以彻底消灭登陆的日寇。可是，所有的指挥官正在参加结业典礼，并且在结业典礼之后大吃大喝去了。直到下午3时会餐完毕，李韫珩才了解了日寇已经展开进攻的实情。李韫珩还算清醒，立即命令第167师师长薛蔚英率领人马前去救援，似乎日寇的攻击势头很快就能够遏制下去。然而，事情又向坏的方向拐了一道弯。

原来，李韫珩给薛蔚英下达命令的时候，指定第167师的行经路线是由彭泽经过太白湖东边的小道向香口方向增援，而不是走从彭泽到马垱的公路。

李韫珩这道命令确实令人匪夷所思。更加令人匪夷所思的是，他并没有派遣距离马垱更近的其他部队，而是远在彭泽的第167师。这是李韫珩犯下的致命错误，自然应该由李韫珩承担罪责。

第二部分 武汉外围血染衣

作为担负救援任务的第167师师长薛蔚英，应该承担什么样的责任呢？如果他是在别无选择的情况下执行了李韫珩的命令，那么，充其量是不合理的命令的执行者，再也得不到重用，不会有比这更严重的处分。事实上，在接到李韫珩的命令时，他也接到了白崇禧的命令。

原来，这期间白崇禧正在马垱湖口要塞一线视察。马垱遭受日寇攻击时，第2总队指挥官无法向上级请求增援，就直接向白崇禧汇报了。白崇禧给薛蔚英的命令是迅速取捷径前去马垱救援。结果，薛蔚英没有理睬白崇禧的命令，最终选择了执行李韫珩的命令。这下，薛蔚英不仅葬送了前程，甚至葬送了性命，是武汉会战中第一个被枪毙的师长。薛蔚英冤吗？跟李韫珩相比，他确实有点冤。毕竟，他只是选择执行了李韫珩的命令，他如果应该枪毙，李韫珩同样应该枪毙，结果，李韫珩仅仅是撤职了事。

薛蔚英的行动确实迟缓。就算他执行李韫珩的命令，在6月24日下午3时以后率领第167师走小路救援马垱，救兵如救火，一天一夜的时间，到了次日下午他也应该率部抵达。尽管在这个时候，长山阵地上的守军已经伤亡惨重，却还是顽强地坚守下来了，一旦有了第167师这支生力军，还是可以将日寇的锋芒阻挡下来的。事实上，一直到26日中午，长山阵地上的守军被迫撤退时，第167师还没踪影。于是，马垱这一战略要地就这样轻松落入日寇手里。

马垱丢失，武汉震动，最高军事当局一方面勃然大怒，致使第16军军长李韫珩与第167师师长薛蔚英一个被撤职一个被枪毙，另一方面不得不迅速另派援军，试图夺回马垱。

跟淞沪战场上最初的情形一样，赶往马垱执行救援任务的仍然是第18军。

马垱地区到处是稻田，湖泊水网地带，外加险要的山峰，比淞沪战场上的地理环境更利于防守。第18军在淞沪战场上能够与日寇在罗店地区进行1个多月的拉锯战，经受过战火的严酷考验，了解日寇的作战特点与武器装备特点。显然，最高军事统帅部希望第18军即使不能完全收复马垱，也可以暂时拖住日寇。

另一方面，日寇自淞沪会战以来，经过10个多月的作战，不仅拿下了上海、攻陷了南京，而且取得了徐州会战的胜利，尽管部队受到了很大损失，但士气却非常旺盛，又非常了解中国军队作战特点，大量利用特工组织到处收买汉奸卖国贼为其充当打手和情报提供者，这些因素足以抵消地理环境的不利。加之，在淞沪战场上，日寇还没有在罗店站稳脚跟，就遇到了第18军旗下的第98、第11师，并没有取得先机。这一次，日寇已经攻陷了马垱要塞，既有先进的武器装备，又能良好的巩固阵地防御，黄维率领的第18军面对的困难就更大了。

事实上，这次前往马垱执行救援任务的不仅有第18军，还有第49军。

6月14日，陈诚被军事委员会任命为第9战区司令长官并兼任武汉卫戍司令，刘兴为江防军司令，进驻九江，指挥马垱、湖口、九江、田家镇等地的江防要塞，实质上担负起了长江南岸的对日防御作战任务。自然地，马湖区要塞守备司令部在其直接管辖下。在日寇攻占香山的时候，作为第9战区司令长官，陈诚很快得到了消息。立即电告国民政府军事委员会委员长蒋介石，请求迅速调罗卓英前往马垱方面指挥对日作战行动，同时率领第18、第49军前来支援。

蒋介石深感马垱要塞不容有失，毫不迟疑地批准了陈诚的请求。

这时，第18军下辖第11、第60、第67师，实际负责该军全面工作的副军长黄维也已扶正，成为第18军第3任军长，但第67师主要负责防守苏浙皖边境。因此，黄维一接到命令，马上带领第11、第60师奔赴马垱展开救援行动。

这是一场机动速度与攻击速度之间的大比拼。一旦第18军与第49军抢在日寇攻占马垱之前赶到战场，就可以改变战场上双方作战的力量对比，把日寇从已占领地域赶回去；相反，一旦日寇攻击得手，抢在援军抵达之前攻占了马垱，就可以凭借有利的地形条件对中国军队造成巨大的威胁。结果，距离马垱要塞最近的第167师还没有赶过来，第18军旗下的第60师以及第49军旗下的第105师刚赶到马垱附近，日寇就已抢得先机，攻陷了马垱要塞。

陈诚闻讯后震惊不已，立即命令罗卓英统一指挥聚集在马垱地区的全体国民党军一同行动，全力以赴，收复马垱。他在命令中说：香山、马垱为皖赣门户，其得失影响于今后作战之胜败甚巨，着罗总司令卓英督率第16、第49军及第18军第11师等部，务速恢复香山马垱阵地而确保之。并规定攻克香山及马垱要塞区者各赏5万元。如作战不力畏缩不前者，即以军法从事。最后，他声情并茂地宣誓：凡我官兵务必奋勇争先，以歼灭当面之敌。仰即督励所属一体属遵，是为至要！

罗卓英接到命令后，深感责任重大，立即带着精干的指挥班子，坐吉

第二部分 武汉外围血染衣

普车来到彭泽开设指挥所，指挥第16、第18、第49军，向马垱展开反击。

这时，在马垱地区集结了一大批中国军队。他们包括刚刚赶来的第60师与第105师，另外还有第16师以及第16军下辖的第53师与第167师。罗卓英权衡了一下战场形势后，决定了收复马垱的军事部署，命令第40军军长刘多荃指挥第60师和第105师反攻香山、香口；第16师、第53师、第167师则在第16军军长李韫珩指挥下反攻马垱。

因为香山一带地形狭小，大部队集中攻击，会遭到日寇的海空攻击，第60师师长陈沛与第105师师长王铁汉并没有一上去就投入全部力量攻击敌人，而是按照刘多荃的命令，准备各出一个旅的人马，分头向香山之敌展开进攻，得手后集中兵力一块猛攻香口，一举夺回被日寇占领的阵地。

他们的攻击行动从6月28日拂晓开始。第60师出动的兵力是第180旅，第105师攻击敌人的部队则是第313旅。这两个旅的人马按照预定计划，执行各自旅长的命令，一同向香山之敌展开进攻，激战至早上8时左右，攻克了香山。此役，他们共击毙日寇300余人，其中包括日寇大队长藤井少佐。

紧接着，陈沛与王铁汉在刘多荃的指挥下，率领各自人马全力以赴地乘胜攻击香口的日寇，试图一举实现战前制定的目标，把日寇重新赶回去。然而，正当他们快要得手之际，日寇的增援部队开了过来，再加上日寇海空军以飞机舰炮猛轰击我军第60师与第105师官兵，致使我方伤亡骤增，难以继续发展进攻。于是，第60师与第105师的进攻行动不得不停顿下来，开始依托原有防御工事转入防御。日寇则试图趁势向中国军队展开反攻，重新夺回被中国军队攻占的香山，交火中遭到了中国军队的迎头痛击，双方遂在香口一带形成对峙。

中国军队在马垱要塞这边的反攻行动没有进展，在其他方向却陷入了危机。6月29日，日寇一部攻陷彭泽后，继续向湖口前进，对湖口要塞形成了实质的威胁。一旦湖口不守，武汉将会引起怎样的震动，罗卓英实在难以想象。他绝不能让这样的事情发生，全面考虑了战场上敌我双方的兵力部署及其战场概况后，又因为对李韫珩的指挥能力深感不满，以及对第18军的偏爱，遂做出了改变兵力部署以及战场指挥官的决定，立即命令正在向黄土岭前进的第11师加快速度，同时命令第18军军长黄维亲赴黄土岭坐镇指挥，接替第16军军长李韫珩，指挥第11、第53、第60、第167师及从马垱要塞撤下的部队，全力反攻占领彭泽、马垱之敌。

书生将军黄维独当一面指挥数万大军反攻日寇的机会来了。他不会辜负这个机会。深谙作战理论的他在接到罗卓英命令后，立即熟悉所属各部情况，制订反攻日寇的作战计划，催逼第11师火速赶到预定战场——彭泽。

黄维确实不是浪得虚名。他很善于从书本上汲取经验教训，做出准确的战役乃至战略预测。6月13日，安庆、桐城失守的时候，他以为军事形势会有重大的转变，建议罗卓英将部队向马垱、湖口靠拢，以备急需。果不其然，为了适应武汉会战的需要，军事委员会随即采取了一系列动作，先于14日组建了第9战区司令长官部，任命陈诚为该战区司令长官；再在20日将原归江防总司令刘兴管辖的湖口、马垱两个要塞区，全部划归罗卓英指挥。罗卓英立即带领黄维、刘多荃赶到马垱、彭泽、湖口视察两天并做出部署。因而，黄维这一次担当反攻彭泽、马垱指挥官的重任，显然不是毫无准备的。

第11师是冒着倾盆大雨从所在地域赶往彭泽的。他们刚赶到石门街的时候，在中夹口登陆的日寇就已经对国军第77师和驻扎龙潭山的第26师第76旅展开了猛攻。负责指挥这些人马的第34军团军团长王东原无法抽调人马前去增援，又担心难以保住阵地，只得接连向黄维求援。

黄维可以随时掌握所部的行动进程，接到王东原的求援电话后，通盘考虑了第18军的作战计划，觉得只要第11师加快行动步伐，在日寇尚未反应过来的时候就突然出现在彭泽地区，向彭泽之敌发动攻击，还是有极大成功希望的。为此，在来不及请示罗卓英的情况下，他立即命令刚刚赶到石门街的叶佩高率第11师主力前往收复彭泽；同时命令配属第18军作战的第16师在第180旅前来接防后，全师赶赴流斯桥，救援第77师和第26师第76旅。

黄维原本是第11师师长，现在又是第18军军长，他下达的催促部队尽快行动的命令，师长彭善是绝不会怠慢的。彭善这时不能不思考怎样拿出更为有效的办法来带领队伍火速抵达目的地。他决定挑选最精锐人马，让副师长叶佩高带队，轻装疾进，迅速抵达彭泽地区，增强在那里的国军兵力，以便能够迅速遏制日寇的攻击势头，待主力部队赶到后，对日寇展开全面攻击。

副师长叶佩高不愧为抗日先锋。接到命令后，立即率领第31旅第65团以及部分师直属部队，从石门街先行出发，冒着倾盆大雨经过30多个小时的急行军，于7月1日上午抵达彭泽以南12里处的黄土岭。

与此同时，第60师第180旅旅长董煜接到命令，亦迅速率部朝第16师所在地域前进，快速接替了第16师的防守阵地。第16师师长何平则立即收拢部队，赶往流斯桥，及时增援，帮助第77师和第76旅挡住了日寇的攻击。

为此，罗卓英深感安慰，事后对黄维的行动给予高度评价："黄维胸怀全局，深得我心。可嘉！"

第11师先头部队抵达黄土岭后，进入了预定的攻击出发位置，叶佩高立即命令部队停止前进，进入短暂休息状态，然后分别派遣人员前去侦察敌情，以及与刚刚抵达这一地区接替第16师防务的第60师第180旅联络。

详细了解敌我态势后，叶佩高觉得凭借自己率领的先头部队，加上第60师第180旅的兵力，趁敌猝不及防之际，突然对彭泽之日军展开围攻，纵使不能一举收复彭泽，也可比较顺利地攻占日寇设在彭泽外围的重要据点，等待第11师主力部队到来，这样就牢牢地占据了攻击彭泽的有利位置，因而决定不待第11师全师集结完毕，就与第60师第180旅一块动手攻打彭泽外围日寇据点。

叶佩高把自己的想法告诉了第180旅旅长董煜，得到了董煜的积极回应。于是，立即向彭泽之敌发动攻击的方针得以确立下来。

原则性问题已经达成一致，细节上的事情就好办了。叶佩高与董煜协商后，决定两支部队同时在7月2日凌晨5时打响攻击彭泽之敌的战斗；并且，他们还就各自所辖部队的攻击方向达成了一致。

时间一到，第11师先头部队与第60师第180旅就同时发起了攻击。经过两个小时的战斗，第11师第31旅歼敌数百人，拿下了彭泽城外王家嘴、大龙湛等据点，迫使残敌窜回了彭泽县城。第60师第180旅亦歼灭日寇400余人，自身伤亡营长蒋立夫以下300余人。紧接着，他们除用一部分兵力占据已攻占的阵地、掩护攻城部队的侧翼安全外，其他部队迫近彭泽城下，向县城发动强攻。

第31旅和第180旅的行动确实打了日寇一个冷不防，取得了一些战果。日寇是不会甘心的。为了牢牢站稳彭泽县，当天下午，日寇即出动5艘军舰以舰炮火力猛袭掩护攻城部队侧翼安全的中国军队阵地，企图掩护汽艇、登陆艇在此运兵登陆增援彭泽。把守这里的中国军队是第11师第31旅第61团。该团团长龙佐才立即集中全团火力，对日寇军舰实施猛烈火力攻击，击毁了日寇汽艇5艘、登陆艇1艘。这样一来，日寇登陆企图难以实现，只能悻悻然退兵。

同一时间，担任主攻任务的第31旅第62团以及第180旅全体将士一同向彭泽县城展开了猛攻。但因日寇火力猛烈，城墙坚固，这次的攻击并没有成功。

下午2时左右，师长彭善率领第11师余部队赶到了黄土岭。

中国军队的力量大大增强，接下来的战斗似乎能够按照叶佩高原先预定的计划，把这些部队全部投入到攻击彭泽之敌的行动中，收复彭泽。

此时，叶佩高已经率部与日寇作战近10个小时，不仅十分熟悉日寇的兵力部署、作战特点，而且对日寇下一步的行动方向做出了比较准确的判断，详细地向彭善汇报了目前战况后，提出了新的建议：先集中第11师和第60师的全体兵力，围歼敌较弱之第106师团第147联队，然后回师反攻彭泽、马垱。

考虑到敌第106师团第147联队对我军的侧翼形成了很大的威胁，又是孤立突出之敌，只要集中绝对优势之兵力，必可一举歼灭之，解除整个第18军的侧翼威胁，同旅、团长和参谋长彭战存、参谋主任杨伯涛商议后，彭善同意了叶佩高的意见。随即，彭善一面将此计划上报给黄维、罗卓英，一面命令各部做好战斗准备。

然而，到了下午4时，情况再次发生变化。这时，一支2 000余人的日寇部队携带10门火炮，在中夹口登陆成功，并迅速攻占了国军第77师守备的棠山、杨家山一线阵地。一旦日寇在这一线站稳脚跟，就可以积蓄力量，趁势向第77师第76旅的纵深地区展开进攻，那么，第16师的救援行动就失去意义了。

面对新情况，彭善同叶佩高、彭战存、王严、梅春华再次商议后，果断决定，不等上级指示，集中全师力量对中夹口方面之敌发起进攻，一举歼灭之。为使本师进攻作战容易成功，彭善请求王东原军团长速调第60师主力来马路口，并指挥已在该地的第180旅进攻彭泽，要求第16师和第77师务必固守现阵地，拖住敌人，第16军和第49军对其当面之敌发动进攻，以便牵制该敌。

第11师的进攻部署是：

- 以65团附山炮第3连、战炮连、工兵第3连为右翼队，由现阵地鲤鱼山、枫树林对棠山、杨家山敌之左侧背发动进攻；
- 由王严旅长指挥第62和第66团附山炮营（欠第3连）、工兵营（欠第3连）、骑兵第1连、侦察队、步炮营为左翼队，沿方湖南岸至毛家、响水沟、刘奕里一线攻击准备位置，于次日凌晨四时与右翼队同时对棠山、杨家山之敌发动进攻；

· 梅春华旅长率第61团为预备队由黄土岭经戴家咀、湖西向石洞桥推进；

· 骑兵第2连固守猛虎咀掩护师之右侧背；师指挥所在黄土岭，由叶佩高副师长担任前敌指挥官，随第33旅行动。

各部按照彭善的命令迅速展开，进入攻击位置，在指定时间同时向棠山、杨家山之敌发动猛攻。日寇从睡梦中惊醒，立即进入阵地，试图用凶狠的反击来阻挡中国军队的进攻。然而，敌人在猝不及防状态下失了先机，哪里抵挡得了第11师的凶猛攻击，不到3个小时的工夫，棠山、杨家山就被第11师各部收复。残敌只有抱头鼠窜。彭善决不会给日寇逃跑的机会，立即命令第62团团长尹作干率部乘胜追击，全歼日寇。尹作干率部追击，一鼓作气夺取了黄茅塘南岸的赖家村、张家岭，并且在那儿与友军第16、第77师会合。

三小时后，日寇得到了新的增援，立即由第111旅团旅团长山地亘少将率领步兵第113联队、野炮第106联队主力，先用炮火向鲤鱼山、枫树林、棠山、杨家山等地实施一阵猛烈的轰击，然后在炮火的掩护下，步兵发动凶猛的反攻。

第11师与日寇对阵已久，早就摸清了日寇的作战套路，提前有所提防。日寇一展开攻击，叶佩高就命令第61团偷袭敌背后之中夹口。

这一下打在了日寇的要害上。日寇被中国军队抄了后路，担心陷入中国军队的包围，不得不停止攻击，撤退而去。不过，敌人并未就此罢手，日寇第111旅团领教了第11师的武功之后，改向西线发动进攻；另一股日寇约2 000人马，则集中力量向第33旅把守的阵地实施强攻，试图从这里撕开一道缺口，突入中国军队的前沿阵地。

第33旅面临巨大压力。旅长王严为了鼓舞士气，亲自冲上前线督战，全体将士深受感染，把生死置之度外，与日寇浴血奋战，终于击退了敌人。

第18军虽然屡挫敌锋，但在日寇强大火力攻击下，其他国军难以抵挡，战场形势岌岌可危。这时，第34军团军团长王东原部面临的敌情不仅是来自中夹口方向的日寇，在其他方向的部属一样遭遇到日寇的凶猛攻击，整条战线完全陷入被动，随时有被日寇彻底攻破的危险，特别是在西线，一旦大垄、马影被日寇攻克，湖口要塞就难以把守。为此，他再一次

向罗卓英与黄维求救。

黄维是在叶佩高的指挥所里接到王东原的求救电话的。惊悉敌第111旅团已袭占龙潭山、梅兰口，直逼湖口；反观中国军队，第77师伤亡过重，亟需整补，黄维心里实在感到难受。不过，他迅速控制了自己的情绪，针对战况巨变的实际情况，果敢决定带领第18军先夺龙潭山，阻敌西犯湖口。至于彭泽、马垱方向的对敌作战行动以及第77师的安排，黄维致电罗卓英，请其令第16、第49军全力阻击彭、马之敌；并将第77师后调整补。

自从马垱要塞陷落以来，罗卓英几乎倾其所有，调集了大量的部队，试图收复这一重镇，但日寇越来越多，手下的人马虽说竭尽全力，不仅无法达成目的，反而越来越被动，继续坚持原来的目标，集中所有兵力与日寇在彭泽、马垱一线打下去，胜负确实难以预料；一旦日寇趁着自己将主要兵力集中用于反攻马垱、彭泽之机，突破了第34集团军的防线，夺取了湖口要塞，情况就会更加危险；相反，如果果断决定放弃反攻马垱、彭泽的企图，把主要兵力用于确保湖口要塞的安全，至少可以确保湖口要塞仍然掌握在自己手里，对中国军队来说，就是最好的结果。

根据王东原的求救以及黄维的建议，罗卓英反复权衡，终于做出了决定，命令黄维之第18军停止对彭泽、中夹口的日寇进攻，乘夜移至太平关、大垄、马影、吴八方湾地区，统一指挥第11、第16、第60、第77师，向龙潭山、梅兰口之敌发动围歼战，尽力彻底消灭之，以确保湖口东郊安全。

就此，第18军在马垱、彭泽地区的作战行动宣告结束。在三天的作战过程中，第18军常把本来已经定下的作战目标抛之脑后，宛如救火队员，哪里有险情，就往哪里救援，疲于奔命。之所以出现这种状况，虽说是战场情势以及中国军队的实际情况催生，但第18军军长黄维、第19集团军总司令罗卓英，乃至第9战区司令长官陈诚不能说没有责任。至少，他们缺乏全局观念，没有准确地预见到战场情势的发展变化，甚至没有弄清关键战役成败的重点地域，并且围绕战役重点部署与调集兵力，只是一味地哪里出现了敌人，就奔赴哪里阻击敌人、堵塞漏洞，舍不得丢掉一些次要地域，同样是造成这种状况的重要原因。而且，他们还缺乏足够的机动部队，将其部署在机动位置。不过，打到最后，他们在确定无法实现反攻彭泽和马垱之时，决定停止反攻，把主要部队用于保障湖口要塞的安全，也是形势所需。

那么，他们能够指挥所属人马坚守湖口要塞，使其不落入日寇之手吗？

如果把湖口要塞与罗店的情形进行对比，就会发现，湖口要塞的情形确实要好得多。毕竟，湖口要塞迄今为止还没有直接遭到日寇的攻击，中国军队提早为湖口要塞加上一把安全锁，占据有利地形，修筑工事，准备好了防御阵地，已经处在了主动位置。中国军队在这一带集中的兵力，也远远超出了当初用于防御罗店的兵力。据统计，当时把守湖口的国军有第43军直属部队和第26师刘雨卿部约12 000人；湖口要塞辖2个炮台有炮10门、士兵800人；2个守备总队2 500人、炮14门；海军战陆队900人、炮4门；另有炮10团1连炮4门、炮42团1连炮4门、炮7团1营炮12门；赣保12团1 200人；第77师8 000余人。这些全部加起来，共计26 000余人，炮48门。如果指挥部署得当，官兵奋勇作战，即使不能守住湖口，也可在湖口要塞打一场类似于罗店的阻击战。事实上，湖口要塞很快就落入了敌手，不能不说是一个令人遗憾的事情。

黄维在给罗卓英发报时，就已经着手部署第18军及其配属部队如何安全退出战斗、向预定目标地域进军了。3日黄昏时分，一接到罗卓英的命令，黄维立刻率领第18军及其配属部队向龙潭山、梅兰口方向迅速转移。

在转移途中，第18军及其配属部队发生过多起与日寇小规模交火事件。其中，第11师第33旅与日寇交火的规模更大一些。那时，第33旅正向预定目标地域开进，忽然侦察人员报告，日寇第123联队就在前面不远的地方，旅长王严决定发动突然袭击，击毙日寇近百人，击伤其联队长木岛大佐。

这时，日寇加快了向湖口展开攻击的速度。7月4日晨，一路日寇向把守在梅兰口的国军阵地实施猛攻。日寇炮火之猛烈、攻势之强劲，远超以往，使得把守在这一带的国军第26师第76旅死伤惨重，两个团长阵亡，余部只能退回湖口要塞，从而使湖口要塞的西部直接暴露在日寇的攻击之下。另一股日寇第145联队则乘汽艇进入鄱阳湖，绕到湖口南面的三里镇登陆，试图与前一路日寇一道，对湖口要塞形成钳形攻势，一举攻陷湖口要塞。

关键时刻，第31旅第65团团长陈简中率部赶到，立即投入战斗，一阵死拼硬打，终于将这股敌人击退，瓦解了日寇合围湖口要塞的图谋。

与此同时，在龙潭山方向，从凌晨开始，第16师就一直在向占领龙潭山之敌发动反攻，直到中午时分，还是不能奏效，该师全体人马继续在凤凰村、刘家畈一带与日寇激战。

下午3时左右，第19集团军总司令罗卓英接到了以上战报，知道湖口要塞已陷入非常危险的境地，忧心如焚，再也顾不得第77师是否精疲力尽了，立即命令已到下梅村之炮7团1营和赣保第12团统归第77师师长指挥，全部进入湖口在第43军军长郭汝栋领导下死守湖口；严令黄维务须于当日午夜率部攻克梅兰口、龙潭山，然后挥师西进，肃清窜入湖口之敌。

黄维在龙潭山南方的下秦村设立军指挥所，根据罗卓英的命令，于7月4日下午5时向所属各师下达了反攻命令。他规定：由第11师攻击梅兰口之敌，第16师攻击龙潭山之敌，第60师以一部在流斯桥、石涧桥、朴树张等地占领前进阵地，主力（并指挥赣保12团和皖保6团）在太平关、大垄、吴八方湾、马影一带构筑第二线阵地，对中夹口、彭泽方面严密搜索警戒，敌若来犯须予以击破。

根据这项命令，收复梅兰口、龙潭山的任务就要由第11师与第16师来完成了。

当时天一直下着大雨。为了顺利完成任务，第11师师长彭善与第16师师长何平综合考虑了各种因素后，制订出了这样的行动计划：首先派遣突击力量利用大雨掩护，悄悄接近日寇阵地，突然发起进攻，打日寇一个措手不及，一举攻克日寇的前沿阵地，然后集中力量向纵深攻击。

第11师的突击力量是第31旅。他们兵分两路，悄悄摸近了日寇第113联队的阵地，一阵猛打猛冲，第61团3营夺取了梅兰口东端的199高地；第31旅主力则迂回至梅兰口西端的194高地，一举击败了日寇第113联队部及其配属炮兵。两个方向都偷袭得手后，师长彭善立即将预备队全数投入进攻。经过激烈厮杀，终于在5日0时前拿下梅兰口及其西侧之195高地，完成了罗卓英交付的任务。

龙潭山方向，第16师第48旅也在规定时间里用同样的战术收复了龙潭山。

黄维接到报告，决计扩大战果，即令第11师第31旅挥师西进，攻击湖口石钟山之敌；第16师则追击正向中夹口、棠山一线溃退之敌。

正当第11师第31旅向西发展进攻之际，日寇千余人又在湖口城南之三里镇登陆成功，并攻克了酒坊岭，切断了湖口要塞守军与外界的联络。一时间，湖口要塞的局势又紧张起来了。这时正在梅兰口指挥第33旅打扫战场的第11师副师长叶佩高得到消息，立即率领第33旅奔赴三里镇、酒坊岭，向登陆日寇发动反攻。经过三小时激战，第33旅成功恢复了中国军队原有的阵线，击毙了第145联队第2大队长福岛少佐以下日寇300余人。残敌乘舰逃逸。

第二部分 武汉外围血染衣

第18军旗下各路人马正试图在湖口要塞外围撑起一道屏障的时候，整个湖口要塞地区中国军队把守的阵地已被日寇打成了一面破筛子，整体战局已经恶化，王东原遂以守军伤亡惨重，不能再守为由，命第43军军长郭汝栋率部放弃湖口要塞，从第11师打通的走廊突围而出。这样一来，第18军的行动似乎是为了给第34集团军以及湖口要塞其他守军逃出湖口准备一条通路。

湖口要塞数万守军撤守，日寇轻而易举地进入了这一具有战略意义的要地。

马垱无法收复，湖口又落入敌手，罗卓英自知身上背负着极其重大的责任，绝不能轻易罢休，命令旗下各路人马反攻湖口，试图趁敌立足未稳之际，恢复湖口要塞。黄维的第18军首当其冲，是反攻的主力。第11师行动勇猛，一度突入城内攻占了月亮山。但日寇第106师团前来增援，迫使第11师只能退回罗德岭至三里镇一带，与第60、第16师及其他兄弟部队一道继续围城。7月20日，罗卓英调任武汉卫戍司令，第18军奉命对湖口撤围，调往南昌北郊防守构筑工事。

就这样，第18军在武汉外围的首次作战行动画上了句号。

113

9章 瑞昌武宁一线阻击战（一）

第18军在湖口围困日寇时，随着国际局势的发展变化，以及对前期抗战经验及其教训的认真总结与反省，国民政府军事委员会接受了中国共产党人的建议，对武汉会战乃至全国抗战形势有了新的认识，逐步调整了中国的抗战政策与军事战略，使得武汉会战的规模比原计划大大缩小。

在马当、湖口相继失守，九江失去掩护，形势岌岌可危的时候，摆在国民政府军事委员会面前的紧迫任务就是确保九江的安全，为即将到来的武汉保卫战赢得充分的部署与准备时间。也就是说，这个时候，国民政府军事委员会决定集中全力进行武汉大会战。为此，军事委员会迅速命令第9战区第2兵团总司令张发奎将军在九江一线加紧布防，有效阻止日寇西进，以便调遣兵力在武汉周围布设新的防御工事，用以阻截并消灭敌人，确保武汉安全；或者说，即使不能保障武汉继续掌控在中国政府手里，也必须在武汉地区大量消耗敌人，尽最大的努力延缓武汉陷落的时间。

恰在此时，苏联红军和日本关东军在中苏边界之张鼓峰进行了规模不小的战争。为了应付这场冲突，日寇不得不在中国境内放缓了进攻步伐，进攻武汉的步子因此暂时缓下来了。

日寇对武汉的威胁没有那么紧迫了，即使蒋介石没有重新思考中国的抗战战略，远在陕北的中国共产党的领袖毛泽东也会认真思考这个问题。但是，共产党手里没有多少军队，故建议国民政府改变与日寇死打硬拼的抗战战略，不要在一场战役中过度消耗自己的力量，应该保存实力，向敌后进军，以此拖垮敌人，把抗战事业进行下去。为此，毛泽东委托中共长江局负责人周恩来拜见了蒋介石，向蒋提出中共的建议：我国既然准备持久抗战，就不应动用所有兵力进行这场会战，应用三分之一左右的部队正面对峙日军，其余部队深入敌后，开展游击战或是撤到后方，进行整训。

第二部分 武汉外围血染衣

蒋介石自己没有深远的战略思考与预见能力，但军事领悟能力相当不错，不得不佩服毛泽东的战略思想，接受了中共的建议，决定国民党军的战略方针是力求战而不决，要使倭寇深陷中国战场的泥沼而不能自拔，最终将其拖垮击败。这就预示着：武汉会战即将脱离原来的轨道。

在蒋介石的新战略思维之下，既然武汉会战的摊子已经铺开，就还是要打下去。不过，不是什么地方都打，什么时候都打，而是做了一些限定，除一些江防要塞外，在不利于国民党军作战地区，不能轻易与敌决战。军事委员会据此方针，作出决定：只以原计划百分之六十的兵力进行保卫武汉的消耗战，保留百分之四十的兵力作今后持久抗战的基础，指示第5战区与第9战区应根据这个原则，重新调整兵力部署和战场。

接到命令后，第9战区司令长官陈诚迅速将属下几十万大军重新作了调整，将主力集结于鄱阳湖周围和庐山地区，准备利用这一带的有利地形聚歼日寇，同时还能有效保存实力，能打就打，打不了就撤。第5战区司令长官李宗仁患病住院，他的职务由白崇禧暂代。白崇禧在商城设立第5战区指挥部后，亦据此方针对第5战区下辖的部队遂行任务情况作了调整。

中国军事战略的调整是在日寇与苏联军队作战期间发生的。为了调整部署，甚至是彻底减轻日寇对中国的军事压力，蒋介石巴不得日寇与苏军之间爆发更大规模的冲突乃至是全面战争。可是，日寇的主要目标是首先全力打败中国，然后抽兵他顾，自然不会像蒋介石想象的那样与苏联兵戎相见，而是很快就将这一事件平息下来。紧接着，日寇重新开启了攻击武汉的车轮。

由于张鼓峰事件的影响，7月20日后，长江以南的日寇第11军才在日酋冈村宁次的指挥下，摆开了向九江进攻的架势。同一时间，黄维接到命令，第18军归第9战区司令长官陈诚指挥，立即解除对湖口要塞的围困，奔赴南昌北郊，准备投入新的战斗。

这似乎预示着九江城的安危将会与第18军的命运紧密联系在一块。

那么，素有铁军英雄之誉的张发奎能够率领第2兵团的将士们在九江与日寇周旋多长时间呢？只要回头看一下淞沪战场上的情景，不难发现，正是张发奎统率的右翼军起先无法将从金山卫登陆的日寇赶回去，继而在日寇的攻击面前，部队惊慌失措，一片混乱，谁都会为之捏一把汗。

事实上，即使在淞沪战场上，张发奎也是尽心尽力的。这一次，他就更加不敢怠慢了。深知九江对于武汉会战的重要作用，因而，他一出任第2

115

兵团司令，就来到九江，分别召集各种会议，研讨备战方案，亲自部署、巡视、指导阵地构筑、后方设施建设以及地方战时组织等情况，严令部下誓死捍卫九江。即便如此，从日寇波田支队在7月23日0时左右冒着瓢泼大雨进攻九江附近的姑塘开始，到26日晚中国军队不得不撤守九江为止，第2兵团仅仅坚持了四天三夜。

九江落入敌手，标志着日寇已经冲开了武汉外围中国军队主阵地的大门，武汉会战就此进入到愈发激烈的新阶段。第18军投入战斗的脚步声越来越近了。

第18军是在向南昌北郊转移途中听闻自己将要投入新一轮战斗的。给第18军下达从湖口撤围转而向南昌北郊进发命令的是第9战区司令长官、第18军的开创人陈诚。黄维一接到命令，立即收拢人马，编组行军队形，划定各部即将抵达并驻防的区域，以第11师为先头部队，浩浩荡荡向南昌北郊进发。

8月11日，第11师经过长途跋涉，抵达了南昌北郊、赣江北岸之蛟桥镇。随后，第60师、配属给第18军的第16师以及军直属部队相继到达乐化、樵舍、蛟桥镇、港口、瀛上、南昌周围等地。

这一带远离战场，但是，黄维非常清楚，第18军时刻都会投入新的战斗，因而，他给予全体人马的任务是一面休整，一面构筑工事，以便在接到新的命令后，能够迅速投入战斗。

在第18军尚未抵达南昌北郊时，日寇波田支队经过了短暂休整，从8月10日起再度向长江以南发动进攻。这次，波田支队选择的目标是瑞昌。

这股凶狠的日寇很快就在瑞昌东北登陆成功，击破了守军第30集团军旗下孙桐萱之第12军的防御后，一鼓作气地向瑞昌展开进攻。汤恩伯率领第32军团迅速增援，帮助第30集团军奋力抗击，成功地阻止了日寇波田支队的攻击，与其形成对峙局面。战况一时僵持不下，陷入胶着。日寇为了尽快拿下瑞昌，扫清攻向武汉途中的障碍，日酋冈村宁次派遣已在九江登陆的第9师团前来增援。其前锋第6旅团登陆后一路势如破竹，连下鲤鱼山、笔架山等要地，逼近瑞昌。瑞昌守军与波田支队之间形成的均势一下发生了根本性改变，胜利的天平因为日寇的增援转向波田支队，中国守军再难以与日寇抗衡，瑞昌遂于8月24日被日寇攻陷。

占领瑞昌后，丸山政男的第6旅团本应该往西南攻击，切断粤汉铁路，可是看到南浔路日寇第106师团和第101师团竟然被薛岳的第1兵团打得寸步难进，遂率部进入岷山山脉，向南浔路正面中国守军的背后杀了过来。

防守岷山的是川军王陵基部。该部是由保安队改编，战斗力薄弱，在日寇攻击面前，被迫一退再退，最后竟退到了吴奇伟集团军的西侧，导致该集团军的侧背受到严重威胁。在这种情况下，第18军是不可能继续在南昌北郊呆下去的了，第9战区司令长官部急调第18军前往增援，且要求必须在5日内抵达。

第9战区司令长官陈诚非常清楚，第18军远在南昌北郊，即使明确给出了该部抵达的期限，但行军途中指不定会发生什么事情而耽搁，远水解不了近渴，便在给第18军下达命令的同时，命令第1兵团司令薛岳抽调兵力，迅速前去救援。

为了驱赶岷山之敌，掩护南浔路正面守军侧背的安全，薛岳立即命令第74军派遣一个旅的人马前去执行这一任务。

第74军军长俞济时并没有搞清楚日寇丸山政男手下到底有多少兵力，随即根据薛岳的命令把任务落实到第51师第151旅身上。结果，旅长周志道率领人马前去救援时，差点被日寇包了饺子。周志道立马回过味来，一面率部队边打边撤，一面向师长王耀武报告险情。王耀武接到报告，担心151旅发生不测，急忙率第51师其他部队前往支援。原以为1个师的兵力总可以将进入岷山之敌驱逐，谁知第51师一起上也不是日寇对手，这支在淞沪战场上曾经打得日寇心惊胆颤的部队这一次竟然被丸山政男旅团打得节节后退。俞济时急调第74军全军赶往支援，依然不支。

正当第74军逐次增兵添将，与日寇丸山政男的第6旅团作战之时，9月1日，黄维率领第18军抵达了岷山西面一线。如果黄维按照最初接到的命令，率领部队一开过来就立即投入作战，必定可以威胁丸山政男旅团的后路，与第74军一道合围并歼灭该敌。但这个时候，前线状况混乱，第9战区司令长官部考虑到岷山已有第74军救援，其他方向上中国军队面临的形势也很紧张，便改变初衷，下令第18军攻击从瑞昌西进的日寇主力，过一会儿又让第18军东进增援第70军，先后5次不断更换攻击目标，让该军疲于奔命，无所适从，一个大好的歼灭战，就这样白白浪费了。拖宕了一天一夜后，第9战区司令长官部终于意识到解除岷山的威胁才是当务之急，迅速回到了原定轨道，命令第18军投入岷山作战。

黄维是一个尽忠尽职的军人，尽管来回折腾消耗了该军将士不少精力，同时致使岷山的军事形势更加恶化，但接到命令，还是立即为如何驱赶岷山之敌进行战前准备工作。详细了解了敌我态势后，反复考虑，制订了一个稳妥的作战计划，随即下达命令：因敌后方北极峰、新圹埠一线甚为空虚，随即委派擅长迂回包围、钻隙奇袭的第11师攻取北极峰、新圹埠，断敌后方交通；以第60师猛攻岷山脚下、小阳铺一线，解除日寇对吴奇伟集团军和第74军的威胁。

对敌发起攻击时间定在9月2日晚上。攻击时间一到，第18军各部立即依据军长黄维划定的行动区域和行动方向对丸山政男旅团展开进攻。

第11师面对的敌人是日寇丸山政男旅团之第36联队。师长彭善给本师人马分派的任务是：第31旅附炮兵营，攻击牛金山、北极峰、岷山大屋；第33旅第66团接防竹山、代璐山阵地；第33旅第65团作预备队，在第31旅后面跟进。

第31旅在副师长叶佩高的率领下，以第61团攻击牛金山、北极峰，第62团攻击岷山大屋。和日寇第36联队苦战两个多小时后，第61团首先告捷，歼灭了400多名日寇，拿下两个山头。四小时后，日寇出动千余人发动反扑，第61团遂陷入苦战，伤亡剧增，不久前夺取的山头随时有被日寇重新占领的可能。动用预备队的时候到了，叶佩高立即命令第65团3营绕过该股日寇，从日寇侧后方实施突然袭击，一举击溃了该敌，这才稳定了战局。与此同时，第62团费了一番力气，也将岷山大屋的日寇逐退。

随即，彭善命令第11师全线出击。部队一阵猛打猛冲，收复了第30集团军丢失的全部阵地。

第60师在岷山脚下、小阳铺一线对日寇发动进攻，就迫使日寇不得不停止了对吴奇伟集团军和第74军的攻击。第74军毕竟跟第18军一样是王牌精锐，一旦察觉出日寇进攻受阻，就立即配合第60师向这一线的日寇发动攻击。在2支中国王牌军队的联合打击下，日寇被击退。岷山脚下、小阳铺一线阵地得以收复。

这样一来，第18军一出手，就达成了第9战区司令长官部赋予的使命，再一次展现了种子军非凡的作战能力。但是，他们非常清楚，日寇绝不会就此罢手。接下来，迎接他们的将是更严酷的战斗。因此，他们得提前为下一步的作战行动做好充分的准备。随即，黄维命令官兵恢复被毁的工事，派出侦察人员侦察敌人的动向，补充体力以及准备充足的作战物资等事项。

这时，虽然第18军和友军第74军等部队合力收复了岷山、小阳铺一线，但丸山政男旅团已经突破国军正面防线，进入了马回岭，南浔线的中国军队只能全线南撤。丸山旅团达成作战目的后，日寇第11军司令官冈村宁次并没有让其留在马回岭，而是下令该部主力秘密西撤，准备下一次的决战。

第18军很快发现了丸山政男旅团的行踪，军长黄维下决心抑制该敌，并集中人马将其歼灭。于是，在敌刚准备撤退之时，就命令部队主动拦截。

敌人刚要后撤即遭到拦截，不由得恼羞成怒，于9月4日集中第35和第36联队的兵力兵分2路对第18军进行反击。为了尽快达成摧毁中国军队的阵地、歼灭中国守军的目的，日寇把主要作战对象锁定在第18军核心部队第11师上。

一时间，第11师面临的压力空前巨大。在敌人呈多路队形进行攻击时，平均使用兵力进行被动防御历来是防御作战最忌讳的战术，师长彭善、副师长叶佩高非常清楚这一点。为此，他们决定使用一部分兵力牵制一路敌人，破坏敌人之间的协同，集中主要人马歼灭另一路敌人，以此粉碎敌人的反击，并进而歼灭全部敌人。

一般来说，牵制较强的一路敌人，歼灭较弱的一路敌人，最易于成功。可是，也得冒着牵制兵力被强敌击溃的危险。而用一部分兵力牵制较弱的一路敌人，集中足够的兵力歼灭较强的那一路敌人的战术，在一定的环境里，也是不错的选择。此时，彭善、叶佩高两位与日寇数度交锋的抗战名将，不约而同地选择了后一种战术。他们都认为日寇第36联队已在昨天遭到痛击，战斗力肯定有所减弱，使用一个团的兵力就可以阻止该敌，趁此机会，自己就可以集中力量，在兄弟部队的帮助下，对第35联队发动反击，一举歼灭之。

于是，他们决定以第66团单独抵御日寇第36联队的攻击，集中主力3个团和师直属部队对日寇第35联队发动反击；同时，报告黄维军长，请求第60师师长陈沛率部配合行动，共同攻击日寇第35联队。

经过一天血战，第18军终于将日寇第35联队击溃。这样一来，日寇第36联队势单力孤，生怕遭到中国军队的围攻，赶紧随着撤退了。

两次作战，日寇第36联队都以失利告终。为了不给该路日寇喘息的时间，第11师师长彭善、副师长叶佩高决定集中全体人马于次日主动对其发动攻击。休息了一夜后，天刚亮，第11师立即兵分两路，对日寇第36联队发起了攻击：彭善亲自指挥第11师主力从正面攻击，叶副师长率领第65团由侧翼发起攻击。两路中国军队奋勇作战，再次将第36联队击败。

就这样，第18军从南昌北郊赶到岷山以来，在与日寇第36联队的三天激战中，取得了连胜、歼敌800余人的战果。这一系列作战行动，不仅迫使日寇迂回德安的企图彻底破产，而且掩护驻守在金官桥一线的第4、第70、第64军等中国军队顺利转移到岷山、黄老门、庐山东麓一线阵地。不过，在作战过程中，第18军自身伤亡很重，尤其是战斗任务最重的第11师，很多步兵连队已经伤亡过半，缺额甚多，师长彭善赶紧命在后方的补充团开赴前线，将该团士兵分散各团补充战力，并命补充团团长靳力三，率团部开赴修水，接收浔饶及赣南师管区的新兵加紧训练，以便随时有生力军前来补充战斗减员。

强攻的损失很大，第18军经不起这样的消耗。于是，黄维决定改变战术，以小部队伏击日寇，采取打了就跑的方式与日寇打游击。

9月6日，黄维接到情报，得知丸山支队的一队军车要从岷山与瑞昌之间的新塘地区经过，立即把情况告诉给第11师师长彭善，并命令他周密部署，对其实施拦截，力争消灭。

彭善派遣工兵营在日寇车队必经的山区公路上，埋设了长达一公里的雷区，然后与骑兵连一起埋伏在公路两侧，等待日寇车队前来送死。没过多久，日寇车队果然进入伏击阵地，随着地雷的引爆，工兵营和骑兵连的官兵一起杀出，打得日寇哭天喊地。此战取得了击毁敌人9辆装甲车，击毙百余人的战果。

这时，为了调整兵力部署，日寇在南浔线上暂时停止了进攻，但瑞昌西部的日寇波田支队和第9师团，却从瑞昌地区出发，沿着瑞（昌）武（宁）公路向武宁方向展开进攻，正面防守的国民党军精锐部队第13军损失不轻，第9战区司令长官部赶忙下令新编35师赶往和尚口增援，原留阵地则交给第18军第11师接防。

9月12日，第11师接防完毕并完成部署。当天中午时分，日寇得悉中国军队换防的消息，为了不给新接防的第11师喘息之机，派出第7联队之2个大队共600余人对其进攻，企图一举夺取这一阵地。这一次，日寇将进攻的矛头直指第62、第66团防守的阵地。尹作干和陈简中两位团长指挥人马密切配合，互相呼应，给予来犯之敌迎头痛击，并最终将其击退。

在日寇第9师团和波田支队向西推进的同时，日寇第27师团也在瑞昌集结完毕，准备对中国军队发动进攻。为了避免日寇沿瑞武公路突入，切断第1、2兵团之间的联络,第9战区司令长官部命令黄维带领第18军抢在敌人发动进攻之前在那一带依托险要设卡布防,阻击这支日寇可能向武宁方向展开的进攻。

这时候,黄维能够指挥的人马只有第11师和第60师,而且在此之前与日寇的作战行动中损失极大,第9战区司令长官陈诚深知黄维仅凭这两个师的兵力无法挡住日寇的进攻,为此,将第13军第110师、第32军第141师暂时配属第18军。这样黄维就可以调动4个师的兵力完成这次阻击任务。

日寇第27师团是由挑起"七七事变"的祸首、原日本驻屯旅团扩编而成,下辖15个步兵营、9个炮兵营和装甲、战车各1队,共35 000余人。而黄维此时能够指挥的部队名义上有4个师,各师人员严重缺额,总计不过20 000人,在兵员数量上与日寇相去甚远;在武器装备质量上,劣势更加明显。通晓兵法的黄维知道,与强敌作战,处在劣势的一方不能与敌硬拼。他综合分析了诸因素后,决定采用奇袭、埋伏、侧击诸战术,逐次消耗敌军,诱其分散兵力,然后把敌人引进在覆盆山设下的袋形阵地内,予以分割包围歼灭之。

自16日拂晓起,日寇第27师团在其第3飞行团支援下,从瑞昌西南地公坑附近沿瑞(昌)武(宁)公路两侧地区向武宁方向攻击前进。当这支日寇的先头部队进入十八军布设的第一道阵地大岭山及黄丝洞山一带时,为了掩护第13军的右翼以及避免日寇割裂整个中国军队的战线,黄维按照预定的计划指挥人马与日寇第27师团展开激战。

日寇在海空协同的猛攻下,到了9时左右,突破了第18军之大岭山阵地。黄维立即命令人马退守长岭、牛角泉一带的第二道阵地。日寇则在攻击得手后,挥师继续向前猛攻。第18军在第二道阵地上一直与日寇战斗到半夜时分,终因伤亡较重,不得不退守白石岩、茶园岭、斗笠山一线阵地。

9月18日,日寇在攻占石马山阵地后继续向第18军白石岩、斗笠山主阵地发起攻击。就在这天,为了协调左翼战线,中国方面对前线作战指挥关系进行了部分调整,第9战区司令长官部将第18军改由第31集团军总司令汤恩伯指挥。

尽管指挥关系变动了,第18军的任务并没有改变。黄维继续根据战前制订的作战计划,命令各部以运动防御、逐次抵抗后撤的战法,依托有利地形抗击日寇的进攻,消耗日军力量,迟滞其前进速度,然后渐次转移到一下道阵地。使用这种战术,第18军收到了奇效,迫使日寇进展缓慢,从

121

发动攻击之日起到23日这八天的进攻行动中，日寇仅仅前进了20公里。这时第18军已退至白水街、麒麟峰、昆仑山、梅山、覆盆山、望月岩及马鞍山一线防守。

第18军旗下各路人马在这期间英勇抗击日寇的事迹不胜枚举。在这里，重点介绍一下第31集团军第13军第110师第328旅第656团团长廖运周在黄维的帮助与指导下，指挥部属以零伤亡的战绩击毁日寇20余辆坦克的经过吧。众所周知，在徐州会战期间，汤恩伯曾有过违背第5战区司令长官李宗仁的命令，在庞炳勋部与日寇苦战时，不仅不去救援，反而远离战场的举动。这次，汤恩伯的嫡系人马在黄维的指挥下，却能够取得如此光彩夺目的成绩，从另一个角度证明，第18军是一支具有雄厚战斗力的部队。

事实上，在第110师配属给第18军后，廖运周团以零伤亡的代价击毁日寇20余辆坦克之前，还曾对日寇进行过多次出色的伏击战，都取得了胜利。

第110师是从徐州会战下来后，几经调转，开到永修，正式参加瑞武公路保卫战的。配属给第18军后，黄维并没有给该师划出固定的防守阵地，而是要他们沿瑞武公路打运动战。为此，廖运周团与第110师其他各团一样，都是趁着日寇攻下山头，沿公路前进时，埋伏在公路两侧打击敌人。

该师是在小寨贤第一次打日寇的埋伏。当时，第328旅第655团1个营扼守在小山包的寨子里。日寇一个全部由马队组成的辎重营一开到这里，就遭到了该部的攻击。日寇无法通过，不得不弃下马队去攻寨子。第655团居高临下，日寇一直未能攻上去，双方陷入长时间的激战。

此时，廖运周团与655团另一个营从公路两侧包抄过来，袭击了日寇兵力空虚的马队。扼守在寨子里的第655团那个营趁势向公路上夹攻而来。这个全部由马队组成的日寇辎重部队几乎无法抵抗，除随辎重部队前进的那个中队（相当于中国军队一个连）拼命抵抗以外，其他辎重兵大部分逃散。廖运周他们一举击溃日寇辎重营，还缴获了大量的大米、军用罐头和军用毛毯等战略物资。

紧接着，第2次伏击日寇辎重营的战斗开始了。这一次的伏击地点在茨芭山附近。与之前不同的是，这次行动是由廖运周团独自完成，而且，他们是在毫无准备的情况下遭遇到日寇辎重队，迅速改变部署，拦截敌人的。

当时，第656团正自北向南运动，准备寻找有利时机歼灭日运动部队，突然与一支日寇辎重营相遇。这个辎重营有100匹战马，押运的日寇约有两个连的兵力，显然是吸取了上次被中国军队歼灭的教训而采取了预防措施。这支日寇辎重营正沿着公路从东向西前进。廖运周知悉敌情后，立即命令人马借助树林的掩护，悄悄接近敌人，突然对敌实施拦腰截击。

人马悄悄运动到位后，日寇卫队小心翼翼地开了过来，廖运周放过他们不打。当日寇辎重营跟着出现在中国军队面前时，廖运周下达了全面进攻命令。

第656团将士立即用轻机枪猛烈射击日寇。紧接着，在一排手榴弹的掩护下，他们挥动刺刀直接冲入日寇队形，将这支日寇拦腰截断，以两个连兵力围攻日寇护卫队两个连，一个连进攻日寇辎重营。

日寇措手不及，全军大溃，有战斗力的卫队伤亡惨重，试图回头救援辎重营，但却被廖运周部死死挡住。

这边日寇的辎重营遭到国军这个连犹如猛虎一样突袭，更是全军崩溃。辎重兵们自知不是国民党正规军的对手，哪有什么武士道精神？扔下马匹狼狈逃走。

这一战，廖运周团当场击毙日寇数十人，击伤日寇上百人，再次夺取大量日寇军用物资，缴获了大量三八式步枪和弹药。激战中，廖运周部1个副营长和1个连长殉国。

此战之后的第三天下午，瑞武公路沿线中国军队经受不住日寇的猛击，纷纷后撤。眼瞅着第656团即将处在敌后，廖运周亦带着人马尾随西撤，急行军20~30里后，当晚6时，来到了小坳。这里属于预备阵地。他们赶到这里时，据守的国军早就无影无踪，连小高地后面的一座弹药库也忘了上锁。廖运周吩咐人马打开库门一看，发现里面竟然是刚从苏联运送来的10 000发迫击炮弹。

廖运周决定利用这些炮弹选择一个地点伏击日寇。他的想法得到了旅长辛少亭的批准，经过仔细观察，精心选择了一处伏击地点。

此处公路为S形，公路一面是小湖，一面是山崖，只有一条狭窄的公路可以通过汽车和马车。在廖运周看来，这是适合伏击的绝佳地形，一旦公路上的日寇被伏击，无论是往左，还是往右，都退无可退，必然会乱作一团，便于自己指挥人马予以围歼。

辛少亭旅长却不太赞同廖运周的说法，说道："这个地方是比较适合伏击，但由于公路狭窄，日军进入伏击圈的部队不会很多。如果我们使用步兵猛烈攻击，日军一定会撤退。如果我们使用迫击炮轰击，因为没有步兵攻击，日军会认为只是我军炮兵的冷炮，还是会强行试图突破，不会撤退。我们只要用火炮打掉日军为首的汽车，彻底阻塞日军的前进路线，不愿意撤退的日军必然源源不断地继续前进，最终在这一线被堵死，沿着公路来个一字长蛇阵。这时我们用迫击炮轰击公路，战果最大。"

廖运周思索着说："我的意思也是这样，但以往日军的先锋部队都是汽车或者马车，我们用手榴弹就可以打掉，完全能堵住道路。但被我们伏击这么多次以后，鬼子也学精了。刚刚我们的侦察兵说，日军开始使用坦克作为先导突击。我们部队根本没有反坦克炮，所以炸不掉坦克，没法阻塞公路。这个地方地形虽好，但如日军还是用坦克作先锋，我们根本拦不住，伏击也就失败了。"

辛少亭却胸有成竹地说："你不用担心，我们不是配属给第18军了吗？第18军离我们不远，有反坦克武器。只要我们去跟黄维一说，他会借给我们的。"

在这次瑞武公路之战开始之前，第110师配属给第18军，师长吴绍周曾带着廖运周一行人去德安西边的一个小镇上面见黄维，向他报到，并且领受任务。当吴师长向黄维介绍廖运周时，知道廖运周是黄埔5期炮科毕业生，同样是黄埔炮科出身的黄维对他很感兴趣，当面考问过他用炮原则，留下了深刻印象。辛少亭一语提醒了廖运周，他赶紧去找黄维，说明来意后，黄维非常爽快，立即将自己一个反坦克炮连借给廖运周，并且反复叮嘱了打坦克的要领。

为了充分发挥反坦克炮连的作用，廖运周将反坦克炮连安排在小坳的山下，公路的正面。这里正好是坦克向前开进时转第一个弯的地方。因为他知道，坦克前部钢板厚，火力强，侧面没有火力，反坦克炮连安排在这里，正面不受敌，打侧面最有效。只要反坦克炮连一战奏效，成功将坦克打趴在这里，迫击炮就能发挥威力。在这条S形公路的第二个弯道处，小坳的山后面，则一共布置了12门迫击炮，作为向日寇软腹部猛击的铁拳（第656团原有8门迫击炮，为了加强火力，廖运周又向附近的第655团借用了4门）。这12门火炮，炮口正对公路，由团附常海亭指挥。团指挥所设在中间的小高地上，便于两面指挥。

黄昏以前，公路上开来了8辆日寇坦克。它们毫无防备地开过反坦克炮的伏击点时，4门反坦克炮立即开火，当场击毁为首的3辆坦克，余下的5辆日寇坦克大乱，立即倒车试图后退。可惜此时日寇的汽车和马车已经赶了上来！这条中国乡间的公路或者说土路太窄，坦克一退就同正在前进的汽车撞上了。这下，道路完全堵塞，日寇坦克向前去不了，向后也去不了，瘫在路中间无法动弹。

这短短10分钟的炮击，导致日寇第27师团一个联队完全陷入混乱。更可怕的是，当时正是夜行军，而夜行军本来就极易出现混乱。此时遭受突如其来的打击，更是乱上加乱。最前方的日寇部队被拦住无法前进，后方的日寇却仍在继续行军。这样整个6~7里长的公路上，完全挤满了日寇官兵和各种车辆。坦克倒车声，汽车喇叭声，马匹嘶鸣声，官兵的喧闹声响成一片。

这天晚上，月光明亮，公路上的情景尽收中国军队眼底。廖运周大喜过望，立即命令迫击炮向敌人开火。于是，12门迫击炮根据白天测算好的距离，猛烈开炮。一排排炮弹落入密集的日寇人群，里面传出一片惊恐的叫声。

此时日寇联队长还不知死活，他发现是迫击炮弹后，果然认定是国军的冷炮。他命令部队不要后撤，立即杀出一条血路，冲出危险地带。可惜之前的公路已被几辆击毁的卡车以及坦克堵死了，人马又如何冲得过去？

国军迫击炮部队已经获得巨大战果，决定继续开炮，扩张战果。由于几乎不要瞄准，炮弹又极为充足，迫击炮部队以极可怕速度持续开炮轰击敌人。

日寇全部挤在一条仅仅3米宽的公路上，一边是悬崖，一边是小湖，前进不行，后退又没有命令，根本成了活靶子。整条公路上，到处都是被迫击炮弹集中后汽车燃烧的火光，把整条公路照成白昼一般。日寇士兵伤亡惨重。后来，由于日寇官兵无处可躲，一些人干脆跳入小湖中游走，这样总比在公路上等死好。

遭到伏击后，尽管有的日寇惊慌失措，只顾自己逃命，但绝大多数日寇立即拼命展开还击。他们的步兵用各种枪械向山崖上胡乱扫射，瞬息之间，就发射了上万发子弹。由于迫击炮是曲线发射，中国炮兵和火炮都躲藏在山崖上，日寇的反击并无太高有效性。

受到中国军队炮兵袭击，又找不到中国军队的身影，日寇联队长倒很清醒，知道用炮兵回击炮兵才是最好的反击办法，试图命令炮兵还击，但是部队已经混乱不堪，不仅命令无法有效传递，而且根本找不到炮兵在哪儿。直到被中国军队炮击15分钟后，日寇联队长才搞清了状况，无法用枪械对付中国的炮兵，就只能命令全军后撤。用枪械反击没有效果，后撤同样困难，因为部队已经乱了，他的命令好长一段时间都无法得到执行。一个多小时后，日寇总算从混乱中逐步恢复过来，执行了联队长的命令，全军向后撤退，逃出了伏击圈。

在整个战斗过程中，廖运周团的12门迫击炮，已经发射了5 000多发炮弹，平均每门炮发射400多发，每分钟发射7~8发，一些迫击炮的炮管已经发红。当打完这些炮弹后，廖运周看到公路上已没有活动的物体，便命令停止炮击，公路上立刻呈现死一般的沉寂。下半夜，全团士兵放心地睡了一觉。

第二天天亮后，廖运周团的官兵们发现公路上丢弃了20多辆日寇坦克和装甲车，以及大量卡车、马车残骸和日寇官兵尸体。

这一仗，日寇败得非常惨，更绝的是廖运周部用兵巧妙，隔山打牛，居然没有一名官兵伤亡。这次计划外的战斗引起了不小的震动。第656团为此受到了何应钦的电报嘉奖，电称这次战斗"战果辉煌"。

与之形成对照的是，日寇却把这一仗视为武汉会战中最耻辱的战斗，因为从战斗开始到结束，他们连中国军队人影都没看见。

这次战斗后，也许汤恩伯担心黄维会趁机将第110师纳入第18军麾下，命令该师重归第13军建制，担任掩护撤退的任务。

自从再度进入武汉外围战场以来，与日寇作战八天，第18军虽说阻滞了日寇的前进，但在日寇飞机大炮的不停轰击下，加上惨无人道的日寇施放大量毒气，使得第18军将士付出了惨重的伤亡，损失最大的第11师被迫后调至修水休整。自此后，第11师脱离了武汉会战的战场，没有再参与武汉外围的战事。

此时，因为第110师归还了第13军建制，第9战区司令长官部又将在湖口与第18军并肩作战的第16师配属给该军，接受军长黄维的指挥。这样一来，第18军旗下仍有第60师以及配属给它的第16师和第141师，3个师的人马。

9月23日，日酋冈村宁次为了加强若溪、大桥河方向的进攻力量，已下令由第101师团步兵第102旅团长——佐枝义重少将着手编组佐枝支队，赋予该支队的任务是，组建完毕后，立即配合正在向麒麟峰、覆盆山、马鞍山一带中国军队主阵地猛攻的第27师团，向中国军队发起进攻。

为了加强瑞武路的防御，国民政府军事委员会遂命令第18军改归第1兵团司令薛岳指挥，由薛岳亲自率领第30集团军以及第8、第18、第32军主力，第91、预6师等部队，阻击沿瑞武公路两侧前进的日寇第27师团。

第18军军长黄维根据薛岳将军的命令，率领麾下的第16、第60、第141

师，在麒麟山、覆盆山一线重新建立阵地，准备阻挡日寇的进攻。

于是，一场没有第11师的第18军与日寇较量的大幕随即拉开。

10章 瑞昌武宁一线阻击战（二）

第11师离开了战场后，第18军乃至整个第1兵团面临的压力愈发增大。

尽管薛岳信心爆满，早在月初与日寇对垒时，就在东西孤岭至德安东北及乌石门至德安西北之线布设了一个巨大的袋形阵地，按照他自己的说法，就是如张袋捕鼠、如飞钳剪物一般，试图把日寇全部装进这个口袋予以消灭。日寇或许已经察觉了中国军队的意图，不仅没有钻进这个口袋，反而一直增加兵力，在口袋外围拼命地对中国军队展开进攻，打得整个第1兵团的防线犹如一面破筛子，到处都是窟窿，迫使薛岳不停地拆东墙补西墙去堵塞这些漏洞。迄今为止，第1兵团下辖各路人马已经在这一带与日寇交手半个多月，远没看到日寇有钻入这个口袋的迹象，但薛岳还是一如既往地按照既定方针指挥人马与日寇交锋。

正是在这种情况下，第18军的核心部队第11师离开了战场，对于第1兵团司令薛岳来说，无疑手下少了一支抵挡日寇攻击的精锐部队，心里多了一份担忧。但是，第18军军长黄维似乎并没有因为第11师的离开产生负面情绪或不好的预感。他带领的第18军虽说不像第74军一样凶悍、霸气外露，却因他深通兵法，是一个"四分内敛、六分霸气"的精明将领，每走一步都会计算准确，在与骄横傲慢不可一世的日寇对阵时，还是可以带领第18军打出特色、打出威风的。

这时，薛岳纵观整个战场局势，深知在日寇第101师团受挫于东西孤岭、第106师团被阻于马回岭的时候，敌第27师团发动瑞武路攻击的目的是攻占箬溪、武宁，截断修水北岸上下游中国军队之间的联系，以利于其全盘作战行动。作战至今，日寇第27师团在发动进攻的时候，不仅陆空协同、火力密集，而且灭绝人性地使用了大量化学武器，在第18军以及其他中国军队的强力阻击下，未能取得较大进展，证明中国军队采取的战术是有效的。为此，薛岳决定沿袭往常的战术，继续对日寇采取攻势防御；并在此基础上，为了加大对日寇第27师团的打击力度，他决定调整兵力部署，朝这一方向投入更多的力量，以第30集团军之新编第13、新编第14师控制瑞武路各要点，以第60、第91、第142、预6师从东面出击，第16、第141师则从西边出击，准备对日寇第27师团进行两面夹击。

根据这一作战要点，对日寇第27师团的攻击行动，其主要还是落在第18军身上；或者说，薛岳做出这种决定，就是为了把第18军放在主要的防御方向。

在前面八天的作战行动中，第18军已付出了极其惨重的代价，黄维深刻地认识到执行这一计划存在多大的困难！但是，兵团司令决心已下，任务已经分配下来，无论多大困难，黄维也必须竭尽全力指挥人马打好接下来的战斗。如今，在他的手下，第60师在前期的作战行动中，同样伤亡巨大，却有着熟悉战场环境，了解日寇作战特点的优势，他必须依靠这支队伍首先挡住日寇发动的进攻，然后指导按照命令进入战场的第16、第141师在日寇发动毒气袭击之前展开行动。

正当薛岳调整部署的时候，日寇第27师团迫不及待地向中国军队再度发动了猛烈进攻，企图趁中国军队部署尚未调整到位之机，一举突破当面中国军队的阵地，夺取箬溪。这次，日酋第27师团师团长本间雅晴决定兵分两路，同时向瑞武公路边的覆盆山及其东面的麒麟峰、白水街实施攻击。为了以最小的代价夺取中国军队把守的关隘要点，惨无人道的日寇一开始就使用毒气弹进行攻击。

扼守在覆盆山、麒麟峰、白水街一线阵地上的中国军队主要是第18军。这时候，第16师以及第141师还没有进入阵地，仅有第60师坚守在阵地上。一看到日寇发射的炮弹冒出黄色烟雾，夹杂着刺鼻的气味，第60师官兵就知道这是灭绝人性的日寇又在发射毒气弹了。在前面的战斗中已经见识过毒气弹，陈沛师长集思广益，找到了减轻毒气弹对人员造成伤害的最简单办法，立即命令把守前沿阵地的官兵用水打湿毛巾，捂住鼻子和嘴巴，密切注视日寇的动静。当日寇组织步兵向第60师阵地发动攻击的时候，官兵们奋勇反击。

一时间，从麒麟峰、白水街，到覆盆山，第60师官兵与日寇展开了异常激烈的争夺战。该师官兵的几乎每一个阵地，都是接连不断地丢失，接连不断地夺回。惨烈的拉锯战打到当天黄昏，日寇终因伤亡惨重，攻击乏力，不得不停止进攻。

9月25日，日寇再度兵分两路，向中国军队展开猛攻。同样，在第60师的顽强反击下，日寇付出了巨大伤亡，不能稳固地夺占任何一处阵地，也不能向前迈进一步。在当天的战斗中，仅麒麟峰一地，日寇即遗尸300余具。

恼羞成怒的日寇为了从守军阵线上打开一道缺口，于次日天亮，就出动飞机对第60师把守的阵地全面实施狂轰滥炸。尤其是日寇选择重点进攻的麒麟峰、白水街一线，在出动飞机轰炸的同时，还集中全部炮火向麒麟峰猛烈地轰击了1个多小时。紧接着，日寇出动步兵向几乎没有任何生命迹象的麒麟峰展开攻击。

把守在麒麟峰阵地上的是第60师第360团官兵。该团全体官兵在团长杨家骝上校的率领下，依托阵地，躲过了日寇的飞机轰炸和炮火攻击以后，一看到敌人冲到阵地跟前，立即拿起手中武器英勇顽强地阻击日寇。在战斗中，团长杨家骝上校不幸中弹殉国，是第60师倒在抗日战场上的第3位团长。

杨家骝，1904年9月出生，贵州荔波人。1922年考入黔军军士教导队，1926年考入陆军军官学校第5期步兵科学习，1928年任国民革命军陆军第9师第49旅少校团附，1932年调军政部特务团任少校营长。1935年入陆军军官学校高等教育班深造。1936年毕业后分配到第60师第357团任中校团附。

抗日战争全面爆发后，杨家骝听从国家召唤，率部转战上海、嘉兴、杭州一带。他奋勇杀敌，屡建战功，在第60师由3团制改为2旅4团制时，晋升为该师180旅第360团上校团长，兼抗日联军第4支队指挥官。

1938年初，第60师奉命到江苏溧阳漳树日占区打游击，以牵制日寇的进攻。这一天，第60师到达了金鸡岭，陷入日寇重重包围之际，在陈沛师长的统一指挥下，他率部浴血奋战，连打七天七夜，大量杀伤了敌人，坚守了阵地。后来，他率部突破重围，与友军取得联系后，带领友军朝日寇展开反击，重创日寇，获得了江南大捷。此役，国民党军政部对杨家骝电令嘉奖，并且给他记大功一次。

在随后的作战行动中，杨家骝率部转战在皖南的安庆、东流，及赣北的彭泽、湖口、瑞武公路和南浔铁路一带，任务是阻击进犯南昌之敌及掩护这一带百姓的转移。昆山一战首战告捷，第60师歼灭日寇一个联队，致使日寇徘徊于赣北和皖南一带，为百姓安全转移争取了时间。杨家骝团在这次作战中，起到了主要作用。

瑞武一线阻击日寇向武宁方向进犯，是武汉外围战场上第60师打得最艰苦的作战行动。第360团坚守的麒麟峰更是中国军队与日寇反复争夺的要点。杨家骝率领全团官兵挡住了日寇的一次次攻击后，9月26日上午，穷凶极恶的日寇聚集大量兵力对该团把守的阵地进行猛烈攻击。杨家骝身先士卒，奋不顾身，指挥部队与敌人殊死拼杀，不幸中弹牺牲。

临终前，为了激励官兵斗志，杨家骝艰难地嘱咐部属："弟兄们，我不行了，希望你们奋战沙场，尽力杀敌，誓为中华民族而战，宁愿战死，不当亡国奴。"

杨家骝牺牲后，被军政部追赠为国民革命军陆军少将。

主将倒下了，第360团伤亡惨重，剩余官兵虽说英勇顽强地与日寇展开了刺刀见血的战斗，并多次击退了敌人的进攻，最后还是没能阻挡住日寇的攻势，麒麟峰遂落入敌手。

此时，配属给第18军的第16师还没有到位，第141师正在瑞武公路之另一边与日寇鏖战方酣，黄维手里再也没有多余的兵力，只有一边请求友军救援，一边严令师长陈沛把预备队以及一切可以调动的人马全部投入战斗，务必收复麒麟峰。

第60师投入预备队发动反攻时，第30集团军之预备第6师以及第142师一部赶了过来，加入到反攻的阵营，一块向占领麒麟峰之敌发动强攻。经过两天的苦战，他们全歼了日寇铃木联队，重新收复了麒麟峰。

收复麒麟峰，意味着中国军队重新夺回了主阵地一线的控制权。然而，这种情势很快就因日寇佐枝支队的到来发生了变化。

28日晚，也就是第60师在友军的配合下收复麒麟峰的当天，日寇佐枝支队到达了白水街以北地区，加入到第27师团左翼，立即向中国军队把守的白水街、麒麟峰、昆仑山阵地全面展开猛攻，试图再度攻占这一前进道路上的要冲。

在师长陈沛的率领下，第60师官兵趁着刚刚取胜的余威，一鼓作气地向日寇展开猛烈的反攻，击毙了日寇步兵第103联队长谷川幸造大佐。

第60师在麒麟峰的作战行动，给师长陈沛带来了巨大的荣誉。他不仅获得了忠勤奖章，还晋升为第18军副军长，仍兼第60师师长。

日寇折损了一员大佐，更是怒火中烧，集中火力，不停地攻击第60师阵地。

第60师长期与日寇作战，不仅人员伤亡巨大，补给也存在很大困难，渐渐挡不住日寇的攻击，一些阵地陆续被日寇攻占了。

就在第60师阵地即将全面沦陷的危急关头，暂时配属给第18军的第16师与第141师在黄维的催逼下，急匆匆地赶了过来。他们立即投入战斗，遏止了日寇进攻的势头。但是，在日寇强大的火力阻击面前，他们未能完全收复失去的阵地。

这时，日寇第27师团师团长本间雅晴意识到自己的力量不足以分兵而进，于是放弃白水街一线，集中兵力于覆盆山，试图从这里打开前进的通道。

这样一来，日酋似乎是给了黄维考验第16师与第141师作战能力的机会。

第16师是湘军中唯一的一支在抗战之前就已经调整完毕的整装师。第141师是晋军出身。其成军时间可以追溯到中原大战之后。

就最初的出身来说，第16师与第141师尽管都是地方实力派手下的军队，并非蒋介石的嫡系人马，但都在抗日战场上与日寇交过手，而且交出了不错的成绩。为此，黄维对这2个师非常看重。

不过，第141师师长唐永良并没有带领全师人马赶过来参加即将与日寇展开的大血战，经过黄维同意，该师有一个团的人马仍然留在德安东北地区，受第139师师长李兆瑛的指挥，在铭山、大坡垴、孤山一带山地占领防御阵地构筑工事。为了掌握日寇攻击该团防守地域的时间及其部署，便于部队做好迎战准备，该团还向龙王岭、聂家岭（马回岭南约5公里）方向派出了警戒和搜索小部队。

这时候，因为日寇改变了战术，不再兵分两路对中国军队进展攻击，而是把主要力量集中在覆盆山一带，尽管使得把守在覆盆山一线阵地的中国军队处在了极大的危险之中，却给了把守在麒麟峰、白水街一线的第18军反攻日寇的机会。毕竟，黄维不再担心日寇会增加兵力对本部把守的阵地加强进攻，可以从容地部署齐聚在自己手下的全军人马，反攻当面的日寇佐枝支队，力争消灭该敌。

当日寇集中全力向第8军把守的覆盆山阵地发动进攻时，第8军经过顽强抵抗，还是没能挡住日寇的攻击锋芒，覆盆山遂落入敌手。

与此同时，黄维将第16师以及第141师的部分人马投入战斗，与第60师一道，向当面之敌日寇佐枝支队发动了猛烈地反击，击毙击伤了大量的日寇，迫使该股敌人不得不向后退却。紧接着，知悉战场情况的第18军军长黄维调整部署，命令第60师与第141师步步紧逼，兵锋所指，已经抵达了小坳附近地区；第16师则迅速前往马鞍岭、覆血山一带帮助第8军抵挡日寇第27师团的进攻。

何平率领第16师赶往指定地域后，发现第8军一直向后退却，便迅速抢占有利地形，阻击敌人。在日寇的凶猛进攻下，何平率部死战不退，尽管部属伤亡巨大，却同样重创了日寇，并最终帮助第8军稳固了防御阵线。因为第16师行动果敢迅速，英勇顽强，何平获得战区嘉奖。

当薛岳指挥所部在瑞武公路两侧与日寇浴血搏斗时，冈村宁次见南浔线部分国军抽调到瑞武公路这边来了，认为南浔线上国军空虚，趁机命令一直在马回岭静待了20多天的日寇第106师团主动出击，切断南浔路与瑞武路守军之间的联系，为攻取德安创造有利条件。

马回岭方向出现了危险，薛岳不得不停止对日寇第27师团的攻势防御，除了留第16师、第141师归第8军军长李玉堂指挥，继续迟滞日寇外，其他部队投入新的作战行动。这样一来，暂时配属给第18军军长黄维指挥的第16师以及第141师在几天之后就不得不离开，转移到第8军旗下。

两次配属给第18军的经历，使得第16师头上闪耀着土木系的光环，在尔后的南昌之战中给第16师师长何平带来了意想不到的好处——何平指挥失当，作战不力，是导致南昌作战失利的一个很重要原因，但却没有受到严厉的处分。

那么，何平究竟何许人也？在这里简要介绍一下何平的来历与生平事迹。

何平，字裕培，号樾皋，1900年1月出生，湖南省邵阳县人。早年就读宝庆新学学堂及宝庆中学。毕业后于1917年考入北京清河第1陆军预备学校。1919年8月经半年部队入伍生实习，又考入保定军校第9期步兵科。1923年8月毕业后被分于南方，经人介绍加入了国民党。紧接着，他进入国民革命军第8军（军长唐生智，保定军校1期生）第1师（师长何键，保定军校3期步兵生）第1旅（旅长刘建绪，保定军校3期炮科），曾任排长、连长，以低级军官的身份率部参加了北伐战争。1927年，他升任国民革命军第35军第26团1营营长。1929年，任第28军第19师第112团上校团长。1931年任第19师第56旅副旅长。1933年11月任第4军总指挥部补充总队主任。1935年4月任第16师第46旅旅长。淞沪抗战时，何平任第16师副师长兼第46旅旅长。1938年元月，原师长升任第73军军长后，何平由第16师副师长晋升为该师少将师长，率部在辖区内积极抗击日寇。1939年12月末，何平调第3战区（司令长官顾祝同，保定军校6期步科生）整训委员会任中将督训副主任。

自七七事变至上海八·一三抗战，何平率部参加了淞沪抗战、南京保卫战、武汉会战、南昌会战等多次战役，他身先士卒，英勇抗击日寇，战绩辉煌，功不可没。1940年夏，日寇作垂死挣扎，他们竟冒破坏国际战争条约的罪名，指使日寇731部队、1644部队，多次在浙江杭州、宁波、金华、江山及江西上饶等地投放细菌弹，对抗日部队实施细菌传染。何平将军只顾在前线指挥第16师奋勇杀敌，没有防备日寇的这项毒计，不幸被染上病毒，救治无效，于当年秋天在浙江金华永康县仁济医院病逝，终年41岁。

第141师配属给第18军期间的作战行动给人留下的印象似乎没有第16师那么光彩，更没有第60师辉煌。征得黄维同意后，该师暂时受第139师师长李兆瑛指挥的那个团却取得了不小的战果。

这个团就是第723团。该团团长王启明，河北威县人，生于1910年1月，河北政治军事学校第2期、陆军大学特别班第5期毕业。早年加入中国共产党，曾任国民革命军第32军参谋。1937年任该军第141师第723团团长。武汉会战时，第32军隶属第1兵团，作为战役预备队驻扎在南昌。在配属给第18军的第141师正与日寇展开浴血奋战时，第32军其他各部都几乎没有实际参与作战行动。第141师723团亦在其列。

随着战争的进程，为确保南浔线和永（永修）武（武宁）线国军南撤道路的畅通，薛岳于10月1日命令第32军北上德安县城东北地域，最低限度要把日寇第101师团挡在德安县城以北，直到两线国军撤完为止。

于是，第32军几乎没有投入实际作战行动的其他各部亦相继进入战场，与日寇展开真枪实弹的搏杀了。此时，他们面对两股日寇：东边是隘口的敌第101师团，北边是马回岭的敌第106师团留守部队。为先发制人，王启明10月10日率第723团首先突击马回岭。

马回岭驻扎着日寇第106师团1个骑兵大队（营）和1个步兵大队（营）。激战两天，第723团毙敌30余人，缴获步、骑枪20余支，轻机枪1挺和一些军用品，敌退回九江城。而该团仅15人受伤，无一阵亡。

10月14日，日寇第101师团在坦克、炮、空协同下，开始猛攻该团阵地。战至18日，第723团虽说一连打退了日寇的多次进攻，守住了阵地，但自身也遭受了很大的伤亡。

这时，第32军其他各部的情况亦不乐观。18日夜，王启明奉命率领全团转移到博阳河右岸和德安县城一线，与友军协同防御这一带。

日寇随即追踪而至。20至24日，日寇第101师团先后以炮兵和步兵火力向该团阵地射击，以空军、炮兵轰击德安守军，并且施放烟幕和毒气，数度掩护工兵与步兵架桥强渡博阳河，都被守军击退。但是，到了25日，情况发生突变，日寇第101师团在第723团左翼之友军第139师补充团阵地前强渡成功，攻占了乌石门南侧高地，进而占据了县城东、北、西三面高地，以炮火俯制德安城。在这样的情况下，该团不得不退守德安县城。

10月26日，日寇第101师团在飞机和炮火的配合下，猛攻德安县城。第723团死战不退。西城墙上，重机枪2连连长贾文魁腹部被子弹打穿，仍坚持指挥战斗，直到王启明赶到，才令人将他护送到后方医院去；东北城墙上，在作战过程中时常叮嘱士兵们有危险却不顾自身安危的1连副班长周显随着轰塌的城墙滚到了城外，他从砖砾中挣扎出来，又爬回城墙继续战斗。从此，战友们都不叫他周显，而把"危险"当成英勇的外号，称他为"危险"。

由于日寇飞机、大炮火力太猛，仅仅战斗了一天，第723团即损失惨重，2个营长受伤，1个营长重病，都送后方医院治疗了，连、排军官伤亡过半，伤亡的士兵就更多了。饶是如此，王启明仍然率领残部坚守阵地。

当天黄昏时分，西北城墙上的守军全部牺牲，日寇从那儿冲入城内。王启明立即命令全团官兵与敌人展开巷战，用手榴弹和白刃格斗手段迫使日寇难以向县城中心推进。天黑以后，第723团官兵不顾疲劳，在王启明的指挥下，勇猛顽强，发起持续不间断的夜袭，毙敌500多人，将残敌驱逐出城外。

10月27日，日寇第101师团在空、炮协同下，再次冲进城内，一举占据了西北半个城区。王启明率领全团官兵退至东南半个城区，将团指挥所变成第一线的火力支撑点，指挥残部顽强抗击日寇的攻击。战至夜晚，顽强地守住了东南城区。这时，第139师师部派一个营前来增援。王启明当即率领这支生力军发动逆袭，歼敌600余人，再次将残敌逐出城外，迫使其退到博阳河左岸。

10月28日的战斗更趋激烈，日寇不仅再度攻入城内，甚至用炮火轰塌了王启明的指挥所，致使10余名通讯兵和警卫员牺牲，王启明本人幸免于难。天黑后，友邻的第190师派1个步兵连前来增援，王启明马上率这个连实施反击，又一次把敌人逐出城外。

10月29日，穷凶极恶的日寇第101师团再次发动步、炮、空协同进攻，并再度冲进城内，继续展开激烈的巷战。一墙一屋，一井一巷，都成了攻守双方反复争夺的目标。团指挥所里只剩下王启明和特务排长杨振海。日寇的子弹不断射进来，迸起的弹片和碎石溅满他俩全身。为了稳定军心，王启明没有将指挥所后移，一直镇定自若地指挥战斗。关键时刻，王启明下令拉出雪藏的6挺俄制轻机枪，全部架在小城门楼上，向敌人狂扫。这种俄制轻机枪吐弹率很高，能在一瞬间成片地撂倒敌人，不仅大量杀伤日寇，更重要的是打垮了日寇的信心。

10月29日下午6时，师部传来新的命令：已胜利完成阻击任务，全团后撤。

王启明率第723团投入战斗时，全团官兵有近2 000人，退出战场时，不足400人。而据日寇第101师团战斗日志记载，在与第723团的直接作战中，该部阵亡2 000多人。第723团是个纯步兵团，与装备极佳的日寇作战，杀伤的敌人竟然大于自己的损失，这在中国抗战史上是不多见的。

回到师部，李兆英师长叫伙夫煮了两碗面条，笑着对王启明说："赶快吃下这两碗长寿面，庆贺你命大。在德安城苦战6昼夜能安然活着出来，真是'幸生不生，必死不死'啊！"

1938年10月28日的《民国日报》报道：战五日，德安城屹然未动，实为抗战以来少有之守城战。

冯玉祥将军作诗道：王启明好团长，守德安打硬仗，苦战三昼夜，无数敌人被杀伤。

德安作战后，国民政府授予王启明一等华胄勋章，表扬第723团的英勇顽强。

1943年，王启明任陆军大学少将战术教官，1946年6月任第32军参谋长，1947年4月在河南汲县率军部特工大队起义。后任解放军中原军区第4纵队参谋长，第14军副军长。解放后，1955年被授予少将军衔，历任昆明军区副参谋长，云南省军区副司令员，云南省人民政府副省长，云南省政协副主席、党组成员。2000年病逝于昆明。

第16师与第141师脱离第18军后，第18军军长黄维能指挥的部队，仅剩下第60师。这时黄维接到的命令是，率领该师火速赶往万家岭西部地区，与兄弟部队一道包围并歼灭进入万家岭之敌第106师团。

原来，正当中国军队在瑞武路与日寇鏖战方酣之际，敌第106师团主

第二部分　武汉外围血染衣

力轻装由马回岭地区绕过乌石门线阵地的左翼白云山地区，偷窜至万家岭附近。

在白云山地区的第4军一向感觉灵敏，担心日酋有可能派兵对正在反击日寇的中国军队实施包围，便在近距离派掩护部队，远距离派搜索部队，侦察日寇的行动企图，一发现日寇第106师团摸上来了，立刻急转身由面向东变成面向西朝敌第106师团拦腰一击，将这股凶恶的敌人包围。

薛岳一接到报告，认为日寇第106师团主力轻装冒险钻入中国军队南浔线与瑞武线两大主力之间，且与后方联络线中断，成了一支孤立无援的部队，是将其歼灭的极好机会，于是，决心抽调德星、南浔、瑞武3线兵力，合力围歼之。为集中兵力围歼深入至万家岭山区的日军，并防止其第27师团迂回至中国军队第8军阵地后，薛岳命令担任反击的第142师等部队向东转移，同时令第8军退守棺材山、张林公一带组织防御，继续抗击日寇。

10月2日，第1兵团围歼日寇第106师团的作战命令下达：在南浔线、德星线的第4军、第74军、第187师、第139师（一旅在德星线）包围万家岭地区日寇第106师团东半面；瑞武线之新13师、新15师、第91师、第142师、第60师、预6师包围万家岭地区日寇第106师团的西半面。

各部接到命令后，立刻向指定位置机动，在最快的时间里对这支日寇构成了巨大的包围。随即，中国军队毫不迟疑地向被包围的日寇展开了攻击。此时，由于中国军队兵力多，士气高，攻击力度强劲，逐渐压缩了包围。

冈村宁次从空军侦察中发现情况不妙，立即命令第106师团向北转进，向第27师团靠拢，同时命令第27师团警戒106师团右翼，企图把106师团接出重围。

薛岳发现日寇第27师团的动向后，立即命令从瑞武路转来的李汉魂所部向柘林以北地区转移，阻击日寇第27师团；同时命令第91师，新编第13师、预备第6师为第一线阻击部队，防守右起杨家、亘城门山、洼山、蒋家坳、排楼下、螺墩，左至河浒一线；令第142师(欠第725团)及第60师为预备队，控制于彭岗、上卢地区；令第725团防守路马岭、龙腹渡一线警戒阵地，并掩护左侧背；令第187师及第19师各1个旅及第139师1个团为第二线防守部队，在墨赤山、乌龟山、田家、柘林一线构筑预备阵地。

与此同时，日寇第106师团师团长松浦淳六郎接到冈村宁次的命令，急忙展开突围行动。但在这紧要关头，他和他的参谋长竟然识别不了地图。他们试图借助指南针标定方向，可当地又有磁铁矿藏，指南针失灵。就这样，他们在山里胡乱冲撞了1~2天，处处遭遇中国军队阻击。日寇第106师团似乎注定在劫难逃了。

为了解救这支日寇部队，日寇华中派遣军总司令畑俊六一面命令空军力量给其空投各种补给，一面组织和派遣救援部队。畑俊六竭尽全力，先后组织了3个支队，分头前往万家岭地区。它们是：由第106师团新到前方的补充兵2 700人为基干组成的宁贺支队、从第27师团抽调3个大队加强的佐枝支队、以驻屯苏州的第17师团步兵第54联队、第53联队组成的铃木支队。

一旦敌铃木支队东进，德星路的日寇随着西进，包围万家岭的中国军队就会陷入日寇的反包围中。薛岳一眼看出了其中的危险，不得不从包围万家岭的部队中抽出一部分兵力去阻挡这股日寇东进。没有强大的作战意志与持久作战能力，是无法完成这一任务的。薛岳把主要任务交给了黄维和他的第18军，也就是唯一的第16师。他同样清楚，仅有第60师是不足以挡住铃木春松的攻击步伐的，必须把新13师、新15师、第91师、预6师也抽调出来，加入到阻击日寇救援部队的行动上来。

这样一来，围攻日寇第106师团的兵力又嫌不够，薛岳一面向军事委员会报告，一面调动在庐山南部的第66军参加万家岭作战。

其中，第18军第60师领受的任务，是和预6师以及第142师之第725团在来龙岭南北一线，竭力阻击箬溪方向的日寇第27师团，并牵制第106师团的右侧背。为了统一指挥这一方向上的行动，预6师和第142师第725团临时受第18军军长黄维指挥。

第18军军长黄维、副军长陈沛根据所得情报资讯，准确判断出日寇救援部队向万家岭地区推进的情况后，将第142师之第725团置于最前沿位置，阻截即将开过来的日寇，掩护主力部队第60师与预6师在稍后一点的地方展开部署，修筑工事，以便彻底阻断日寇救援部队的前进。

这时候，中国军队攻击进入万家岭地区之敌的部署已经全部调整到位，随即，遵照薛岳的命令，一同向日寇第106师团展开了更加猛烈的攻击。截至10月9日止，各部经过激战，进展范围虽不大，但大量杀伤了日寇，特别是日寇基层军官伤亡惨重。华中派遣军司令官畑俊六大将不得不亲自组织向万家岭地区空投了200多名联队长以下军官，以加强指挥力量。

闻到了第106师团濒临灭亡的气味，冈村宁次忧心如焚，严令三路救援部队不惜一切代价，增援万家岭。10日，佐枝支队在战车第5大队的配合下，突破了第725团的防守阵地。随即，该部日寇继续向前攻击，于次日突至杨家山附近。

就在佐枝支队突至杨家山附近的同天，日酋铃木春松接到了率第54联队的第1、第3大队，第53联队的第3大队及野炮兵第23联队增援第106师团的命令。铃木春松老奸巨猾，没有直接率部前去万家岭解围，而是采取围魏救赵的办法，率领人马沿武永路及其北侧，以全力向东进攻，很快就到达了柘林以北地区。两天后，这股日寇就到达了武开路，与佐枝支队会合了。随即，由铃木春松统一指挥，铃木支队与佐枝支队联手向第60师、预备第6师的阻击阵地发动猛攻。

第18军军长黄维与副军长陈沛面临的压力空前增大。他们亲临火线，指挥人马，在构筑的工事被日寇炮火摧毁后，仍然顽强地坚守在阵地上，与敌人搏杀。

这时候，参与围攻万家岭之敌的中国军队已基本上歼灭了日寇第106师团。鉴于这一主要作战目的已达成，而且各部队伤亡较大，薛岳命令各部撤出战斗，全军退守永丰桥、郭背山、柘林一线。

万家岭战役以中国军队取得辉煌的胜利而告终，第18军虽说仅扮演辅助的角色，却因该军成功地阻止了其他日寇对第106师团的增援，同样功不可没。

此战后，第18军在武汉外围的作战行动基本结束。不久，第60师就改隶第37军，师长陈沛以其战功及其第18军背景，在军长关麟征调离以后，当上了第37军军长，第60师由梁仲江接任。

11章 第67师贵池青阳战日寇

黄维遵照军事委员会的命令，率领第18军旗下的第11师和第60师奔赴武汉外围战场时，第67师虽说仍留在第3战区，但该师并没有脱离第18军编制，后来又在第3战区司令长官部下辖之第23集团军的指挥下，参与了策应武汉会战的行动。为此，在广义上说，该师实质上等于参与了武汉外围作战。那么，在介绍第18军武汉外围作战时，自然少不了第67师的身影。

黄维升任第18军副军长后，原第67师副师长莫与硕接任了师长一职。这时，在他手下，第199旅旅长仍是从第11师第66团团长岗位上提拔起来的胡琏，下辖第397团与第398团，团长分别是覃道善和戴振球，戴振球之后，第398团团长由陆静澄接任；第201旅旅长是杨勃，下辖第401团与第402团，团长分别是曹振铎和邱行湘。

莫与硕，1903年出生，广东省阳江县人，出身寒微，早年入私塾及县立师范学校读书，后毕业于陆军军官学校第2期炮兵科。历任国民党军排、连、营、团长等职，参加过东征、北伐和抗日战争。1932年任第18军第11师旅长。5年后，也就是1937年5月，升任第67师少将副师长。

说他不太走运，是因为自从陈诚、罗卓英完全控制了第11师后，将第11师变成了土木系最初的根基，第11师归入第18军以来，他一直在该师带兵，资历跟他相差无几的人，早就当上了副师长、师长，乃至军长，可是，自诩为不怕死、不要钱、对得起主子的他，在第11师任旅长5年不得升调；好不容易当上了第67师副师长，走上了抗日战场，师长李树森受伤离职，却空降一个黄维接任第67师师长，与师长的交椅擦肩而过。

现在，时来运转，莫与硕终于坐到师长交椅上，而且，该师远离第18军本部，虽说先后接受第23军军长陈万仞、第50军军长郭勋祺指挥，但作为土木系的一员，他决心以辉煌的战绩为自己正名，为第67师扬威。

第二部分 武汉外围血染衣

策应武汉会战的机会送到了莫与硕面前，他将如何打好这一仗？

第3战区这次投入策应武汉会战的作战行动是从1938年10月初开始的。那个时候，武汉会战日趋紧张激烈，根据军事委员会的命令，第3战区司令长官顾祝同召集相关人员，以截断长江水上交通、策应武汉会战为目的，拟订了一份比较详细的作战计划。根据这一计划，顾祝同调集了3个炮兵营、部分海军、炮兵、布雷队以及2个工兵营，以第23集团军为主力，沿长江东流、贵池、青阳、铜陵占领有利阵地，准备阻击日寇。第23集团军正面是东流、殷家汇、贵池、河口、铜陵之线，其左翼为第29军之第26师，右翼为第32集团军第108师、第63师。

第23集团军是川军，无论从武器装备还是兵员素养上，都无法与中央军相提并论。为了让该军拥有阻截日本人沿着长江运输兵员与物资，支援武汉外围战场上的日寇之能力，必须将一支颇有作战能力的中央军交给该集团军总司令唐式遵指挥，或者命令这支中央军全力配合该集团军的行动。其时，第67师就在第3战区司令长官部麾下，这支部队是土木系出身，陈诚的人马，与顾祝同不是一个阵营。顾祝同毫不犹豫地将第67师拨归第23集团军麾下，交给该集团军总司令唐式遵全权指挥。

当时，第23集团军的战斗序列是：总司令唐式遵；下辖第23军与第50军，军长分别是陈万仞和郭勋祺。

接到命令以后，莫与硕立即对全师官兵进行紧急动员，随即率领他们由安徽绩溪经徽州、石埭、太平、青阳进到贵池附近之马牙桥地区。紧接着，他命令部队马不停蹄地占领了贵池、青阳一带沿江阵地。

10月1日，第23集团军总司令唐式遵对第67师正式下达了第一道作战命令：第67师迅速接防，击攘毛冲及江家附近之敌，确实占领61.0及72.5高地，以掩护重炮射击。

为了执行这项命令，师长莫与硕仔细研究了敌我情形后，对本部人马的兵力部署做出了调整：胡琏统领第199旅必须于10月2日拂晓前到达灵芝塔及马牙桥一带，杨勃率领第201旅在同样的时间必须抵达五溪桥及灵芝塔附近，然后迅速占领阵地，监视日寇的动向。

部队在规定时间里抵达指定位置，一连两天，都没与日寇发生战斗。

按照第23集团军司令部的统一部署，10月3日，莫与硕再一次对第67师各部的作战区域与任务进行了调整：第201旅之第402团接替馒头山范子英部防务。

这一调整意味着第67师在武汉外围与日寇第一场战斗即将打响。调整就绪后，师长莫与硕果断地对本部人马下达了第一次攻击任务：

一、第67师决于10月5日，以第199旅主力攻击72.5高地与67.0诸高地。以一部固守叶家山、流波矶、清溪之线，并固守上下江口，阻敌登陆。

二、第201旅第402团主力占领馒头山其前进阵地推进到煤炭厂、前江口之线，以掩护我馒头山炮兵之射击及施放漂雷。

三、第201旅第401团为师预备队置于马牙桥以北地区。

第67师与日寇在武汉外围的第一场战斗打响了。第199旅旅长胡琏指挥所部人马向预定目标发起了攻击，经过激烈交战，虽未能攻占72.5高地与67.0诸高地的目的，却给予敌人很大的杀伤；第201旅第402团主力亦推进到煤炭厂、前江口之线。

日寇失了先机，不由得恼羞成怒，为了报复第67师的攻击行动及掩护其登陆企图，于6日出动约百余人的队伍向该师把守的洪家冲阵地发动攻击；同时集中兵力在贵池上游第146师正面各点不断登陆。

洪家冲阵地归胡琏的部队把守。官兵们早就处在警戒状态，一发现日寇有攻击迹象，立即做好战斗准备，等到日寇发动攻击，奋力击退。

与此同时，在贵池上游担任守备任务的第146师就没那么轻松了。在日寇的攻击下，他们接连丢失了好几个前沿阵地，致使日寇趁势在其正面各点不断登陆。

一旦日寇在第146师防守地域登陆成功，将会造成战况的迅速恶化。为了肃清登陆之敌，并防止日寇全面突破第23集团军的江防阵线，集团军总司令唐式遵在综合考虑了各种因素后，决定调整部署：

一、右翼兵团由第50军军长郭勋祺担任兵团长。

（一）右地区队第145师（欠第433旅）附新4军第2支队守备清弋江、夫子阙、奎潭、峨桥、山桥之线。

（二）中央地区队第144师（欠第403旅）守备横山桥西端、旧县、坝埂头一带地区。

（三）新7师（欠第2旅）守备坝埂头、铜陵、大通镇、林坂洲一

第二部分 武汉外围血染衣

带地区。

（四）炮兵第一群在铜陵、大通间占领阵地，腰击敌舰。

（五）预备队第430旅置于黄湙镇、孙村附近。新7师第2旅置于丁家桥文庙附近。各队防务限10月8日接替完毕。

二、左翼兵团由第23军军长陈万仞担任兵团长。

（一）右地区队第439旅附小炮第51团第16连守备童埠、毛坦、观前一带，小炮担任射击湖内活动之敌舰任务。

（二）中央地区队第67师附炮兵第三群守备梅埂至清溪间一带地区，掩护炮兵射击敌舰。

（三）左地区队第146师附炮兵第二群守备池口、乌沙夹、李阳河、前江口至张溪镇地区。

（四）预备队第147师（欠第439旅）位置于马牙桥，童婆铺附近地区。

敌自贵池上游第146师正面登陆后，第23集团军预备队第433旅（欠2营）受左翼兵团长陈万仞指挥，担任童埠、观前之守备，使该兵团第147师全部策应左翼，并责成左翼兵团，迅速以主力肃清登陆之敌。

于是，一场在贵池附近的大战已经拉开了序幕。如果说第67师在上一次的作战行动中只不过是作了一次热身，那么，接下来的战斗将是异常激烈的。

这时，第67师第402团团长邱行湘接受的任务是率部继续占领馒头山、煤炭厂及沿江阵地，掩护炮兵腰击敌舰及施放漂雷。

为了完成这一任务，必须对日寇的行动保持高度警惕，并依据地形地貌把队伍作梯次配置，形成既能在前沿有效地抗击日寇，又有足够的纵深便于迟滞日寇行动的局面。据此，邱行湘决定以馒头山为主阵地，煤炭厂为前进阵地，派出便衣侦察队担任清溪至梅埂沿江正面之侦察及警戒。

其具体部署是：以第1、2营赶筑馒头山坚固阵地，并在馒头山设置能抗击24公分以上炮击的掩体，作为团指挥所；第3营营长张楚南率该营进占煤炭厂抢筑坚固阵地；师属侦察部队推进到江边，协助工兵及海军部队利用黄昏或拂晓施放漂雷。

邱行湘团本来属于第201旅管辖，这一次，因为第199旅旅部设在马牙桥后山沟，与邱行湘团遂行任务的地域相距不远，为了方便就近指挥，第

67师师长莫与硕命令该团暂时归第199旅旅长胡琏指挥。

马牙桥是江边要冲，既是运输船队沿江往返的必经之地，亦是布雷队布设水雷阻塞航运的重要地域。对于中国军队来说，只要守住了马牙桥，就可以阻塞日寇沿长江输送各种物资的通道；对于日寇来说，只有夺占马牙桥，才能确保长江航运的畅通。因而，这里是中国军队必守、日寇必夺的江防要点。因为日寇往往是在飞机、大炮的支援下对中国军队发动进攻的，解决防空问题是中国军队的当务之急。然而，整个中国军队防空力量极为薄弱，这里的情况亦然，附近只有一个苏鲁通高射炮连。尽管有安全上的担忧，胡琏仍然把旅部设在这里，以便指挥作战行动，足见他胆识过人。

从10月6日开始，为了占领并且牢固地控制马牙桥及其附近地区，日寇在飞机、大炮的掩护下，利用铁甲船运送兵力，并且在铁甲船上架设机枪压制中国守军的第一线火力，不断地沿贵池至梅埂沿江一线登陆，试图快速冲破守军的阵地，扩大登陆场，继而向纵深发展进攻。

这里正是第67师第199旅防守的地域。在胡琏将军的指挥下，防守各点的官兵冒着敌人的飞机轰炸、炮火攻击和机枪火力，顽强地坚守在各自阵地上。他们熬过了日寇的飞机轰炸和炮火攻击后，在日寇下船登陆之际，立即擦干身上的血迹，机枪瞄准、步枪射击、手榴弹投掷，各种武器一齐上，舍生忘死地投入战斗，虽说付出了巨大牺牲，却一连击退了日寇的多次登陆行动，获得毙敌30余人、缴获步枪20支、防毒面具数个的战果。

与此同时，在第67师的掩护下，江岸炮兵共击伤敌舰10艘，其中1艘重伤。

胡琏是有勇有谋的将领，不仅深知在作战过程中被动防御不如主动进攻的道理，而且对作战行动安危的重要地域领悟得很深。这时，他赫然发觉，一股日寇已经攻占了附近的72.5高地，对自己全部力量用于反登陆作战构成了很大威胁。为此，他决定趁着日寇的登陆企图被粉碎之后在短时间里不可能再度登陆之机主动发起进攻，首先夺取这一高地。

如何夺取这一高地？胡琏非常清楚，没有炮兵的火力支援，他是无法达成目的的。他手里没有炮兵，但师长莫与硕手里控制了一个炮兵群。他准备借用这个炮兵群，便立即向师长莫与硕报告了自己的计划。他达到了目的——师长莫与硕接到报告后，权衡再三，批准了他的计划，并同意炮兵群给予他火力支援。

攻击行动从当天下午2时左右开始。胡琏以第397团为主力，在炮兵的掩护下，向72.5高地展开了猛烈攻击。4小时后，第397团一部便从敌人的阵地上撕开了一道缺口，突入了进去。

这时，只要攻击部队继续发扬进攻锐势，并且投入第2波攻击力量加强攻击，第199旅在胡琏将军的指挥下夺回这一高地似乎不再是难事了。

日寇也意识到了这点。日寇已切入了中国军队的江防阵线，岂肯轻易放弃已占领的阵地？见势不妙，又没有人马前来救援，惨无人道的日寇便朝已突入其阵地的中国官兵施放催泪性及窒息性毒气，致使这些抗日英雄全部壮烈殉国。与此同时，胡琏投入的第2批攻击部队亦被日寇的毒气阻止在阵地之外。

此役，胡琏的计划虽没能实现，但该旅官兵在炮兵的支援下还是击毙了日寇300余人，极大打击了日寇的嚣张气焰，获得了攻击该高地的宝贵经验。不过，第397团伤亡、中毒官兵也高达150名。

鉴于胡琏部被阻止在日寇的阵地之外，为了保护侧翼安全，师长莫与硕命令第401团团长曹振铎率部挺进到石灰嘴至华严庵、地藏庵之线加筑工事。

第二天，胡琏吸取了教训，首先命令覃道善之第397团做好防御日寇施放毒气弹的准备，紧接着命令该部再度朝72.5高地发起攻击。

这一次，第397团官兵有了防御日寇毒气弹的办法，倒是不再担心日寇的毒气攻击，但新的情况出现：日寇开来了增援部队，改变了双方的力量对比；更严重的是，日寇既有军舰在长江为其提供火力支援，又有坚固的工事可利用。在这样的情况下，第397团官兵饶是士气高昂，接连不断地向敌人阵地发动攻击，打了一天，直到晚上，仍没有任何进展。

于是，胡琏不得不遗憾地下令该部停止攻击，暂固守现阵地，掩护炮兵向敌舰轰击。

这仗，第397团伤亡了营附以下官兵200余名，敌伤亡在300人以上。

10月8日，日寇第116师团青山联队的1个大队，在20余艘兵舰及10余架飞机的掩护下，向402团3营把守的煤炭厂阵地发动了猛攻。营长张楚南率部拼死抵抗，迭挫凶锋。激烈的战斗一直持续到晚上，该营官兵终于将日寇赶了回去。此战，该营机枪3连连长王少章英勇牺牲，伤亡官兵50余人。

同日，随着武汉会战的局势越来越严峻，左翼兵团长陈万仞给第67师（附炮兵第3群）加重了任务，命令该师除继续担任梅埂、馒头山至清溪一线的防务、相机攻击当面之敌外，还要依傍江面选择炮兵阵地，努力攻击

敌舰。

第67师师长莫与硕把附加任务交给了第402团团长邱行湘。

接到命令后,邱行湘立即指挥全团官兵将配属给炮兵群的五一战防炮推到江边布列阵地,用于攻击敌舰(该炮便于运动,破甲弹威力大,能随时转移阵地,集中使用可摧毁敌坦克、军舰等平台)。紧接着,他重新调整部署,除了继续派兵把守原有阵地,还沿江部署人马,准备抗击日寇的登陆。

10月10日凌晨,在海空军的掩护下,60~70名日寇乘汽艇由宝兴圩向麻埠潦强行登陆。邱行湘在这里部署了一个连的人马。该连官兵与日寇血战1个多小时,以伤亡10余名士兵的代价,将敌击退,击毙日寇10余名,缴获步枪2支,取得了一场小小的胜利。但到了下午,日寇出动百余人的兵力,再度在飞机大炮的掩护下从这一地域登陆。官兵们沉着应战,经过激烈的战斗,再度付出了伤亡10余名士兵的代价,击毙日寇30~40名,将残敌赶入水中。这时,战防炮发威了,一举摧毁了敌人的铁甲船,致使多数残敌溺毙在水中,顺水漂回东瀛去了。

接连两次登陆行动未能成功,付出了巨大的代价,日酋不由得恼羞成怒,于次日拂晓增兵至200~300人,同样由海空军提供火力掩护,第3度向邱行湘部麻埠潦、下江口一线阵地发动进攻。

敌众我寡,敌人的武器装备又远优于国民党军,在日寇的凶猛攻击下,把守在麻埠潦一线的中国官兵大部牺牲,阵地即将落入敌手。关键时刻,邱行湘派遣的援军赶到,迫使日寇陷入被动。眼看就要夺取这道阵地,日酋岂肯甘休?既然投入的兵力无法取得进展,就于午后向麻埠潦东端派来了200余名援军,对中国军队展开攻击。这时,邱行湘亦命令预备队赶去援助那儿的守军,经过数小时力战,终于将该敌驱逐。

这样一来,邱行湘在接受新任务以后,在连续两天的时间里,3次粉碎了日寇从麻埠潦、下江口一线登陆的企图,取得了三战三捷的佳绩。

紧接着,轮到战防炮大发神威,惩治凶恶的日寇了。邱行湘虽说没亲眼看到它们教训侵略者的英姿,却通过其他途径,知悉炮兵作战取得的成绩。邱行湘的回忆:

> 12日,第3战区炮兵指挥官娄绍铠来电告:"海军炮5门,使用于贵池方面。迄今为止,我沿江已敷设水雷80枚。"午前,在池口被

我击伤焚烧之巨舰为3个烟囱之大型运输舰，满载弹药，至11时50分完全沉没。13日，我炮兵于叶家山、煤炭厂附近与馒头山西南等地，共击伤敌舰7艘，其中4艘重伤。

在第67师各部与战防炮部队顶住日寇的进攻，大量消灭敌人，牢牢地把守各自的阵地的同时，第23军其他各部也迫使日寇在他们的阵地面前踟蹰不前。然而，这一局面在10月15日打破了。这一天，日寇突破了第23军第438旅把守的前江口一线阵地，致使前线的战况骤然紧张。

第23军军长陈万仞迅速调集人马前去援救，试图重新夺回丢失的阵地。同时，为了减轻整个左翼兵团的压力，陈万仞命令战防炮部队切实拦截并击毁试图沿长江航行的日寇舰只。

应该说，陈万仞的反应确实不慢，采取的行动也很符合作战原则。可是，在强大的日寇面前，救援部队不仅没有夺回前江口一线阵地，反而损失惨重。不过，相比之下，战防炮还是取得了不错的战绩。16日，布设在横港、煤炭山等地的炮兵共击伤敌运输舰5艘，迫使日寇因畏惧这一带的炮兵封锁，不得不命令军舰利用夜暗时机经过该地。

10月18日后，日寇清水重喜师团一部在既有海军舰队的掩护，每天又有20余架飞机助攻的情况下，向邱行湘第402团把守的阵地展开全线攻击。一时间，该部坚守的煤炭山前进阵地及沿江前沿阵地一线，四处硝烟弥漫，枪炮声沸反盈天，炸弹与炮弹的爆炸声惊天动地。

中国守军既没有任何空中保护，又没有大炮给予有效的火力支援，凭借手榴弹、步枪、刺刀，以及为数不多的机枪，邱行湘率领全团官兵与日寇激战7昼夜，硬是把武装到牙齿的日寇的攻击给挡下来了，将阵地牢牢地控制在该团官兵手里。不过，该部也付出了惨痛的代价：连长刘秉之、王国华、董棋平3人殉国，阵亡及受伤排长以下官兵110余名。

日寇经过七天七夜的攻击未能达成战果，日酋遂派遣志摩部队、坂口雅夫第120联队前来增援，与清水重喜师团一道，再度向邱行湘团把守的防线发动攻击。

该团官兵坚强抗击，直至28日，馒头山阵地还是没有动摇。

邱行湘团这段惊天地泣鬼神的抗战经历，不过是第67师为了策应武汉会战而与日寇交战的缩影。同一时间，第67师其他各部亦在日寇海陆空联合攻击之下，坚守在各自的阵地上，虽说牺牲了很多官兵，却没有丢失主要阵地。

如果第23集团军各部都能像第67师一样钉在自己的阵地上，那么，在贵池一线，日寇想要撼动这些钉子，非得花费大量的时间并付出无数人的性命不可。可是，第438旅把守的前江口一线阵地丢失后，陈万仞想尽办法也未能恢复该阵地，情况越来越危险，第23集团军总司令唐式遵不得不下达了向下一道防线撤退的命令。

根据这项命令，第67师于10月28日转移至太白山、灵芝塔之线。

这一线暂时没有战事，该师在此休整了数日，便奉命进入茶叶山、独龙山、童婆铺之线担负抗击日寇进攻的任务。邱行湘团则准备攻击东西斗龙山之敌。

第67师仍在休整的时候，11月1日，日寇就迫不及待地从第23集团军放弃的阵地出发，向中国军队的下一道防线发动攻击了。担任攻击任务的日寇是敌第17师团宏兴联队、秃和联队。它们在贵池、前江口等地集中兵力，正式打响了攻占中国军队沿江各重要据点的枪声。

这天，为了给日寇步兵展开攻击提供火力支持，20余架敌机先后朝把守在白洋、齐山、馒头山、观前、马牙桥、青阳附近及广教寺一带的中国军队投弹百余枚，并以机枪扫射，致使中国军队伤亡官兵30余名，高射炮亦被炸毁2门。紧接着，日寇步兵投入攻击行动。

中国军队早已摸清了日寇的作战规律，依托防御工事，躲过了日寇的炮击和飞机轰炸后，与日寇步兵反复较量。几天后，中国军队多处阵地被敌人突破。

为了迫使日寇停止攻击，11月7日，邱行湘团接到了向东西斗龙山、五指山攻击的命令。邱行湘立即对部队进行了作战动员，并且展开了作战部署：1、3营分别攻占东西斗龙山和五指山，2营作预备队。

由于部队准备充分，士气旺盛，1、3营经过激战，没等预备队投入行动就达成了战斗目的。

日寇为了重新夺回失去的阵地，不断派遣人马由概埂登陆，率先向斗龙山阵地反攻，试图先夺回这一阵地，然后攻略五指山。但是，遭到了邱行湘团的顽强阻截，日寇的企图无法实现。翌日，日寇集中了1 000余人的兵力，携带5~6门大炮，兵分3路向东西斗龙山、五指山邱行湘团阵地展开猛攻。日寇原以为凭借优势的兵力与火力，能够很快赶走中国军队，再度控制东西斗龙山和五指山这几个战术要点，却遭到了邱行湘团的强力抵抗，攻击行动均被击退。

接连两天的行动失败后，日寇凶焰大炽，为了夺回斗龙山、五指山诸战术要点，于第三天再度增兵，对其实施分头猛攻。

中国军队这一方，为了把守这几个要点，第67师师长莫与硕亦抽调兵力，增援邱行湘团。这样一来，东西斗龙山和五指山一下子就变成了第67师与日寇交战的核心战场。这天交战的结果是：第67师仍然坚守在东西斗龙山和五指山。

日寇3次进攻，均不能奏效，遂于当天晚上，命令停泊在坝埂头的20余艘军舰一齐向第67师阵地实施炮击。敌舰的炮击持续了一夜，天刚亮，即出动20余架飞机在斗龙山、太白山一带进行侦察和轰炸，为接下来的步兵攻击开路。

这次，在邱行湘团左翼太白山阵地上的第67师第199旅第398团团长戴振球应敌机轰炸而受伤，不得不离开战场，该团团长由陆静澄接任。

紧随其后的是日寇的步兵再度向中国军队把守的阵地展开了攻击。这次，日寇参与攻击行动的人数达到1 000多人。令日酋没有想到的是，第67师官兵并没有在其炮击和飞机轰炸之下丧失战斗力，当日寇步兵出现在他们的阵地面前时，他们像是突然从地里钻出一样，用手里的步枪、手榴弹、刺刀、机枪等简陋武器实施反击，再一次英勇顽强地击退了敌人的进攻。

一连几天的作战下来，第67师伤亡官兵500余人，邱行湘团伤亡更大，该团1营营长汪忠民、连长邵志远均阵亡。第23集团军总司令唐式遵担心该师继续战斗下去伤亡更重，难以向陈诚交代，不得不在1938年12月初将第67师调驻青阳地区休整补充，恢复战斗力。

几天后，随着战局吃紧，第23集团军唐式遵总司令用近乎乞求的语气向第67师师长莫与硕发来了新的指示："川军作战，装备未能补充完善，战斗力未免减退，贵师两月来屡挫敌锋，巩固阵线，颇著功绩。刻沿江登陆之敌，势尚猖獗，故以贵师集结青阳，以备策应江岸防御，部署调整，希统筹决定。"

这意味着，第67师的短期整补结束了，官兵们必须立即投入新的战斗。

12月11日，第67师划归第50军军长郭勋祺指挥，正式投入新的战斗。根据郭勋祺下达的作战任务，莫与硕给所部人马下达了这样的命令：第199旅397团覃道善部立即恢复大成山一线阵地；曹振锋第398团迅速推至田里村附近，并扼守茶山亘牌坊山之线，派1营驻尘店门口附近；邱行湘第402

团集结于青阳附近，为总预备队。

这时候，日寇在攻占了大成山、大脚山后，已经窜至何家湾、了山镇、锅冲附近。第397团团长覃道善一接到命令，即刻与原来把守在这一线阵地的范师一部、田师残部一道，向大成山、锅冲方面之敌展开攻击。为了掩护攻击部队侧翼安全，田师另一部则扼守五峰山、天坪山一线。

正当第67师在兄弟部队的配合下向日寇展开攻击之时，根据唐式遵掌握的情况，整个第23集团军的战线呈现出较大的变化：

一、由荻港、顺安侵入之敌不足两联队，一部进占何家湾，主力占木镇。

二、郭勋祺军现退守清弋江镇、南陵、峨岭镇、三里店至狮子山之线。第67师现在狮子山、茶山至童婆铺之线，与敌激战中。第50军田师极度混乱。第141师扼守繁昌附近阵地，绵亘百余里，无法抽出部队转移攻势，且敌大举深入，无法牵阻，诚恐影响全局。

为此，唐式遵不得不对各部的作战任务进行了调整。能够指挥第67师的郭勋祺则遵照唐式遵的命令，对所部的作战任务亦作了相应的调整：第144师现以清弋江、管家店、葛林桥、安山头、港桥，沿河经三里店、骡马店、陈家垄、合村、钱家桥、高家岭、木镇之线为新阵地线。限12日部署完毕，并以第50军1团以上兵力及谭支队全部留置南繁要点，担任游击。第67师（欠1旅）占领合村、木镇、曾形山之线，掩护右翼兵团之转移，再图抽聚兵力，力图反攻。

莫与硕立即按照新的命令准备将201旅部署到合村、木镇、曾形山一线。

这时候，第32集团军的整条防线确实像似被横行无忌的日寇闯破了的一张渔网，到处都是窟窿。日寇不仅已经进至丁家桥附近，而且在狮子山、雷公山、何家湾、了山镇附近到处横冲直撞。在狮子山、雷公山等地，日寇遭遇到覃道善之第397团与田师一部的阻拦，敌我双方一直处在激战之中。何家湾、了山镇附近之敌也与中国军队混战激烈。一小股日寇窜进了木镇。一支约千余人的日寇携带数门大炮，攻击第145师（师长佟毅）曾团奎潭阵地，该团伤亡甚大，不得不退守河南。小钢窑附近之敌300~400人攻击老鼠石184高地，正与中国守军激战。

根据新的作战任务，木镇是第67师必须把守的要点。当一部日寇窜入木镇时，第201旅尚未部署到位，木镇原有的守军很少，为了帮助守军坚守木镇，师长莫与硕立即命令覃道善就近派遣人马前去增援；同时，催逼第201旅旅长杨勃迅速率部进入指定位置，拦截敌人。

然而，覃道善派遣的人马还在路上，日寇后续部队清水师团之石谷联队就赶来了，并在当天中午1时左右，击败了木镇守军，完全占领了木镇。随即，日寇转身朝覃道善团援军方向前进，试图截击他们。双方人马在木镇以南约1公里之倪家冲一带狭路相逢，随即发生激战。

覃道善闻知消息，急忙率领第397团主力赶去，向日寇发动反攻。日寇差一点抵挡不住，便丧心病狂地使用毒气弹，致使该团300余人中毒，丧失了进攻能力。自此，第397团与日寇在倪家冲一带保持对峙状态。

黄昏时分，第201旅第402团团长邱行湘终于率领该团官兵赶了过来，迅速占领全村、钱家桥至木镇之线阵地，然后派遣人马趁着第397团与日寇主力对峙倪家冲一带的机会，向木镇发动攻击，试图驱赶日寇，克复木镇。

可惜的是，此时已有300~400名日寇进入了木镇，邱行湘团的行动未能成功。

这时，曹振铎率领第401团亦赶了过来，鉴于木镇无法收复，即在第397团的侧翼占领阵地，与日寇对峙。

到了12日中午时分，日寇石谷联队获得了增援，立即向第67师第401团、第397团把守的曹家塝、倪家冲一线阵地发动猛攻。第401团进入阵地不久，准备不足；第397团遭敌毒气袭击后尚未完全恢复元气，一时间难以抵挡日寇的攻击，各处阵地相继被日寇突破。

随即，团长曹振铎、覃道善决定率部同时向敌人发动反攻。这次，中国军队终于缓过劲来，以勇猛的战斗姿态向日寇攻击了2小时后，打灭了日寇的锐气，并进而对日寇形成了包围之势。日寇遂再度向中国军队阵地施放了大量毒气，致使200余名官兵中毒。不过，中国军队不仅没有退缩，反而激起了一定要彻底消灭这伙穷凶极恶的敌人的勇气，一直坚持与日寇作战，终于将这伙日寇击溃。

12月14日，日寇已经攻占了中国军队把守的大成山、亮山、挂岭、鸦山岭、锅冲、殷家嘴、杨街等各处阵地，并以一部绕袭木镇，对处于该阵线的中国军队形成了包围态势，第50军军长郭勋祺不得不再次改变部署：田师控制木镇之线，占领阵地；莫师胡旅（陆团在内）应占领木镇（含）亘茶山、牌坊山之线。

就在郭勋祺改变部署的当天清晨，一支由500余人组成的日寇向木镇西南4公里开外的汪祠、肥子垅一带阵地发动进攻。第67师一部一直与日寇展开激战。

与此同时，第67师之第401团、第397团主力在曹振铎、覃道善的率领下，将占据曹家塝、倪家冲一线的日寇击溃后，正在乘胜追击。日寇为了挽救被歼的命运，故伎重施，再度向中国军队施放了大量毒瓦斯。处在追赶队形前面的中国官兵大约300~400人中毒，失去了作战能力。曹振铎、覃道善紧急命令人马停止追击，依托地形布列防御阵地，阻挡戴有防毒面具的日本畜生的反击。这一仗，两个团的官兵同仇敌忾，英勇奋战，毙敌百余名，缴获步枪5支。

不能在曹家塝、倪家冲一线得到便宜，日寇遂改变作战计划，于午后派遣一部人马窜至匡北桥以北地区，试图从那儿打开缺口。可是，同样遭到了第67师的阻截。入暮时分，这股日寇难以突破中国军队的阵地，与该部处于对峙状态。

次日，为了打破僵局，第67师与日寇不约而同地在木镇公路两侧发起了攻击行动。战斗异常激烈，双方都有人马突破了对方的前沿阵地，与对方进行肉搏。战斗一时僵持不下，呈现胶着状态。这时，敌以飞机5架助战，对第397团阵地狂轰滥炸，致使该团伤亡过重，阵地上出现了空隙，遂被敌侵入。

第67师师长莫与硕急令401团团长曹振铎、402团团长邱行湘各派出一支人马从敌两侧展开夹击，歼灭该敌，夺回阵地。曹振铎、邱行湘执行了命令。结果，虽说救援部队毙敌甚众，却难以夺回阵地，更无法歼灭敌人，再次陷入相持状态。

经过一天的战斗，敌伤亡约700~800人，第67师伤亡官兵500~600人。

16日，第23集团军总司令唐式遵查知敌约1个旅团以上兵力，向第67师青阳阵地猛犯，似有掠取青阳之企图，为巩固青阳，击破敌军，我部决定再一次调整部署，以第50军一部扼守原阵地，主力由该军军长郭勋祺亲自率领立即向木镇、肥子龙、南冲一带之敌攻击。给予第67师的任务是固守青阳，并以有力之一部协同第50军向当面之敌攻击。为了确保第67师完成任务，唐式遵将第433旅、第441旅、炮3团2营及第51团之1个连配属给了该师。

接到命令后，当日拂晓，第50军军长郭勋祺亲自率领第144师第432旅向木镇、肥子龙、南冲之敌发起攻击。

同样，第67师师长莫与硕调整了本师与配属部队的部署：以覃道善之第397团固守公路两侧现有阵地；曹振铎之第401团占领水坞、尖山一带高地，侧击敌之侧背；陆静澄之第398团占领青山；邱行湘之第402团占领金鸡岭、何家山之线；石旅守备燕窝山亘东蓉桥、孙家之线；戴旅任务如旧。

这天拂晓时分，日寇即向第398团、第401团占领的青山、尖山阵地展开攻击。中国军队依托有利地形，奋勇作战，终将敌人击退。

凌晨，一股约800~900人的日寇向东蓉桥进犯，被守备在这里的第441旅击退后，莫与硕决定乘势反攻敌人，抽调第67师人马，与第441旅一道，采取平行追击与迂回行动的战术，在田里村将100余名日寇包围起来予以歼灭。

从凌晨开始，敌300~400人两度攻击程家大山，均被守军击退。9时左右，敌200余人向老牛圈方向发动攻击，激战至下午3时左右，也被第67师击退。

战至12月17日，第23集团军沿江参战各部因伤亡日增，战力锐减，唐式遵总司令对青阳附近各部的作战行动，作如下之指示：各兵团须避免与敌决战。郭、莫2兵团应以主力在现阵地抢筑工事，迟滞敌之前进，并不时以小部队袭击敌之侧背，以牵制其攻击，以一部在青阳东南一带山地抢筑第二线阵地。不得已时，可适机转进于第二线阵地，唯青阳城附近应以一部占领前进阵地。

12月18日，为稳固青阳阵线，唐式遵重新调整部署如下：

一、第50军郭军长率所部并新4军之谭支队为右翼兵团，俟第108师将清弋江、三里店防务接替后，以主力占领三里店（不含）、钱家桥、高家岭、小路口、南冲、观音洞之线，并以谭支队进入繁昌地区担任游击。

二、第67师莫师长率所部并指挥第145师及第147师之第441旅、炮3团2营之2个连、第51团16连为中央兵团，应占领观音洞（不含）、新田坂、杨美桥、东蓉桥、孙家、许家、焦家埠、老虎尖、底岭庵、河口、石门埠之线，青阳附近应构筑据点，油榨拐、百万江、乌凫山一带地区应构筑阵地。

三、第23军陈军长率所部指挥第146师为左翼兵团，应占领河口（不含）、灵芝塔、雷鸣山、太白山、白洋、灌口、吴田铺、张溪镇、东流之线。

四、作战地境：右翼兵团与中央兵团为查村、花园吴、观音洞、官埠苏、陆家潭、五峰山相连之线；中央兵团与左翼兵团为南洋湾、牛角山、童家嘴、石于门埠、老鸦尖、观前、梅埂相连之线。

五、各兵团限19日以前部署完毕。

从上述新的部署中可以看出，唐式遵已经把第67师与第23军、第50军平等看待了。不过，该部署落实之际，已接近12月下旬，这时，武汉会战早已结束，第3战区本年度的冬季攻势也已接近尾声，因而，事实上，第23集团军所辖各部并没有与日寇进行大的战斗，基本上与日寇处在对峙状态。

12月底，前线战事愈发趋缓，第67师奉命脱离战场，调绩溪附近整训。至此，第67师为了策应武汉会战而在贵池、青阳一线与日寇的作战行动画上了句号。在这3个月里，该师官兵浴血奋战，英勇顽强地顶住了日寇的凶猛攻势，大量杀伤了野蛮的侵略者，自身也付出了伤亡官兵3 400余人的巨大代价。

第三部分
辗转万里赴戎机

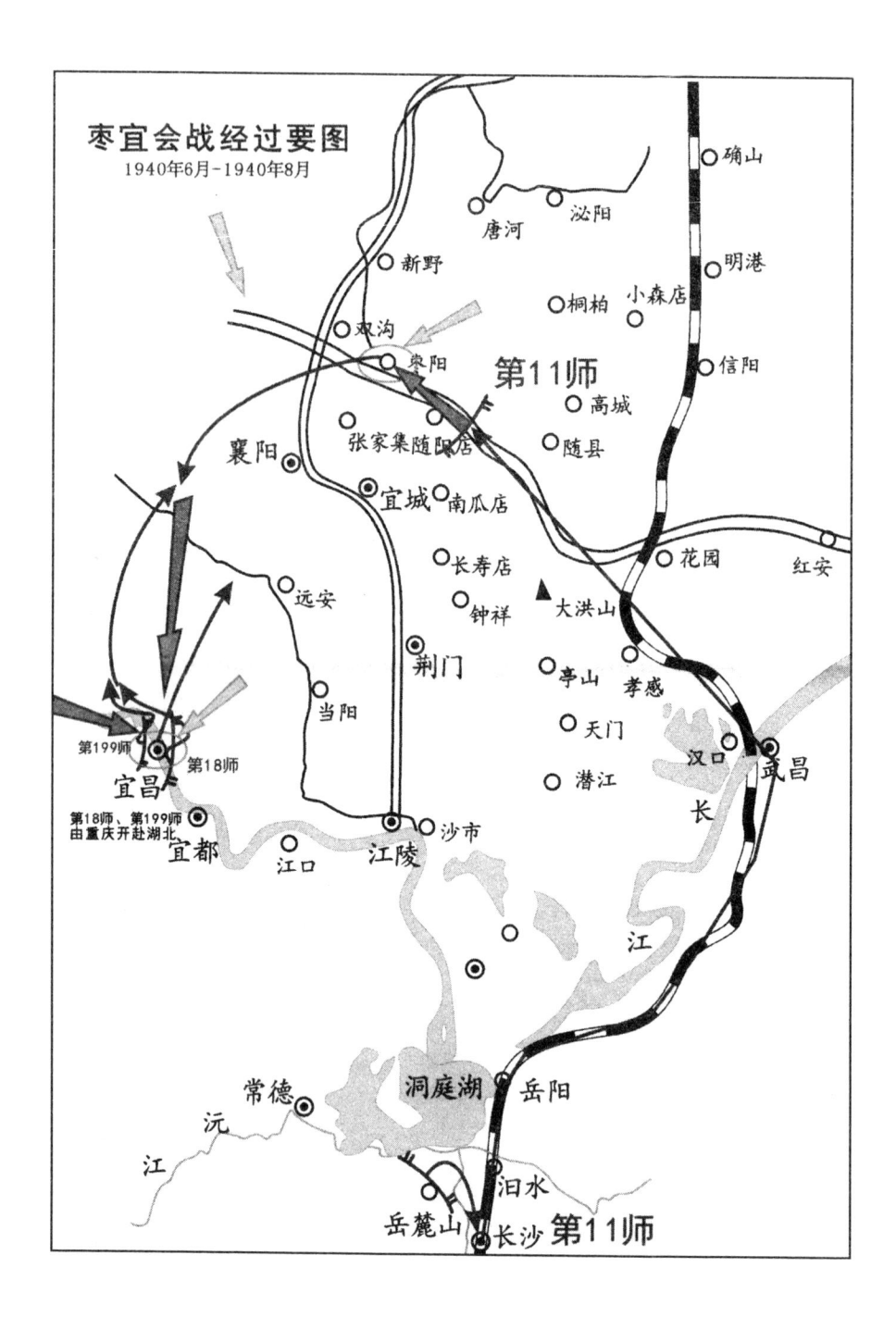

枣宜会战经过要图
1940年6月—1940年8月

第三部分 辗转万里赴戎机

12章 整军备战千里赴三湘

武汉外围的作战行动结束后，第18军奉命进入湖南整补，因长沙告急，该军除了配合第31集团军汤恩伯部对进入湖南北部的日寇进行了一次较大规模的作战外，大约1年半时间没有直接进入战场与日寇交锋，一直在外补充兵力、整顿队伍、训练官兵。

这段时间，没有作战任务的第18军不断吸纳其他部队扩充队伍，接连两次调整了旗下各部的构成及各级主官人员。

第一次调整发生在武汉会战落下帷幕后不久，第18军在开赴湖南整训期间，遵照军事委员会的命令，第60师调往第37军，第43师和新编第23师双双归于第18军麾下（第67师此时仍属第18军建制）；6个月后，第二次调整接踵而至，第43师和新编第23师双双离开，转投其他部队，第18、第199师归属进来（第67师从这时起正式脱离第18军建制，并入第86军）。这样一来，第43师和新编第23师就成了整个抗战期间，在第18军旗下待的时间最短的部队。

上面提到，新编第23师和第43师一道投入第87军麾下。能够同时让2个曾隶属于第18军的师级单位进入同一个军，读者一定非常好奇，这个军究竟是什么来历呢？陈诚为什么要挖空心思地将这个军收入土木系阵营呢？在这里，做一个简要介绍吧。

第87军是在抗战爆发后，由湖南保安部队改编而成的。最初下辖第198师、第199师。一完成改编，该部就遵照军事委员会的命令立刻开赴武汉外围战场，加入到武汉会战的行列，取得了不错的战绩。是以陈诚自然会把目光盯着这支部队，想方设法准备把这支部队纳入土木系范围。在周祥初担任该军副军长之后，不仅采取掺沙子的办法将在第18军这个大熔炉里面冶炼过的新编第23师和第43师一同拨给该军，而且同时将第199师调出来，

157

加入第18军旗下，后来，又把第198师划给了从第18军派生出来的第54军。到此为止，不仅第87军的老底子完全变成了土木系人马，而且第87军也完全控制在具有第18军背景的高级将领手里，自身也变成了土木系。

一出世就受到土木系精神领袖陈诚的关注、最终被收入第18军阵营的第199师究竟在武汉会战中取得怎样的佳绩，最初的指挥人员班底又是怎样的呢？

第199师师长罗树甲，副师长陈步云，下辖第573旅和第574旅，旅长分别是方既平和刘爱山。该军进入武汉外围战场的第一项任务是修筑武汉外围防御工事。这时候，该军受武汉卫戍总司令陈诚指挥。为此，陈诚对该军的人事结构、武器装备、军事素养打从一开始就有了初步了解。

1938年4月，第87军奉命增援台儿庄，在合肥以东地区与日寇遭遇，一仗打下来，不仅没有遏制日寇进攻的锋芒，部队反而受到了很大的损失。首仗受挫后，该军遵照第5战区司令长官部的命令移驻六安整补。

1个月后，该军之第199师即接到了反攻舒城的命令。当时，该师刚接收新兵4 000余人，他们还没有学会装退子弹、瞄准射击、利用地形地貌等基本的军事技能与战术动作。为了完成上峰给予的任务，师长罗树甲决定成立一支挺进部队，以步兵为基干，配属步兵重火器及工兵通讯兵，使之具有充分的灵活性、机动性和独立作战能力，在师主力前半日行程内活动。

基干部队是由第1145团3营和第1148团2营组成，重火器单位则是由2个迫击炮连和2个重机枪连组成机炮营，并配属工兵连、通讯排、卫生队、兵站各一部组成。根据罗树甲的命令，该部的名称是挺进支队，由第1145团3营中校营长陈扬汉担任支队长，全权负责指挥该部的行动。

当陈扬汉率领挺进支队反攻舒城时，固守在城里的日寇不断使用榴弹炮轰击中国军队，并多次出动骑兵从正面和侧翼向进攻部队展开冲击；天空中，日寇还连续出动飞机对攻城部队实施轰炸。为了减少部队伤亡，陈扬汉决定抽调人员组成几个突击小组，在机炮营的掩护下，爬上城墙袭击敌人，为主力打开一道攻城的缺口，然后迅速投入主力，扩张战果，攻入舒城。

陈扬汉的战术取得了一定效果。突击小组多次爬上城墙，与日寇展开短兵相接的战斗，以猛勇的作战行动打开了缺口。当主力部队攻城时，日寇迅速封闭了缺口，师主力无法提供更多的炮火支持，也不能及时投入后续部队来增加攻击力度，致使这次行动功败垂成。

随后，第5战区司令长官部考虑到第199师难以攻克舒城，便调整了该部的作战任务，命令罗树甲把攻城的任务移交给兄弟部队，率领第199师转移到岳西一带山区，侧击敌人，并限期收复潜山县城，阻止日寇西进。

1938年6月，第199师到达岳西后，师长罗树甲命令挺进支队首先夺取潜太公路上的战略要点——渡埠，为主力收复潜山县城打开通道，夺取战略支点。

为了完成任务，陈扬汉立即命令人马在暗冲和蒋家大山一带构筑纵深野战工事，以便进可攻，退可守，同时派遣侦察人员侦察敌情和地形。查知日寇驻在渡埠的兵力（400~500人），其主要任务是为西进日寇维护交通、提供军用物资以及生活日用品，除在各驻所和街口有卫兵和岗哨外，只在南山一座小山上和皖水公路大桥西岸各派一支小部队，其他地方均没有安排哨兵。此外，在渡埠附近公路口和要点，均设有障碍物和陷阱。

敌情了然于胸，陈扬汉制订了作战计划，得到了师长的批准后，于7月2日晚，正式向日寇发起了攻击。其作战部署是：通讯排和工兵连于次日拂晓前破坏渡埠以东沿公路的电线和公路各险要处，并扑灭敌人行径路标——烟火堆；进攻渡埠的各营连利用星光疏散前进，以避开敌人设置的各种障碍物和夜间水平射击；随后，在渡口北端指定位置集中火力，采用突然袭击战术，以重机枪和迫击炮火力封锁镇西街口和公路大桥，以主力从东街口突入。

攻击时间一到，陈扬汉发出了攻击信号。刹那间，冲锋号响了起来，密集的手榴弹投向了敌阵，轻重机枪和迫击炮一齐发出震耳欲聋的声音，用绵密的子弹和迫击炮弹打向了敌人；与此同时，步兵按照预定计划向敌人的阵地发起冲锋。

日寇从睡梦中惊醒，慌忙应战，利用商店柜台以及墙壁等物品和地形作掩护，顽强抵抗。可是，挺进队员很快就冲进了敌阵，与日寇展开了惨烈的白刃战。到天快亮的时候，日寇终于抵挡不了陈扬汉部的凶猛攻击，败下阵去，从稻田里向南郊溃退。挺进队因此克复了渡埠。此战，挺进队共击毙日寇100余人，缴获三八式步枪160余支，汽油200余桶，战马数十匹，其他军用物资和生活物资不计其数。这时，日寇后续部队正不停地向鄂东地区前进。为了将日寇第6师团分割成东西两部，使之不能相互协调配合，陷入孤立无援的困境，陈扬汉命令人马将汽油倒在那座木桥上，放火烧掉了大桥。

挺进支队一战成功，陈扬汉名声大振，师长罗树甲、军长刘膺古、第26集团军总司令徐源泉、第5战区司令长官李宗仁纷纷表彰了他，军事委员会甚至发给陈扬汉一枚华胄荣誉奖章。第199师也因此战赢得了陈诚的关注。

日寇不甘心丢掉如此重要的战略支点，从当天上午10时开始，先是派遣飞机对挺进队占领的渡埠地区实施猛烈轰炸，随后出动一支包含11辆坦克、70余辆大卡车的机械化部队向挺进队反扑过来。挺进队机智顽强，击伤敌机1架，然后迅速向蒋家大山一带阵地转移。公路大桥已经烧毁，日寇无法前进，坦克和卡车被迫停在渡埠以东的公路上，侧面完全暴露在挺进队的炮火之下。挺进队的迫击炮连遵照陈扬汉的命令，利用蒋家大山既设阵地对准日寇车队猛轰。日寇虽然出动飞机支持，也派遣一支炮兵前来助战，但挺进队依托隐蔽工事，顽强地挡住了敌人的攻击，迫使日寇不得不在付出巨大代价之后向高河埠一带后撤。由此，渡埠再度落入挺进队手里。

随即，第199师主力在师长罗树甲的率领下趁势发起攻击，于次日攻克了潜山县城，歼敌数百人，完成了第26集团军总司令赋予的任务，在与日寇的作战行动中打了一个不大不小的胜仗，从失败的阴霾中走了出来。

第199师战果不错，跟它一块进入第18军大家族的第18师虽说在淞沪会战时并未取得骄人战绩，但在武汉外围作战中，交出了不错的成绩单。

说起第18师，同第199师乃至第87军一样，都是湘军出身，第87军是保安队改编而成，而第18师则是正规的湘系部队，显然比第87军高贵得多。但在对日作战中，并没有取得第87军，特别是第199师那样值得夸耀的战绩。在淞沪战役时，该师损失惨重，师长朱耀华因失守大场，愤而自杀（此人自杀后被及时抢救，幸免于难，后任战区军法执行监，1943年辞职），由陈诚负责整理，编入刚由第14师升格而成的第54军，该师师长由萧文铎接任，不久后，李芳彬调往该师，接替了师长职务，从而使得该师真正掌控在土木系手里。不过，李芳彬似乎是官当大了，胆子变小了，竟然没了淞沪会战时的血性，在武汉外围作战过程中，竟然丢弃部队独自逃跑，实在是土木系的耻辱。

武汉会战时期，第54军主力担任江西瑞昌马头镇长江南岸的防御，其中，第14师在江西瑞昌以西陆地防守，第18师扼守富池口（湖北境）要塞阵地，严防日寇沿江西犯，军司令部设在阳新以东。各部进入指定位置后，立即日夜赶筑防御阵地，布置水域沉船，并在沿江岸边埋设地雷和木桩等多种障碍物。

第三部分 辗转万里赴戎机

　　日寇在攻占湖口、马垱地区后，以攻陷武汉为目的，其军舰沿长江西进，陆军部队沿长江两岸向武汉方向推进。1938年7月底，当日寇水陆两路进抵瑞昌县马头镇附近，第54军第一线将士当即与日寇展开激战。经3昼夜的激烈战斗，第54军第一线部队伤亡很大，沿江防守阵地直接暴露在日寇军舰的炮火之下。为了减少伤亡，军长霍揆章决定部队全部转移到山地进行防御；第14师派第79团1营，第18师派2营在原阵地及西南山地坚持防守三天，掩护全军占领新阵地，待命归还建制。第14师的掩护部队三天后归还建制，参加湖北阳新县的守备，第18师掩护部队则坚持了七天后，才撤到师的主阵地地带，守备富池口要塞东南高地第一线防御阵地。

　　富池口是南京至武汉段长江西进途中继马垱要塞之后的第二个要塞区，江面狭窄弯曲。富池口东、南、西三面有环形山地层层屏障，北面为长江，西面还有一个大湖（网湖），湖口有河道直通长江，江北岸是田家镇，是兵家必争之地。自古以来用兵法则都是控制制高点，取得俯瞰战场、阙制敌人的先机。为此，要守住富池口，就必须守住东、南、西三面的高地；如守不住山地，要塞就失去屏障，无法防守。为了守住富池口，第54军军长霍揆章命令人马以这些高地为中心，布设了几道防线，用以渐次迟滞敌人的攻击。

　　这时，日寇沿九江、瑞昌、马头镇，经过富池口东南公路向阳新县推进，割裂了第14师与第18师之间的联系，使得第14师与第18师只能各自为战。

　　8月上旬，日寇开始向第18师第一线阵地发动猛攻。两天的激战后，第18师第一线阵地被日寇突破，部队不得不退守第二线阵地。紧接着，日寇居高临下，向该师第二线阵地发动攻击。退回第二线阵地的是曾担任掩护任务的2营。该营官兵在营长黄福荫的带领下，一边加固工事，一边与日寇作战，迫使日寇在阵地前寸步难行。第18师其他各部一样在第二线阵地上与日寇反复冲杀达十天之久，迫使日寇难以向前推进。

　　当月下旬，日寇为了打破战场僵局，遂改变战术，集中优势炮火，以主力逐步攻占第18师左翼部队主阵地的数层高地，渐渐迫近要塞区。

　　这时，第18师已付出了相当大的伤亡，人马早就疲惫不堪，在日寇如此强力的攻击之下，要想继续确保要塞的安全，仅凭该师的力量是不够的。师长李芳彬深知这一点，急忙向第2兵团总司令张发奎报告，请求派兵增援。得到的结果是无兵可派，兵团总司令限令第18师必须在富池口坚守

161

三天,甚至威胁李芳彬:"没有命令,撤退下来是要枪毙的。"

李芳彬当然不愿被枪毙,只有想方设法防守要塞了。考虑到整个战线已被日寇撕得支离破碎,他决定收缩兵力,确保主要阵地的安全。主要阵地在要塞区东北面,只要牢牢守住那儿,就可以给师指挥所以及要塞提供安全保障。把这个任务交给哪一支部队,又让他犯难了。毕竟,所辖各部情况相差无几,无论把哪一个营派上去,要想坚守三天,都是一项几乎难以完成的任务。他思索了很久,觉得如今的第18师只有黄福荫营尚有较强的战斗力,便派遣一个中校参谋前去黄福荫营坚守的阵地,向他传达了师长的命令。

事实证明,李芳彬所做的战术安排以及兵力部署上的调整是卓有成效的。第18师在富池口要塞区果然又坚持了三天。李芳彬感到庆幸,肩头的千斤重担刚一卸下来,立即请示张发奎,任务已经完成,部队是否立刻向外转移。张发奎给了相反的回答,要求他再坚持三天。凭借手中的人马,他无论如何是坚持不了三天的,但命令又不能不执行,李芳彬转而请求张发奎派遣部队增援,还是遭到了拒绝。李芳彬彻底失望了,他深知部队继续坚守富池口等于自我死亡,他不想死,又不敢下达撤退或转移命令,赶紧偷上一个小划子渡过网湖,向阳新县城方向逃跑了。

师长已逃,兵无主将,第18师顿时慌乱不堪。各部坚持到晚上9时,师里不得不下达了撤退的命令:黄福荫营掩护要塞炮兵迅速撤退,要塞主要设施于晚间由工兵营予以破坏,至午夜即行撤退。

第18师从富池口要塞全部撤退完毕,工兵营将网湖口通向长江的小河浮桥拆除掉。从此,富池口要塞陷入敌手,武汉几乎失去了沿江一线所有的安全屏障,中国军队的作战行动更加困难了。

从富池口撤出后,第18师经大冶到保安附近整编。师长一职由第14师第42旅旅长罗广文代理。鉴于部队伤亡太大,军心不稳,罗广文到职后,将所有部队整编成一个团,任命袁楠山为团长,黄福荫为1营营长,继续在前方作战,其余官兵则开到后方整理补充。

就是这么一个团的人马,在其后的战斗中,一样打得山河变色,在大冶城坚守七天,大量杀伤了日寇的有生力量;撤退途中陷入日寇的包围,机智勇敢地突出了敌人的包围圈;在通城县境内,又掩护汤恩伯军团总部安全转移,为第18师、第54军乃至土木系争得了荣誉。

第18军频繁更换所辖部队,自然会给各部带来一波接一波的人事变动。特别是当第18师与第199师归于第18军麾下时,经过一年半的作战实践,军事委员会考虑到1师2旅4团的编制不适合对日作战需要,决定调整为每师3个步兵团、1个野战补充团,取消旅级指挥机构,为了安排被裁撤的旅级主官,新设了步兵指挥官的职务,更使师的人事调整发生了很大的变化。

其中,第18师的团以上军官构成情况是:

少将师长罗广文(日本士官学校毕业);少将副师长李钦若(黄埔1期、蒋介石侍从室参谋派充);少将参谋长赵秀昆(黄埔7期、陆大12期);上校参谋长李文伦(黄埔7期、陆大14期);第52团上校团长唐启琨(日本士官出身);第53团上校团长张涤瑕(行伍出身);第54团上校团长皮宣猷(黄埔7期);野战补充团团长赵秀昆(兼)。

第199师师长换为宋瑞珂。原师长罗树甲升任第18军副军长。该师下辖3个团,各团番号及其团长分别是:第595团团长章紫云、第596团团长罗国良、第597团团长唐立石。

第18军军部以及第11师也同样进行了不少人员调整。军长黄维在接受新编23师与第43师进入第18军系列之后3个月,即调任中央军校第6分校主任,军长一职由第11师师长彭善接任。由此,第18军正式进入了彭善时代。而第11师师长则由副师长叶佩高接任。

下面,正式介绍第11师退出武汉外围战场以后以及各师整军备战的情况。

1938年9月底,彭善率领第11师剩余人马脱离战场后,于10月1日抵达了江西修水县。在那儿,部队接连获得了两批新兵:第一批是靳力三补充团的新兵,第二批是军政处第5补训处之第2团。彭善分别把他们拨补给第31、第33旅,以补充武汉外围作战行动中的损失。不过,虽然接收了这两批新兵,但由于之前在赣北的损失过重,第11师仍然缺额严重,彭善不得不采取两种措施,为自己的部队谋求兵员:

一是将浔饶师管区的第一补充团,改编为第11师的补充团,任命原来的浔饶师管区参谋长蓝啸声为补充团团长,命令他借助熟悉地方的优势在当地继续征募新兵;二是直接向第18军首任军长陈诚汇报,请求精神领袖的帮助。

陈诚此时担任第9战区司令长官,指挥该战区的作战行动固然是他最主要的工作任务,当然不会让他起家的部队有兵员不足的窘境,遂将3个湖北保安团的兵力拨给了彭善。

10月20日,第11师接收了这3个湖北保安团约4 000人的兵力后,在军员额上基本恢复到了淞沪会战之前的水平。第11师接下来的任务，就是把这些补充进来的新兵训练完成，迅速组织成一支战力坚强的部队。

就在该师接受陈诚拨给的4 000人马时，国民政府军事委员会已作出了放弃武汉的决定，武汉会战接近尾声。随着武汉于10月25日陷落，武汉会战落下帷幕。这样一来，陈诚就要为第11师找一个相对安宁的远离战场的地方，让师长彭善将它重新打造成一支能征惯战的部队。他为第11师选择的整训地是湖南翁江。这里是第9战区的管辖范围，无论有什么事情，陈诚都可以照管着。彭善以及第11师各位将领当然理解老长官用心良苦，无不欣然从命。当彭善奉命将部队带到指定地域时，突然接到了父亲去世的消息，不得不暂离部队，而将整训部队、管理部队的事情全部交给副师长叶佩高。从这时开始，叶佩高就以第11师代理师长的身份主持该师工作了。

叶佩高是一名智勇双全的将军，不仅熟谙作战理论，在历次率部与日寇交锋时，都以敢打善拼闻名，打了很多巧仗猛仗，给予日寇极大的杀伤，而且更懂得如何将近乎毫无军事技能与战术素养的人马打造成一支善于作战的铁军。在武汉会战之前的近半年时间里，第11师从淞沪战场上下来后的第一次大型整训活动，就是在彭善的领导下，由他具体负责操办的。为此，他已经有了整训部队的经验。眼下，部队新兵过多，战斗力低下，人员思想极度混乱，跟淞沪战场上下来的情形非常相似。于是，他决定采取半年前在徽州时的做法，将新兵、老兵、有战斗经验的军官、没有战斗经验的军官分隔开来，针对不同类型人员的不同情况，开办各式训练班，让他们在保持同一训练强度的基础上接受不同的训练内容，然后，命令已经达到训练要求的军官与骨干分子指导新兵的训练，并适时对新兵老兵进行合成训练。通过这些措施，第11师的战斗力有了迅速提高。

正当叶佩高对第11师官兵的整训工作搞得如火如荼之际，12月间，日寇似乎有进犯南昌的迹象，第11师接到开赴南昌、准备加入作战的命令，副师长叶佩高立即停止了对部队的整训工作，对人员进行了一番战前教育后，随即率领队伍从翁江出发，一路向南昌挺进。

这一次，部队还没有整训好就要参战，叶佩高心里很不踏实，在部队进行途中，要求各级军官注意对士兵进行战术指导工作，各种基本的军事技能，也在路途中由老兵负责传授新兵。

让叶佩高始料不及的是，当部队抵达长沙后，参与南昌作战行动的命令忽然取消了。对于一支还没有训练好的部队来说，这无疑是一件大好事，给了部队一定的缓冲时间，让叶佩高可以有更多的时间整训部队，提高部队的战斗力。不用说，叶佩高心里应该是非常高兴的。当部队遵照命令在长沙市郊的岳麓山一带停下来后，他立即对部队继续进一步整训。

在整训过程中，叶佩高亲自深入各团各连队指导部队训练，并要求各团长亲自对所部官兵特别是军官，进行"第11师的历史和传统"的教育，培养他们加强团队精神，提高战斗力。

第11师大部分官兵都是从师管区、补训处和保安团补充而来，他们不仅缺乏严格训练，素质参差不齐，而且还带有保安部队和补充兵的陋习。在前期的整训中虽说取得了初步成效，却与叶佩高的要求相差甚远。现在，为了加强这些人员的训练，统一思想作风，提高部队纪律，叶佩高决定由参谋处拟定计划，并召集全师连以上干部，亲自宣讲训练计划的内容要求和实施要领，要求干部拿出打仗的勇敢和智慧，不辞辛苦地把这次全师的训练抓紧搞好，争取在1~2月内将部队战斗力提上去。在会议结束前，叶佩高宣布成立第11师干部教导大队，他兼任大队长，以示亲自对教导大队负责。

正是这一时期，第11师的编制发生了重大变化。这种变化跟前面讲述的第199师和第18师在编制体制上的变化是一样的，遵循一个原则，那就是军事委员会的命令。军事委员会有关部队编制体制的调整的命令是1939年1月下达的。根据这一命令，原有的一个师辖2旅4团，改为一个师直辖3个建制团，1个补充团，再次取消旅部机构，为了安排被裁撤的旅级主官，新设了步兵指挥官的职务。具体到第11师，编制调整后，该师主要指挥人员的构成是：师长彭善、副师长叶佩高、参谋长彭战存、步兵指挥官尹作干、第31团团长罗贤达、第32团团长林映东、第33团团长曹金轮。

这次调整似乎为第11师乃至整个第18军接下来的一系列调整拉开了序幕。2个月后，第18军军长黄维调任中央军校第6分校主任。军长由彭善接任。不过，此时彭善仍在湖北老家为父亲守孝，再过了2个月，也就是到了1939年5月，他回到部队，正式上任第18军军长。第11师师长的空缺就由叶佩高填补。彭善接管第18军后，第67师、第43师和新编第23师一同走出了该军编制，第18师与第199师则加入进来。同时第18军不再属于第9战区司令长官部管辖，成为军事委员会直辖的机动部队了。

经过一系列调整，第18军似乎可以进入相对平静的时期，安安心心整军备战了。可是，恰恰在第18军的核心部队第11师身上出了问题。问题出在叶佩高那里，不是此人自身出了问题，而是他担任第11师师长，引起了该师军官的普遍抵制。按理说，凭借叶佩高的战功和声望，是完全可以胜任的；可在土木系军官眼里，非黄埔毕业的军官只能做副职，第11师更不能例外了。

那么，叶佩高究竟是什么出身？此人1903年生，广东省文昌县人。1931年10月毕业于陆军大学，与同期的十几位同学前往位于江西抚河的第18军干部补习所，担任学员队的中校队长。他在补习所的主要任务是训练学员队里的排连长进行战术作业以及新武器应用。不久，他官运亨通，先升任上校大队长，继而调任第52师上校团长、第3路军总指挥部作战科上校科长。1933年7月，与叶佩高交往甚密的第11师第31旅旅长黄维升任师长后，推荐叶佩高担任该师的少将参谋长，这是叶佩高正式加入国民党嫡系王牌部队的军旅之始。此后他与第11师这个部队一起战斗达6年之久。1937年4月，叶佩高于陆大讲习班结业后改任第11师第33旅少将旅长。同年5月，他被正式授予陆军少将军衔。

从资历上看，除了不是黄埔军校毕业外，他与土木系的渊源非常深厚，从陆军大学毕业就进入了第18军补习所，又与黄维关系匪浅，担任第11师师长也合情理。因而，当第11师军官第一次抵制他担任师长时，他可以轻而易举地化解。但是，随后，刚从第67师回归到第11师担任副师长的胡琏再度发动黄埔毕业生抵制叶佩高担任师长的行动，这次就相当严重了。

说胡琏觊觎师长位置，赶走叶佩高之后，自己好接任第11师师长，恐怕不实。虽说胡琏是第11师出身，在淞沪会战时期担任该师第66团团长率部在罗店作战立下大功，但他被提拔到第67师担任旅长的时间只有一年，并不算长，此时又刚当上副师长，想要接任师长的可能性太低。赶走功劳更大的叶佩高，对他以后的发展有好处，或许勉强能说通。

抵制叶佩高担任师长，会对第11师的战斗力产生严重影响。彭善肯定不会置身事外，他不能任由这种状况发展下去，把自己担任师长期间的副手留下来，继续担任师长，无论从哪一方面都是有利的。但事情结果却没有他想得那么理想。抵制叶佩高的情绪一直在该师军官队伍蔓延，事情闹大了，陈诚不得不亲自出面做工作，试图让该师官兵心悦诚服地接受叶佩高担任师长这一事实，仍然没有成功。在多次努力无效后，陈诚不能看着这支部队因人事上的不和，而长久内耗，影响尔后对日作战行动，于1940年4月，将叶佩高调离第11师，由黄埔2期毕业的第13师师长方靖接掌，这段人事纷争才告一段落。

叶佩高离开第11师后,在第18军军部仅挂附员闲职度日。大约半年后,也就是同年10月初,黄维由军校教育处长调任第54军军长,想到叶佩高在第18军不得志,遂伸出援手,函请叶佩高出任第54军参谋长。叶佩高喜出望外,经过调职申请后立即奔赴云南上任。

此后,叶佩高为军长黄维出谋划策,对努力提高部队的战斗力贡献颇多。1942年11月,原第198师师长郑挺锋调职,经军长黄维推荐,叶佩高继任该师师长,重新执掌军权。

在第18军建制大洗牌时,第11师已完成了整训任务,刚归于第18军门墙的第18师与第199师又是怎么整训的呢?它们是否拥有与第11师匹配的战斗力?因为这两个师的整训情况大同小异,就以第18师为例简单说明下。

第18师代理师长罗广文遵照陈诚的命令将残部带到湖南益阳新驻地后,立即对该师人事大加整顿,并接收新兵充实缺额。师司令部日常业务和直属部队督练,由参谋长赵秀昆负责;罗广文主抓各团的人事整顿和训练,终日赤足草鞋,奔走在各团训练场地,连长以上人员的调动,他都要过问,并亲自考核干部。原第18师干部嫖赌成风,纪律松弛,他严加整顿,曾亲手枪毙一聚赌的少校军医。当部队由长沙向益阳行军时,有一士兵私取民物,他亦下令枪毙,并让其横尸路上,在白纸上书写"私取民物者戒",使部队风气大变。

因为罗广文采取的措施得力,第18师军纪严明,训练进展不错,很快就恢复了战斗力。

在益阳整训期间,由于罗广文的铁腕政策,发生了两次轰动全军的案件,大可以作为轶闻说一说。

一是罗广文素来不看重政治工作干部,认为他们应该同样受军事主官约束,但师政治部主任熊贻谋(黄埔6期出身)自恃是老政工,有后台,且直归军事委员会政治部,认为师政治部和师司令部是平行机关,对师长召集开会时,把他列在各处主任一起,看低了他,以后开会就不到或派人代表,引起罗广文不满。当部队由益阳向常德开拔时,罗广文与参谋长赵秀昆商量,行军命令有意不发给政治部,当政治部发觉后,全师已经到了常德。熊贻谋因此大为愤怒,带其姘头(政工队队员)去长沙第9战区司令长官部告状。罗广文得知消息,即以熊"潜逃"电请军部"惩办",军司令部也未加考虑,照例批准。罗广文要参谋长赵秀昆处理,赵秀昆当即派政治部对熊不满的一个政工队男队员，将自己的私用手枪借给他，去长沙缉拿熊贻谋，以为这样一来，熊感到难堪，不敢再回到第18师就算了结此事。谁知熊贻谋一听来人说出情由且见是自己属下，伸手就打，并逐其出门。派去的人因年轻气盛，遂向熊开枪，击伤熊的胸部。此事引起第9战区政工人员的公愤，他们呈血衣、开大会，要求军事委员会惩办罗广文。事情闹大了，罗广文不得不派赵秀昆去长沙斡旋。

时任第9战区司令长官部政治部主任的柳克述曾担任陈诚秘书，且陈诚正兼任政治部部长，老政工的头头贺衷寒虽然忿恨不平，也不敢过于得罪陈诚，结果对罗广文以"撤职留任"了结此事。公文到达军部后，第54军军长霍揆章为照顾罗广文情绪，未向下转发。但从此以后老政工没有人敢再到该师任职，此后为第18师系统自行委派和调整政工人事开了先例。

又一次是在益阳驻训时，一个伤兵医院过境，在城区骚扰了民众，商民便派出代表到第18师师部面见罗广文，请求他派队平乱。罗广文又把这个任务交给了赵秀昆。赵秀昆派副官主任刘寅苏率兵一个排的兵力去办理此事。伤兵见有部队来干预，纷纷溃逃，刘寅苏排长遂命士兵开枪，街上秩序一时大乱。刘归队后上报伤兵夺枪，故开枪击毙。但伤兵医院陈出被击毙伤兵照片，枪眼都在背部。此案又引起全国伤兵公愤，通电全国，坚求惩办凶手。罗广文和赵秀昆计议，将一切过失推到刘寅苏头上，并暗中将其纵逃。重庆伤兵总处因顾虑得罪陈诚，报请对刘寅苏以"通缉惩办"敷衍了事。

第三部分 辗转万里赴戎机

13章 拱卫陪都两师进四川

第18军改隶国民政府军事委员会直辖的机动部队后,军事委员会重新给其下辖的各师划分了驻防地,同时给予了它们各不相同的任务:该军的核心部队第11师继续留在湖南,担负岳麓山至靖港一线的江防任务;第18师和第199师则调往四川万县、重庆一带整训,并负有巩固陪都的重大使命。

准备了一段时期后,第18军的2个师终于在当年夏天分路向四川进发。不过,在开拔之前,彭善对军部的人事关系进行了调整。经彭善提名,军事委员会批准,第11师参谋长梅春华担任了第18军参谋长。

还有棘手的问题摆在彭善面前。因第18师是从第54军分离而来,第54军又是从第18军派生而出,互为兄弟关系,渊源颇深。在武汉外围作战行动中,第54军下辖各师损失严重,兵员严重不足,该军军长霍揆章便亲自请求彭善将第18师的兵员全部留下,拨给该军;第18师则到重庆补足(但未留下该师军官)。

这样一来,第18师开往四川的只有军官以及少量兵士,军长命令该部作为先头部队,率先向重庆进发。

第18师的开进系列是:师长罗广文率参谋主任乘汽车先行;参谋长赵秀昆率部由常德徒步到宜昌,计划乘船到重庆。

罗广文,1905年出生,四川忠县人。早年与胡琏同为黄埔4期同学,后留学日本。1929年8月毕业于日本陆军士官学校,回国后任中央陆军军官学校教官。1930年秋,罗广文到陈诚的第18军担任炮兵中校营长,因治军严明,训练有方,深得陈诚赏识。1935年任国军第98师第588团团长。抗战前夕,罗广文升任第18军第14师第42旅少将旅长。淞沪会战爆发后,罗广文部在第14师序列里参与了这场大规模战役。此役,罗广文指挥本部人马打得最好的战斗是从9月1日晚开始,他率领第42旅退守顾家角、北塘口、马

169

家宅一线，与兄弟部队一道，在那儿坚守了七天七夜，打退日寇的多次猖狂攻击。上海沦陷后，罗广文率部在广德参加了阻击日寇追击队的战斗。武汉会战开始，罗广文率部把守马头镇与富池口要塞，亦多有建树。1938年9月，罗升任第18师副师长，却因在原部脱不开身没有到职。当第18师师长李芳彬因失守富池口要塞畏罪潜逃之后，罗广文正式履行副师长的职责，并代理师长。

根据军事委员会划定的区域，罗广文选定了师部以及各团的驻防地址，先后接受了几批新兵，便立即将新兵分派到重庆北碚至璧山一线各团驻防地进行军事训练。不过，因部队初来乍到，没有足够的营房，在训练之余，罗广文还得指挥全师人马自己动手，修建简易营房，整理生活训练场地及环境。

即使在如此艰苦的条件下，罗广文仍然没有放松对部队的训练。跟在湖南整训时期的做法一样，他不仅亲自制定目标，严格要求各部落实各项训练内容，还亲自督导检查，使得该部的训练扎实有效，在较短的时间里将一支全由新兵组成的队伍打造成了一支很有战斗力的部队，赢得了各方面的褒奖。

第199师紧跟第14师的步伐，按照第14师的开进路线向重庆方向进军。不过，该师的驻防地域是万县到梁平的公路两侧。因而，该师在万县下船后，不需要继续寻找船只向重庆进发，而是在师长宋瑞珂（或罗树甲）的指挥下，迅速分布到各团驻防地，像第14师一样，一边整理营房，一边接受和训练新兵。师部则驻在分水岭。

宋瑞珂，1908年出生，山东青岛人，黄埔军校第3期步科毕业。先后参加了平定滇桂军阀杨希闵、刘震寰的叛乱以及东征和北伐战争。1929年7月，宋瑞珂调至第11师师部担任参谋。中原大战爆发后，宋瑞珂任第64团团附。中原大战结束后，宋瑞珂升任第63团团长。1935年12月，他升任第18军第14师第42旅旅长。抗战前出任武汉行营高级参谋。淞沪会战期间，调往前敌总部参赞戎机。1938年春，担任预8师副师长（该师由湖南新兵组成，归第27军指挥），与从第14师副师长岗位上调任该师师长的凌兆尧一道，率领所部人马参加了徐州会战。

显然，以这样的资历，宋瑞珂要想接任第199师师长，是不足以服众的。但是，既然军事委员会已经将他扶上了马，升任第18军副军长的第199师首任师长罗树甲就必须为他送一程。因而，宋瑞珂虽说来到了第199师，但该师实权还在原师长罗树甲手里，宋瑞珂则在罗树甲的指导下熟悉该部情况。事实上，还有一种说法，包括后来宋瑞珂自己也提到：

> 这时候，我根本没有到第199师任职，一直等到该师出川，进入枣宜会战的战场时，我才奉命接任师长。

那么，率领第199师入川的就是罗树甲，而不是宋瑞珂了。

罗树甲在武汉会战中指挥第199师官兵打出了一些名堂。此人生于1878年，字衡平，湖南耒阳人。1919年毕业于保定陆军军官学校。1926年参加北伐，时任国民革命军第8军第4师少校营长。攻克汉口后，他升任第8军第2师第30团上校团长。1929年春，任国民革命军第19师55旅旅长兼衡阳警备司令。1930年6月，任第19师副师长兼第5旅旅长。抗日战争爆发后，他担任国民革命军第87军第119师师长，奉命开赴抗日前线。在支援台儿庄、保卫大武汉诸战役中，与日寇苦战，指挥部队收复了安徽潜山等地，受到军事委员会的嘉奖。

第199师在罗树甲的率领下，与日寇交战的故事不胜枚举，这里再列举该部两次奋勇杀敌的经历，以飨读者，相信读者会对该师接下来的战斗充满期待：

第一场战斗：1938年5月14日，日寇攻占合肥，迫使国民党守军第199师撤至城西小蜀山、四十铺一带后，继续调兵遣将，并占领大蜀山，企图以此为依托，进而占领六安等地。这时，为防止日寇西犯，国民革命军第26集团军总司令徐源泉决定集中第199师罗树甲部和合肥警备司令宋世科部约8 000余人的兵力，向占领大蜀山日寇第4师团第8联队发起攻击。

战斗于5月19日拂晓打响，罗部和宋部各两个团分别由井岗和城西桥秘密抵达二十里铺、打鹰岗一线。上午10时左右，罗部率先与日寇交火。日寇从侧翼将罗部包围，还派出飞机助战，反复轰炸罗部阵地。因宋部没按预定作战方案对日寇发动攻击，致使罗部腹背受敌，伤亡惨重。罗树甲师长当即命令预备队从南、北两路出击援助。参战官兵抱着收复国土的必胜信心，与日寇激战1个半小时，终于迫使大蜀山日寇丢弃阵地，向十里庙溃逃。

此战胜利，让驻守合肥的日寇惊恐万分，他们迅速集合重兵于当日下午4时半左右进行反击。罗树甲见日寇炮火密集凶猛，遂令部队撤出战斗。日寇再次占领大蜀山。

5月22日晚，徐源泉亲临第199师驻地，命令该师夜间攻击大蜀山。

当晚，罗树甲命令营长李忠和陆镇坤分别率领精兵组成的敢死队，从南、北两侧隐蔽接近大蜀山。进入日寇阵地后，他们用大刀砍死敌哨兵，再向敌宿营地投出手榴弹。战斗进行到凌晨3时左右，李忠率领的敢死队冲到山顶，与日、伪军展开激烈肉搏。陆镇坤率领的敢死队也加速前进。在两路敢死队的夹攻下，日寇慌忙逃窜。战斗持续到凌晨5时，第199师再次收复大蜀山。然而，就在当日9时左右，日寇迅速组织强大兵力，分两路向大蜀山疯狂反扑。山上的敢死队官兵奋起还击，坚持数小时后，终因援兵受阻，寡不敌众，战至中午时分，全部殉国。

此次战斗，第199师虽未最终收复大蜀山，但前后几次战斗，该师共歼敌800余人，打击了日寇嚣张气焰，使日寇不得不暂时放弃进犯六安、扩大在皖中占领更多战略要地的企图。

第二场战斗：1938年10月8日，蕲州沦陷，国军李延年之第2军残部2个半师，共20 000人退守元峰山、黄柏城一线。第87军下辖之第199师、第198师配合第2军坚守阵地，发挥了极其重要的作用。

蕲州沦陷两天后，即10月10日，日寇第116师团志摩支队3 000余人，从蕲州附近出发，兵分两路继续西犯，北路主力进攻元峰山，南路沿长江而上，直取茅山。当南路日寇进至赤西湖渡口岚头矶时，遭到了扼守渡口的第198师的迎头痛击，以一个排的兵力依托险要地形，打得日寇伤亡惨重，很长时间难以向前迈进一步。北路日寇主力进至元峰山时，遭守军第199师顽强阻击。在罗树甲的指挥下，第199师官兵与日寇血战四天三夜，迟滞了日寇的进攻。在这次战斗中，双方死伤惨重，仅元峰水洼一处，日寇即遗尸百余具，第199师伤亡数百人。后来，该师被迫退守黄柏城。

10月14日，日寇向黄柏城大举进攻，第199师在晾甲山依托石牌楼阵地，架设机枪，向敌猛烈射击。日寇纷纷倒毙，狼狈退回之后，改用炮火首先向石牌楼猛轰了半小时，然后用步兵向该地实施集团式冲锋，强力突入第199师阵地，与该师官兵展开刺刀拼杀。第199师虽说杀敌数百，自身伤亡也非常巨大，难以支持下去，不得不向蒋家山败退。

部队撤退途中，该师一名机枪射手（姓名不详）掉了队，躲在螺丝港东侧山岗树林里，正碰着一支日寇从茅山方向开来，他一人独自隐蔽待敌，突然开火，击毙日寇20余人，典型的孤胆英雄。后来，他打光了子弹，砸坏了机枪，在当地群众的帮助下，化装为老百姓逃走。此役，第199

师一共击毙日寇500余人。

随后，豫南重镇信阳失守、国民政府拟放弃武汉的消息传到前线，浠蕲边境守军顿时军心动摇，从10月19日起开始向浠水撤退。日寇随之疯狂尾追，渐次迫近浠水，沿途几乎无人抵抗。当天下午，防守蒋家山一线的西北军亦向浠水溃退，许多有利阵地不战而失。但是一批下级官兵激于民族义愤，不听上级撤退命令，转身奋勇抗战。其中，第199师就有这样的抗战英雄。

撤退命令下达后，看到所属部队陆续放弃阵地，据守雨标山的第199师某营营长谭灿华出于义愤，手提机枪，奔走呼号，激励所部士兵说："长官不打，我们打，让鬼子这么便宜侵占我们的国土，我死也不甘心。"全营400余名官兵在他的感召下重新占据有利地形，将愤怒的子弹射向敌群，击毙日寇百余。战至下午，因其他守军溃退，雨标山后侧的石头咀、右侧的土门咀等制高点，均为日寇不战而得。日寇据此居高临下，从四面包围了雨标山。这时，日酋舞刀狂叫，迫令该部官兵投降。谭灿华所部人马与日寇交战一天，没有粮食，弹药亦消耗殆尽。谭灿华愤疾高呼："祖国的好男儿，宁愿战斗死，绝不忍辱生！"甩掉机枪，拾起步枪，率400名勇士扑向前来的敌群，与之开展白刃格斗。经过1个多小时的肉搏血战，他们又刺死百余日寇。终因寡不敌众，谭灿华与全营勇士壮烈殉国，血染雨标山。

尽管该营与日寇战斗到底，全部血洒疆场，并不是上峰希望看到的结局，却反映了第199师将士的威猛和血性。带领这支队伍的主将罗树甲自然也赢得了各界的高度赞誉，使得他在第199师进入第18军建制后能够升任该军副军长，同时还是军事委员会中将参议。宜昌战役后，在时任第18军长方天的排挤下，罗树甲以生病的名义回家休养，从此离开了军界。

1944年日寇攻陷耒阳，正在生病中的罗树甲无法转移而被俘。日寇把他囚禁在溷永乡谢家村两月后，日寇知其为抗日将领，如获至宝，采取种种威胁利诱手段，企图使他变节投降，以此涣散中国军队的士气，引发中国高级将领投降浪潮。可是，罗树甲大义凛然，毫不为其所动。日寇遂恼羞成怒，兽性大发，先砍断了他两脚上的大趾，试图逼降他，仍然不能成功；日寇进而用刺刀刺他两手掌心，并对他实施百般侮辱。罗不甘侮辱，服毒自杀，终年64岁。

话说回来，这次转移任务，第18军军长彭善以及军司令部是最后一个到达重庆的。军司令部连同军直属部队都驻在青木关附近，以便在保障安全的前提下可以随时与各方取得联系。

刚落脚,彭善便召集各师参谋长以上将领开会研讨,确定做几件大事。

第一件大事是组织将校参观团,以"学别人所长"的名义,分赴成都、重庆两地军事机关、学校、部队参观。这确实很有创意,既亮出了自己的牌子,又让接受参观的单位感到自豪。

第二件大事是举办全军运动会。这个创意跟第一个相比,更妙一些,它是一个直接向观赏运动会的全体人员,不论官、商、工、农、士、学者,还是其他闲杂人员,展示第18军将士体能与军事技能的演艺场,也是一个比武场。运动会在北碚体育场举行,项目涉及全军将士体能与军事技能的一切内容,包括射击、长跑、短跑、擒拿格斗、跳高、跳远等,运动员是从各连选拔出来的在某一方面具有突出能力的官兵,裁判聘请大学体育教授担任,受邀参观人士涉及到各界名人,食宿免费招待。为了吸引人气,他们甚至请来了有名的演艺界人士前来演剧助兴。运动会持续了三天。

运动会大约在当年冬季举行,也就是将校参观团结束行程后不久。这次运动会造成的影响确实很大,进一步提升了第18军在全体军民心中的地位。赵秀昆回忆:

因目标太大,第二天(运动会召开的第二天)日军飞机轰炸了北碚,军民都有伤亡,我和北碚区长卢子英(卢作孚之弟)正坐在防空洞聊天,听到声音不对,他一把将我拉入洞内。一颗炸弹正落在洞口,衣物和所坐藤椅都炸飞了。

这次轰炸,群众的房屋炸坏多处,第18师几辆汽车也炸坏了,因而事后群众多抱怨不该开什么运动会,使北碚成了被炸目标。

第三件大事是举办阅兵式。阅兵式是全面展示部队军事素养、精神面貌、作战能力的窗口,在战争年代更是振奋民族精神、提高军队士气、蔑视侵略行径、增强战胜敌人信心的最好方式。

苏联在面临法西斯德国全面入侵、民族生死存亡关头的关键时刻,在红场举行了举世闻名的阅兵式,随即,所有参阅部队直接开赴战场,极大地提振了国民与部队官兵战胜敌人的信心与勇气,提升了苏联的国际形象,为赢得反法西斯的胜利做出了难以估量的贡献。苏联的这次红场阅兵,在军事史上占有重要地位,迄今为止,一直是阅兵的典范。二战结束后，除了英美等强国外，几乎所有国家都会不定期举办阅兵式，来展现本国的军事实力，遏制其他国家对本国发动战争的企图，维护本国乃至国际和平。

当然，第18军阅兵的规模与影响是不可能与苏联红场阅兵相提并论的，不过，它比红场阅兵早了近两年时间。这一点，也有它自夸的地方。

第18军用阅兵式的办法来推销自己，自然会引发军政学界以及普通民众更广泛的关注。1940年春，当第18军在北碚嘉陵江畔沙滩上举行阅兵式时，一向与陈诚不和的军政部部长何应钦也不得不接受邀请，亲自出面接受检阅。

这是一件很有意义的事。连对手或者说夙敌都能大驾光临，不仅证明第18军的营销策略取得了成功，而且表明第18军确实在国民政府军事高层心目中具有极其重要的地位。所以，尽管何应钦在阅兵后只是简单讲了几句就走了，但不要紧，他在这里露过面就足够了。何况，他并没全部带走自己的随员，而是留下军政部的各署、司长，分项进行视察。这些人包括兵役署署长程泽润、军需署署长陈良、军务司司长王文宣、交通司司长王景录。

为了给何应钦的属下留下一个好印象，第18师师长罗广文与参谋长赵秀昆亲自部署招待。因为工作作得不错，招待周到，这次检阅得到军政部的赞许。

不过，无论怎么推销自己、怎么与各要害部门改善或者搞好关系，都只是表面上的事情，评价一支部队战斗力是不是真的很过硬，主要得看这支部队到底训练得怎样。军长彭善深知这点，为此，他一刻也没有放松过部队训练。

自第18军成立之日起，首任军长陈诚就非常注重干部的培养和使用，立下了一条使用干部的规定：军官必须是军校出身，师参谋主任以上幕僚必须是陆大毕业；而校级以上军官均报军事委员会任免，尉级干部由军处理后定期报军委会备案。

彭善接任军长后，除了继续遵循这个传统外，还对军官进行了更为严格的培训与管理，以提高军官的自身军事素养，适应对日作战的需要。彭善采取的办法是，在第18军原有的干部训练班基础上，为了全面培训团（包含团）以下军官以及军士的作战指挥能力，从上到下，建立了一套层级分明的培训制度：

一、军部举办干训班，用以轮训团、营级军官；

二、师属干训班用以轮训初级军官；

三、团设教导队，培养军士。

按照他的设想，经过不同层级训练班培训后，团以下各级军官就能够制订更为合理的训练计划，并且在训练部队时，把培训期间接受的新观念新思维贯彻进去；军士就可以有针对性地对士兵进行新的战术与军事技能训练，提高全军训练水平与效果。

彭善的这套制度究竟会产生怎样的效果呢？结合第18军在淞沪战场、武汉外围战场上已取得的战绩，确实值得期待。在即将到来的战争中去检验吧。

顺便说一下，第18师进入四川后，从第18军派生出来的第54军首任军长、此时兼任第20集团军副总司令的霍揆章似乎仍掌控该师的军官任免权。1940年初，是他而不是彭善，免去了赵秀昆野战补充团团长兼职；在副师长李钦若与师长罗广文不和愤而离职时，又是他而不是彭善报请郭汝瑰调任该师副师长。结果，李钦若去职后，差一点掀起轩然大波。

下面这段文字是赵秀昆对这件事情的回忆：

在这一段时间，我处理过一件事，为李钦若攻击我制造了口实。经过是陶行知先生在北碚澄江镇对岸办了个育才学校，闻名全国，但经费困难，陶先生煞费苦心，到处募捐赖以维持。他为了搞好关系，避免滋扰，一次借澄江镇公所宴请北碚地区的党、政、军人员。那天到场的有嘉陵煤矿董事长兰文彬（原四川小军阀）、北碚区长卢之英、镇长王某莱和我（罗广文因不在部队，未去）共约10人。宴后陶先生特事先在对崖备好滑竿请我到该校参观，学生开会欢迎，表演节目，我和兰文彬还简单讲了话，该校简朴、生动、活泼的校风，给我很深的印象。陶先生对我说为了对学生实施军训，拟向第18师借废旧步枪10支，用过就还。当时虽传说该校与共产党有关，但我以为政府既准许它开办，且在校生多为抗战中收容的孤儿，军训又是为了抗战，理应支持，所以几天后我就借了几十支废存旧枪给该校。副师长李钦若愤而离师后，写了个小报告给蒋介石，除多方攻击罗广文外，说我是共产党，根据为借枪和看过

《新华日报》。适我有个拜过把子的同学侯志启（黄埔7期、陆大14期）在侍从室当参谋，将小报告压下来，并通知我速索回借与育才的枪支才免了是非。

14章 分进合击战枣宜（一）

1939年底，当第18军下辖之第11师在湖南岳麓山一带担任江防任务、第18师和第199师拱卫陪都的时候，他们基本上没与日寇展开交锋，更多则是进行军事训练。但在湖北战场上，第5战区司令长官部遵照军事委员会的统一部署，还是命令麾下其他各部对日寇发动了冬季攻势，不过，并没有取得很大的成效。

饶是如此，日寇还是试出了国民党军的斤两，认识到国民党军主力仍然保持了一定的战斗力，决计再次对其发动大规模攻势，捕捉其主力以歼灭之。根据这一设想，到了1940年初，受德国闪电战胜利的刺激，日寇第11军司令部提出了一个对中国第5战区的闪电战进攻计划，获得了大本营及对华派遣军总司令部的支持后，即着手开始准备，企图集中6~7个师团的兵力，于4月以后对第5战区的国民党军发动攻击。

在日寇预定发动攻击的前1个月，中国方面根据获取的情报信息判断日寇有对鄂西北大举进攻的企图，蒋介石遂命令第5战区司令长官李宗仁，必须预先展开部署，待敌暴露作战企图时，先发制敌。据此，李宗仁大致部署如下：

一、以精锐的黄琪翔第11集团军第84军守襄花公路正面；
二、以川军第29集团军王瓒绪（许绍宗代总司令）部守襄河以东地区；
三、张自忠的第33集团军守襄河两岸；
四、以孙连仲的第2集团军守北线桐柏山以北地区。

1940年5月1日，日寇兵分三路，正式对第5战区发动进攻，企图以中间突破、两翼迂回战术，将第5战区主力包围在白河东南枣阳一带，予以歼灭。日寇经过了充分的准备，在飞机大炮的猛烈轰击下，步兵迅速突破了第5战区各部的第一线阵地，然后以每天30~40公里的速度向前推进。7日，日寇第39师团进抵随阳店，第3师团攻占唐河，第13师团北进至王集，对枣阳形成包围的态势，达成了第一阶段的作战目标，似乎歼灭被包围的中国军队指日可待。

然而，李宗仁及时识破了日寇的企图，在日寇的包围圈即将形成之际，命令第84军173师殿后掩护主力部队撤退，其他各部则迅速从各路日寇交界线上留下的空隙里撤出日寇的包围圈。结果，除担负掩护任务的第173师损失了一大半人马外，其余中国军队大部及时脱离，并没有受到重大损失，使得日寇试图在枣阳一带围歼中国军队的梦想彻底破灭。

国民政府军事委员会分析日寇没有达到捕捉并歼灭中国军队主力的目的，应该会向原驻地退却，因此，命令第5战区自外线对日寇实施反包围，由两翼将日寇向中央压缩，对其加以围歼。

第5战区司令长官部下辖各部执行了军事委员会的命令。自5月12日起，北线，以第31集团军6个师在向樊城东北集结的日寇第3师团发动攻击，歼敌4 000余人；南线方面，则以张自忠的第33集团军5个师追击日寇，并与在西面以及东南各6个师的中国军队相互配合，将3个师团的日寇包围全歼。

5月14日，张自忠亲率第33集团军总司令部直属的特务营以及第74师下辖的2个团，渡过汉水进到枣阳地区堵截南撤日寇，在南瓜店附近一举将日寇截为2段。这时，日寇急忙调集重兵，自南向北向张自忠部实施夹击。5月16日，当日酋从电讯得知对手是张自忠率领的人马后，立即调来飞机大炮猛轰张自忠部占领的阵地，并迅速在南瓜店一带对第33集团军司令部实施了反包围。由于两军实力悬殊，张自忠身中数弹仍奋力杀敌，但最后寡不敌众，所部伤亡殆尽，张自忠壮烈殉国，是为抗战8年中督战殉国之唯一的集团军总司令。

张自忠殉国后，南线中国军队的反击行动随即遭到日寇反扑。鉴于日寇攻击势头强劲，第5战区司令长官部只能命令各部停止追击，将部队退往白河以西地区。日寇则步步紧逼，先攻占了襄阳、樊城，后又大规模西进，直捣老河口、均县，大有一举摧毁第5战区长官司令部之势。这种情况下，李宗仁不得不抽调驻守在宜昌城的第75军和第94军由汉水渡河，取捷径在襄樊以北、新野附近集结,决心不惜一切代价和日寇决一死战。

第75军和第94军都在江防军司令郭忏的管辖范围里。除此之外,郭忏手里还掌握着萧之楚的第26军和李延年的第2军。这4个军全部加在一块,总计12个师的人马,任务主要是保证宜昌的安全。为此,郭忏将萧之楚的第26军和李延年的第2军部署在宜昌外围,分别据守汉水西岸、巴东一线,作为抵挡日寇攻击的第一线部队;周岩的第75军和他自己兼任军长的第94军则部署在宜昌城里,作为第二道也是最后一道防线。

郭忏深知江防责任重大,因而在接到李宗仁的命令时,并不同意将第75军和第94军派遣出去,遂再三向第5战区司令长官陈述他的忧虑。直到李宗仁大发雷霆,指责他是在保存实力,才不得不命令第75军和第94军即刻启程,迅速赶往李宗仁指定地域。这样一来,实际上,宜昌虽然构筑有防御工事,却没有守备兵员,俨然成了一座空城。

那么,郭忏为什么如此重视宜昌呢?事实上,不仅郭忏非常重视宜昌,军事委员会更加重视它。这是它特殊的地理位置决定的。宜昌位于湖北省西部,长江三峡以东,素有川鄂咽喉、三峡门户之称,是长江航运的重要转运站,西去10余里的南津关,扼西陵峡的入口处,自此以西,南北两岸均为高耸的山岭,江面狭窄,易守难攻。为此,在日寇全面入侵中国,并且已经攻陷了武汉以及鄂西大片地域后,宜昌便成了陪都重庆的第一道门户,宜昌如果失守,日寇就取得了一个进窥重庆的前进基地。身系陪都安危,国民政府以及军事委员会自然极其重视这里,在宜昌设置了江防军总部,任命郭忏为江防军司令官,统率4个军12个师的人马防守宜昌。

军事委员会如此重视宜昌,李宗仁当然不能不把宜昌放在心上。老实说,在下定决心把郭忏手下的人马调走一部分之前,他犹豫了很久。最后,他认为,日寇的主要目标是为了聚歼中国军队,而不是夺取宜昌,终于下达了调动命令。

然而,李宗仁的判断与日寇的真实意图大相径庭。日寇发动这次作战的目的,主要是为了彻底肃清中国军队在汉江地区的袭扰,免受牵制,节约守军,便于运转兵力,抢劫资源,确保武汉的安宁,以及将中国军队驱逐于大巴山以西,并将谷口封闭,以窒息中国军队,从而改变战场态势,使之居于主宰战场的有利地位。因而,攻占宜昌都是日寇这次作战的既定目标。不过,日寇非常清楚,直接夺取宜昌,一定会碰到很大的困难,乃至遭到失败,为此便采取声东击西的战术,先向襄阳、樊城猛攻,迫使第5

战区司令长官李宗仁将守卫宜昌的军队调走，造成宜昌空虚，然后突然改变攻击方向，攻下宜昌。

当第75军和第94军遵照李宗仁的命令，渡过汉水，抵达唐白河附近，准备侧击向襄樊西进之敌时，他们连一个日寇的影子也没有见到。

驻守在宜昌的中国军队全部调出来后，攻击宜昌的时机已到，日寇迅速调整部署，将主力转移到汉水西岸一线，攻占南漳之后，立即以南漳为轴心，倾尽全力往南疾进。这样一来，日寇的战略目的就暴露无遗了：夺取雄踞大巴山谷口扼长江咽喉、控制川鄂豫湘四省通衢的宜昌。

当日寇集中第3、第13、第39师团共10万余众攻到宜昌正面之际，江防军左翼的当阳、荆门以及远安、南漳诸县未作任何战备，日寇如入无人之境，不费吹灰之力就将上述很多具有军事意义的要点抢到了手。

这时，郭忏深感军情紧急，立即向军事委员会作了汇报。征得军事委员会同意后，他急忙把驻守巴东、秭归一线的李延年第2军调到当阳、荆门一线迎击北来的日寇；急令第75军和第94军回调，保卫宜昌安全。

在日寇已经抢得先机的情况下，郭忏采取的这些措施能否挡住日寇的攻势，谁也不清楚。尤其是第75军和第94军在回调过程中，沿途都会遇到日寇的阻截，能否顺利返回宜昌，更是一个未知数。显然，要想抵御日寇的攻击，不能仅仅只把希望寄托在这些部队身上。这样一来，国民党军王牌部队，远离战场一年半之久的第18军似乎已到了重返战场，杀敌扬威的时候了。

果不其然，鉴于日寇这次攻击行动的战略意图已十分明朗，宜昌形势十分凶险，第5战区已失了先机，陷入被动，江防军又没有足够的力量保卫宜昌，军事委员会只得急命第18军、新11军、第39军等部，以最快速度增援宜昌；并将第5战区分成左右翼两兵团，左翼兵团长由第5战区司令长官李宗仁兼任，右翼兵团长则由政治部部长陈诚担任。

军事委员会赋予右翼兵团长陈诚的使命是，指挥江防军及第9战区部分军队，负责指挥沙市宜昌地区的作战行动。

陈诚临危受命，于6月3日抵达宜昌，并进驻附近的三游洞开设指挥部，正式指挥宜昌一带的中国军队与日寇作战。由于宜昌此时缺兵少将，他赶紧要求仍在重庆、万县整训的第18军之第18师、第199师紧急船运宜昌，担任守备任务。

这时，第18军的另一核心部队第11师早已接到命令，在方靖将军率领下,马不停蹄地从湖南长沙出发,经常德、津澧地区到达当阳。

第11师在方靖、胡琏的率领下,从湖南长沙长途跋涉赶到湖北后,临时接受第2军军长李延年的指挥,担负固守当阳重任。

该师是在1940年5月中旬到达当阳的。师长亲自勘察了当阳附近的地形,并对日寇的可能进攻方向、作战部署、战术战法进行了综合分析,方靖与胡琏经过多次商讨,确定了各团固守地域,明确了各团担负的使命:第31团占据当阳以北正面阵地以及西北的九子山高地;第32团则占据当阳以东正面;第33团占据当阳正南面;以补充团为预备队,控制于当阳至城西长坂坡一带的机动位置,以便接受增援命令后,随时可以投入战斗。

各团接受命令后,迅速进入指定位置,按照师长、副师长的要求,加强原构筑的防御工事,将各种设施修筑得相当周密。

1940年5月底,当第11师官兵刚刚完成了加固防御工事的任务后,日寇差不多快要兵临城下了。这时,方靖、胡琏决定召开战前动员大会,激励士气,鼓舞斗志。师长方靖在会上告诫全体官兵:"当阳长坂坡,是当年三国时刘备破曹处,此次战斗倘若当阳失守,宜昌不保,日寇就会将我们窒息西南,国家生死关头到了,我师必须人人做张飞、赵云,使日寇有来无回。"

胡琏接着说:"我们就是要像当年张翼德大闹长坂坡那样,杀得日本鬼子片甲不留。"

张飞、赵云的故事激励了多少中华男儿的报国热情!方靖、胡琏的动员一下子勾起了全师将士的情绪。他们热血翻滚,浑身上下充满斗志,恨不得马上投入战场,与日寇再度交锋,用他们的生命与热血实现成为当代张飞、赵云的梦想。

第11师很快就与日寇再度交手。6月6日,日寇前锋长驱直进,向把守在荆门观音寺一带阵地上的第2军之第76师展开了凶猛的进攻。该师官兵与敌人仅仅战了一个回合,就败下阵来,立即向西撤退。随后,第2军主力受到牵连,亦不得不全面后撤。这样一来,不仅第11师失去了左翼的掩护,而且把该师布设在这一带的阵地直接暴露在日寇面前。一场血与火的大战马上就要打响了。

大战在即的紧急关头,方靖、胡琏再次深入各团检查作战准备情况,鼓励士气,稳定军心,为即将到来的战斗做最后准备。

6月9日凌晨,日寇开始向第11师把守的阵地发起全面攻击。第11师官兵奋起抵抗，三位团长皆亲临前线督战，指挥官兵屡次挫败了日寇的进攻，将日寇阻挡在该师的阵地面前无法前进一步。

当天下午2时左右，师长方靖正指挥人马与日寇激战方酣，突然接到在汉水西岸一线掩护其侧翼之第26军军长萧之楚的电话，大意是说第55师河溶以东的阵地已被日寇突破，他与该师师长杨勃的电话已经中断；日寇正由河溶西面向鸦鹊岭方向急进；第26军正面激战甚烈，亦难支持，马上就要撤退。这样一来，第11师防守的当阳即将成为一座孤城，第11师何去何从请方靖自行斟酌。

第11师这次重返战场，就是要像张飞、赵云一样在当阳树立雄风，第2军可以撤退，第26军可以撤退，第11师绝不能撤，无论如何不会撤退，哪怕当阳只是一座孤城，第11师官兵也要钉在这里，与日寇血战到底。方靖心里发狠了，甩下电话，继续从容不迫地指挥各路人马与日寇作战。

这时，第11师所辖各团正与日寇陷入苦战。尤其是当阳西北地区第31团坚守的九子山高地，战况更加惨烈。在这里，日寇步兵在飞机、大炮的助阵下，撕开了一道口子，夺取了部分阵地。该团团长罗贤达立即抽调人马展开反攻。倒下了许多将士后，该团又收复了失去的阵地。日寇也不甘示弱，被赶出阵地以后，立即组织人马发起反扑。接下来，日寇与第11师31团官兵围绕这处阵地拼死争夺，使得它反复易手，双方留下的兵士尸首堆积如山。在日寇的疯狂反击面前，31团武器装备与日寇相比处于劣势，人员伤亡更为严重，以至于部分阵地被日寇夺取之后，再无力收复。整个高地立刻处在危急状态。

历来最危急的时刻，也是战场情势最易转换的时刻，要使战况朝有利于己方的方向转换，就必须洞察先机，提早下手，投入预备力量，在敌人意想不到的地方，给予致命一击。副师长胡琏得知前沿战报，立即意识到迫使该敌退却的时机来临，遂亲率一支人马赶去增援，同时派遣另一支人马抄袭日寇后路，试图与坚守阵地的第31团官兵一道，三面合围这股日寇，将其予以歼灭。

日寇察觉了中国军队的意图，担心被包围，迅速撤离战场。胡琏的行动虽说没有达成预期目的，但第31团的危机因此得以解除，同样功不可没。

第11师各团与日寇的战斗一直持续到晚上。第2军军长李延年率领该军所有人马全部撤离战场后，闻知第11师仍在孤军奋战，担心这支部队遭到覆灭不好向陈诚交代，还忧虑一旦第11师奋勇抗敌的事迹与第2军没有尽全力与日寇搏杀的消息同时传扬出去，会令同属蒋介石嫡系的第2军全军上下蒙羞，或许还有什么别的原因，他亲自下令第11师放弃当阳，撤至大峡口山地一带迟滞日军。

方靖、胡琏率领第11师官兵进入当阳阵地与日寇作战以来，激战一天，重创敌军，自身亦付出了巨大的伤亡。在其他各部全部撤离战场之后，第11师成为一支孤军，仍然继续战斗了一天，实现了方靖、胡琏在当阳再造张飞、赵云英雄事迹的梦想。此时有了撤退的命令，二人自然见好就收，为了避免遭到日寇的重围，立即指挥所属人马脱离与日寇的接触，乘夜撤下战场，一路后撤至大峡口、风洞河一带，在那儿构筑阵地，准备再度抗击敌人的进攻。

且不说第2军、第26军这些部队如果能够像第11师一样坚守各自的阵地，将会对枣宜战役产生怎样积极的影响；就是后撤了，要是他们能够像第11师一样按照预定计划逐步抵抗敌人，那么，枣宜战役很可能是另外一个结局。然而，偏偏他们不能像第11师官兵一样有血性，也不能像第11师一样执行命令。

这时候，先前撤退的第26军，一退便成了溃退，原本按计划要在宜昌外围节节抵抗的该军，却一口气退过了长江南岸，使得宜昌和沙市之间成了真空地带，没有中国军队防守。日寇当然不会放过这个大好机会，一鼓作气向前推进，直逼宜昌城外围阵地，这让刚到宜昌防守的第18军第18师、第199师陷入了空前危机。

军长彭善6月3日接到重庆军事委员会的紧急命令。这个命令的主要内容是着该军船运宜昌，担任宜昌守备任务。彭善深知军情紧急，一刻也不敢耽搁，迅速编列部队向宜昌地区开进的行动计划，确立下属各部的开进次序是：第18师、军部及军直属部队、第199师。

彭善给予最先朝宜昌开进的第18师的准备时间只有一天。这天之内，师长罗广文和参谋长赵秀昆不仅要收拢部队、对部队进行紧急动员、编列行军计划，而且还要做好弹药以及其他各种作战物资的补充工作。好在罗广文和赵秀昆都是富有经验的高级指挥官，在彭善给定的时间里，做好了部队开进前的所有准备工作，于6月5日率领全师人马由北碚乘坐木船驶至重庆码头，然后改乘轮船顺江而下。6月8日深夜，罗广文、赵秀昆即率领先头部队到达宜昌码头下船，进入市区。

第二天，罗广文与参谋长赵秀昆视察了地形。根据军长彭善赋予的担负宜昌城的守备任务之命令，罗广文、赵秀昆亲自勘察地形得出的结论，作出如下兵力部署与阵地配备方案：

以唐启珉之第52团和张涤瑕之第53团担任宜昌前沿阵地的守备，防守地域右自长江江岸，左到镇境山（其中，第53团放置于镇境山上防守，第52团于山下设置阵地，准备构筑防御工事后，对来犯的日寇迎头痛击）；

以皮宣猷之第54团防守城区，并做好巷战准备；师指挥所设在镇境山（镇境山是一个独立高地，有瞰制四面之利，其西南是飞机场，成为宜昌阵地的要点，山上构筑的有半永久工事，稍微加强，就可以作为防御日寇进攻的坚固阵地），以便及时了解前线战况，做出相应反应。

就在当天晚上，该师所有人马全部抵达了宜昌，按照罗广文的命令，进入了各自的防守位置后，为了抗击日寇，立即着手加强阵地与防御工事的工作。

紧随其后跟进的军部以及军直属部队也很快进入了宜昌。彭善把第18军军部驻扎在川江隘口南津关附近。随后，第199师紧接着也抵达了宜昌，根据彭善的命令，该师布防于宜昌西北南津关、小溪塔地区，掩护第18师左侧和机动使用。

当第18军军部、第18师、第199师全部进抵宜昌地区，刚刚安顿下来，还没有来得及完成加强工事的任务时，就听到了日寇向宜昌发动攻击的脚步声。

6月10日，日寇自古老背、鸦鹊岭、双莲寺三路进兵，逐渐迫近第18师的阵地，立即派遣小部队窜扰第18师把守的地域，向阵地上打枪打炮，进行火力侦察。为了不暴露火力点以及阵地编制，罗广文严令各部不准实施火力反击。

6月11日拂晓，日寇向第18师把守的城郊阵地展开了全面攻击。跟往常一样，日寇首先对准备攻取的阵地实施猛烈炮火轰击，并出动飞机轮番投弹扫射。因为原有的阵地工事修筑得不是很好，第18师来不及加固工事，以至于该部在日寇的炮火与空中轰炸之下颇有伤亡。紧接着，日寇兵分三路，从东山寺南北和镇境山以东三个方面向第52团和第53团防守的阵地展开猛攻。

这2个团的官兵奋起反击，用步枪、机枪、手榴弹与日寇展开搏杀。当日寇冲入阵地前沿时，他们甚至与敌人展开了惨烈的肉搏战。一个上午的时间，守军接连打退了日寇的多次进攻，顽强地守住了阵地。

但是，到了中午前后，第52团防御阵地之城郊至镇境山中间一段被敌人突破。团长唐启琨试图从其他方向抽调人马堵死这一缺口。可是，日寇一旦打开了缺口，后续部队源源不断地冲了过来，该团各部又被其他方向的日寇牵制住了，唐启琨的企图无法实现，只能眼睁睁地看着日寇涌进了这一突破口。就这样，该团被日寇的铁蹄截成两段，唐启琨无法对本团人马下达命令了，只有率领手下人马一边与日寇作战，一边撤入市区。

日寇涌入突破口，就立即向位于城西北的飞机场发展，致使守城的第54团、第52团一部以及凭借地形帮助坚守镇境山的第53团之间的联络被隔断。这一层隔断比起日寇隔断第52团阵地之间的联系，带来的危险更为严重，不仅使得城内城外的守军形成各自为战的局面，而且使处在战场上的第一线部队第52团与第53团腹背受敌。

情况万分紧急，动用机动部队的时候到了。军长彭善立刻调动第199师一个团的兵力到前坪背后占领310高地，掩护第18师侧背。同时，军长彭善与参谋长梅春华一道来到前坪高地指挥观察当前战况。

就在师长罗广文和军长彭善采取措施稳固阵地之际，宜昌城几乎没有经过像样的战斗就陷落了。

给宜昌带来厄运的不仅是第52团那批撤到市区的官兵，更大的责任在第54团身上。大约在上午10时，第52团一部被迫撤入市区，日寇随着就追赶过来，即刻向市区发动攻击。这下，立即在城里引起了混乱。把守在城里的第54团官兵还没与日寇作战，信心立马就动摇了。但在团长皮宣猷的严令下，官兵们还是硬着头皮阻击进攻的日寇。当日寇迅速打开一道缺口时，官兵们的士气彻底涣散，他们再也不听指挥了，大多数官兵蜂拥着准备过江，逃往西岸。找到船只的逃出了一条性命，没有找到船只的转而求其次，夺到一块木板也是好的，最不济的人就只好泅渡，结果不少人淹死在江中。

当然，也有一部分官兵出于对日寇的憎恨，在混乱之际保持了清醒的头脑，向已经攻入城内的日寇实施猛烈反击。邓萍营就是这样的英雄。该营一部把守在中国银行和聚兴诚银行一线阵地。在日寇先头骑兵部队由城东交通要冲杨岔路突入城区中心地段来到这里的时候，坚守在中国银行和聚兴诚银行内的邓萍营官兵凭借"两行"坚固的钢筋水泥建筑物为掩体，以机步枪打得日寇之骑兵人仰马翻，数十名敌人当即毙命。日寇随即反扑，却遭到邓萍营的顽强阻截。久攻不下之际，日寇竟然惨无人道地发射烧夷弹，将这一带化为火海。邓营除少数官兵化装躲进宜昌红十字会外，绝大多数在烈火中壮烈殉国。

对邓萍营的壮举，陈诚连发三电向蒋介石报告情况。后来人们把邓萍营坚守宜昌"两行"的官兵同"八·一三"淞沪抗战坚守"四行仓库"的八百壮士相誉。

可是，邓萍营的行动只是个体，毕竟不是全团官兵都能像该部一样反击敌人，这种反击在日寇强大的攻击面前，很快就支撑不住了。团长皮宣猷一看大事不好，只有丢下部队，畏罪潜逃了。

到了黄昏时分，彭善终于搞清宜昌城里出了什么状况，不由得大为吃惊。他怎么也没有想到，第54团竟然如此不济事，还没有怎么跟敌人作战呢，自身就完全垮了。难道宜昌就这样落入敌手了吗？不，宜昌还没有丢，而且也不能丢。这不仅深关第18军的颜面，更是深关陪都安危的大事，他无论怎么都丢不起这座城市。立即命令第18师师长罗广文到后坪收容从宜昌城逃出来的部队；以该师副师长和参谋长赵秀昆指挥第53团继续把守镇境山，以此当做收复宜昌城的支撑点；命令第199师自小溪塔以南地区向日寇发动逆袭。

正当彭善积极为收复宜昌城调整兵力部署时，他丝毫没有想到，当天入暮前，镇境山就落入敌手，使他的希望顷刻之间化为泡影。

原来，彭善刚刚下达完新的作战命令，日寇就集中火力向坚守在镇境山的第53团发动猛攻。这一次，为了迅速拿下这一阚制整个宜昌的制高点，彻底断绝中国军队反攻宜昌的希望，并且牢牢控制宜昌，日寇调集了几乎所有的炮兵，在同一时间对镇境山实施持续猛烈的袭击；与此同时，还出动飞机向把守在这里的第53团官兵投掷大量的炸弹。很快，整个镇境山都被敌人的炮弹与炸弹爆炸产生的硝烟与尘埃遮盖了，到处都弥漫着刺鼻的硝烟气息。

第18师掩蔽部同样不能幸免。当硝烟浓度愈来愈烈的时候，整个掩蔽部里霎时充满了令人难受的气息，人人都感觉呼吸困难。在这样的情况下，如果坐镇指挥的师参谋长赵秀昆能够镇定自若地坚守岗位，或者说果断地采取某些措施稳定军心，久经战火考验的师指挥人员乃至整个第53团官兵应该可以继续坚守下去，直到军长彭善派遣的第199师向城里的日寇发动攻击。那么，日寇刚占领宜昌城，立足未稳，制高点又掌握在中国军队手里，即使不能收复宜昌，也可以坚持到陈诚派遣更多的兵力前来救援。

到了那时，宜昌战局究竟会发生怎样的变化，还在未定之天。然而，赵秀昆不仅没有起到稳定军心的作用，反而在素来胆小的参谋主任汤国城喊了一声"是毒瓦斯"之后，被吓怕了，立刻将计就计伪装中毒，一下子倒在地上。这一下，别说坚守，日寇就是仅仅只用一个小队的人马一冲，整个镇境山的中国军队就全部逃跑。

就这样，仅仅经过一天的战斗，第18师就等于是拱手把宜昌交给了日本人。

但是，到这时为止，第18军的作战行动还没有结束。第199师师长宋瑞珂根据军长彭善的命令，已经率领人马从小溪塔以南地区向日寇发起了反击。战斗相当激烈，并且一直持续到了第二天中午。在宜昌已经全部落入敌手，彭善意识到仅凭一个师的力量注定不能反击成功，遂不得不命令该师停止了战斗。

至此，第18军针对宜昌地区第一阶段的作战行动宣告结束。

自从在武汉外围的作战行动结束后，第18军远离战场达1年半之久，不仅军里的主将换人，而且随着部队编制的调整，下辖各师的主将也全部易人，在这次枣宜会战中，以一套全新的班子与全新的队伍参与到对日作战行动上来。军长彭善在第11师担任师长的时候，率部历经淞沪会战、武汉会战两场规模宏大的战争，打出了威风，打出了中国军队的血性，是一个有勇有谋的抗日将领，他肯定没有想到，自己执掌第18军的首战，竟然会打成这个样子。根据以往在对日作战过程中总结出来的经验，他做出了妥当部署，率领人马以稳健的姿态、以有我无敌的战斗精神投入作战行动，却以完全出乎他的意料的结局收场，确实是一件令人遗憾的事情。假如在开进枣宜战场的时候，第11师仍然控制在彭善的手里，他用第11师来固守宜昌，即使面临日寇的疯狂围攻，一时半刻得不到援军，也会坚守到底，最不济也不会出现团长逃跑、官兵奔命的局面。可是，第11师与第18军分离了1年半之久，该师从湖南开进战场后，暂时归属第2军军长李延年指挥，并不在他的掌控之中。换作第199师防守宜昌城，将第18师部署在宜昌的外围如何呢？从第199师的抗战经历来看，这样的部署确实要好得多。毕竟，这个师不像第18师一样，在抗日战场上，竟然会出现如此众多的令人匪夷所思的事情。如果说淞沪会战时期的第18师师长朱耀华自杀是一个职业军人为了捍卫自己以及部队的荣誉做出的最悲壮最值得世人尊敬的行为，那么，尔后的师长李芳彬在富池口之战最后关头撇开部队独自逃跑，以及在这场战斗中第54团团长皮宣猷畏罪潜逃、师参谋长赵秀昆伪装中毒致使镇境山守军不得不撤出战场，就绝对不可原谅了。事实上，赵秀昆的行为最后还是得到了原谅（是他的行为没被拆穿），他继续在师参谋长的位置岿然不动，甚至后来还调去第18军的核心部队第11师担任师参谋长。

在这次作战行动中，军长彭善与军参谋长梅春华的表现是怎样的呢？根据第199师师长宋瑞珂后来对枣宜会战的回忆，我们可以清楚地了解当时的情景。他写道：

> 宜昌城区、飞机场均为敌占。彭善和我都在前坪东端30余米的小高地上，敌人的弹着点不断落在我们的前后左右。第18军军医处长王文明，一再建议移动指挥所位置，彭善坚定沉着，坦然处之，不顾个人安危，聚精会神指挥战斗。其参谋长梅春华目睹第18师官兵溃退时狼狈情况，内心焦灼，但外表沉静，乃从图囊中取出少将领章，从容戴上，率领卫士二人，走到通镇境山的路口，一面阻拦第18师溃兵，一面不断地说："军长还在这里，你们往哪里跑？"截住的连、排长，就叫他们收容部队，在小桥溪北岸防守。
>
> 梅春华之所以要这样装扮，是由于第18师拨归第18军建制不久，该师官兵多不认识他是参谋长，戴上领章使溃兵见之是高级军官，不敢乱跑。
>
> 到晚间，赵秀昆被担架抬下来说是中了毒气，彭善立即叫军医处长王文明（6年前跟我当过卫生队长）赶快抢救。王诊断后，悄悄地说："并未中毒。"我嘱咐他不要说出去。

这时，第199师第595团已在310高地附近占领阵地，掩护第18师收容部队。10时左右，罗广文已到前坪，彭善命他将收容起来的部队，在南津关、后坪布置防御阵地。军指挥所于下半夜移驻三游洞以北之冰厂附近。陈诚的指挥所于夜间移往太平溪。

紧接着，宋瑞珂分析第18军此次作战失利的原因，说：宜昌的迅速陷落，主要是重庆军事委员会不重视，缺乏事先准备，临时又将江防军抽调一空去参加襄东战斗，到情况危急时，才调第18军（欠第11师）仓促应战，立足未稳，且兵力不足。第18师一个师防守宜昌郊区17~18里的正面，阵地既无坚固工事，又无纵深配备，以致一触即破。新兵多，素质差，部分干部如皮宣猷、汤国城平时爱讲表面，又缺乏作战经验，战斗意志不强，也是一个重要原因。

宋瑞珂找出了一些症结，却似乎并不完全实事求是，最起码，军事委员会对防守宜昌是相当重视的，缺乏准备也好，把守卫宜昌的江防军抽调一空也好，不是军事委员会的错，错在第5战区司令长官李宗仁。是他因判断失误将原来驻守宜昌的2个军全部调走，给了日寇可趁之机。

事实上，宜昌就这么丢掉了。宜昌对于拱卫陪都重庆的作用是如此的重要，以至于彭善丢不起，陈诚同样丢不起。紧接着，陈诚将会指挥第6战区的中国军队全力以赴地反攻宜昌，以达成收复宜昌之目的。于是，枣宜会战就进入了下一阶段——中国军队为收复宜昌展开的反击战。

15章 分进合击战枣宜（二）

宜昌丢失，重庆震动。尽管摆在军事委员会面前的当务之急是收复宜昌，而不是处分相关责任人，但为了严明军纪，激励士气，警告那些在作战指挥中不尽心尽力的高级将领，蒋介石还是决定对郭忏小惩大戒。为此，他接连发了两道命令：一是重新划分第5战区、第6战区（第6战区是在枣宜会战早期成立的，其起源应是军事委员会将第5战区划分为左右两个兵团，由陈诚负责的右翼兵团基础上建立起来）的防守范围与作战方向，将收复宜昌的任务交给第6战区司令长官陈诚；二是撤销江防军司令郭忏的职务，将其移送到重庆查办。

事实上，蒋介石这样做作秀的成分居多。因为他很清楚郭忏与陈诚之间的关系，知道军事委员会既然已经授予陈诚全权指挥第6战区各部人马收复宜昌的重任，郭忏又是陈诚的心腹，陈诚就可以借口需要能够为自己赴汤蹈火的下属，向军事委员会以及蒋介石本人提出请求，让郭忏逃过一劫，以此既达到警告其余，又给予陈诚面子的目的。最后，事情按照蒋介石的设想发展，因陈诚求情，郭忏被军事委员会定为戴罪立功，仍然保留江防军司令职位。

这时，陈诚手里掌控的人马仍然有限，他非常清楚，仅凭自己的人马是无法完成军事委员会赋予的使命，便分别与第5战区司令长官李宗仁和第9战区司令长官薛岳商量，让他们将宜昌附近的部队暂时交给他指挥，以增大反攻宜昌的资本。

薛岳与陈诚关系非同一般，没有不答应的道理；李宗仁对丢失宜昌负有很大的责任，宜昌收不回，他难逃干系，自然会对陈诚鼎力相助。为此，陈诚几乎没有费什么事，就从李宗仁、薛岳那儿得到了他希望的资源。

紧接着，为了不使分布在鄂西地区的其他日寇增援宜昌，确保反攻宜昌的部队能够顺利收回这一战略重镇，陈诚展开了新的部署：

在长江以北，第11师火速归建第18军，并以第18军全军驻守在宜昌西北的南津关、小溪塔地区；第75军驻防土垭以北地区；第94军驻双莲寺附近；第2军驻当阳西北；第31集团军驻荆门西北；第33集团军驻远安以西；第29集团军在远安西北地区。长江以南方面，溃逃过江的第26军原地驻守宜昌对岸的北斗山、安安庙、五龙口沿江一线；第73军驻守宜都、松滋太平口沿江一线；第87军驻守在公安、石首一线。

陈诚打算，等待各军到达了新的防地，准备妥当之后久立即向日寇展开反攻。

在陈诚调整部署的同时，日寇在轻松攻下宜昌之后也调整了防守态势，将整个枣宜战场分为南北2个守备地域：宜昌到沙市间的沿江地域划规为南阵地，由日寇第13师团及第39师团之一部负责防守；镇境山、双莲寺、当阳至荆门一线则划归北阵地，由日寇第3师团、第114师团及坦克部队防守；日寇将主力放在汉宜公路上，用以保持公路的畅通性以及利用公路的机动性，随时策应各地守军。

中国军队方面，当各部陆续进入攻击位置之后，陈诚正要下令各部同时展开反攻。日寇却先发制人，派遣人马占领了宜昌城西的制高点磨鸡山。为了夺回这个重要的据点，陈诚不得不暂停其反攻宜昌的计划，首先以第2军、第94军等部向磨鸡山上的日寇展开反击。

原本本书讲述的是第18军在战场上与日寇浴血奋战的故事，对于国民党军其他各部的作战情况，只要跟第18军关系不大，便一概不谈，可是，自此开始，大约过了半年的时间，第94军第185师师长方天就要接替彭善的第18军军长职位，该师第553团团长杨伯涛以后亦逐渐当上了第18军军长，故这里简要介绍下该师在这时与日寇的作战情况，看一看方天在彭善离职后接替第18军军长是否名至实归，同时使读者对杨伯涛留下一个粗浅的印象。

方天的第185师进入攻击准备位置后，6月12日，与日寇展开前哨战。

旗下杨伯涛之第553团率先接敌。该团展开于双莲寺西北地区，阵地是绵亘的山地；日寇阵地则是丘陵地带。杨伯涛用望远镜观察敌情，看到日寇在双莲寺以西地区早已摆好阵势，其炮兵正向第553团占据的山头稀稀疏疏轰击；其步兵则原地待命。杨伯涛判断该敌主要是掩护其进攻宜昌部队的后方交通，便决定首先消灭这股敌人，威胁攻击宜昌之敌的交通线。

于是，他首先命令迫击炮居高临下，对准敌人的目标实施猛烈轰击，紧接着，出动步兵朝敌人发动攻击。

日寇虽说兵力很少，但火力很猛，即便承受了杨伯涛部的炮火攻击，还是将第553团挡在阵地面前达好几个小时。直到当天下午3时左右，实在难以承受第553团持续的攻击，日寇遂向后撤退。

第553团首战告捷，激励了第185师全体官兵的士气。次日，该师以截断汉宜公路日寇后方交通为目的，出动全部人马于拂晓时分向鸦鹊岭攻击前进。

涂焕陶率领第554团首先到达公路，未发现敌人，即在公路上占领阵地。不到1个小时，日寇就从东、西两面向该团扑来，顿时枪声大作，敌我双方展开了激烈的攻防战。这时候，杨伯涛率领第553团正在该团左侧前进。听到枪战声，杨伯涛立即命令部队在该团左翼延伸，靠公路北侧占领有利地形，侧击围攻第554团的日寇。

日寇挨了打，并没有惊慌，由靠东的一拨日寇转头对付第553团。为了消灭这支中国军队，彻底解除侧翼的威胁，日寇甚至向这个方向调来6辆轻型坦克。

富有作战经验的杨伯涛当即命令第553团2营重机枪连安排2挺重机枪，由山头转移到山脚，俟日寇坦克驶近约300公尺处，向其展开猛烈射击。

这一着确实厉害。如把重机枪部署在山上，射出的子弹与坦克成锐角，子弹会发生弹跳，难以构成对坦克的危害；如将重机枪转移到山脚下，射出的子弹与坦克成直角，初速大，穿透力强，能够贯穿坦克的下部和履带薄弱部分。日寇最先头的一辆坦克被命中，趴在地上动弹不了。后面的坦克见势不妙，只有躲开重机枪火力的攻击范围，再也不敢前进。跟在坦克后面的日寇步兵大约100人，也退回到公路一旁，向中国军队阵地射击。

这样一来，日寇等于是放弃了对第553团的攻击与歼灭意图。该团遂在杨伯涛的指挥下，在阵地上与日寇互相对射，都不能前进。

此战，第553团副团长罗绍昌中弹身亡。在战场的另一端，第554团趁势把阵地转移到公路北侧，试图以此调动敌人，创造消灭敌人的机会，却没有达成目的，只能与日寇继续在新的阵地形成对峙局面。

师长方天、副师长石祖黄、参谋长李仲辛此时正随第553团行动。他们将第555团控制在后面作为预备队，没有投入战斗。

与日寇相持到晚上，杨伯涛发现日寇由宜昌方面来的汽车一辆辆衔尾向东疾驰,立即命令迫击炮对其实施炮击,可惜白天没有测量,夜间匆忙开炮,掌握不了距离,收效不大。他正待命令调整射程之际,师长方天下达了撤退命令。

这时已经午夜了,杨伯涛迅速把部队编成行军纵队,凭着指北针和北斗星判定方位,摸索着向北撤退。走不到5里,听到前面左侧人语马嘶,仔细一听,是日寇的口音。此时要是开枪射击,不知敌人的确切位置,打不着敌人,反而把自己暴露了。杨伯涛掂掇再三,只有横下一条心,命令队伍若无其事地照样前进。该团和日寇擦肩走了几十米路程,然后各自分开。第94军第185师的攻势行动就此画上了句号。

第185师与日寇作战之际,第18军又在干什么以及准备干什么呢?

熟悉军事特别是作战理论的人从陈诚的部署中可以发现端倪:他赋予其他各部新的任务之目的在于牵制日寇的行动,为第18军收复宜昌提供良好的作战环境与条件。毕竟,宜昌是从第18军手里丢失的,必须让第18军在宜昌把这个脸面找回来。

彭善又何尝不是这样想的呢?这时,虽说因第11师的归建,第18军下辖的3个师全部汇集,战斗力增强了,可是,从湖南开到枣宜战场来的时候只有8 000余官兵的第11师在当阳一战中损失惨重,显然无力承担艰巨的主要作战任务;第18师溃散了一半,目前尚在收容整理部队,同样没法承担大的战斗任务;只有第199师还保全了战斗力,无疑充当了此次第18军的主打力量。话虽如此,在收复宜昌这么重大的战斗过程中,他不能让第11师置身事外。这是他的老部队,是一支很有战斗力的部队,即使打残了,也比其他国民党军强很多。为此,他还是命令第11师向镇境山发起进攻,夺回这一制高点,打开收复宜昌的大门。

第11师师长方靖、副师长胡琏都清楚地认识到了攻占镇境山的意义:既能充分体现本师的作战能力,又能替军长和土木系共主陈诚分忧。因而,一接到命令,立即对部队进行紧急动员,迅速编列战斗队形,准备对敌人展开攻击。

6月13日,按照彭善的命令,第11师师长方靖率部正式向镇境山之敌展开进攻。尽管他已经将全师有限的炮兵集中起来,沿着日寇突破第18师阵地的方向朝镇境山实施猛烈的炮击,掩护步兵向敌人展开攻击,同时使用了一部分兵力对敌实施佯攻,以牵制敌人,力图撕破一点,然后迅速扩张战果。可日寇的武器装备比第11师强多了,又借助有利地形,第11师连番发动了多次进攻，都被日寇挡了下来，没法打开突破口。

6月14日下午，根据各方得到的情报，日寇似乎有放弃宜昌、往东撤退的迹象。军长彭善从老长官陈诚那儿接到消息后，立即调整部署，命令宋瑞珂率领第199师进入宜昌城；紧接着，又给第11师师长方靖打电话："宜昌城之敌已纷纷向后撤退，你师立即组织追击队，准备追击。"

日寇准备放弃宜昌的情报确实是真的。原来，尽管攻占宜昌是日寇的既定目标，却在占领宜昌之后，面临中国军队的不停反击，在是否保住宜昌的问题上，日酋意见不一。日寇第11军司令官圆部和一郎认为，他的辖区战线长，兵力不敷分配，担心中国军队一旦反攻，会使他处于被动挨打的境地，因此主张放弃宜昌，退守原驻地；而侵华派遣军总部则力主保住宜昌，作战参谋井上官一认为："宜昌不可放弃。确保宜昌，一方面可以切断和武汉周围与中原及长江南北的交通，一方面可以一举击溃企图夺回宜昌的中国军队，还可以支持政治谋略（指引诱蒋介石投降）的成功"。由于双方意见相左，这个问题便被提交到日本东京大本营做最后的裁决。不过，在东京还没有给出最后的答复时，圆部司令官就于1940年6月15日下达了撤军命令。

方靖接到追击命令时，日寇虽说有了撤退的打算，但并没有真正撤退，因而，第11师各团仍与把守镇境山的日寇展开激烈交火。一接到命令，方靖立即命令部队暂停进攻，收拢人马，侦察敌人撤退的方向，分头追击敌人。

军长彭善给宋瑞珂下达命令的时候同样是用电话，内容简单明了："窜驻宜昌之敌，有向东撤回土门垭之模样，命第199师迅速占领宜昌，以防敌人回窜。"

宋瑞珂立即命令手下3个团先徒步渡过黄柏河，到小溪塔附近集结，并命令第597团先到将军岩、南明山占领阵地，掩护全师开进，留下参谋长刘爱山在黄家沟处理后方补给事宜。

随即，宋瑞珂率领团长章紫云、唐立石、罗国良以及中校作战参谋黄缉明先到南明山观察宜昌方面的敌情，用望远镜看到镇境山、东山之敌并未撤走，正在加强工事（显然，是为了对付第11师的进攻）。宋瑞珂与三位团长经过分析研究，认为这些日寇或许是敌人的掩护部队，应不失时机，予以截击，不使他们逃窜。

于是，宋瑞珂立即下达了口头命令：

一、窜据宜昌之敌孤军深入，恐被我包围，有向土门垭撤退模样。

二、本师应不失时机收复宜昌，以东山寺、招商码头为攻击到达目标，务将宜昌之敌包围歼灭之。

三、第596团为左纵队，由小溪塔出发，沿川汉路基向大娘子岗、东山寺攻击前进，占领东山寺后，由一部据守东山，主力进击招商码头，截断敌东窜归路。第597团为右纵队，以一部佯攻镇境山，牵制山上之敌，主力经该山南端凹部，直捣飞机场，尔后攻占北门和东门，务使城内之敌不得逃窜。

四、第595团为师预备队，随战斗情况进展，尔后经金家堤、大娘子岗向东山寺推进。

五、我现在南明山，尔后随第595团先头前进。

各团迅速呈攻击队形向指定区域前进，一场大战似乎很快就要打响。

可是，到了下午4时左右，师部与第18军军部接通电话后，宋瑞珂马上接到了彭善的最新情况通报："宜昌之敌原派一个大队向鸦鹊岭方向增援，现又中途窜回宜昌，并未撤走。"紧接着，宋瑞珂向彭善汇报了自己观察的情况以及攻击部署，得到的最新命令是："现奉长官电令，暂缓攻击，就地停止待命。"

原来，当日寇圆部司令官下达撤退命令时，日本天皇正为宜昌撤守问题召集陆、海、空军负责人商讨，准备做出最后的裁决。在会上，不仅日本参谋总部认为占据宜昌利大于弊，而且海军在向天皇上奏航空队轰炸重庆问题时，亦认为"把宜昌作为中继基地有极大价值"。既然陆军和海军都觉得需要固守宜昌，日本天皇据此拍板定案：继续占领宜昌。

其旨意很快传至宜昌前线。当天上午7时左右，日寇第3师团、第13师团接到驻应城第11军转发东京参电"根据暂时停止部队调整的决定，应占领并暂时确保宜昌"后，遂掉头再次进攻宜昌。

情况既然有了变化，宋瑞珂只能执行军长的最新命令，派出传令兵向各团下达手令：命第596团在金家堤停止前进，等待命令；第597团主力在南明山，一部在将军岩附近待命，一部占领馒头嘴，监视镇境山之敌；第595团在南明山东麓停止待命；师直属部队在南明山北待命。

同时，第11师已经在方靖、胡琏的率领下，自镇境山出发，执行追击日寇的任务去了。他们在率部抵达笔架山的时候,亦接到了停止前进的命令。于是,它们命令部队迅速占据笔架山一带有利地形,准备抗击日寇有可能发动的攻击。

日寇自侵占宜昌后,为了确保守住已攻占的地区,除了在长江西岸山地上构筑堡垒工事外,还在宜昌城东山、大娘子岗、镇境山等处,加固了中国军队原来修筑的工事,并构筑了地堡,敷设了铁丝网。

1940年6月15日,第199师奉命继续攻击宜昌。这一次,撤出宜昌的日寇已经返回,第199师的攻击行动注定变得非常艰难。即便如此,宋瑞珂还是尽最大的努力以求获得最好的战果。他对部队的攻击行动重新做出了部署:第595团为左纵队,在川汉路基东侧,向大娘子岗、东山寺之敌攻击前进;第596团为右纵队,由金家堤出发沿川汉路基直扑飞机场,包围镇境山之敌;第597团以一部占领馒头嘴及其附近低线高地,佯攻镇境山,吸引山上之敌,该团主力为预备队,布防于南明山南麓待命。宋瑞珂则在南明山西部之最高点的将军岩开设指挥所。

当天上午10时左右,第596团将侵入金家堤西南方向的几个村庄之敌驱逐后,继续攻击前进,经过激战,前锋已接近镇境山南端与大娘子岗之间的凹部;第597团则按照命令占领了馒头嘴及其附近低线高地,与第596团一道,使得镇境山之敌处于半包围态势;第595团已进展到大娘子岗高地线上。

第596团进抵镇境山南端,与第597团达成了对镇境山之敌的半包围态势之后,团长罗国良十分欣喜,觉得本团这一下为收复宜昌立下首功了,立即打电话向师长宋瑞珂报告:"镇境山之敌已被我团和第597团一部完全包围。"

师长宋瑞珂是一个非常精细的人,没有被这个喜讯冲昏头脑。他在将军岩山顶地势最高处,瞭望颇为方便,察觉敌人并没有被完全包围,遂详细询问罗国良部现在所处的方位,这才明白,罗国良把东南方当做西南方了,也就是说,该团与第597团一部至多也不过是对日寇形成了半包围态势。这时候,宋瑞珂向飞机场方向眺望,发现那一带尘土飞扬,判断日寇正用卡车载运部队过来增援,明确告诉罗国良:"你团现在是在镇境山的东南方,不是西南方。敌人很快就会向你团展开反扑。你要严密注意敌人的行动,做好抗击敌人反扑的准备。"

下午3时左右,日寇出动飞机在罗国良团占据的阵地上空盘旋,并投掷

炸弹；紧接着，敌人以大炮向该团实施猛烈的炮击作掩护，出动步兵向第596团阵地发动反攻。与此同时，据守在镇境山的日寇也加入战斗，用火力侧射，掩护其反攻部队。

一时间，我方阵地陷入了日寇的两面夹击，空中也受到飞机轰炸，局势显得非常紧张。但是，罗国良在得到师长宋瑞珂的提醒后，加强了警戒，有了准备，一见日寇步兵发动攻击，立即率领主力部队阻截敌人，同时使用一部分官兵牵制从镇境山实施侧击的日寇。全团官兵在罗国良的率领下，坚决抵抗，英勇作战，始终将日寇阻止在镇境山、大娘子岗的中间地带。

第596团在日寇的夹攻下，虽说竭力挡住了日寇的攻击，但部队付出了惨重代价。这时候，第595团同样遭到了敌人的攻击。宋瑞珂无法抽调部队前去增援，为了避免伤亡过大，黄昏之后，命令第595团先撤到金家堤占领阵地，掩护第596团转移到金家堤以东之高地线占领阵地。

部队的撤退不是仅仅为了保存实力，而是为了找出敌人弱点，以利下一步的作战行动。宋瑞珂领受了攻占宜昌的任务后，心中无时无刻不在备受煎熬？凭借从将军岩观察到的地形以及敌情资讯，他深刻认识到，反攻宜昌必须占领镇境山作为支撑点，利于尔后的进展。可是，镇境山上筑有半永久性工事，日寇的武器装备又比第199师强得多，第199师在没有炮兵协同作战的情况下，如果白天强行对敌人发起进攻，必定会付出巨大的伤亡。究竟如何打好这一仗呢？他寻思了很久，最终决定采取夜袭的方式，偷袭敌人，以最小的代价夺取反攻宜昌的支撑点。

随即，宋瑞珂亲自从第595团和第597团各挑选100人组成奋勇队，命令他们在夜间去偷袭敌人。每个奋勇队，都分成5个小组，以富有作战经验的连、排长担任小组长，尽量多地携带手榴弹。宋瑞珂指定了2个奋勇队的队长、并明确了各自担负的任务：第595团以罗映斗营长任队长，由镇境山东麓摸上去；第597团由胡强营长任队长，由镇境山东北角摸上去。他们的共同任务是偷袭日寇，夺取镇境山。

2个奋勇队在各自队长的率领下，趁夜深人静之际出发，朝既定目标潜行而去。到了次日凌晨3时左右，他们都摸到了镇境山上。一旦冲入敌阵，奋勇队就按照预定计划，将手榴弹纷纷投向敌人，一下子就把敌人给惊醒了。日寇毕竟训练有素，就算受到偷袭，也能很快组织队形，向奋勇队反击。一时间，奋勇队陷入各自为战的窘境。打完了手榴弹，就冲入日寇队形，与日寇展开肉搏。他们勇猛顽强，奋力冲杀，一直与敌人鏖战到拂晓，虽然极大地杀伤了敌人，但终没能完全夺取阵地。这时，日寇增援部队开过来了，朝奋勇队展开反扑。奋勇队与敌人拼杀了大半夜，手榴弹用光，子弹也有限，人员又精疲力竭，无法继续与强敌交锋，不得不趁着天色还没有完全大亮之际，撤下了山，回到了各自团队。

此次偷袭行动虽说没有取得预定战果，但师长宋瑞珂从中看出了制胜敌人的希望，召集罗映斗、胡强两位营长总结经验，补充人员，准备夜间再度向敌人发动偷袭。这一次，宋瑞珂对偷袭作战行动做了调整，命令第595团林振球营和第597团余文会营跟随在奋勇队后面，到镇境山麓潜伏下来，俟奋勇队摸上山后，就一拥而上，一举夺取并确实占领镇境山。为了协调各部的行动，他指定胡强统一指挥部队的行动。

入夜，奋勇队以及林振球营、余文会营次第出发，相继进入指定位置。

紧接着，罗映斗、胡强再度率领奋勇队从前一天夜里潜入镇境山的道路摸上了山。这次，日寇显然有了防备。奋勇队一上山，就遭到了日寇的火力打击。罗映斗、胡强立即命令奋勇队员用手榴弹和机枪展开反击。

山上一开打，紧随在奋勇队后面的林振球营和余文会营立刻从潜伏位置冲出来，向山上冲去。这一下，中国军队的力量大为增强，官兵们犹如下山猛虎，拼命冲杀。一时间，镇境山到处响起了手榴弹爆炸的声音，机枪密集的咆哮声也不绝于耳。终于，奋勇队以及林振球营和余文会营官兵凭着猛勇的攻击力，占领了镇境山东北角以及以南的几个山头。

胡强大喜过望，立刻按照事先约定的信号，向天空发出了三枚红色信号弹。

不仅宋瑞珂对这次行动寄予了很大的希望，彭善同样指望这次行动能够为部队收复宜昌打开一条通路，因而，双双亲自出来观战。军长彭善在距离战场稍远一点的前坪，宋瑞珂在将军岩制高点上。一看到三枚红色信号弹，两人心中都万分高兴，觉得整个镇境山已经落在奋勇队的手里了。这可是收复宜昌的第一步，这一步已经走好了，接下来的战斗就好打多了。他们知道，不仅第18军渴望这次胜利，就是第6战区司令长官、他们的精神领袖陈诚也非常渴望这次胜利，乃至重庆军事委员会、军事委员会委员长蒋介石也渴望这场胜利，他们恨不得马上就把这场胜利报告给陈诚，让他也高兴一把。可是，他们不知道地堡里的日寇仍在顽抗，双方还在进行激烈的搏斗。

这时，在馒头嘴构筑工事的工兵营打来电话，告诉了他们实情：胡、林两个营都已经推进到镇境山，镇境山核心工事之敌虽然已被包围，但仍然在拼死抵抗。他们知道，现在还不是汇报的时候，又无法抽调人马上去增援，只有静等奋勇队以及林振球营和余文会营官兵继续发扬勇往直前的战斗精神，将山上的日寇全部歼灭，一举夺取镇境山了。

然而，彭善和宋瑞珂的愿望落空了。他们手里没有可以抽调出来的部队用于增援正在镇境山上与日寇激战的3个营的官兵，以彻底压倒敌人，日寇却可以从其他方向抽调兵力前来增援。很快，日寇的2支增援部队就从镇境山两侧朝中国军队的后背猛扑过来。他们用先进的武器、密集的弹药，向中国军队后背发动攻击的同时，困在地堡里的日寇也展开了反击，很快就将战斗了大半夜的中国军队压制住了。中国军队拼命反击，自己付出了巨大的伤亡，也迫使日寇付出了同样惨重的代价，最后还是难以抵挡日寇的两面夹击，不得不退下镇境山。

就这样，第199师夜袭敌人的第2次行动在初步打开了局面后因为己方没有增援部队、日寇却投入了大量增援部队反击，最终功败垂成。更为严重的是，第199师攻击镇境山的人马在撤退时，建制已经打乱，陷入混乱。与此同时，日寇反击成功，一下占据了主动地位，遂对中国军队实施追击，一追就追到了馒头嘴，如果不是把守在金家堤、馒头嘴阵地上的第199师另一部人马用步枪和机枪火力阻击敌人，迫使敌人不得不停下追击的脚步，那么，很难想象会出现什么样的后果。还有一股日寇趁机窜到金家堤西川汉路基某号桥附近。章紫云团长立即派部队迎头痛击敌人。日寇不敢继续前进，在山脚下留下一部兵力后，准备撤回镇境山。

中国军队被赶出镇境山的时候如此狼狈，日寇是不敢也不愿重蹈覆辙的，为了在撤回镇境山的路上防止被中国军队跟踪追击，部署在大娘子岗、东山的日寇山炮、野炮一齐向第199师把守的金家堤、馒头嘴、将军岩、南明山阵地猛轰。

在敌人的这次炮击中，第597团伤亡最大。其在馒头嘴北面收容起来的夜袭部队遭到敌人的炮击，伤亡了不少人。该团团长唐立石历来担任参谋工作，这次初上火线，从未见过如此惨烈的战斗，遂在师长宋瑞珂面前痛哭流涕，大有再也不愿继续带兵打仗的架势。宋瑞珂果然是个善于激励部下与敌奋战到底的老手，几番激励，终于让他止住了哭泣，横下一条心，壮起英雄胆，遵照命令，继续收容部队，防止敌人反攻去了。

一般通用的作战原则，敌我双方将领都了如指掌。日酋当然不可能不知道，进攻是最好的防御，为了有效地防御既设阵地，最好的办法是向对手展开攻击。6月17日上午9时许，为了防止第199师再度偷袭，潜伏在镇境山脚下的日寇经过整顿后，在炮火掩护下，向第199师阵地进犯，试图抢占馒头嘴阵地。与此同时，在山上的敌人用火力为其提供支持，空中亦有飞机轰炸第199师阵地。

宋瑞珂担心把守在馒头嘴的第595团难以承受敌人的火力攻击，准备命令在将军岩附近留作预备队的第597团田镇球营前往救援。可是，当派出传令兵找来田镇球的时候，宋瑞珂见此人面色晦暗，神情沮丧，担心他难以完成任务，遂把刚刚撤回来的胡强叫到面前，说道："这两夜你对敌人的脾气摸熟了，前进路线也熟悉，还是你再辛苦一趟，吃过早饭就去，再揍他们一顿。"

胡强当时正在吃早饭，立即放下饭碗说："打鬼子是我们的天职，再辛苦也是应该的，打了仗回来再吃。"

他马上告别宋瑞珂，率领全营官兵冲下山去。敌人见该营来势凶猛，不敢与其硬碰，迅速窜回到镇境山东侧的几个小村庄去了。这样一来，因为胡强率部增援，第595团据守的馒头嘴阵地解除了危险。

6月18日，大娘子岗之敌向金家堤阵地进犯，企图绕出第199师布设在将军岩一线的中国军队。如果敌人的企图得逞，第199师将会陷入极度被动的局面。为此，宋瑞珂立即命令第596团由金家堤以东地区出击敌人，试图以此与把守在金家堤的另一部人马夹击敌人。结果，日寇亦朝这个方向派遣兵力来阻挡第596团的进攻。于是，双方的作战态势就演变成延翼竞争。一方志在必守，一方志在必夺，双方竭力攻防，激战两天后，仍在金家堤以东之高地线上形成拉锯。

在其他方向，日寇对第199师把守的阵地展开了猛烈炮击，以牵制该师向金家堤一线的增援行动。设在将军岩的师指挥所每天亦遭到日寇300发炮弹的轰击，其中有一些是燃烧弹。指挥所的电话设在一个机枪掩体内，前后左右都有炮弹。东麓的树木草皮上落有燃烧弹，电话线被烧断数次，到处硝烟弥漫。通讯连抢修班不时出动，抢修电话线，保证了指挥的畅通。

在将军岩山顶上，宋瑞珂与参谋、卫士、传令兵数人，不论白天黑夜，分散在掩体外面，轮流监视敌情，连续三昼夜没有下山，依靠炊事员在黎明与黄昏前后送饭上来，才得以就餐。

在如此艰难的情况下，第199师一直坚持到了1940年6月21日。

这天，陈诚再度调整部署，以便对日寇展开全面性反攻：

一、以第21集团军从襄阳南，向荆门、观音寺发动进攻；

二、第75、第21军向当阳、百宝寨前进；

三、第2、第94、第18（欠第18师）军统交由李延年指挥，进攻土门垭、龙泉铺、鸦鹊岭之敌，以切断汉宜公路为目标；

四、第8军则由百里洲渡过长江，一部对江陵方向之日寇实施警戒，主力配合李延年部进攻；

五、第26军以及第94军第55师则由小溪塔、南津关一带，直接攻击宜昌市区。

第18军此时接到的反攻命令如下：第18师在南津关、三游洞继续收容整理；第11师和第199师第597团负责进攻龙泉铺；第199师第595团进攻土门垭、第596团进攻茶店子。也就是说，第18军已经从收复宜昌的主角蜕变成了配角，表明通过前期的反击作战，陈诚已意识到收复宜昌几乎是一项难以完成的任务，就放弃了让自己的核心部队担负收复宜昌的重任。

于是，第199师当天入暮时分，将防守的小溪塔以南之将军岩、馒头嘴阵地交给了第26军下辖之第44师，将金家堤及其以东阵地交给了第55师。随后，该师在师长宋瑞珂的率领下，开向宜昌以东约50华里远的茶店子附近。

午夜时分，第199师抵达目的地，宋瑞珂即刻按照军长彭善的命令，给各团下达了作战任务：

一、第595团开赴茶店子东南山地，以陈俊生营围攻土门垭而占领之；以林振球营占领土门垭东北侧高地，破坏附近之公路桥；刘炳圭营占领土门垭以北山地线构筑工事，并掩护陈、刘2营之行动。

二、第596团占领茶店子西南山地，并附工兵营构筑工事，限6月22日上午7时前完成野战工事，准备阻击宜昌东窜之敌。俟工事完成后，以李国齐营为师预备队，位置于茶店子。

三、第597团开赴龙泉铺以西地区，归师长方靖指挥，进攻龙泉铺之敌。限6月22日凌晨1时向第11师报到，接受任务。已着通讯连齐同林排随往架设电话，届时向我通话，报告情况。

四、我师直属部队停止于茶店子附近待命，师指挥所设在茶店子、塘坊之间的山上草屋。

6月22日凌晨，第18军调整部署之后与日寇的第一次作战行动正式开打。与敌人首先交锋的不是第199师，而是第11师。当时，日寇出动骑兵400~500人，从龙泉铺以西地区向第597团侧后运动。第11师侦知消息，立刻派遣部队前去截击该敌。该师行动隐秘，下手果敢，一进至火力打击范围之内，就立刻向敌人发动攻击。子弹、手榴弹好像一张巨网，兜头罩在敌骑兵队形当中，打得敌人惊慌失措，一时间队形大乱。第11师官兵更是奋勇向前，迫使日寇不得不向南回窜。

紧接着与日寇交火的是第199师第595团陈俊生营。该营在接到攻击命令后，立刻向土门垭之敌发动进攻。这里的日寇有一个加强中队，他们利用村沿围墙严密防守，顽强地阻挡着该营的攻击。到了上午9时左右，该营在营长陈俊生的率领下，清除了日寇的外围据点，完成对该敌的完全包围。紧接着，陈俊生命令人马不断向敌人发起强攻，试图一举攻破敌人的阵地，彻底消灭该敌。可是，敌人仍然负隅顽抗。一直战斗到中午时分，陈俊生营还是无法取得进一步进展。

与此同时，林振球营亦按照命令将土门垭以东之公路桥破坏掉。不久之后，日寇从鸦鹊岭方向开来14辆坦克，后面跟着满载武装人员的卡车约100余辆，准备来救援被陈俊生营围攻的土门垭阵地上的日寇。因为公路桥已被破坏，日寇到达公路桥以东地区不得不下车，在坦克的掩护下，向林振球营发动猛攻，意在攻破该营的防线后，直接向陈俊生营发展进攻。林振球采取纵深配备，逐次抵抗的方式，率领人马一边抵抗，一边撤到了第595团山上的阵地。

这样一来，陈俊生营就面临日寇增援部队的直接攻击了。前面的狼群没有消灭，后面跑来一群老虎，陈俊生见事已至此，意识到本部人马是注定不能歼灭土门垭之敌了，为了避免遭受更大的损失，不得不率部撤到塘坊以东的山上去了。随后，该营被团长章紫云留作第595团的预备队。

这时候，第11师击退了日寇骑兵，集中力量攻击龙泉铺之敌。在该师的勇猛攻击下，敌人已被打得岌岌可危，第11师眼看就可以歼灭该敌了。可关键时刻，日寇开来了救援部队，对第11师发动反扑。第11师不得不调整部署，抽调人马对付增援日寇，对龙泉铺之敌的攻击锐势顿减。这给了濒临死亡的日寇喘息之机。至此，该股日寇不仅没有被歼灭，第11师也没能夺取龙泉铺。

陈俊生营撤退之际，日寇紧追不舍。第595团团长章紫云已命令所部在阵地前面的要路构筑好阻塞工事。当日寇坦克冲到半山坡时，绊动了第595团官兵预先设置的集束手榴弹，一时间，手榴弹爆炸声响成一片，将行驶在最前面的坦克履带炸断，致使其趴了窝。坦克遂不敢前进。随后，日寇不得不花费相当长的时间来清除中国军队预先埋设的集束手榴弹。扫清了进攻道路上的障碍后，日寇步兵便在坦克的掩护下，朝第595团据守的山上阵地发动了攻击。

章紫云一声令下，第595团官兵用子弹与手榴弹热烈地欢迎这群侵略者。侵略者却似乎承受不了中国军队的热情，丢下一些尸首，向后退去。过了一会儿，日寇整顿队形，以同样的方式再度向山上发动攻击，还是被第595团官兵击退了。到黄昏时分，日寇担心受到中国军队的暗算，不得不向鸦鹊岭方向窜去。

1940年6月23日，陈诚对第18军的作战任务再度进行了调整。第11师和第199师奉命撤回到宜昌东北地区。其中，第11师主力部署在小溪塔以北，黄华国带领的第33团占领小溪塔东南一带高地。宋瑞珂的第199师接替第44师和第55师的防地，实际上等于是返回了两天前的态势。该师即以第596团把守在南津关、前坪、310高地等阵地上；以第595团附第597团谢营占据将军岩、馒头嘴、金家堤阵地，左翼与第11师之黄华国团取得联系。

这时候，本应该撤下去的第55师却因遭到日寇的飞机和炮兵扰乱射击，撤不下去了。该师师长杨勃，也就是淞沪会战时期从第14师团长提升到第67师旅长的这位杨勃，只有将第55师也交给宋瑞珂指挥。宋瑞珂在抗战前又曾担任第42旅旅长，正是杨勃的顶头上司。现在二人都是师长，宋瑞珂看在杨勃是他军校同期同学的分上，不好真的指挥原本不属于自己的老同学的人马，便说二人共同指挥。

次日中午，日寇似乎已察觉中国军队再度换防了，在没有搞清楚来的是哪支中国军队的情况下，按照固定的思维模式，决定趁着换防的中国军队还没有熟悉当地的地形以及战场情势之际，立即发动攻击，击溃乃至歼灭中国军队，夺取被中国军队占领的阵地，改善宜昌的防守环境。于是，日寇向金家堤阵地凶猛地扑了过来，很快就突破了第55师陈仲明团的阵地

（此时，整个第55师只这个团还有战斗力，所以用于防守金家堤）。宋瑞珂得悉情况后，大为惊讶，立即命令第595团团长章紫云对敌实施反击，夺回失去的阵地。

章紫云亲自带领一个营的兵力朝日寇猛扑，经过激战，终将日寇击退，完成了反击任务。

下午2时，日寇再度向中国军队发动攻击。不过，不是步兵，而是用炮兵进行炮击；日寇选择的炮击方向也改在了彭家湾。这次，日寇的炮弹对彭家湾进行了3个小时的炮击。炮击结束后，日寇为了快速打击中国军队，不是向彭家湾发动步兵进攻，而是大举出动兵力，向几乎所有第18军防守的阵地实施步兵攻击，尤其将重点攻击方向定在川汉路基和金家堤阵地线上。日寇的如意算盘是，中国军队会依据往常的作战经验，把注意力全部集中在彭家湾地区，从而会放松其他方向的防守，借此可以一举击破中国军队的防线。

然而，敌人的如意算盘并未得逞。第18军各级指挥官头脑冷静，临危不乱，没有上当，各师各团严守各自的阵地，与日寇展开了拼死搏杀。特别是川汉路基和金家堤阵地线上，面对已冲到阵地跟前的凶恶的日寇，据守此处的第18军官兵抢起步枪，冲入敌人的阵线，与敌人多次进行了刺刀见红的肉搏战。整个战线上，中国军队在章紫云、陈俊生两位团长的指挥下，勇猛顽强，终于在天黑时分将日寇击退。

6月25日，第6战区司令长官部见各军反攻宜昌、当阳、荆门都没有得手，部队的伤亡很大，需要整理补充，乃调整部署如下：

一、第33集团军接替荆门以北双河、仙居守防，仍归第5战区战斗序列；第31集团军开往河南第1战区。

二、第26集团军辖第75军第6师、预4师在远安、两河口、雾渡河一带对荆门、当阳派出警戒部队。

三、第26军第41师、第32师担任穆家垱、谭家台子、赵家店、范家湖亘穆家店、紫阳、巷子口之线守备。其第44师置于曾家畈附近。

四、第8军第5师、第103师、荣誉第1师担任枝江、宜都、红花套沿江防务。

五、第73军第15师、第77师、暂编第5师担任公安、松滋地区防务。

六、第87军第43师、第118师、新编23师担任石首、华容地区防务。

七、第2军第9师、第76师，新编33师开巴东、建始整训。

八、第94军第55师、第121师、第185师以一部担任平善坝、石牌预备阵地构筑工事，主力开三斗坪、黄陵庙、罗佃溪整训。

也就是说，从这时起，反攻宜昌的大规模作战行动画上了句号。

在这份调整后的名单里没有提及第18军，并不是陈诚忘记了他赖以起家的部队，而是决定让该军负责接下来的抵抗任务，掩护其他部分行动，拖住日军，故命令第18军仍在宜昌地区与日寇作战。

其他各部，尤其是第55师撤走后，第18军之11师与第199师面临的压力空前增大。在第55师撤走的当天，驻宜昌之敌趁机向第199师第595团把守的金家堤阵地以及第11师第33团把守的小溪塔东南阵地发动猛烈进攻，被英勇顽强的中国军队击退。6月26日凌晨，日寇改变部署，利用大雾天气的掩护，从第595团与第33团结合部的间隙向北进犯，试图侵占小溪塔，威胁整个第18军的侧背。幸而，第199师新上任的步兵指挥官曹金轮到前线视察，发现情况，当即命令其指挥的第597团谢营进行还击。激战2个小时后，敌人被迫撤退。

日寇的企图无法实现，紧接着改变部署，出动更多的兵力把攻击方向指向第11师第33团，试图从这里打开一道继续进攻的缺口。第33团官兵在团长黄华国的率领下，浴血奋战，虽说击退了敌人的多次进攻，终因伤亡巨大无法支撑，被迫逐步向后转移阵地。

这样一来，第199师的左翼颇受威胁。宋瑞珂必须调整部署以应对新的局面。他立即命令第595团于当天黄昏后转移到将军岩亘南明山之线占领阵地，第597团主力占领小溪塔南川汉路基以东高地线，一部扼守小溪塔向东警戒。

次日，日寇对将军岩、南明山猛扑多次，但第199师居高临下，顽强阻击，使得敌人的企图无法实现。此时，彭家湾阵地已落入敌手，那儿距离将军岩只有400米，师指挥所继续设在将军岩已不太安全，宋瑞珂遂遵照军长彭善的命令，冒着大雨将指挥所迁移到黄柏河西岸之黄家沟口崖上独立庙宇里。

6月28日上午，日寇再度向将军岩、南明山展开猛攻。把守在将军岩的第199师官兵奋力反击，先用子弹与手榴弹阻击敌人的进攻，继而与日寇进行肉搏战，阵地丢失后又夺回来，如此反复多次后，该部战斗力遭到极大的消弱，以至于这个制高点最终被敌人攻占。南明山方向上，尽管日寇同样攻势凶猛，把守在这里的第199师另一部官兵在付出了巨大伤亡后，终将敌人挡在南明山山麓。

29日，鉴于南明山阵地已成孤立之势，宋瑞珂命令章紫云留下一个营由副团长指挥，掩护该团主力经小溪塔附近渡河，到黄柏河西岸占领阵地；留下的那个营则在第595团转移完毕后，也撤到黄柏河西岸去。

但是，章紫云认为只有自己留在南明山指挥掩护才有把握完成任务，坚决请求宋瑞珂让自己留下来，而命令副团长率领该团主力先撤到河西岸。

主力撤退之际，日寇发动了更加凶猛的攻击，章紫云率领的一个加强营依托原有工事奋力抗击敌人。直到黄昏，主力部队全部安全转移到新的阵地后，他才命令人马撤退。这时，日寇的进攻势头并未减弱。为了保证掩护部队安全撤退，章紫云率领一个排的兵力，继续阻击敌人。在接下来的战斗中，他身负重伤，依然坚守阵地，指挥一个排的人马一直抵抗到掩护部队全都过完河，才下达转移的命令。渡河之际，因黄柏河上游连日大雨，山洪暴发，他由两个兵士扶持着过河，被汹涌的洪水冲走，一周后，才在枝江百里洲河汊上找到他的遗体。就这样，英勇坚强的章紫云团长为争取中华民族的生存而光荣殉职了。

就在同天，一部日寇由将军岩经彭家湾西犯，逼近黄柏河，有从肖家岩以北渡河企图。宋瑞珂立即命令少校团附陈梁指挥特务连以及没有马匹的骑兵连在董家大包占领阵地，猛烈阻击；并命令少校参谋洪毅烈指挥工兵营两个连在黄家沟口附近侧击西犯之敌。两支部队奋勇作战，终于将敌人阻挡在黄柏河东岸。

这天中午，日酋因占据了将军岩、镇境山，从制高点上用望远镜观察中国军队的动向，似乎发现第199师指挥所已转移到黄家沟独立庙一带，即刻命令炮兵对那儿连续炮击。

正在这儿指挥作战的师长宋瑞珂听从了曹金轮的建议，将指挥所转移到黄家沟内一座独立的住屋。这时候，正在附近阵地上指挥作战的团长张涤瑕左臂负伤。宋瑞珂让他到师指挥所休息，部队由该团副团长指挥。但是，张涤瑕不肯休息，只是叫卫生员包扎了一下，又回到火线亲自指挥部队与日寇作战。

日寇已经稳固地占据了宜昌，接下来，为了保障飞机在飞机场降落的安全，企图侵占南津关、310高地、肖家岩之线。6月30日，日寇集结兵力，趁中午烈日当空之际，利用高粱地隐蔽接近前坪，突然袭击第596团2营阵地。

与敌人激战2小时后，该营营长章正甫在组织人马对日寇发动反攻的时候，身负重伤，致使该阵地最终被敌人占领。章正甫本人则在转移到万县重伤医院后，不治身亡。

紧接着，日寇从前坪继续向南津关、310高地攻击前进。596团团长罗国良率领主力在这一带阵地上坚决阻击敌人，与日寇浴血奋战，终于迫使日寇停止于前坪，再也无法向前发展。

这时候，军长彭善得知失了前坪，不由得异常恼火，直接打电话给596团团长罗国良，厉声命令："如果不马上收复前坪，即提头来见。"

宋瑞珂深知，596团分布在310高地、肖家岩之线，部队既要守卫这一线阵地，又要反攻前坪，是无法完成收复任务的，遂命令第597团接替310高地到肖家岩之线的阵地，方便罗国良集中全力反攻敌人。

在战场上，军长发怒可不是闹着玩的。罗国良识得厉害，立即收拢人马，接连不断地向敌人展开反攻。可是，与敌人激战两天，第596团仍无法收复前坪。至此，谁心里都清楚，前坪很难收复了。彭善没有兑现让罗国良提头来见的誓言，在宋瑞珂的再三请求下，最终撤了罗国良团长的职务，令其充当师部附员。第596团团长则由刚刚伤愈归队的军部上校附员叶迪接任。

从7月初起，日寇由于兵力不足、补给线进一步拉长，没有能力对第18军把守的阵地发动大规模进犯。这对于中国军队来说，本是极好的机会，可以调集人马，向敌人展开反攻。可在此之前，第6战区司令长官陈诚已将用于反攻的兵力调整到后方整补去了，在前线继续与日寇交战的部队连把守现有阵地就感到力量不足，更无法承担反攻任务，又没有机动部队投入进来，只能眼睁睁地看到宜昌掌控在日寇手里。

对于苦战20余天的第18军将士来说，这却是一个很好的喘息机会，他们能够借此机会好好休整，补充体力与军力；面对日寇小规模的骚扰与试探性攻击，第18军将士还是能够游刃有余地还以颜色。毕竟，这20余天的战斗，第18军确实伤亡惨重。第11师在当阳一战中损失了不少人马，以残破之师与日寇再度交锋，损失更是惊人。第199师就更不用说了，担任了第18军的主攻任务，除了章紫云团长牺牲、拨归该师指挥的张涤瑕团长受伤、唐立石团长在进攻龙泉铺时患急性肺炎送后方医院治疗、罗映斗营长负重伤、章正甫营长伤重丧生之外，仅连排军官就伤亡了100多人，兵士伤亡达3 000以上。

此后，为了守住阵地，宋瑞珂不得不对部队进行调整，将第595团和第597团各编成一个营，命令胡强指挥这两个营的作战行动；以第596团编成两个营，守备南津关、310高地、肖家岩亘黄家大包之线，配备成两线，两周轮换一次。

这期间，白天，日寇在飞机的掩护下，派遣小部队向第18军阵地骚扰；夜间，就是我军的天下了，第18军各部则派遣小部队袭击敌人。这种状态一直持续到1940年8月下旬才结束。那个时候，有其他部队前来接防，第18军在宜昌地区的作战行动终于告一段落。

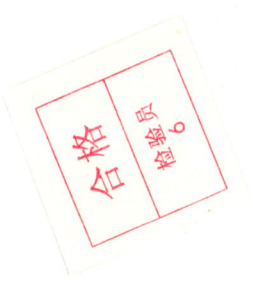

16章 军长丢官参谋长丧命

自从全面抗战以来，迄今为止，由于各种主客观原因，跟其他几乎所有大型会战一样，枣宜会战以中国军队的失利、宜昌被牢牢控制在日寇手里而宣告结束；跟其他几乎所有作战行动一样，枣宜会战结束后，中国军队到了全面总结这次战役的经验教训、奖赏有功人员、惩处作战不力的官兵的时候了。如果能够本着积累经验、汲取教训的态度，对这场战役进行公平公正的全面检讨，那么，对于以后的抗战，确实可以起到让好的方面继续发扬光大、坏的方面引以为戒的作用。然而，自国民革命军正式成立以来，这支军队就一直派系林立，高级将领由于分属不同的山头而彼此无法充分信任和合作，出了问题相互推诿，有了功劳总想占为己有，以至于战后的检讨往往会变成攻击异己的利器，制造出很多新的麻烦。

如前所述，根据这次战役的作战进程，按照指挥体系及其作战序列发生变化的客观情况进行划分，枣宜会战大致可以分为两个阶段：

第一阶段：在第5战区司令长官李宗仁率领下进行的在宜昌陷落之前的所有作战行动；

第二阶段：在第6战区司令长官陈诚指挥下各部围绕保卫与收复宜昌进行的一系列战斗。

要认真总结经验教训，分清责任，将这两个阶段完全分割开来，仅仅追究宜昌是在谁的手里丢失的，有失公平。毕竟，第二阶段是第一阶段的延续，如果第一阶段没有造成有利于日寇攻占宜昌的条件，就不会有第二阶段的出现。因而，正确的态度，应该是将这两个阶段联系起来，全面分析宜昌丢失的原因，才可以得出切合实际的结论。事实上，即使陈诚是蒋介石的心腹爱将，也没有能够使得这次检讨会真正地公平公正，反而因为宜昌是陈诚丢失的这一表面上的不可更改的事实，致使陈诚成了何应钦等人攻击的主要目标。

不可否认的事实是，宜昌确实是在陈诚手里丢掉的；当宜昌落入日寇手里后，陈诚曾组织多次反攻，却无法收复这一陪都的重要门户，他应该为此承担很大的责任。

但第5战区司令长官李宗仁也有不可推卸的责任，在襄阳丢失后，对日寇的行动企图判断失误，逼迫郭忏将守卫宜昌的第75军和第94军全部调往襄阳，致使宜昌成了一座空城，使得陈诚在接手宜昌保卫战的时候，中国军队失了先机。

所以，枣宜会战的检讨，必须分为两个层面进行。

军事委员会派来负责检讨的人是副参谋总长白崇禧。此人与李宗仁同是桂系军队的首脑，在桂系军队中是仅次于李宗仁的人物，跟李宗仁关系非比一般。他的到来，是不可能检讨到李宗仁头上的；但他也深知陈诚与蒋介石的亲密关系，一样不能公开地指出陈诚存在的问题。既然如此，这次检讨也就不可能有多少实际效果，充其量拿一些作战不力的将领开刀以及对稍微有点功绩的将领给予奖励。但最终结果还是影响到了陈诚，并由此影响到了第18军军长彭善的命运。

白崇禧来到第5战区司令长官部所在地老河口后，立即召开枣宜会战检讨会议。会场设在老河口南郊之杨临铺，参加会议者有李宗仁、第5战区司令长官部部分高级幕僚与各集团军总司令、军长、师长以上人员。

检讨会有一套固定的程序，首先由白崇禧代表军事委员会训话；紧接着，就是各集团军总司令以及军长、师长报告作战经过、经验教训以及部队现况；随后，李宗仁传达了枣宜会战功过奖惩命令：

第39军刘和鼎部多数主官记功；第11集团军总司令黄琪翔调任预备集团军总司令职务，第11集团军番号撤销；第41军第122师师长王志远押解重庆交军法审判，其余部队主官受记过处分的也有多人。

之后，遵照军事委员会的命令，陈诚在三斗坪召开第6战区全体将领会议，对这次作战经验进行总结。有第5战区检讨会在前，陈诚照此办理，对作战人员按照功过进行赏罚：第75军军长周岩作战有功，升任第26集团军总司令；第26军军长萧之楚作战不力，免去军长之职，遗缺以该军第41师师长丁治磐继任；第2军新33师师长张世希等作战不力，押解重庆交军法审判。

在这份处分名单里，既没有江防军司令郭忏，也没有第18军军长彭善。这应该是一件很合乎情理的事情。虽说江防军与第18军丢掉了宜昌，但真正原因在于中国军队本质上没有力量保卫宜昌，这是其一。其二，李宗仁将江防军司令郭忏部署在宜昌的2个军调往襄阳方向，造成宜昌空虚，给了日寇可乘之机。至于第18军，在接受开往宜昌的命令后，几天的时间就举军从千里之外的重庆地区开到了指定地域，刚进入阵地，还没有来得及加固，熟悉环境，就遭到了日寇的凶猛攻击，属于仓促应战，守住了宜昌，固然是大功一件，丢掉宜昌，也在情理之中。如果一定要揪出军长彭善的责任，没有将防守宜昌的任务交给第199师，而是交给了第18师，是他最大的失误。按照公平公正的原则，第18师师长罗广文应该首当其冲，紧接着就是该师参谋长赵秀昆。

也许，追究一个师长或者师参谋长的责任，陈诚的反对派是不屑为之的；他们要揪出大家伙，甚至在他们眼里，恐怕揪出第18军军长彭善以及江防军司令郭忏都太小儿科了，因而，他们把矛头直接对准第6战区司令长官陈诚，希望借此机会不能整倒陈诚，也给他一个灰头土脸。

那么，陈诚到底应该对宜昌失守负什么责任？毫不讳言，陈诚从李宗仁手里接过了一个烂摊子，已经处在被动地位，如果不是平均使用兵力，而是将一小部分兵力用来牵制次要方向的日寇，迫使其不敢向宜昌方向增加兵力，在机动位置保留足够的补充，然后使用很大一部分兵力防守宜昌，而不是仅仅使用刚从四川开到湖北、两眼一抹黑的旗下只有2个师（第11师此时临时受第2军军长李延年指挥）的第18军，那么，宜昌绝不会如此快就落入日寇之手；即使因为来不及调兵遣将，第18军已经丢失了宜昌，在这种情况下，陈诚也应该迅速将机动部队投入使用，或者调遣大量兵力夺回宜昌。然而，他没有那么做，既没有留足够的机动部队，又没有集中起强大的兵力反攻宜昌，而是平均使用兵力，导致处处设防处处防不住，处处反攻处处攻不下。

事实上，公平地说，像这样使用兵力的不仅仅只是陈诚，第5战区司令长官李宗仁也是这样，其他的国民党高级将领，乃至国民政府军事委员会委员长蒋介石也是这样。也许，在国民党军的军事辞典里，平均使用兵力，兵来将挡水来土掩，已经成了传世的法典，任何时候都改不了。这种军事法典，在某种意义上说，也是国军在尔后的解放战场上一败涂地的原因之一。

因为丢失了宜昌，再加上自从淞沪抗战结束以来，陈诚在担任第9战区司令长官的时候，先丢失了武昌，继而丢掉了南昌，使得武昌、南昌、宜昌三座带"昌"的重镇都被日寇从他手里抢走，被人们送了一顶"三昌将军"的帽子。

那么，"三昌将军"这顶耻辱的帽子是不是应该戴在陈诚头上呢？

先说宜昌。从上面的分析以及本章对枣宜会战的简要介绍中，任何人，只要不带偏见，都可以做出比较符合事实的判断，那就是：宜昌的丢失决不能由陈诚一人负责，要打板子，至少，李宗仁的屁股上挨的板子也应该跟陈诚一样多。可惜的是，抄起板子的人不是蒋介石，而是何应钦；或者说，是何应钦鼓噪了一大批国民党军政要员试图迫使蒋介石惩处陈诚，在蒋介石置之不理的时候，何应钦自己挥起板子，胡乱打起来的。何应钦是什么人？他是陈诚最大的政敌，跟李宗仁的关系却不是那么糟糕，不仅不糟糕，甚至还称得上有些密切。他们曾经联手在1927年时逼迫蒋介石第一次下野，后来又在很多问题上态度趋于一致。更重要的是，何应钦为了打击陈诚，是不会傻到再去树立第二个强大对手的。这样一来，陈诚无疑就成为何应钦攻击的唯一目标。

那么，武昌和南昌的丢失究竟与陈诚有多大关系呢？不错，这两座城市丢失的时候，陈诚都是第9战区司令长官，负责指挥这两个方面的作战行动。可是，在武汉会战中，第5战区与第9战区共同承担了保卫大武汉的责任，第9战区在抗击日寇的作战行动中，甚至比第5战区打得还要精彩。万家岭大捷，就是第9战区旗下第1兵团司令薛岳打出来的。陈诚拉起来的第18军在这次作战中，虽说不是主力，却起到了非常重要的作用。之所以放弃大武汉，是国民政府的既定方针，目的在于保存抗战实力，以便与日寇持久作战。在这样的大趋势下，失去武昌，又怎么能让陈诚承担责任？至于把丢失南昌的责任推给陈诚，就更扯淡了。那时陈诚虽说名义上仍然是第9战区司令长官，却早已不在其位，而是由薛岳代理第9战区司令长官，具体指挥第9战区所属各部的作战行动。

这次，何应钦等到了机会，非得将其置之死地不可。

于是，陈诚的处分名单一公开，何应钦见里面既没有对江防军司令郭忏给予任何处分，又没有处理第18军将领，更没有对陈诚自己应该担负何种责任作出说明，马上跳了出来，联络一大批对土木系心怀不满的国民党党军政要员，跑到蒋介石面前，挥起板子，直接打向陈诚本人，说："军委会叫他陈辞修去驾船，他把船员丢了，把船砸了！处分了一大堆将领，他自己就没一点责任？"

蒋介石对陈诚的信任程度，何应钦心中有数。他很清楚仅凭自己一帮老家伙在蒋介石面前这么闹腾，是不可能产生多大作用的，便在跑去面见蒋介石之前，暗中鼓动手下四处放话，试图双管齐下，迫使蒋介石让他手里的板子朝陈诚身上打去："土木系（陈诚一派）本身就是蛇鼠一窝，互相庇护。"

蒋介石尽管军事才干不足，识人用人防人的才能一流，一眼看穿了何应钦的把戏，哪肯拆自己的台，轻轻几句话就把何应钦打发了。

何应钦吃了瘪，改变了策略，试图拿陈诚的嫡系与亲信开刀，到处煽风点火，一副不把土木系人马搞得灰头土脸决不罢休的气势。

陈诚依仗蒋介石做靠山，对何应钦等政敌的一切行动根本不放在心上，可是，半年之后，觉得长期下去势必会对尔后的抗战造成不利影响，为了平息事态，只有牺牲下属，就将江防司令郭忏以"失守宜昌"的罪名撤职，交军法审讯；第18军军长彭善撤职。不过，陈诚并没有让自己的亲信吃亏，随后，他把郭忏收拢到第6战区担任参谋长，彭善则调任湖北军管区中将参谋长。

彭善被解除第18军军长职务后，第18军上下群情激奋，纷纷为其鸣不平。第199师师长宋瑞珂说：

> 彭善军长为人正派，秉性刚直，不会吹牛拍马，不善交际应酬，是一个矢志抗日的将领，是在宜昌失守后才从鄂西前线赶回部队指挥反攻的。当时第18军正由陈诚亲自指挥着！这次他反被撤职了，第18军上下都不服气，说："第18师失守宜昌，师长罗广文没有任何处分，而将彭军长撤职。功过不分，罚不当罪，何以激励士气！"

然而，历来决定政治军事人物前程和命运的不是民意，也不是民众，而是上层政治领导。为此，彭善还是离开了第18军，这是不可改变的事实。因为他再也没有回到土木系，在这里，简要介绍一下此人尔后的任职情况，并引用他在淞沪战场上的一段故事用以说明传说中此人素以严厉、骁勇见称，人称"拼命三郎"，所言不虚。

淞沪战场上，在宝山、罗店、浏河一线的防守作战中，面对日寇3个师团的猛攻，罗店3次失守，第11师与敌人反复争夺，损失惨重；关键时刻，师长彭善不顾副师长方天、参谋长梅春华等人的劝阻，脱去军大衣，腰间别上双枪，手里端起一架德制机关枪，亲自上阵，带领敢死队勇猛冲杀，两次夺回阵地。与日寇反复厮杀，这支精锐部队几乎打残。晚上，趁着黑夜敌机不便行动之机，王耀武率领第51师摸到罗店，悄悄换下了已经不成建制的第11师残部。当罗店一线的战斗愈发白热化后，第11师在彭善的率领下，再次走进淞沪战场，继续与日寇展开浴血奋战，杀敌无数，建立了极大的功勋。

离开第18军军长岗位后，彭善先是担任湖北军管区中将参谋长，大约1年后，他于1941年12月调任湖北省保安司令部中将参谋长。1942年7月出任鄂中挺进军总指挥。10月2日调任湖北第4区行政督察专员兼保安司令。1943年3月升任第10集团军中将副总司令兼第6战区挺进军总指挥。1944年9月兼任第6战区战干团副教育长。1945年10月调任武汉警备总司令部中将副总司令。1946年6月升任中将总司令兼中训团武汉分团主任。1948年7月出任中央训练团副教育长。1950年4月调任"国防部"中将参议。1959年退役后移居美国。2000年2月14日，彭善病逝于中国台北。

1940年12月，彭善离开军长岗位后，由谁接替呢？按照传统，担任军长的人选都是当过第11师主官的，但第5任师长却出人意料，他是时任第94军第185师师长方天，仅出任过第11师副师长。

方天，名仁高，别号天一、天逸，1902年出生，江西省赣县人，早年就读于赣州省立第4中学，后考入黄埔军校第2期学习。毕业后参加国民革命军，历任排长、连长、营长、团长等职。随后又先后进入陆军大学11期、"革命实践研究院"第25期学习。1931年1月任第18军第14师第40旅第81团团长。1935年12月陆军大学毕业后，次年任第18军军士教导队总队长。1937年5月任第14师第40旅少将旅长，旋升任第11师副师长。抗日战争爆发后，方天协助彭善率部参加淞沪会战，迭创强敌。1938年任武汉警备旅旅长，后改任第94军第185师师长，参加武汉会战。1940年5月参加枣宜会战，12月12日升任第18军军长兼巴宜要塞司令。

方天当上第18军军长后，内部很多人不服，导致他很多命令无法贯彻。于是，想方设法为自己树立威信。这样一来，造成了两个后果：一是在随后的攻击军选拔中败北；二是让参谋长梅春华丢了性命。

国民政府军事委员会正式决定成立攻击军的时间大约在方天出任第18

军军长1个多月后，也就是1941年2月。根据军事委员会的决定，应该在西北、西南地区各成立2个攻击军，直属重庆军事委员会，作为大江两岸的机动部队。攻击军与普通军的区别在于攻击军的司令部编制人数比普通军多，并配备庞大的直属部队，计有：1个山野炮混合兵团、1个工兵团、1个辎重团、1个补充团、1个高炮营、1个战防炮营、1个重迫击炮营、1个搜索营、1个通讯营、1个警卫营、1个汽车大队、1个特务队，另有防毒、卫生训练兵种。军部除完整的参谋单位外，本身便有强大的特种兵直属部队以及自行运补的能力，可以机动使用，独当一面，在战场上独立应战。此外，攻击军最特别之处是他们附有自己的师管区，司令由副军长兼任，以免征兵上受官僚主义的限制。每个军下辖3个步兵师，每个师按照1937年颁行的陆军师编制人数编足人数，约11 000人。

一个攻击军具有如此强大的实力并且拥有自己的师管区，自然会引起军级单位的觊觎。但是，谁都清楚，能够成为攻击军，不仅需要在战场上交出很好的成绩单，而且必须是蒋介石的嫡系部队。为此，能够拿到攻击军名额的只能是蒋介石的嫡系部队，其他部队即使建立了再大的功勋，也很难跻身其中。

事实上，在重庆军事委员会决定成立攻击军的时候，蒋介石心中已经圈定了候选名单，在西北战场已决定改为攻击军的是胡宗南的第1军、李延年的第2军，西南战场已决定的是驻广西全县的第5军（该军的第200师是中国的第一支机械化部队）。也就是说，当攻击军的概念提出之时，能够让各部展开竞争的其实只有一个名额，而且这个名额在西南地区，竞争激烈程度可想而知。

经过军令部提名报请蒋介石后，蒋最后圈定有资格争夺这最后一个名额的有4个军，其中第18军和第74军这两个军旗鼓相当，战绩都很突出。

第18军是老牌精锐部队，打了很多险仗恶仗。在该军参与的抗日作战中，几乎全是充当救火队员。尽管最后救险不成，大多数情况下，责任并不在第18军身上，而是由国民党军普遍存在着诸如战斗意志不坚定、指挥不顺畅、部队之间缺乏应有的协同作战精神等顽疾造成，也有国民党军与日寇的战斗力相距甚远等客观原因。

与第18军相比，第74军从成军以来，参与了黄河以南地区的几乎所有作战行动，但它的历史底蕴没有第18军深厚。

为此，第18军从上到下铆足全力准备争取这个荣誉。陈诚更是殷切希望自己亲自建立的军队赢得攻击军的头衔。于是，第18军各部竭尽所能，抓训练，抓素质，抓教育，以便在即将到来的点检中获得最好的成绩，为进军攻击军行列加分。

第18军的付出得到了回报，在1941年初军委会的一次点检中，第11师被督察官誉为"罕见的精锐部队"。

有了这样的评价，以第11师为其核心部队的第18军应该可以获得跻身攻击军行列的资格吧？可是，当这些结果全部报到蒋介石面前，由蒋介石做出最后裁决的时候，蒋介石不能不想到枣宜会战的后续影响，以及方天没有取得第18军官兵的衷心拥戴等因素。再加上第74军在抗战爆发后名声实在太响，在反复考虑后，蒋介石终于将最后一个攻击军的名额给了第74军。

事实上，把第18军没有获得攻击军的原因归结在军长方天身上确实有些牵强。抛开这件事不说，大约两年以后，第18军参谋长梅春华被蒋介石大笔一挥，执行死刑，方天就确有不可推卸的责任。

何况，在此之前，方天还迫使副军长罗树甲不得不离开队伍，称病回了老家耒阳。后来，日寇攻下了罗树甲的老家。罗树甲遂被日寇抓获，因不肯投靠日寇而惨遭酷刑。为了保存民族气节，罗树甲自杀身亡。罗树甲的死，在某种程度上，同样是方天造成，说严重一点，是方天通过日寇的手害死了罗树甲。

那么，罗树甲究竟是怎么被方天从部队逼走的呢？赵秀昆回忆：

> 方天接任第18军军长后，因他的资历和当时几位师长的资历不相上下，有点难孚众望，因之对各师采取谨慎而不大过问的态度，非常注重抓教育，沿袭过去的传统，在万县葵花寨开办了训练班，用以轮训干部，并注意整顿军部以及直属部队，要求很严格，并发生过以下插曲：副军长罗树甲是湘西老军人，已年近花甲，人又肥胖，方天欲让其离职，又不便明言，就规定每天下陡坡到山下做早操，军长以下都必须参加，罗体力不支，卷起行李回湖南去了。

为了控制整个第18军，方天如此心狠手辣，实在是慈不掌兵的典范！为此，接下来，梅春华有把柄落到了他手上，他岂能轻易放过了？

梅春华，1904年出生，湖北省黄梅县人。黄埔军官学校第4期、陆军大学第9期毕业，陈诚土木系之著名将领。1939年7月被授予少将军衔。抗日战争爆发之际，任国民党军第18军第11师参谋长，为师长彭善出谋划策，为该师在淞沪战场上坚守罗店尽了全力。第31旅旅长王严负伤后，他接任旅长，率领该旅在武汉外围作战过程中立下战功。此后，彭善升任军长，遂将梅调任军参谋长。在枣宜会战时期，他精心辅佐彭善，在第18师溃败的关键时刻不顾个人安危，挺身而出，制止溃兵，为第18师保存了一定的战斗力，同时也稳定了第18军军心，激励了士气。

在抗日战场上颇有建树的梅春华到底有什么把柄落在方天手里呢？事实上，因为方天与梅春华相处不甚融洽，梅又占据了军参谋长如此重要的岗位，方天几乎每天都必须见到他，跟他打交道，心里岂能好受？再则，从资历上看，方天虽说是黄埔2期，梅是黄埔4期，但在随后的陆军大学，梅是9期，方是11期，因而，梅春华在陆军大学的资历要比方天老，他也不好领导梅春华。无论梅春华出了任何纰漏，方天都不会放过他，时刻准备伺机把梅春华排挤出去。

这时，时任军政部长的何应钦为方天整倒梅春华提供了契机。何应钦当然不是冲着梅春华来的，甚至也不是冲着任何高级将领来的，他是为了沽名钓誉，赢得一切为了抗战的好名声，决定搞"发抗战薪"的制度，即在军官的薪饷上打折扣，将级打6折，校级打7折，尉级打8折。这件事对贪腐现象极为严重的国民党军军官，尤其是高级将领来说，本来不是什么大事，因为他们的很多收入并不来源于工资。可对梅春华来说，就真的伤筋动骨，生活难以为继了，参谋长权利非常有限。

根据何应钦的抗战薪制度，梅春华是少将参谋长，原240元薪饷经打折后，只有140多元。如果说别的军官能够凭借手里的权力把扣除的工资捞回来，那么对于作为幕僚的参谋长来说，由于没有带兵的实权，办公经费有限，就没什么油水可捞了，全靠主官赏赐。要是彭善继续担任第18军军长，凭借自己与彭善的关系，梅春华根本不用担心，就是扣除了再多的抗战薪，也能从彭善那儿补回来。可是，梅春华现在的顶头上司方天是一个十分悭吝的人，自己就是拿了再多，也极少分肥与下属；跟梅春华又关系不甚融洽。梅春华当时有两个老婆同居一起，小孩又多，负担颇重，因物价飞涨，仅凭薪俸收入生活困难，又无法得到军长方天的照顾，只有自己想法捞外快，以养家糊口了。在军部高参石桢安（日本陆军士官学校毕业，四川梁平人）的协助下，他私下动用军部的几匹骡马和几千元法币作资本，驮盐到梁平换取土产品到万县谋利以维持生活。这种将本求利的做法，虽说确实为军纪所不容，但与贪污相比就是小巫见大巫了，本来算不了什么大事。如果此事发生在其他人身上，或许方天不至于非得把它捅出来不可，可是，恰恰是梅春华干出这种事情，他就决定借机把梅春华排斥出第18军了。

方天唆使政治部主任裘珍向第6战区司令长官陈诚告发此事。陈诚唯恐这种风气把他的第18军搞坏，所以便将此事向军委会作了报告。

蒋介石得知此事，勃然大怒，为了严肃军纪，下令将梅春华逮捕审查。

随即，案件转到时任军法总监的何成浚手里，由他来审判定案。何成浚审判的案件多着呢，哪一件不比这件严重得多？最后都会因为有人打招呼而使案子不了了之。此时接到了这件案子，哪怕是蒋介石亲自下令批捕的梅春华，他也没当做什么大事，且他与梅春华又是湖北同乡，便有意开脱，便以"无罪释放"呈报上去。报告很快呈到蒋介石面前，蒋极不高兴，立马签批"焉得无罪"四个字，发回何成浚重新审判。何成浚看了蒋介石的批复，不得不将梅春华签判有期徒刑7年，再度呈报上去，心想：这一次，已经将梅春华按最高刑期定案了，你蒋委员长也无话可说了吧？

可是，梅春华实在太不走运，何成浚定下的最高刑期也成一张废纸。这张报告呈到蒋介石面前的时候，孔家少爷小姐利用滇缅路走私一事正闹得舆论哗然，大多数军政要员纷纷到蒋介石面前告状，要求蒋介石法办孔二小姐。民意难违，蒋介石果然龙颜大怒，准备法办孔二小姐了。可是，孔二小姐是蒋夫人宋美龄的至亲，又是她的干女儿，她岂能罢休？知道了蒋介石的心意后，宋美龄立即与蒋介石大吵一场，迫使蒋介石不得不收回了惩办孔二小姐的打算。这时，恰好梅春华一案的审判报告送到蒋介石，立即引发了蒋介石心头的怒火，没法将罪大恶极的大走私犯孔二小姐绳之以法，他却可以将小走私犯梅春华拿来祭刀，以儆效尤。于是，他愤怒地咆哮道："我非杀几个不可！"紧接着，他大笔一挥，在这次的报告上再次批上了四个字："立即枪决。"就这样，本不该处死的梅春华成了孔二小姐的替罪羊。

也许，方天并没有想到梅春华最后会落得被枪毙的下场，事后内心颇为愧疚，从来不提此事（事实上，方天更应该为罗树甲的死感到愧疚。毕竟，梅春华出了状况，罗树甲却没有。高级将领虽说身体健康非常重要，但更需要较好的军事指挥能力与对部队的掌控能力，以身体原因逼迫罗树甲离职，无论怎么说，都反映了方天此人确实狠毒），"心毒手辣"的名

声落在他头上，再也取不下来了。

梅春华被捕后，第18军参谋长出缺，方天考虑到赵秀昆担任过第11、第18师参谋长，又做出了些成绩；更重要的是，此人在第18军的根基并不牢靠，是可以信任的人，方天就想邀请他担任第18军参谋长，但被赵秀昆婉拒了。赵继而向方天推荐他的陆大同学又拜过把子、时任第54军第14师的焦志坚团长（曾毕业于日本士官学校，安徽合肥人）任此职。这一下，害得焦志坚枉送性命。

那是第18军移防石牌附近之后的事。第6战区司令长官部决定在恩施召开一次会议，规定军长必须率领军及各师军需官参加，军长方天原已准备赴会，临时改变主意，派参谋长焦志坚代表前往。他们乘民营客轮过滩时，缆绳断裂，船受急流冲击，立即翻沉，船上400~500人生还者极少，第18军除军部军需处长陈铁麟得救外，军参谋长焦志坚及军需主任黄宜生尸体都未找到。

这样一来，第18军又没了参谋长，方天遂再次邀请赵秀昆接任此职。赵秀昆仍对方天有戒心，加之焦志坚出事后，当时流传"第18军不利于参谋长"的迷信说法（罗卓英任军长时的参谋长文某因贫病在恩施自杀），更不愿意接受此职。后来，听从了罗广文的意见，赵秀昆才勉强接受军参谋长之职。

第四部分
湘鄂境内建功勋

鄂西会战经过要图

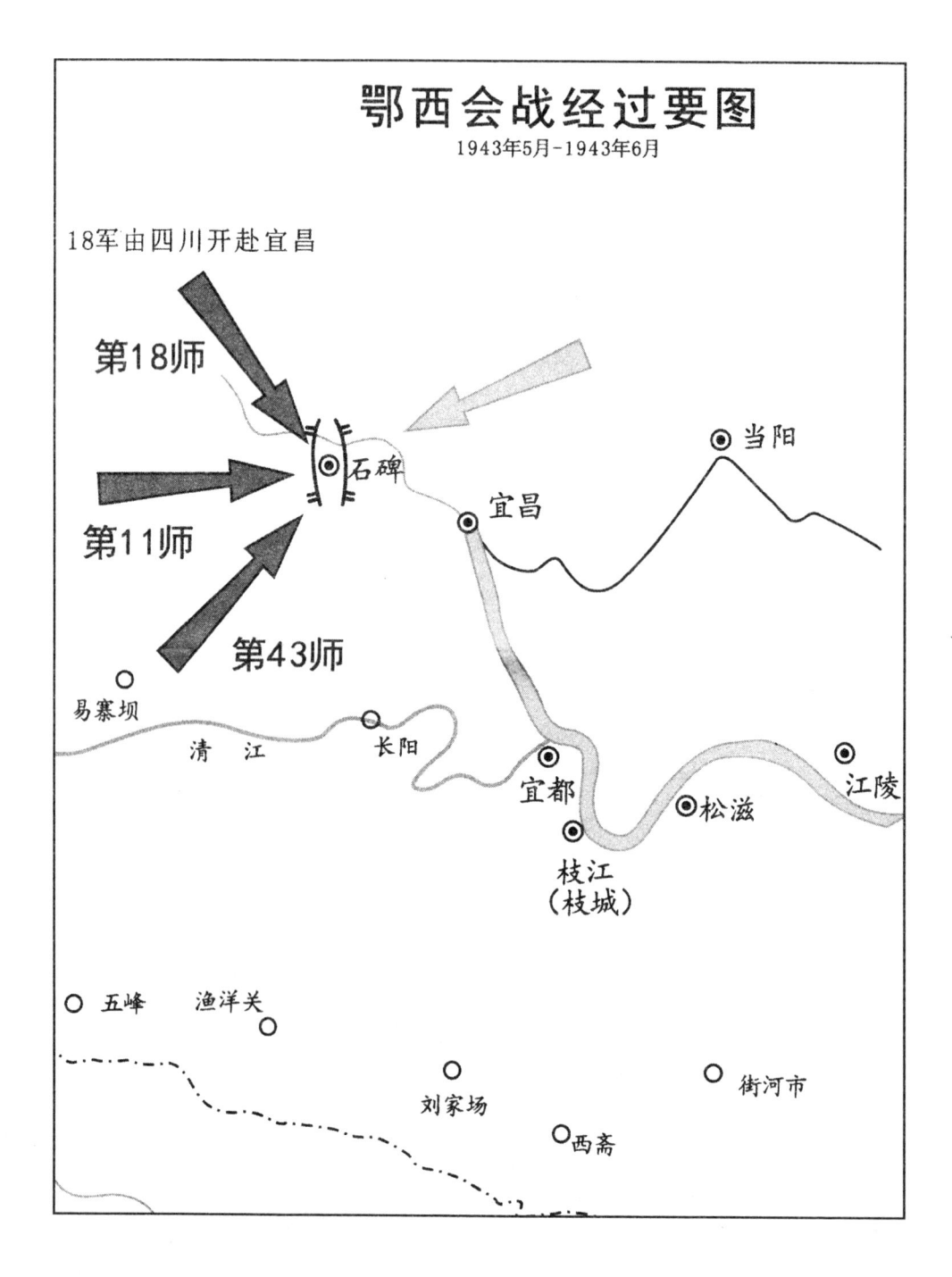

1943年5月-1943年6月

18军由四川开赴宜昌

第18师
第11师
第43师

石碑　宜昌　当阳

易寨坝　清江　长阳　宜都　松滋　江陵

枝江（枝城）

五峰　渔洋关　刘家场　西斋　街河市

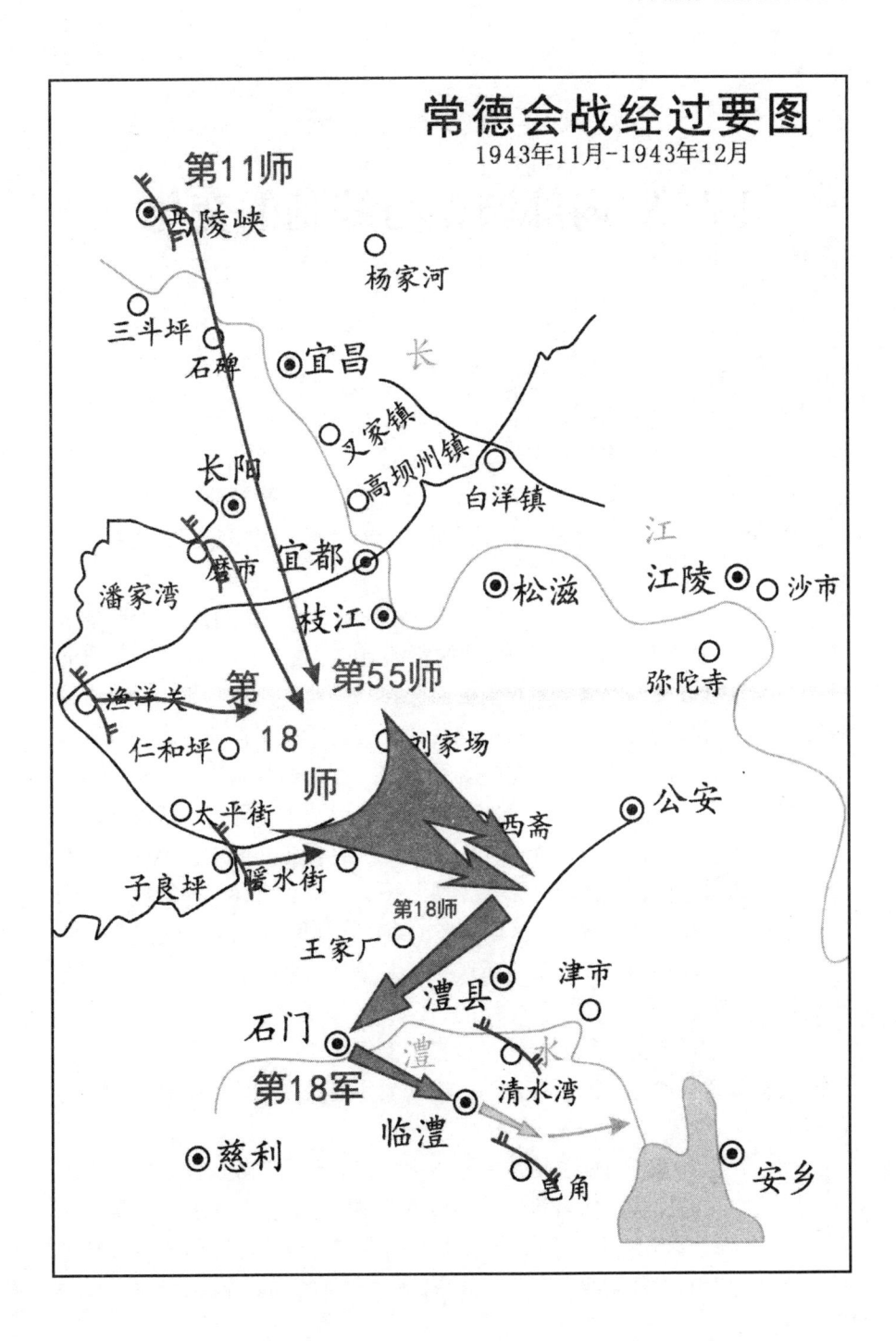

常德会战经过要图
1943年11月-1943年12月

17章 内部调整与编制的变化

第18军在开赴枣宜战场之前有2个师的人马在万县、重庆、北碚一带整训,并且担负拱卫陪都重庆的重任,当接到调令开赴战场后,后方医院仍留在原处,而且还保留了一些部队看守营房以及处理其他遗留事务。因此,作战行动结束后,根据军事委员会的命令,该军仍旧开回四川整顿、补充。

不过,这时候,因第11师已经归建,第18军开回四川的则是3个师的人马。将这3个师的人马开到原来2个师的整训地域里去,不对原第18、第199师的整训地域进行调整,是不可能的。第18师师长罗广文一想到这一点,就多了一个心眼,为了达到回重庆原驻防地的目的,派遣师参谋长先去重庆活动。赵秀昆回到重庆后,首先到军令部一厅二处找到负责部队编组、调遣的其陆大13期同学蔡文治,向他说明来意,请求他同意签请第18军仍各回原驻地。蔡看在老同学的面子上,满足了赵秀昆的要求。不过,军部再也没有回去重庆,而是改驻万县(现万州)。归建第18军的第11师则调往梁山县(现改梁平)整训。这样一来,第18师和第199师两个师还是各回原来的驻地,而将第18军军部从重庆给打发出来。罗广文心眼如此,在方天离开第18军之后他能够接任该军军长一职,大约是这么来的。

前文介绍过彭善之后方天续任军长。整个第18军,包括军部以及军直属部队全体官兵通过狠抓训练,训练进度大为提高,训练效果有了长足的进步。

然而,第18军不可能长期在后方整训。在需要的时候,陈诚总是忘不了召唤他的核心部队。1941年初冬,担负"拱卫陪都"与"收复失地"双重任务的第6战区司令长官陈诚虽说手中拥有十几万人马,但该战区辖区从刚成立时期的管辖湖北、四川、湖南3省边界地区的41个县,至1941年2

第四部分 湘鄂境内建功勋

月扩展到包括贵州西北部在内的4省10区81个县的广大地区，要想确保这一地区的安全，不正确使用这十几万人马显然是不行的。鉴于该地区连贯鄂西、湘北、川东，控制入川门户，东可威胁宜昌之敌，直趋武汉；西可凭三峡之险，封锁江道，阻敌西进；北与第5战区唇齿相依，南与第9战区互为犄角，战略地位极为重要。第6战区为了确保整个辖区的安全，吸取了宜昌失陷的沉痛教训，决定采取重点防守、次要方向牵制敌人的战略，以便在重点地域形成对日作战优势。在这一战略指导下，防守战区核心的江防军就必须使用最精锐的部队。为此，陈诚心中早有盘算，决定将心腹爱将郭忏调任战区参谋长；任命粤军名将吴奇伟为江防军司令，以土木系王牌主力第18军、第94军、第86军作为江防军的基干，确保江防安全。

在这样的大背景下，第18军必须重新出山了。于是，陈诚便将第18军自后方调往前方驻防，归长江上游江防总司令吴奇伟指挥，担负宜昌以西石牌要塞的防守任务。

石牌，是宜昌以西三峡入口处南岸的一个小镇。在这里，两岸均为高数百米的断崖，江面狭窄。为了阻止日寇继续溯江西上、进攻重庆，国民党海军利用这里险峻的地理条件，把它打造成坚固的江防要塞。其基本布设情况是：海军将无法行驶的舰船沉入这里的江面，用以封锁长江航道，并将舰上火炮移置岸上，作为要塞火炮。舰上官兵即改为石牌要塞部队，由舰长方某（留英海军学生）担任副指挥官，正指挥官则由曾经担任第18军旅长的滕云充任。

宜昌沦陷之后，日寇如果想要溯长江而上进攻四川，石牌要塞是必须拔除的钉子。为此，石牌成了拱卫陪都重庆的第一道防线。在这样的战略态势下，固守石牌就是第6战区天大的任务。为了达成固守的目的，陈诚不仅把自己的核心部队第18军从后方调来加强防守，并且在陆上增加了巴（东）宜（昌）要塞守备队，由第18军军长方天兼任要塞司令，统一指挥石牌地区各部的作战行动。

应该说，与马当、湖口、富池口、田家镇诸要塞相比，石牌要塞是最坚固的。武汉会战之后的1938年冬天，中国海军就在石牌设置了第一炮台，其左右有第一、第二分台，共安装有俄制岸防大炮10尊。其主炮台处于长江一个130度的弯角上，可以一炮打到南津关；其他各炮台则相互掩护、相互弥补射击上的死角地区，形成一张无缝连接的炮射火网，可以封锁南津关以上的长江江面。此后，海军又陆续把之前从船舰上拆下来的数

225

百门舰炮,安置在两岸开凿出来的山洞中,共分为4个总台,12个分台,各以电讯联系,不仅更加增强了江防火力,而且更确保了炮兵安全。

上面说到,石牌要塞的核心部位由要塞部队防守,第18军则负责防守两岸外围阵地。方天率领第18军将士依次进入石牌地区之前,就已经在心底对各部的防守区域以及各部应该承担什么样的任务做出了比较明确的区隔:他一方面吸取了前任军长彭善的教训,不敢过多地依赖第18师,另一方面又因为第11师早已归建,手里有这么一支最精锐中的精锐,如何使用不得不慎重思虑。因此,他决计以南岸为重点展开部署:军部驻石牌以西的望州坪,第11师任要塞前地之防守,第18师则于侧翼阵地任掩护。

第18军陆续进入石牌地区后,由于方天兼任要塞司令,可以统一指挥石牌地区各部的作战行动,他在对部队展开部署的时候,不仅仅只考虑第18军各部的防守地域,还需把石牌要塞部队纳入考虑范围。其具体部署是:以第11师并指挥石牌要塞部队防守南岸,第11师以2个团担负要塞外围阵地的防守任务,以1个团会同要塞部队担任核心阵地防守南岸前沿距离日寇约1公里的缓冲地带;第18师以1个团据守外围阵地,主力在后方利用时间训练;第199师担任机动,驻防三斗坪以西;军司令部则在三斗坪东侧的黎家湾。

其中,第18师据守外围阵地的那个团与日寇沿着一个山谷相对峙,双方说话者清晰可闻,可谓真的把兵力部署到敌人的鼻子底下了。

事实上,方天的部署只是一个框架,各师、团具体任务,由各师自己决定。兵力全部展开后,实际防守态势是:第11师以第31团分配在平善坝、三皇宫以东地区防守;第32团被分配于大、小朱家坪及其以西山地;第33团则作为机动部队并奉命构筑纵深阵地工事。第18师则在其右方,守备长阳县境之大桥边、响铃口一带高地。第199师仍驻三斗坪以西。

按照方天的预想,第18军进入石牌要塞之后,很快就会与日寇展开血腥的战斗。那时,他就会率领第18军各部跟日寇打一场令人刮目相看的战争,一扫枣宜战役给该部带来的晦气。

实际上,陈诚并没有把主攻任务交给他们,而是命令该军守备白羊山、三斗坪、罗佃溪一带阵地,以备切断日寇的增援部队。第18军在这次作战中最大的功绩主要是有效地阻击增援之敌,对宜昌、秭归地区的交通进行了大规模的破坏,但并没有像方天想象的一样与增援之敌进行较大规模战斗。在这次攻击行动中,第6战区所辖部队在陈诚的指挥下,差一点就收复了宜昌，最后因日寇从湖南开来了增援部队以及中国军队损失太大、天气又对中国军队的进一步攻击产生了负面影响，迫使陈诚不得不停止攻击。

中国军队的这次攻击结束后，日寇又兵疲力竭，难以为继，想要对第18军把守的要塞发动攻击，已是心有余而力不足。为此，方天的设想注定无法实现。在驻防石牌要塞的2年多期间，第18军各部除了偶尔派出小部队对当面日寇发动骚扰性的袭击行动外，基本上没有与日寇进行大的战斗。

这里，仅选择第18军司令部直属平射炮营第1连连长黄世益的回忆，就可以说明当年的战斗情况与以前第18军历经的战斗相比是何等的轻松：

> 我们都提高警惕，晚上轮班休息，一有情况通知全连。日军不时用山野炮轰击我们的阵地，敌机也经常当空盘旋，从空中扔下炸弹，企图破坏我们的工事。但是西陵峡两边是笔直的山峦，我们的工事挨着江面，所以他们不容易炸到我们。他们俯冲下来后，扔下炸弹就跑了。我们就用大炮射击。
>
> 1942年春，正是长江枯水季节。一日中午，守护西陵峡的战士，发现一束稻草缓缓逆流而上。士兵觉得很奇怪，注意观察，并做好应变准备，将炮口对准稻草，并随之变换炮口的方位。不久稻草流动到我军阵地附近停止了，突然稻草中冒出类似剪形镜一样的物体，不停地晃动，对西陵峡两岸窥探。
>
> 我判断是日军的潜艇在活动，立即命令开炮，接连发射5发炮弹，同时机枪也对准扫射，只见草堆翻起了浪花，伪装物这才随水东流了。
>
> 日军本想通过西陵峡南下，但是在西陵峡吃了几次亏后，知道这里防范严密，只好作罢。

据此，我们可以设想一下，如果不是第18军把守石牌要塞，堵塞了日寇的进军路线，陈诚接连2次发动的攻击行动，将会成为日寇夺占石牌要塞，进而溯江而上攻击重庆的契机。也许，这就是陈诚急于将第18军从后方调来的重要原因。有这支精锐部队把守石牌，陈诚就可以心无旁骛地指挥人马攻击日寇了。

那么，陈诚为什么要发动这些攻势作战呢？如果说他是在执行蒋介石的收复失地命令，那么，他应该将第18军这支王牌部队用于反攻行动，而不是让他们把守石牌要塞。毕竟，攻击是为了更好的防守，在战场上越是狠狠打击日寇，石牌要塞的安全就越发有保障。事实上，凭借第6战区掌控的兵力，陈诚是无力收复宜昌的，能够与日寇保持对峙状态，已是最好的结果。陈诚非常清楚这一点。他之所以要发动对日攻势作战，目的在于配合其他战场上中国军队的行动：1941年冬季的攻势作战是为了策应第9战区（薛岳任司令长官）第2、3次长沙会战；1942年夏季攻势则是为了策应第3战区顾祝同部的浙赣会战。

这期间，担任机动部队的第199师，直接参与了陈诚发动的攻势作战行动。在后一次攻势作战行动中，宋瑞珂率领的第199师发挥的作用更大，战果也更大。这一回，为了牵制日寇，不使日寇将宜昌当面的部队撤走，转而用于攻击中国军队的侧后背，给陈诚的攻击部署带来威胁，宋瑞珂指挥第199师一部直接向据守宜昌之敌发动猛烈的进攻。为了激励士气，确保顺利完成任务，宋瑞珂亲临第一线，坐镇桃坪王士翘团指挥所，亲自指挥战斗。最后，胡强营攻占了南津关；洪毅烈营攻占了小溪塔（今宜昌县），迫使日寇无暇他顾。

对于第11师和第18师来说，情况差不多，守备石牌将近2年，并没有与日寇发生什么像样的战斗。第18师只派过一个加强连出江北小溪塔方向迂回日寇后方袭击，但没有取得什么战果。双方对峙的前线阵地，相互射击的情况也不多。

不过，这期间，还是发生了一些趣事，据赵秀昆回忆，事情是这样的：

> 第18师前沿，双方仅隔一山谷，都靠夜间送饭，常吃冷饭。为避免吃冷饭，双方经常互相喊话，双方都不要向伙食担子射击，罗广文得知后，认为非常荒唐，才严厉制止。军、师派出的情报人员，无法进入日军防区，日方有意在宜昌北小溪塔不设防，双方情报人员都利用该处作为"情报交易所"，所以得来的情报都是千篇一律，无关紧要。1942年夏季，第11师前沿还发生过一件怪事。有一天，日军防地内突然走出一手持白旗的胖女人，口讲日语，经请示江防总部后，直接送往军部。经讯问后，她自称是牙科医生，和宋美龄有旧，要求送往重庆见宋，其他拒不作答。事后了解，该日妇到重庆后，即被特务接去，一般估计，是带来条件向蒋介石诱降的。

第四部分 湘鄂境内建功勋

自从第18军开到石牌要塞以来，一直到1943年5月的石牌保卫战爆发，第18军未与日寇展开太大较量，将主要精力放在了内部换血上。

首先进行的是人事结构的调整，不是针对整个第18军，而是发生在第18军的核心部队第11师。1942年3月，师长方靖升任第18军副军长，其遗缺由曾经担任过方靖的副手胡琏接任。

胡琏，1907年10月出生，陕西华县人。原名从禄，又名俊儒，字伯玉。黄埔军校第4期毕业。在陈诚的土木系部队中历任连长、营长、团长。淞沪会战爆发之际，任第18军第11师第66团团长。

从胡琏的抗战经历上可以看出，此人确实是一位颇有胆略的抗日将领。这一次，他得以成为第11师的主将，陈诚必定对他寄予了很高的希望。他也确实没有辜负陈诚的期望，在尔后的石牌保卫战中，指挥第11师将士打出了威风，不仅保住了重庆的战略门户，而且重创了日寇，迫使日寇再也不敢产生由此向重庆溯江而上展开攻击的梦想，一洗枣宜战役中第18军作战失利的耻辱，凭借这次战功，为尔后接任军长奠定了基础。

大约在胡琏当上第11师师长半年后，也就是1942年10月，暂编第9军从第3战区调到了第6战区，陈诚看中了这个军，将其改为第66军，将该军中的暂编34师与原18军中第199师换防。

暂编第9军成立于1940年10月，是由暂编第32师、暂编第33师、暂编第34师合编而成，由第74军副军长冯圣法升任该军军长。该军编成后，在浙江又将暂编第35师编入该军，隶属第3战区。1942年8月，冯圣法率该军改隶第6战区，进入了陈诚的管辖范围，为陈诚改造该军提供了契机。

暂编第34师的来历可以追溯到1938年1月成立的第3战区游击司令部。该部以浙江省警察局巡警及各地常备队、警察和壮丁编成4个支队，同年7月改编为浙江省国民自卫团总司令部。1940年将所属支队并编为3个纵队，3月将第3纵队改编为暂编第34师，首任师长是在淞沪会战中率部第一个向日寇开火的第88师旅长彭巩英。率领该师进入第18军的师长却是贾广文。

那么，该师有过什么样的战绩，使得它一投入第6战区，陈诚就把它纳入到自己的核心部队呢？其实，该师谈不上打出了多大的战绩，不过，该师官兵在作战过程中展现出来的血性，足以让陈诚动心：有血性是部队能否成为抗日雄师的先决条件；有了血性，就可以把本来表现不好的部队打造成抗日雄师。

事实上，第18军的编制这么一变动，必然会对全军的人事关系大洗

229

牌。方靖升任第66军军长后，副军长宝座就由罗广文坐上去了，第18师师长则由第76师副师长覃道善接任，赵秀昆则当上了第18师副师长。

罗广文是不是够资格担任第18军副军长，赵秀昆能不能担任第18师副师长，这里不作任何评说。在方天离任之后，罗广文更是被陈诚提拔为第18军第6任军长，率部在湘西地区打得相当不错，这些都是铁的事实。这里要说的是接任罗广文担任第18师师长的覃道善。看一看他的来历，设想一下他带领的第18师是否会像罗广文时代的第18师一样在抗日战场上不堪一击。

覃道善，别号仲明，湖南石门人，1903年出生。先后在黄埔军校第4期步兵科、中央训练团党政班第10期学习。历任国民革命军第18军第11师排长、连长、营长、团长。抗日战争爆发后，任第18师第52旅旅长、第76师副师长。

从覃道善的简历上看，此人黄埔毕业，又在第18军的核心部队从排长一直干到了团长，身上流淌着纯正的土木系血液。第18师在淞沪会战时期，由于丢失大场，将淞沪战场上的中国军队置于非常危险的环境之中，师长朱耀华羞愤得拔枪自杀，证明该师是一支具有血性的抗日部队。覃道善旅在这次战斗中杀敌无数，自身伤亡惨重，算得上是尽了全力。随后，他升任第76师副师长。

事实上，第18军这次编制与人事大调整，时机不够好，距离即将开打鄂西会战仅仅只有2~3个月，临阵换将，历来为兵法之大忌。不过，即使撇开难以评说的方天不谈，第18军旗下的3位师长，第11师胡琏、第18师师长覃道善、暂编34师师长吴啸亚都是千军万马中取上将头颅犹如探囊取物的猛将，无论是谁，都有理由对他们充满期待。

第四部分 湘鄂境内建功勋

18章 作战态势及其战后评价

在整个抗日战争期间，中日双方进行的各出动10万兵力以上的大型战役中，中国军队能够取得胜利，或者说达成预定目标的并不多。鄂西战役就列入了为数不多的以中国军队收复失地、恢复战前基本态势而取得了胜利的战役之一。

鄂西战役或称之为鄂西会战，是8年抗战中发生在湖北境内的四大会战之一。这次会战从1943年5月4日开始，到6月14日结束，历时1个多月。战线东起湘北滨湖之华容，西至长江西陵峡口之石牌，绵亘千里。在这次会战中，国军将士同仇敌忾，浴血奋战，使不可一世的侵华日寇遭到了空前惨败。

其中，国民革命军陆军第18军承担的任务是维护石牌要塞及其外围地区的安全。与加入这次作战行动的其他中国军队相比，这支队伍对确保此战取得最终胜利起到的作用显然比其他任何一支队伍都要重要得多。但是，它的作用并不是决定性的，能够起决定作用的有两个因素：一是陈诚对日寇发起这次战役的终极目的作出了准确的判断，并没有像当年枣宜会战时期的李宗仁一样被日寇前一个阶段的进攻行动搞乱阵脚，在兵力部署上基本掌握了战争的主动权；二是所有参战的中国军队都能团结一心，抵御外侮，共同营造战胜敌人的条件与氛围。

为此，尽管本书着重描写的是第18军在这次战役中的作战行动及其过程，但事先简要地交代一下这场战役的战前态势、其他中国军队先期展开的作战行动，以及当年国民政府如何评价这场战役，对于全面了解第18军投入这次作战行动，仍然是十分必要的。

自从日寇占领宜昌以来，中国军队不断袭击日寇，第11军由武汉经长江至岳阳，武汉经汉水至岳口、沙洋镇等地的水上运输，并攻击武汉附近的日寇据点，破坏其交通和打击其伪化活动，使得武汉至宜昌之间的长江航道从未通航，日寇运输受阻，在宜昌附近掠夺的各种物资无法东运以满足其作战需求。特别是太平洋战争爆发以来，日寇船舶损失严重，难以及时运输兵员、军需品以及其他各种物资。在中国战场上，内河航运船舶也越来越少；而且，宜昌到岳阳段长江为中国军队控制，日寇在攻占宜昌后尽管掠夺了大量船舶，却不能投入使用，使得日酋必须下决心迅速解决这一问题。

任何时候，要想解决一个相对复杂的问题，就必须首先抓住主要矛盾，找到解决这个问题的关键点，取得牵一发而动全身的效果。引用到解决长江航运问题上来，显然，日寇要想一劳永逸地解决这一问题，就必须将整个鄂西地区全部纳入囊中；而要达成这项目的，必须首先清除横亘在日寇前进道路上的第128师，取得第128师占据的地盘。为此，日酋决定首先对该师发动攻击，消灭这支处于半独立地位的中国军队，打通向鄂西进一步展开攻击的通道，进而占领整个鄂西地区，确保长江航运的畅通。

日寇于1942年5月对第128师发动攻击，因为其他中国军队正对华东地区展开了进攻行动，对日寇第11军的补给线以及机场形成了重大威胁。因而，日寇不得不在摧毁了沔阳地区国军阵地后中止了对第128师的进攻，转而调兵前往对日寇威胁最大的浙赣战场。第128师师长王劲哉则乘日寇无力进攻之机，将主力转移到峰口地区，对防区工事进行了加固，并加强了抗日宣传及破袭活动。

1942年底，横山勇接任日寇第11军司令官后，拾起了冢田攻未能完成的计划，决心集中兵力，首先进攻鄂中地区，发起江北歼灭战，歼灭第128师，占领武汉附近三角地区和长江南岸之华容、石首，以增强其战略态势，为下一步攻击鄂西、湘北地区扫清障碍。

1943年2~3月间，为实现西进以打通第6战区江防，并且消除侧翼威胁，鼓舞长期低落的士气的目标，日酋横山勇指挥第11军在连接汉口、岳州、沙市的长江北岸三角地带成功地进行了代号为"江北歼灭战"攻击行动。

参加这次江北歼灭战的日寇计有：第13师团6个大队、第40师团7个大队及第58师团4个大队、由第3师团抽调3个大队组成的塘支队、第39师团抽调4个大队组建的两角支队、独立混成第17旅团2个大队等部共计约4万余人；另附伪定国军、人民自卫军等伪军武装，兵员数量共达10万人以上。

第四部分 湘鄂境内建功勋

这支庞大的日伪兵力，在50架飞机的掩护下，以猛狮搏兔的绝对优势，对孤悬在洪湖地区的自诩为半个伟人的王劲哉手下只有3万余人的第128师及其建立的"鄂中独立王国"乃至第6战区所辖何绍南的江北挺进军等仅有8 000兵力的游击部队发动了大规模进攻。

原本双方的作战能力相差悬殊，加之日寇事先派遣间谍打入第128师内部大肆分化瓦解，第128师古鼎新旅乘机暗中投敌，全盘托出了该师的作战部署，导致该师与日寇一交火，即遭到惨败，存在4年之久的"鄂中独立王国"随即土崩瓦解。

这一仗，除王劲哉本人以下23 000余官兵被俘外，4 600余人战死，师参谋长率领1 500余人继续与日寇作战，其余残部仍散布在湖区等待时机集结。江北挺进军3个纵队（旅级）主力8 000余人被击溃，余部被迫撤到江南整备。第29集团军下辖之第44军驻江北部队被迫撤回长江以南地区。

就这样，日寇第11军在1943年春季对中国军队实施的第一次作战行动大获全胜，以极其微弱的代价几乎全歼了第128师以及国民党军的游击部队，刺激了日酋迅疾发起鄂西会战的欲望，推动了横山勇加紧部署全面西进战略。

此时，已占据监利、天门等腹心要地的日寇趁热打铁，一方面组织扫荡队对第128师残部追踪搜剿，另一方面以主力一部向长江南岸发动进攻，企图在长江南岸占领滩头阵地，为尔后的作战行动创造有利条件。

为实施下一步作战计划，日寇在以第58师团及第40师团236联队确保江北安定的同时，另以第13师团、塘支队及第40师团主力发起占领江南前哨阵地的进攻战。

3月8日，集结于江北的日寇兵分数路强渡长江，向预定目标突击。

第29集团军所属第44军、第73军各部虽然在石首、华容、弥陀寺、藕池口等地进行了顽强抵抗，然而挡不住日寇的进攻锐势，致使这些地域在很短的时间里相继失守。紧接着，日寇穷追猛打。但是，第29集团军经过强烈反击，终将日寇阻于上述长江南岸各地区及宜昌、天宝山、盐池庙、转斗湾一线。

此后，中日双方军队在这一带展开了数度拉锯战，形成犬牙交错的攻防态势，战事于3月14日转趋沉寂。

这样一来，日寇就稳固地占领了长江南岸的石首、华容及沙市对岸地区，取得了长江南岸滩头阵地。不过，在日寇占领的洪湖地区及长江南岸滩头阵地之间，仍有一段长江江岸为中国军队所控制，且此处有中国第6战区司令长官部下辖的2个集团军防守，航运仍不畅通，日寇第11军为此决定立即发动鄂西会战。

事实上，横山勇决计迅速发动鄂西会战，与日寇在太平洋战场上已经呈现出不利态势大有关系。那时候，为了扭转太平洋战场上的颓势，日寇大本营希望首先在中国战场改变日趋不利的战略态势，以便可以从中国战场上抽调兵力前往太平洋战场遏制美军的进攻。为此，就在横山勇发动代号为"江北歼灭战"攻击行动之际，日寇大本营即向中国派遣军下达了《1943年度帝国陆军对华作战指导计划》，规定："大致确保并稳定现已占据地域，粉碎其继续抗战的企图，制止敌之反攻，并扼制敌空军的猖獗活动，尽力防止敌空袭帝国本土。"

根据这一作战指导计划，横山勇正式炮制了宜南作战计划，也就是鄂西会战计划。这次作战目的有三：

一、寻机歼灭中国军队第6战区主力。

二、短时控制宜昌至岳阳的长江水路，将在平善坝地区掠夺的近2万总吨位的各类大型船只约50艘，由宜昌下航，以弥补长江内军运船只的不足。

三、从洞庭湖以北的南县、安乡开始，然后在长江南岸与澧水之间，攻向以西的公安、松滋、暖水街、渔洋关、枝城、长阳、都镇湾，直至宜昌上游的平善坝、石牌沿江一带。其整个作战地区的直线长度约为200公里，宽度约为60公里。

别看横山勇在作战计划中规定了日寇此次作战行动需要达成的3个目的，其实，达成第1个目的才是主要的。由中国派遣军总司令部（日本入侵军）转调第11军高级参谋岛贯武治回忆：

> 第11军的真正作战目的在于歼灭江南地区的敌军野战部队。但由于大本营对于进攻作战进行了严格限制，因而第11军意识到仅仅以歼灭敌军野战部队为作战目的，很难获得总司令部乃至大本营的批准。所以表面上说，目的在于获取船舶，同时歼灭敌野战军。大本营考虑到打通长江航路，加强运输力，在使宜昌附近的船舶下航，弥补长江内军运

船只的不足，批准第11军发动鄂西会战。之前日军在监利、华容地区实施的江北歼灭战已经为其在岳阳、沙市、荆州的部队向洞庭湖以北、以西地区进犯，实施江南歼灭战创造了有利条件。

对于该战的命名，根据不同的特点赋予各自的含义：该作战是日本第11军继1943年初的江北歼灭战（一号作战）之后进行的，故在其计划与准备阶段暂称二号作战；因战场主要在宜昌以南，也称宜南作战。而在战幕拉开后正式定名为江南歼灭战，旨在歼灭当面第6战区的野战部队。

鉴于第6战区曾在1942年夏季对日寇发动了规模宏大的攻势作战，差一点就夺取了宜昌，日酋横山勇深知第6战区的兵力甚为雄厚，这次进攻行动一定会遭到第6战区各部的顽强抵抗。所以，他一方面在兵力配属上特意进行了加强：除了投入在战区附近的当阳第39师团，驻沙市的第13师团，在监利、石首、华容的第40师团2个联队（师团司令部仍位于咸宁），驻岳阳的独立混成第17旅团外，还动用了驻南昌的第34师团、驻九江的第68师团、驻应山的第3师团、驻应城的第58师团一部以及军直属的炮兵、工兵、陆空军第44战队；另一方面，在具体的作战计划上进行战役欺骗：首先在战线的东端让部队南下，做出要攻击常德的态势，试图把第6战区的兵力调动到这一方向之后，挥兵西进，直捣鄂西；同时，规定各部的战术动作是在对第6战区重兵集团的打击上为求稳固，多采用合围的战术。

其具体作战部署分3个阶段进行：

第1阶段：从5月初开始，以一周时间，击溃第6战区的第29集团军，攻占洞庭湖以北的南县、安乡地区，造成进攻常德的假象。

第2阶段：从5月中旬开始，将战场西移，以1周时间，沿长江南岸、澧水以北，击溃第6战区的第10集团军，攻占松滋及其以南的街河市、西斋、暖水街一线山区，与完成第1阶段的作战任务之日寇相互配合，进一步形成围攻常德的态势，逼迫中国军队向这个方向调兵。

第3阶段：从5月下旬开始，为了达成此次作战的主题目标，各路日寇继续沿长江南岸山区西进，击溃第6战区的江防军，攻占宜都、渔洋关、川心店、长阳、都镇湾，直至宜昌上游南津关对岸的平善坝以及石牌附近。这一阶段的作战时间，预计为10天。

也就是说，日寇前2个阶段的作战行动都是为了制造进攻常德的假象，扰乱第6战区的作战思维，试图迫使第6战区将兵力调往常德一线，方便其达成最后一个目的，也就是这次战役真正的作战目的：攻占鄂西地区。

日酋横山勇真所谓机关算尽！那么，中国军队会重蹈枣宜会战的覆辙吗？充满悬念。

事实上，日寇在积极准备发动更大规模的进攻行动之际，第6战区也没有闲着。年初的作战行动沉寂下来后，第6战区代司令长官孙连仲非常清楚，这并不是战役的结束，而是预示着一场更大规模的激战即将降临。因此，他命令第29集团军乘战斗的间隙，毫不懈怠地积极调整，作新一轮部署。

这时，日寇为了发动攻击行动，以华容、藕池口、石首、弥陀寺、宛市为主要据点，到处抢抓民工，逼迫他们修筑公路以及作战工事，并在湖北监利白螺矶扩建机场。

经过1个月的精心准备，日酋横山勇已按照预定计划集结起了以第3、13、39师团、独立混成第17旅团为主力，配属第34、40、58、68师团各一部组建的野沟、野地、长野、小柴、户田、针谷等支队，以及海军陆战联队、重炮联队等特种部队，另附伪军第29、11、24师等部，总人数达10万人的雄厚兵力。分别集结在宜昌、枝江、弥驼寺、藕池口、华容一带地区；并在汉口、荆门、当阳等地集中了航空兵第90、45、55、16、25、23、44等7个中队，以及1个独立中队，共拥有各型飞机248架，其中战斗机100余架，用以为执行进攻任务的日寇步兵提供空中支持。

雄兵10万在手，海陆空三军齐备，横山勇决定立即兵分三路发动"宜南作战"即鄂西会战：左路由宜都、聂家河向渔洋关方向前进；右路由宜昌溯江而上；中路由枝江、宜都、长阳西进，对陈兵于长江南岸之第6战区下辖的第29军集，第10集团军和江防军大举发起进攻，彻底消灭江南野战军，并乘机劫掠停泊在宜昌江面上的中国船舶，进而夺取川江第一门户——石牌要塞，威逼重庆。

当时，第6战区司令长官陈诚赴云南兼任远征军司令长官，遗缺于2月23日调第5战区左翼兵团司令、西北军宿将孙连仲代理，战区司令长官部位于湖北恩施。

为抵御日寇的攻势，第6战区代司令长官孙连仲调集了第29、10、26、33集团军，连同上游的江防军及其他警备部队，共有14个军41个师、3个挺进纵队及2个独立旅，兵员人数达30万。军事委员会直属的第32军亦位于第6战区作战序列之内。其中，除了江北方面第33集团军的第39、77、59军及第75军担负策应任务外，其余10个军29个师共21万人直接用于阻击日寇进攻的作战行动。

其具体部署是：以江南部队所属第29集团军之第44、73军固守万林河口、安乡至公安、茅草街之线的长江南岸地区及西岸南县、安乡、泮县等地区；以第10集团军之第87、94军固守茅草街（不含）经百弓嘴、公安至枝江之线的松滋、宜都地区，一部集结于西斋、茶园寺一线；以江防军的第18、32、68军扼守宜都以西茶店子、黄家坝至石牌要塞一线；而江北部队以第26集团军之第66、75军防守津门、当阳、远安、兴山及宜昌北岸三游洞、黑湾垴等地，即南津关至魏家岗（不含）一线；第33集团军之第30、77、59军防守魏家岗、三游洞至汉水转斗湾阵地，负责联系第26集团军共同防守宜昌以北地区江防，并向当阳、荆门、远安附近之敌攻击，一部挺进敌后，截断荆（门）沙（市）、荆（门）钟（祥）等路交通；并以空军第1、2、4、11等4个大队及由原第10航空队第23战斗机大队扩编成立不足2个月的美国空军第14航空队，共计各型飞机165架（轰炸机44架、驱逐机121架），协助陆军作战。

根据当面敌情，第6战区制定了如下作战方针：战区以巩固陪都之目的，应确保常德、恩施、巴东、兴山、歇马河（兴山东北约65公里）、南漳各要点，置兵力重点于江南各地。第一线兵团依纵深据点进行强韧抵抗，消耗敌之战力，最后于郑家驿（桃源以西约10公里）、慈利（澧水上游）、五峰（渔阳关以西）、招徕河、秭归、兴山之线以东，马良坪、安家集（南漳东南约12公里）、宜城之线以南山地，依第二线兵团之机动，与第一线兵团适时将深入之敌歼灭之。

根据第6战区这一作战方针及其部署，很显然，孙连仲尽管抓住了固守陪都这个主要矛盾，却对日寇的主要进攻方向并没有做出准确的判断，而是把常德与鄂西地区等同看待，不能不使人担心，在尔后的作战行动中，他会不会被敌人牵着鼻子走。不过，战斗还没有打响，一切都要等待作战行动正式开始以后，根据战争的发展方向，孙连仲是不是做出了准确的判断，并据此调整了兵力部署而定。

从1943年4月下旬开始，日寇在江南滩头阵地逐渐增强、频繁调动兵力。前线侦察部队探悉到的可靠情报摆在第6战区司令长官部面前：白螺矶机场4月27日新到敌机12架,天门、岳口一带近来增加3 000余人的敌军,汉川南近日增敌伪军5 000余人。潜江、沙洋、沙市各据点敌军雇佣挑夫运兵频繁。第6战区司令长官部判断日寇将有向江汉间地区进行局部窜扰的企图,最大可能是:以一部兵力由沙市或松滋渡江南进,策应江、湖三角地带日寇主力进攻澧县、常德。

据此,第6战区司令长官部制订了作战指导方案,向所属各集团军提出如下任务:

一、第29集团军应着第一线守备部队固守现阵地;其后方控置兵团,除以一部固守津市、澧县外,其余应适时进出澧水南岸,会同第10集团军部队,击灭窜入该方面之敌。

二、第10集团军对松滋、宜都间之敌,应以有力之一部,依江岸既设阵地拒止之,尽量抽集兵力适时向澧水以北地区进出,会同第29集团军,对窜入该方面之敌击灭之。

三、江防军应抽出一部,适时向聂家河(宜都西南)方面进出,实施机动作战。

四、第26集团军以主力向龙泉铺(宜昌东北约7公里)、双莲寺(当阳西南约6公里),第33集团军以4个师之兵力向当阳攻击,以策应江南方面主力之作战。

同时,面对长江的国军防线,其部队具体部署如下:

一、王缵绪的第29集团军,防守安乡至公安一线的以南地区;
二、王敬久的第10集团军,防守公安至枝城一线的以南地带;
三、吴奇伟的江防军,防守宜都经宜昌至平善坝、石牌一线以南地域;
四、第75、77、59军固守三游洞、转斗湾一线,坚强抵抗,待敌到达渔洋关、石牌一线的山地要塞地区之后,进行反击。

1943年5月5日拂晓,日寇按预定计划正式开始"宜南作战"行动:第3师团由藕池口附近向百弓嘴第10集团军之第87军新编第23师阵地进攻;独立混成第17旅团由藕池口东向茅草街第29集团军之第73军第15师阵地进攻;小柴支队由石首向团山寺第15师阵地进攻;户田支队由华容附近向三汉河第73军暂编第5师阵地进攻。

把守这些地域的中国军队当即进行了顽强抵抗。激战两天后，中国军队各部伤亡惨重，形势严峻，安乡、南县已处于被日寇半包围的危境。

为了先行击灭企图从藕池口方面深入之敌，第6战区代司令长官孙连仲已按照预定的计划电令第29、10集团军坚守和组织反击，同时电令江防军抽出第86军的第67师以及第18军2个团策应第10、29集团军的作战。但是，这个命令并没有得到执行。

在5月6日晚9时左右，孙连仲接到了蒋介石的指令：

一、查三峡要塞扼四川门户，为国军作战之枢轴，无论战况如何变化，应以充分兵力坚固守备。

二、江防军不得向宜都下游使用。

三、南县、津市、公安、松滋方面，应以现有兵力与敌周旋，并掩护产米区。

四、特须注意保持重点于左翼松滋、宜都方面，以获得机动之自由。

蒋介石确实是一个明白人，知道战场中心在哪里，没有算错局势。孙连仲据此收回前令，命令江防军仍然固守原来的指定地域，逃了在作战行动一开始就被日寇牵着鼻子走的被动局面。

5月10日，日寇攻占了安乡、南县，达到了其第1阶段之作战目的。5月11日，日寇完成其第1阶段的作战任务后，随即按照第2阶段的作战计划，寻找位于公安、松滋地区的第10集团军决战，占领公安、松滋及其以南的丘陵地带，为进入西部山区作好准备。其作战方法是：以一个师团及其配属的一个旅团，由宜都的枝城地区渡过长江，随即南下，攻占松木坪、刘家场、暖水街、闸口，至大堰档附近的官山坡，构成南北隔离线，阻止该线以东第10集团军的部队撤向西部山区，配合东面进攻的日寇对其进行围歼；以另一个师团及其配属部队，由安乡地区向西推进，对第10集团军进行东西合围。

5月12日晨，日寇展开行动。在南北夹击下，第10集团军各部队难以抵挡，节节败退，并于5月15日中午均西退至暖水街和刘家场、茶园寺以西。紧接着，日寇主力部队准备在剿灭松滋河西岸地区中国军队残余力量的同时攻击占松滋。

5月18日拂晓，日寇在没有遭遇到第6战区国军大部队情况下占领了松滋，完成了第2阶段的作战任务。

接下来，日寇就该为达成这次会战的主题目标而展开第3阶段的作战行动。

这样一来，固守石牌地区的第18军就到了直接与日寇再度面对面交锋的时候。而且，第6战区司令长官陈诚已经返回恩施长官部，开始亲自指挥各部的作战。军事委员会为应鄂西之急，命令第79军及第74军驰援常德。

陈诚重返第6战区，决心一雪1941年宜昌反攻战功亏一篑之耻。对于当前的军事形势以及此战的焦点目标，他有了清醒的认识：江防一线，干系全局。如果秭归和巴东有警，情形就会很严重。只要确保这一方向的安全，即使常德、襄阳、樊城全部落入敌手，还不至于影响国本，仍可以设法挽回。在此方向，石牌为陪都咽喉，更是必须确保的目标，应该根据孙子兵法确立的"勿恃敌之不攻，恃吾有以待之"的原则，无论出现什么变化，其嫡系第18军第11师都应固守石牌要塞，纵令全军皆亡，也在所不惜。

据此，陈诚决定战略重点为江防军下辖之第18军以固守石牌要塞为主，其他要地分别控制有力部队，确保石牌要塞外围安全，并与固守公安至枝江一线的第10集团军形成决战线；第29集团军固守安乡至公安之线既设阵地；第26集团军之第75军并第33集团军之第77、59师固守三游洞（西陵峡东口）至斗湾间既设阵地。

其作战指导思想是：各部队以强韧之抵抗，不断消耗日寇，并将日寇诱至渔洋关亘石牌要塞间，然后转守为攻，将日寇压迫于大江西岸聚而歼之。

这一次，陈诚不能犯错，他也犯不起错。他只有指挥第6战区下辖各部按照自己的计划全力以赴去争取胜利。自从宜昌丢失以来，差不多快3年了，他身上背负了太多的压力，为了减压，也为了改善陪都的安全环境，他做梦都想收复宜昌，也确实差一点成功了，但到了最后关头还是因为部队作战乏力无法如愿。不过，通过这些作战行动，他已经掌握了日寇的作战方式与目的，说他对日寇这次发动会战的目的做出了准确的判断也好，说他押对宝了也好，他确实没有犯枣宜战役前期李宗仁犯下的判断失误的错，没有被日寇一系列的佯攻行动扰乱双眼，更没有改变部署，坚持以石牌要塞为中心与日寇决战，终于遏制了敌人攻击的锋芒，迫使日寇不得不战略退却，第6战区以恢复此战前期丢失的所有地盘、大量杀伤敌人而胜利结束。这在陈诚亲自指挥的抗日作战行动中还是第一次，此次战役结束以后，连他的政敌何应钦也不得不衷心地唱出了热情洋溢的赞歌。

5月19日凌晨，日寇第13师团及独立混成第17旅团首先开始行动，正式拉开了第3阶段作战行动。第13师团兵分2路从暖水街、刘家场向皮家冲、三溪口一线之守军第43师及第121师阵地发动进攻，迅速突破了守军的第一线阵地，于20日进至子良坪、仁和坪一线；第17旅团则由公安出发，在王家厂击退新编23师的警戒部队，进至王家厂以西高地一带，以部分兵力与据守樊家大山的新编23师一部对峙，主力佯作进攻常德之态，掩护其进攻部队展开和保障其南翼安全。

5月21日晨，日寇第3师团、第13师团分别由茶园寺、仁和坪和牯牛岭附近向当面守军暂编第35师、第121师及第118师王家畈、曾家坪等处阵地发起进攻。迄22日晚，日寇第3师团渡过渔洋河，占领了聂家河、磨市；第13师团进至渔洋河南岸，占领了渔洋关。与此同时，驻枝江的野沟支队与国民党投降日寇被改编为汪精卫伪军的第29师协同，攻占了宜都。守军第67师绕道撤至磨市以北。日寇第39师团从云池附近渡过长江，在未遇任何有力抵抗的情况下进至汪家棚地区。

从23日拂晓起，除占领宜都的日寇野沟支队及伪军仍留在原地担负警备任务外，日寇第39师团、第3师团和第13师团均集中全力，分别由汪家棚、磨市、渔洋关附近地区向第10集团军及江防军正面展开全线攻击。

这里正是陈诚部署的决战战场。为此，日寇的进攻遭到了中国军队的激烈抵抗。战斗一打响，立即进入了白热化，战况异常惨烈。在日寇的强力攻击下，守军减员甚多，战斗力严重下降，终因力不从心，被迫逐次转移。

5月24日，日寇第39师团进抵西流溪，第3师团攻占长阳，第13师团攻占都镇湾。各部均到达清江南北两岸地区时，日寇控制于宜昌地区的野地大队也由宜昌长江南岸桥头堡地区向西进攻，企图切断守军北撤的退路。

到此为止，战场的中心已经完全转移到清江、石牌之间地区，江防军成为整个会战的焦点。此时此刻，奉军事委员会之命前来增援第6战区对日作战的各部进抵情况是：第79军已到达常德，第74军进至桃源，由河南新野调来的第30军的先头部队已至椰树店，主力在续进中。也就是说，这3支生力军已基本进入战场。

陈诚见反攻的时机已经来临，决定从次日起对日寇进行反击。

就在陈诚决定反击敌人的这一天，日寇第11军准备向石牌——木桥溪一线追击江防军，将其捕歼于宜昌西方山地，据此调整了部署，向各部下达了这样的命令：令第3师团经牵牛岭西麓向抱桐树附近追击；令第13师团歼灭洲家口之敌后，向木桥溪方向追击；令第39师团一并指挥野地支队向大朱家坪附近追击。

就这样，第18军投入作战行动的时刻终于到来了。其作战过程将在下一节里详细讲述。这里需要说明的是，正是包括第18军在内的江防军投入战斗，迫使日寇无力继续进攻，为了不被中国军队消灭，或者按照日寇自己的说法，是已经达成了此次作战目的，日酋横山勇遂命令参战日寇举军后撤。陈诚已成功地实现将敌人压迫在长江西岸的第一步目标，正要指挥中国军队奋力歼敌，日寇开始撤退了，他立即命令中国军队展开了反攻和追击，大量歼灭了凶残的日寇，一举恢复了此战初期失去的所有阵地与地盘，打了一个漂亮的胜仗，极大地振奋了民心和士气。自此之后，第18军参与的对日作战行动中，似乎再也没有过败绩。

5月31日，当日寇撤退，中国军队开始实施追击的时候，军事委员会委员长蒋介石在收到第6战区司令长官部发来的战报后即认为此战国军取得了空前大胜，欣喜若狂，于当天迫不及待地致电在美国求援的财政部长宋子文，试图通过这位大舅子之口把这个大好消息转告给美国政府及其军政要人，在国际上造成影响，告之曰：

宋部长：敌进攻我长江上游要塞之三个最精锐师团，三日以来，已为我军完全击溃，其余尚在围歼中，此役不久将可获得万全胜利。中正。

在此后的10余天时间里，第6战区所属各部以及配属给第6战区的其他所有部队在陈诚的指挥下，继续追歼敌人。至6月12日，这些中国军队收复了所有曾经一度被日寇侵占的地方，恢复了会战开始前的态势，鄂西会战就此结束。

这次会战到底是中国军队打胜的，还是日寇主动撤退的，以及中国军队到底迫使日寇付出了怎样的代价，迄今为止，仍然是一个争论不休的问题，以至于许多人认为根本不存在中国军队所宣传的鄂西大捷。他们的理由有二：一是在陈诚决定对日寇实施反击之前，日酋横山勇已经作出了撤退决定，因而不存在是中国军队战胜了日寇的问题；二是从战后日寇的战报中，日寇声称会战期间共战死1 025人，战伤3 636人，被打死军马499匹，打伤280匹。中国方面第6战区司令长官陈诚对外宣称日寇被消灭25 830

第四部分 湘鄂境内建功勋

人，自身伤亡仅10 000人，取得了空前大捷。

为了反驳他们的观点，我想，同样应该从两个层面作出说明。第一点，根据日酋横山勇制订的作战计划，日寇发起这次会战的目的在于消灭中国军队，确保长江航运通道。在这两个目的都无法达成的情况下，横山勇为什么会撤军？他绝不是突发善心，而是被中国军队打痛了，再也无力进攻，为了避免被中国军队全歼，只有撤退。这种解释，纵观日寇侵华战争中种种穷凶极恶的表现，任何时候，都是站得住脚的。第二点实际上是要解决一个问题，中日双方宣布的伤亡数字之间为什么存在如此大的差距？一方刻意隐瞒自身伤亡，另一方故意夸大战绩，在战争年代，似乎是司空见惯的事情。隐瞒无度，夸大亦无度，遂造成了这样的局面。现在要想彻底搞清这个问题，恐怕谁也办不到。而且，评判一场战争的胜负，并不是以哪一方付出了更多的伤亡做唯一依据的，而是主要看哪一方达成了战前希望达成的作战目的。根据这个标准，毫无疑问，中国军队是胜利了，日寇是失败了。即使日寇的伤亡更小些，也改变不了这一事实。

鄂西大捷在整个中国引起了怎样的震动呢？从何应钦的行动上就可见一斑。

时任国民政府陆军总司令的何应钦看到战报之后，一时间忘掉了攻击自己的政治夙敌，热情洋溢地说道：

> 敌第39师团、第13师团主力，及第3师团、第34师团、第58师团一部，均先后转用于宜昌西岸地区。敌酋第11军军长高木义人（系横山勇之误）亲至宜昌指挥，似有一举攻占我第一线要塞，威胁恩、巴之企图。我军早有周密之准备，我最高统帅并手令江防守备部队诸将领，明示石牌要塞乃中国之斯大林格勒，为聚歼倭寇之唯一良机……当敌开始向我要塞外进攻时，我守备部队沉着应战，待敌陷入我之圈内，将其全部歼灭，故八斗冲、大小朱家坪、永安寺及北平山各地之战斗，屡次进犯之敌，均无一生还。敌第39师团主力及第34师团之一部，几全部被我消灭，而由偏岩窜占木桥之敌，亦被我消灭大半……所获战利品，亦堆积如丘……，此次进犯之敌，总兵力约达10万之众……其结果只赢得数万具尸体无言凯旋，战马无辜牺牲于战场者亦达3 000余匹……

战后，陈诚点名表扬了军长方天以及师长胡琏，并分别拟升二人为江防军副总司令和第18军副军长。

第18军取得了如此佳绩，可以一雪当年丢失宜昌的前耻，扬眉吐气了吧？事实上，并非全体第18军将士都觉得这场战争取得了辉煌的胜利。在这次会战时担任第18军参谋长的赵秀昆就基本上否认中国军队取得了鄂西大捷；或者干脆说得更直接一点，他认为这场胜利是在文案上编造出来的彻头彻尾的谎言。

为了说明这一点，赵秀昆在《从运用档案、回忆录想到的》一文中写到：

1943年5月下旬……（日寇）向长江南岸的第18军防守的石牌要塞进攻。6战区尽其所有兵力增援第18军，但未能阻止住日军攻势……蒋介石急令6战区留第11师固守石牌要塞，其余均后撤到茅坪、野山关一线，组织新的抵抗。第18军第18师在撤退中发现日军已经趁夜全线撤走，向军长方天报告……

他在这篇文章里写的是第18师，而不是防守石牌的第11师；在日寇的猛烈攻击之下，第18师以及其他中国军队能否顺利撤退，与坚守石牌的第11师关系甚大。第11师一直在石牌坚持到最后，尽管受到了很大伤亡，却从来没有撤退过；第18师不能代表第18军，我们仔细分析他的观点非常片面，非常绝对，很难有说服力。

赵秀昆在回忆录里还写到：

1943年5月中旬以来，在第6、9战区接合部及第6战区正面，日军调动频繁，准备进攻。江防正面为了加防，调整部署，即以第18军（暂34师未参加）全力防守石牌要塞，以第11师防守石牌要塞外围并加强核心阵地防守，第18师由北岸调南岸，在第11师右侧布防，掩护石牌要塞。

5月下旬，日军在飞机、炮火的掩护下发起进攻，突破渔洋关阵地，使第18军阵地翼侧暴露，长官部以第86军朱鼎卿、第32军宋肯堂各一部分兵力增援反击，但收效甚微。5月25日起，日军开始向第18师阵地冲击，因飞机轰炸，加之炮火猛烈，该师伤亡很大，阵地逐次撤向大朱家坪西南地区，不仅危及军指挥所，石牌要塞形成孤立，虽外围阵地北斗冲经反复争夺，但仍阻止不住日军越过石碑要塞向三斗坪迂回的势头。

此时四川境内已无机动兵力,重庆颇为震动,深恐日军乘虚直入四川,军委会及蒋介石命令第18军留下第11师,守石牌要塞,作为反攻的支撑点,其余全线后撤,在茅坪至野山关一线组织新的防线,计划调动兵力准备反攻。

江防总部接到命令,一面下命令一面慌忙地向茅坪方向撤走了。我和方天也一面部署第11师如何坚守要塞,一面准备西撤。

第11师师长胡琏在第18军一向以勇将著称,此时却表现畏怯,一日几次打电话给我,希望我和军长方天考虑,理由是:"第11师是陈辞公(陈诚字辞修)的基础,这样牺牲是否值得?"

言外之意,是想和第18师对调任务。当知道命令不可改变之时,旋做出与阵地共存亡的姿态并写下了遗嘱,将钢笔、手表等贵重物品包作一处,送交我准备交其家属。但事后得知,胡琏早在江边暗备小船,准备必要时逃命。

第18师主力在31日拂晓通过军指挥所附近向三斗坪撤退中,接到后卫部队报告,说入夜后日军阵地枪、炮声沉寂。派人侦察,发现日军已乘夜撤回大桥边原阵地,方天喜出望外。江防总部正在撤退中,电讯不通,派人去追回。

情况报到重庆,蒋介石很高兴,亲自指示林蔚(军令部次长)打电话给方天,大意说:"你们这次打了一个大胜仗,国内外影响都很大,要嘉奖有功将士,速拟一战报直接上报军令部,要大加宣传……"

我遂亲拟战报,用电话上报,经过军令部的加工,6月3日《民报》遂以"鄂西大捷之经过"为标题,十分夸张地报道:"据军委会发表,此次敌寇以其第3、第13、第34、第39、第40、第58等6个师团为骨干,另附以第14、第17独立旅团新编成之第11军,向我鄂西之长江三峡进犯。其司令官且由汉口移驻宜昌指挥作战。自上月18日起敌军向我鄂西开始进犯以来,连日战斗至为猛烈,我军仍以石牌要塞为轴心,诱敌至要塞地带,我统帅特颁手令(注:无其事)于要塞地带守备部队方天、胡琏、罗广文、赵秀昆、王元直、唐肇谟等诸将领,明示其以此为我国之斯大林格勒,实为聚歼倭寇之唯一良机,严令全体官兵固守要塞,建树奇功。而各将领乃以愿与要塞共存亡,决不辱命,誓报党国之壮语呈复。故5日来敌屡以密集向我要塞决死进攻,我守备部队待其陷于我

火网之后，予以全部歼灭，使之无一生还，积尸之多，仅在北斗冲一地者，即有2 300具，其他要塞周围各阵地之积尸，此时均无暇统计。此为敌攻击要塞部队第39、第34师团死伤之情形……"

如此宣传，显然是为了鼓舞已经极为低落的民心士气。

惨胜之后，孙连仲、方天、胡琏、罗广文都因此得到最高奖赏"青天白日"勋章。我和两个师参谋也得了"陆海空甲种一等"奖章。

实际上当时盟军已开始对日联合作战，且八路军和抗日民众对日军有力牵制，日军已成强弩之末，沿江山险路狭，限制了炮兵和机械化兵种行动，日军是无力深入的，所以作出姿态，是想早日结束战事，以军事手段达到诱降的目的。

从引用的文章可以看出，在赵秀昆眼里，鄂西大捷的胜利程度值得研究。然而，稍有军事常识的人都应该考虑一下：横山勇为什么要发动这次战役？他是不是为了歼灭中国军队以及打通江防？如果是，在他没有达成其中任何一种目的，为什么会放弃战斗，自动撤军？这样联系起来，自然可以得出结论：日寇必定是遇到了强烈抵抗，难以达成预定作战目的，才放弃战斗。

那么，赵秀昆为什么时隔多年后会如此评价鄂西大捷呢？从他的回忆录里后面的一席话中也许可以找到答案：

鄂西战役后，第18军伤亡颇重，石牌要塞守备任务交与第30军，全军移三斗坪以西地区整顿。

此时，军内人事又有较大调整，即方天调驻在滇缅边境第54军军长，军长一职由罗广文升任，副军长遗缺，由第11师师长胡琏升任，罗广文私下对我说，准备保我接任第11师师长……

我绕道三斗坪回到常德附近部队后，知道在此期间，部队人事又起了很大变化，原因是第11师师长胡琏升任副军长后，师长遗缺，罗广文通过方天、郭忏极力向陈诚保荐我升任，胡琏则极力反对，认为我作战经验少，在第18军资历浅，实质上是胡琏忌我与罗广文关系较深，怕合起来对付他。因而他极力保荐已调任第67师师长的原第11师副师长罗贤达调任。相持不下，两者都未准，而以陈诚亲信幕僚刘云瀚（陆大11期、江西人）调任。罗、胡由此成见很深，暗中互相攻讦。为此，陈诚借罗广文以整顿"滥军队"有魄力，将罗调至第87军任军长，第18军军长则以胡琏升充。这一场人事斗争，胡琏以胜利告终。

我回到部队后，罗广文尚未离任，和我约定，他到第87军后，即设法将该军基本师的第43师师长李士林（保定8期，河北人）调整为副军长，师长由我去接任，劝我耐心等待。我表示胡琏未到职前到四川万县家中休息，罗表示同意，并送了我一笔钱。

当然，并非仅有赵秀昆质疑这次战役的胜利，还有一种说法是：到了1988年，台湾"国防部"、史政编译局突然改口，承认第6战区部队在这次会战中战死23 550人，负伤18 259人，失踪7 270人，俘虏日寇88人；日寇死伤3 500余人。其承认的阵亡数加失踪数正好等于日寇点获的国军遗体数目。但根据台湾国防研究院编写的《抗日战史》第20章第188页对鄂西会战的描述来看，台湾国防研究院显然否认了上述说法，坚称"敌军并未达成击毁我军战力之目的，反被国军予以重大消耗"，其称"我第6战区，自战争开始，即依照预定计划，作有部署之撤退，待到达石牌要塞，资邱南北线上，转移攻势。日军仓皇撤退，遗弃军资械无数，人马伤亡5 000众，是则敌人击毁我军战力并未达成而反被消耗"。另外，蒋纬国也否认了上述国军野战军被击破的说法，与台湾国防研究院的表态基本一致。这个"人马伤亡5 000众"，台湾国防研究院也说了，是依据日军资料而来，且其并未公布国军战报。

19章 东方斯大林格勒保卫战

跟枣宜会战时期一样，这一次，第18军旗下第一个接敌的同样是部署在石牌要塞外围的第18师。这时，该师按照江防军总司令吴奇伟的部署，把守在冬青树、枣子树坳一线。

1943年5月24日黎明，日寇布设在宜昌北岸的炮兵部队利用加农炮、榴弹炮向第18军阵地进行猛烈的炮击，与此同时，日寇亦出动飞机对中国守军该部实施轰炸。紧接着，日寇兵分3路：以桥木部队（步兵第68联队）为右第1线，木尾浦部队（步兵第231联队，配属独立步兵第96大队，即西岛大队）为左第1线，长野部队（步兵第217联队）为第2线，从五龙口、石榴河出动，准备经卷桥河南岸地区，向整个第18军官兵把守的阵地全线发动步兵攻击。

上午7时左右，一支1 000余人的日寇步兵向第18师把守的冬青树、枣子树坳一线阵地发起猛攻，正式打响了利用步兵进攻第18军阵地的枪声。

此时，第18师新任师长覃道善尚未到任，已经升任第18军副军长的罗广文仍兼任该师师长。吸取了枣宜会战的教训，他亲自走上第一线指挥部队作战。第18师官兵士气为之大振，立即奋起迎击，用步枪、机枪、手榴弹迫使日寇无法取得进展。日寇为了一举摧毁第18师的防线，遂不断地向这一方向派遣援军。到了中午时分，日寇已增至3 000~4 000人。罗广文顿感第18师面临的压力空前增大。为了阻击敌人的进攻，他仍然指挥全师官兵顽强地坚守阵地，抗击敌人。殊不知这一次日寇为了夺取阵地，不仅在该师当面集中了大量兵力，还派遣另一支人马在其右翼之梯岩、红岩冲方面冲破了据守在那一带的中国军队防线，对第18师实施侧击。我部招架不住，在付出了巨大伤亡后，不得不转移到冬青树西端阵地。在那儿，罗广文率领人马依托更加险要的地形，顽强地抗住了日寇的攻击，终于与敌人形成了对峙状态。

当天黄昏之前，日寇桥木部队进入雨台山东侧一线，立即向雨台山守军第18军暂34师阵地发起攻击。于是，暂编34师投入第18军麾下之后的与日寇的第一场战斗打响了。这里也可以看出，并非赵秀昆说的那样，暂编34师还是投入了此次作战行动的！而且，暂编34师的作战行动打得有板有眼。

吴啸亚率领该部进入雨台山预设阵地后，为了抗击日寇的进攻，命令人马加固工事，并从侧面部署防御火力，使得整个雨台山阵地防御工事非常坚固。因而，日寇一发动攻击，暂编34师即在师长吴啸亚的指挥下仰仗有利地形，充分发扬英勇作战的拼命精神，给予日寇大量的杀伤，迫使日寇在日落前未能取得任何进展。日寇遂改变进攻战术，组织熊野小队夜袭暂编34师。可是，吴啸亚早有防备，当日寇对该师展开夜袭时，立即展开猛烈的反击，日寇未能取得任何战果。日寇遂在第二天午前集中全力继续向暂编34师把守的雨台山阵地展开猛攻，试图毕其功于一役，一举咬碎这块难啃的骨头。依然不能取得进展。

屡攻雨台山不下，日酋桥木恼羞成怒，于下午3时以后，调来飞机对雨台山暂编34师的阵地进行第2次猛烈轰炸。随即，步兵在飞机掩护下向雨台山猛攻。这一次，吴啸亚虽说率部继续与日寇激战多时，却终因部队伤亡惨重而挡不住日寇的空地一体联合攻击，不得不向后撤退，一撤就撤到了偏岩。

事实上，日寇这次兵分3路，向中国军队发起第3阶段的进攻行动，第1步的真实意图在于夺取偏岩，为接踵而至的攻占石牌铺平道路。当前面两支日寇分别将第18军麾下之第18师与暂编34师向偏岩方向压迫的时候，另一路日寇，即木尾浦部队经过文曲湾、咬草岩，于26日黄昏亦向偏岩方向前进，主力于次日抵达此地；日寇长野部队亦在突破中国军队柳林子阵地后，以第1大队广濑义福少佐所部为先锋，挥兵直指偏岩。至此，日寇第3、39师团以及野地支队正向石牌外围第6战区之江防军侧背后——偏岩一带聚集，一场决战迫在眉睫。

5月25日，日寇仍在空军的掩护下，全线向中国军队把守的阵地展开猛攻。

第18师在前一天的作战过程中已经伤亡惨重，难以抵挡敌人的攻势，其把守的冬青树、枣子树、雨台山、柳林子一线阵地全被日寇突破。于是，该师不得不转移阵地，撤到了偏岩附近。日寇穷追不舍，亦进至第18

师新占据的阵地当面。这时候，把守偏岩的是国民党军第5师。第18师撤至该地附近，便与第5师取得联系，增强了此地的防守力量。

当天下午7时左右，日寇在飞机的掩护下，向偏岩发起攻击。第5师官兵在师长刘云瀚的指挥下，奋力迎战，顽强地阻击敌人。一场大战就此拉开了帷幕。

但是，在这场战斗还没进入白热化阶段之前，由于据守偏岩之第5师左翼暂编34师之雨台山、月亮岩阵地已被敌突破，同时又有第86军之67师、第32军之139师等大批友军从鸭子口、都镇湾方面向偏岩上首之高家堰撤退，转移到了木桥溪、贺家坪一线，使得偏岩成了孤立的据点。第5师继续据守偏岩与日寇激战下去，很快就陷入日寇的重重包围，难逃覆灭的命运。为此，江防军司令部不得不舍弃偏岩这一要点，重新调整部署，以第5、18、11师分别守备馒头咀、峡口、石牌之线，挡住日寇的进攻。其中，第11师固守石牌要塞。也就是说，因各路中国军队在日寇的攻击下节节败退，致使江防军司令部原来确定在偏岩与日寇决战的计划流产。日寇几乎没有经过像样的战斗，就夺取了偏岩，打开了攻击石牌要塞的通路。

至此，江防军防守的核心阵地——石牌要塞敞开在日寇的面前。

第18师与第5师撤至峡口、馒头嘴一线阵地时，在那儿布下了一道天罗地网，准备痛快淋漓地收拾日本鬼子。5月26日，日寇长野支队在向第5师和第18师把守的阵地发动进攻时，一下子陷入了这2支中国军队在丹水两岸的山地布设的陷阱。日寇被第5师和第18师包围起来，两个师的官兵奋勇围歼陷入重围的日寇。日寇惊慌失措，乱作一团。日寇的密集队形，使国军的枪炮命中率极高，整个山谷成了国军的屠宰场。此仗国军大获全胜，共毙伤日寇达3 000多人，击毙日寇第217联队第1大队大队长广濑义福少佐。

这场胜利并没有阻挡住日寇继续向石牌方向展开攻击的脚步。

日寇第11军主力在占领长阳、偏岩一线后，为扩大战果，最终攻占石牌——木桥溪一线，5月26日晚，横山勇作出以下最新部署：

一、第3师团经牵牛岭西麓向泡桐树（牵牛岭西偏西北7公里）附近攻击西面的国民党军；

二、第13师团歼灭洲家口附近之敌后，向木桥溪方向攻击；

三、第39师团一并指挥野地支队，向大朱家坪附近突击；

四、在上述期间，使宜昌附近船只下航。

第四部分 湘鄂境内建功勋

与此同时，第6战区司令长官部针对当前的敌情变化，判断从渔洋关方面向西北窜犯之敌，似有配合长阳方面敌军迂回包围江防军的企图，亦决定调整部署。考虑到第10集团军各部被突入的日寇冲破了防御阵线，尚未收容整理，无法与敌决战，陈诚遂决定遵照1940年拟定的待敌深入到山岳地带后，再行断其归路的腹案，相应拟定了新的作战指导部署，其要旨是：

一、战区决确保石牌要塞，第30军及第74军到达后，即以第30、32、74军各主力及第79军全部，在清江两岸地区对我江防军攻击之敌，南北夹击而歼灭之；

二、决战时期预定为5月31日至6月2日。

是否能打赢这一仗并更可能多地歼灭日寇，就要看江防军能否顶住正面的日寇，等待增援部赶到后对日寇形成战役上的夹击。

关键时刻，从重庆传来军事委员会委员长蒋介石5月26日颁行的手令。蒋指出：石牌乃中国的斯大林格勒，是关系陪都安危之要地；并严令江防军胡琏等诸将领，英勇杀敌，坚守石牌要塞，勿失聚歼敌军之良机。

根据重庆军事委员会的指示，第6战区司令长官陈诚密令前线各集团军逐次抵抗，实行向心撤退，将敌人引诱至渔洋关至石碑崇山峻岭间实施侧击，然后转入攻势，压迫敌人于大江西岸而聚歼之；并指定第18军专守石碑要塞周围阵地，第11师固守石牌要塞核心阵地。

众所周知，斯大林格勒战役是苏德双方在苏联斯大林格勒及其周边地区集结数百万大军进行的一场大规模会战，最后以苏联红军歼灭了150余万德军、成功地保卫住了斯大林格勒而落下帷幕，从而成为苏德战场的转折点，同时也是整个第二次世界大战的转折。在以石牌要塞为中心的鄂西会战中，作战双方投入的兵力全部加在一块大致30万人，无论从其作战规模，还是对当时以及后来的影响来说，跟斯大林格勒保卫战根本不在一个档次。蒋介石把此战称之为中国的斯大林格勒保卫战，更多的是振奋人心、激励士气。

5月26日至27日，是江防军各部在全线抵抗日寇的攻击中打得最激烈最艰苦的两天。这两天，江防军各部在天柱山、馒头嘴、柳林子、小平善坝一线既设阵地与日寇展开了拼死战斗。他们首先用手里的步枪、机枪、手榴弹，以及为数不多的迫击炮抗击日寇的进攻；当日寇突入阵地后，他们用刺刀、枪杆子，乃至手、脚、嘴巴，与敌人展开了血腥的肉搏。仅仅一天时间，阵地几度易手，战场上尸横遍野。在日寇持续不断的攻击下，江防军各部渐渐挡不住了，不得不于28日相继后撤至香花岭、三岔口、小朱坪、四方塘一线。随着日寇日益逼近，江防军总部亦不得不从三斗坪后撤到秭归沙镇溪。

5月29日，日寇占领了香花岭、三岔口、小朱坪、四方塘等地之后，在10余架飞机支援下向墨坪进犯。

这时，江防军总司令部调整了作战部署：

一、第33军第5师由高家堰、墨坪移驻木桥溪、下元溪、石头垭一线；第67师归第32军指挥，位置于贺家坪；第32军之139师位于三叉河、下元溪之线；

二、第18军占领易家坝、曹家畈、新安寺、石牌之线，其中仍以第11师固守石牌要塞。

江防军全线连日激战，在日寇旺盛火力的压迫下，节节后退，石牌要塞遂逐渐陷入日寇包围之中。如果说，在此之前中国军队的所有作战行动都是为了围绕固守石牌要塞这个主要目的展开的外围作战，那么，现在，石牌要塞核心阵地完全暴露在日寇面前，主角即将登场：第11师与日寇血战石牌的时候到了。

换言之：中国的斯大林格勒保卫战即将上演。这场保卫战是不是能够像斯大林格勒保卫战一样取得最后胜利，不仅第6战区全体官兵，甚至军事委员会亦充满期待。

关键时刻，率部固守石牌要塞的第11师师长胡琏在干什么呢？作为一员率部与日寇奋战了5~6年的国军高级将领，胡琏深知这次作战的危险程度远超过其他任何。他可以预料到，在石牌要塞外围的中国军队与日寇苦战多日，损失惨重，最后撤离原有阵地，仅剩第11师坚守石牌要塞核心地区，与日寇作最后的决战。这等于是将第11师置于了日寇的重重包围之中。第11师能够确保石牌要塞的安全，挡住日寇的攻击，为第6战区集结人马聚歼日寇赢得时间，必定会为该师赢得荣光；而一旦该师难以抵挡敌人的攻击，在中国军队还没集结完毕之前就遭到了日寇的毒手，那么，全师官兵势必无一生还。为此，他需要激励士气，需要为自己倒在抗日战场留下最后的遗言。于是，他一连给老父妻子等人写了5封遗书。

胡琏给父亲的遗书内容抄录如下：

  父亲大人：儿今奉令担任石牌要塞防守，孤军奋斗，前途莫测，然成功成仁之外，当无他途。而成仁之公算较多，有子能死国，大人情亦足慰。唯儿于役国事已十几年，菽水之欢，久亏此职，今兹殊戚戚也。恳大人依时加衣强饭，即所以超拔顽儿灵魂也。敬叩金安。

胡琏给夫人的诀别遗书之一部分如下：

  我今奉命担任石牌要塞守备，原属本分，故我毫无牵挂。仅亲老家贫，妻少子幼，乡关万里，孤寡无依，稍感戚戚，然亦无可奈何，只好付之命运……诸子长大成人，仍以当军人为父报仇，为国尽忠为宜……战争胜利后，留赣抑回陕自择之。家中能节俭，当可温饱，穷而乐古有明训，当能体念及之……十余年戎马生涯，负你之处良多，今当诀别，感念至深。兹留金表一只，自来水笔一支，日记本一册，聊作纪念。接读此信，勿悲亦勿痛，人生百年，终有一死，死得其所，正宜欢乐。匆匆谨祝珍重。

写好了诀别信，胡琏连同遗物托人转交其家属，表示与石牌阵地共存亡的决心，然后沐浴更衣，召集全师官兵祭天立誓，以宣示与石牌要塞共存亡的决心。誓词如下：

  陆军第11师师长胡琏，谨以至诚昭告山川神灵，我今率堂堂之师，保卫我祖宗坚苦经营，遗留吾人之土地，名正言顺。鬼伏神饮，决心至坚，誓死不渝。汉贼不两立，古有明训；华夷须严辨，春秋存义。生为军人，死为军魂。后人视今，亦尤今人之视昔，吾何惴焉！今贼来犯，决予痛歼。力尽，以身殉之。然吾坚信苍苍者天，必佑忠诚，吾人于血战之际，胜利即在握，此誓！

              大中华民国三十二年五月二十七日正午

  胡琏临战之前的这些行动，是为了增强官兵同仇敌忾的心理，激发官兵的斗志，以便在即将到来的作战中，发扬勇敢战斗的精神，狠狠打击敌人。因为在此之前，他已经为坚守石牌要塞做出了很多事情。

进入要塞之后，胡琏发现原来修筑的工事可能无法承受日寇高强度的炮击及空军轰炸，亦无法阻挡日寇的步兵进攻，随即争取时间，制订加固、重新构筑工事的计划并督促属下赶紧施工。其计划要点主要是：

一、加强构筑主阵地与掩护阵地，以保护及减少人员伤亡。在构筑工事的时候，尽可能利用众多天然山洞，辅以钢筋水泥作为永久工事；并利用石牌附近山峦迭立，古木参天的有利地形，在山隘要道各个关口，设立层层防御工事，以便逐次抵抗日寇。

二、改变地形与道路，使其与地图上不相吻合。其方法为将原有道路、隘路、谷口等改变为绝壁、陷阱，或阻绝、遮断之，以迷惑困扰来犯之敌。

现在，大战即将到来，为了确保既能打击敌人，又能保存自己，以便尽可能地挡住日寇的攻击，胡琏决定将主力隐蔽在石牌要塞附近的北斗冲、三官岩、四方湾一带的山沟和岩洞中，凭险据守，只留下师部机关和直属部队据守要塞。其具体部署是：第31团驻朱家坪、梁木棚、大桥边、南林坡，位于要塞前沿第一线；第32团配置在要塞核心地区；第33团位于两侧协防要塞。同时，原要塞重炮第42团也被留下协助第11师固守要塞。

第11师刚刚调整完部署，日寇就迫不及待地发动了攻击，把攻击矛头直指北斗冲。那是5月27日，日寇第29、第34师团一部向北斗冲发起进攻。当进攻之敌进入到一个群山环抱的山谷时，胡琏一声令下，早就埋伏在这里的第11师部队突然从四面八方冒了出来，用凶猛的火力打了敌人一个措手不及，迫使敌人在付出了惨重代价后不得不停止进攻。

这次作战似乎不过是即将到来的更大规模的作战行动的预演。这时候，对于日寇来说，整个鄂西会战的战场情势并不乐观：日寇右路溯江进攻的人马，因为航行受阻，逗留于宜昌以西地区，无法动弹；日寇左路部队虽一度攻占渔洋关，但旋即被第6战区的中国军队收复，被困于地势险要之地，补给濒临断绝，难以继续前进。日酋横山勇见左右两路大军进展缓慢，决定孤注一掷，集结中路6万余人，指挥第3、13、39师团倾巢而出，直扑石牌，企图实行中央突破。

5月28日，日寇第39师团在击破国军第5师在长阳县高昌堰的阻击后，进入宜昌县境，正式向第11师防守的第一道防线南林坡阵地发起攻击；同时，该师右邻之第18师把守的曹家畈阵地也受到了日寇的袭击。

南林坡阵地是日寇的主攻目标。日寇第39师团下辖之第231、232联队2 000余人，在飞机、大炮火力掩护下，对第11师第31团3营防守的南林坡阵地发动猛攻。该营官兵在营长冯威同率领下奋勇抵抗，接连打退了日寇的4次冲锋。

黄昏时分，通过一天的作战行动，日寇似乎已经摸清了3营的部署，决定凭借空中力量与大炮的支持，采取两边突破、中间牵制的战术，发动第5次冲锋，一举攻破中国守军的阵地。这一次，由于日寇将兵力与火力主要集中在两翼，3营部署在左右两翼的8连、9连在抗击强敌的进攻时，虽说很是英勇顽强，却刀枪终究抵不过飞机大炮，右翼之9连阵地率先落入日寇之手，该连连长王廷硕失踪；紧接着，左翼8连阵地也被日寇突破，徐连长阵亡。随即，达成先期目标的日寇集中全部力量从两翼扑过来，向7连把守的中间阵地展开异常凶猛的攻击，试图一举突破该阵地，完全夺取南林坡阵地。然而，敌人的愿望落空了。

7连配有重机枪排和迫击炮排。该连官兵在连长李介的率领下，依托有利地形，顽强阻击敌人。他们一直坚持到天黑，始终牢牢控制着正面阵地。在作战过程中，他们充分发扬了重机枪排和迫击炮排的威力，以猛烈的炮火重创日寇，使日寇在阵前陈尸数百。不过，7连官兵同样付出了巨大的牺牲。

第二天黎明，日寇恢复了对7连的进攻。这一次，敌人为了达成战术上的突然性，没有出动飞机大炮，而是直接投入步兵，兵分三路，向该连左、中、右三方进行夹攻。可是，日寇的愿望落了空。他们依然被英勇顽强的7连官兵击退。

接连几次进攻都失效了，日酋不由得恼羞成怒，祭出了全部的重型武器，于上午9时左右出动飞机5架，对7连阵地进行狂轰滥炸；同时搬来直射钢炮数门，对准南林坡正面阵地实施覆盖性轰击。

敌人的炮击与飞机轰炸持续了数小时之久，以至于7连把守的阵地全部被敌人的炮火与航空炸弹翻了一遍，周围的树木全部被炸断扫光，山堡全部被炸平。在日寇的飞机与火炮轰击之下，2排长晏杰阵亡，迫击炮炮手全部牺牲，重机枪排死亡惨重，技术兵幸存无几，整个7连的作战能力下降了一半以上。就在这种恶劣的条件下，该连幸存官兵仍然顶住了日寇接踵而至的步兵冲锋。

不过,就在此时,江防军司令部深知部队继续坚守原有阵地会造成更大的损失,因而下达了第一线部队全部后撤的命令。

不仅其他各军下辖的人马接到命令之后迅速后撤,就是靠近7连右翼的第18师也奉命撤退了。这样一来,7连已孤立无援。日寇主力遂从第18师撤出后的缺口长驱直入,向石牌、三斗坪挺进,离7连阵地后方已有10余里路。与此同时,日寇支流部队仍在飞机以及炮火支援下,继续向7连阵地发动攻击。此时,7连构筑的掩体和工事破坏殆尽,但该连余部仍各依死角,顽强坚持战斗。

5月29日下午,7连残部接到放弃固守阵地的命令,连长李介这才带领残部携带包括6挺机枪在内的尚能用的武器撤离南林坡。这时,全连包括伤员在内仅剩下42人,其中机枪排仅剩1人,3排也只生还排长一人。

5月30日,7连返回石牌要塞时,正值第11师围歼进犯北斗冲的日寇,该连剩余官兵顾不得休息,毅然投入到与日寇的肉搏之中。

这里我们再回头介绍下第11师的情况。

时间是5月26日。这天,日寇猛攻第18师阵地,却没有取得任何进展。次日,日寇加强了攻击力量,终于突破了第18师的阵地,随即以第39师团的两个联队开始向石牌要塞前沿之第11师第31团阵地猛攻。该团官兵在团长尹钟岳的率领下,奋力反击,血战两天,虽说伤亡甚大,却还是将敌人阻挡在阵地面前。其间,师长胡琏曾亲往前线激励士气,并指挥督促第31团各营的作战行动。可是,到了晚上,日寇再度发动攻击的时候,终于凭借优势的火力攻占了该团把守的数处阵地。

5月29日晨,师长胡琏严令第31团团长尹钟岳夺回失守的阵地。

尹钟岳跟师长胡琏一样,深知丢失阵地对今后的作战会造成什么样的不利影响,因而,一接到胡琏的命令,立即抽调人员,配足武器弹药,准备向敌人展开反攻,夺回丢失的阵地。经2个小时的准备后,尹钟岳亲自率领所属部队向日寇发动反击。用机枪和手榴弹开路,尹钟岳率领的人马一阵猛打猛冲,夺回了几个阵地。但是,由于把守在第11师右侧翼的友军已经溃退,尹钟岳被迫放弃了已夺回的阵地,向石牌要塞方向撤退。

同日,第11师之第32、33团阵地也遭到了日寇的强力进攻。这2个团的官兵亦分别与日军展开了激烈的战斗。其中,第33团2营在坚守石牌要塞南侧要隘的时候,营长游国桢在被日寇飞机炸成重伤后,抱着一挺机枪拼命

第四部分 湘鄂境内建功勋

朝日寇开火，直到最后一滴血流尽为止。位于石牌要塞侧翼之四方湾是第32团的防地。这时，由于友军溃兵的大量涌入，以及日寇追击部队随之而来，阵地显得混乱不堪。

四方湾是石牌要塞核心区域到第一线第31团与相邻友军之间的一个要冲，如果这里失守，第11师将被截成两段，同时，也切断了第31团的归路，要塞主阵地就有被敌人楔入的危险。在这千钧一发之际，胡琏想到了勇将李树兰，立即命令他抽调人员，率领他们，限30分钟内赶赴四方湾，抢先占领要隘，予以固守。其时，整个阵地上激战方酣，都感人手不够，李树兰费尽心机，也只能抽出8名机枪兵，带着他们准时赶到四方湾，立即展开了应战之策。

乱糟糟的当口，李树兰朝天开了几枪，吸引了涌到四方湾的散兵游勇之后，立即宣布："我奉师长指派，负责此地防务，你们不管是哪军哪师的弟兄，现在都要归我指挥，听我命令接受任务，如有违犯，一律军法从事！"

军人一向崇拜英雄，他们看见李树兰威风凛凛，英勇无惧，一副不可侵犯的气势，就都服服帖帖听从他的命令。于是，这些溃退杂乱的散兵，顷刻之间都变成了勇敢的战士。李树兰把这些人分别编组，划分地区，分配任务，部署成阵，并严格规定：敌人未到有效射程内，不准开枪。

敌人追了过来。当数百日寇追到阵地前，向上仰攻之时，他们在兵力悬殊的情形下，听从李树兰的号令，勇敢地以步枪、手榴弹、石头（枪弹打不到的死角，用石头投掷）等有限武器，把敌人打得落花流水，大多成了谷底游魂；其余残敌惊慌失措，曳尾而逃。友军给第11师造成的漏洞，总算给堵住了。

这战对第11师固守石牌要塞能否成功，关系至为重大。因为当日在要塞前血战的第31团，受到此战胜利的鼓舞，反扑成功，入夜才转进要塞整顿。于是，胡师长重新调整部署，划分防地，规定责任，准备迎接即将来临的短兵相接的激烈苦战，并通令各部务必各就各位，尽忠职守，奋勇杀敌，决与石牌共存亡。

对于李树兰本人来说，他与日寇的战斗同样没有结束。5月31日夜，察觉到日寇气势已形衰竭，隐隐显露退却之象，胡琏乃派出若干士兵，以10人为一小组编成突击队，偷袭敌后各据点，进行骚扰性袭击。次日傍晚，他派遣李树兰率步兵2连，配属重机枪、迫击炮各1排，往敌后方进行搜索或偷袭，在日寇撤退中又毙敌甚多。战后，李树兰因战功突出，晋升为第

257

11师第33团上校团长。

在另一个方向上，5月27日晚，日寇第39师团分别由鸡冠岩、赵家莲向沙坦丘、鲁家坝、柳林子一线第18军阵地全面进攻。第18军各部早有防备，在日寇实施炮火准备时，隐蔽自己；等待日寇步兵发动进攻时，做好与日寇肉搏的准备；当日寇一冲上阵地，将士们意识到日寇的重型武器难以发挥作用，就突然跃出阵地，将日寇分割包围，几乎全部在近战中消灭。日寇伤亡甚重，战力不支，不得不窜回去。

5月29日中午，日寇第39师团主力沿宜昌大道，经余家坝进至曹家畈，向当面的第18师阵地全线发起进攻。其中一个大队的日寇一度冲入彭家坡腹地。

这时候，覃道善已经正式接过了师长的指挥棒。他立即组建1支敢死队，命令他们冲向敌人，经过激烈拼杀，终于将冲入彭家坡腹地的这伙日寇驱逐出去。

八斗冲一带的第18师阵地上，情况则要危险得多。这里是这次作战行动最为激烈的战场，中日双方在此弹丸之地反复冲杀，不知道在几千把刺刀的铁血相搏中，哪一方死的人更多，阵地前沿两军尸体横陈，血流成河。

把守在这里的第18师官兵连日苦战，损耗过大，在日寇竟日的炽烈猛攻下，呈现出不支的征兆。覃道善获知消息，正在抽调兵力前来增援之际，日寇即在当晚付出1 000余人的沉重代价后，攻占了该地。

与此同时，第18师把守的右翼阵地曹家畈也在日寇的猛攻下陷落了。

不过，从曹家畈方向突入的日寇并没有继续向前发展攻击，覃道善调集兵力，在第13师的协助下，共同夹击敌人，终于将该敌拦截在落步坰以东地区。

几天的战斗，第18师虽说接连丢失了许多阵地，但该师官兵跟枣宜会战时期有了天壤之别。他们不仅能够顽强作战，而且在多个阵地上与日寇展开了多次大规模的刺刀见红的肉搏战。他们的战斗意志无疑是强大的，他们的战斗力得到了充分的发挥。自此以后，这支队伍已经不愧为第18军旗下的雄师劲旅了。

另外一个方向上，大桥边的日寇约3 000余人在飞机连续轰炸4个小时后，兵分三路向石牌要塞外围的闵家冲、井长坡阵地发动强攻。

把守在这一线阵地上的第11师官兵凭借坚固的工事阻击敌人。战斗的残酷程度已经达到了匪夷所思的程度，先是瓢泼大雨似的子弹与手榴弹的相互攻击，紧接着是刀刀见血、拳拳见肉的肉搏。战斗到黄昏时分，日寇在此地伤亡达1 000人以上。在日寇战史中多次提到"顽抗之敌"，遂指石牌外围争夺战的惨烈和困苦。

与此同时，夺取了曹家畈阵地的日寇分兵两路向把守在牛场坡、朱家坪一线阵地的第11师阵地大举进犯：一路日寇以一个大队由彭家坡腹地迂回牛场坡；另一路则从响铃口、柏木枰向牛场坡中国军队发动正面攻击。

牛场坡群岭逶迤，树木参天，是朱家坪的屏障；朱家坪峡谷深邃、层峰叠峦，是很好的防御阵地。有了如此良好的地形条件相助，面对日寇的强攻，第11师官兵没有惊慌，他们沉着应战。在查知日寇迂回部队的进军路线及其意图后，该师仅出动2个班的兵力，凭借地形的掩护，就将该敌驱逐，使得日寇的迂回计划彻底破产，从而减轻了正面阵地的压力。

第11师官兵虽说瓦解了日寇迂回牛场坡的企图，但正面阵地面前的日寇超过守军数倍，把守该地的官兵与日寇交起手来，还是倍感艰辛。他们与数倍之敌在牛场坡激战，前沿阵地多处被日寇突破，并落入日寇之手。紧接着，日寇为攻占主峰大松岭，在飞机的支援下，连续向坚守主峰阵地的第11师一个连发起了数次冲锋。该连官兵依托有利地形，狠狠地打击敌人，打退了敌人的多次进攻，自身亦付出了很大的伤亡。

当战斗最紧张的时刻，电话通了，传来了师长胡琏的声音："弟兄们，积极报效祖国，死守阵地，战斗到最后一个人，流尽最后一滴血！"

师长的声音进一步激发了官兵的斗志。尽管他们早已精疲力竭，却仍然顽强地坚守阵地。在反复交战之中，日寇颇多伤亡，该连亦伤亡过半。战至最后，终因力量悬殊，该连不得不撤离牛场坡。

该连一撤，朱家坪便失去了屏障，终于在5月30日落入日寇之手。

第11师官兵与日寇浴血奋战的当口，暂编第34师同样置身枪林弹雨的激战之中。这时，暂编第34师把守的桥南天台观一线阵地，正遭到日寇的攻击。日寇第3师团另一部是在越过桃子垭之后，向暂编第34师阵地进犯。

天台观是这一带的制高点。对于守军来说，是必须切实固守的要地；对于日寇来讲，攻占它，就可以瞰制这一带的整个中国守军，因而是必须攻占的要点。一方必守，一方必攻，双方在这里的交锋将会更加激烈。

在与中国军队历次作战之中，日寇基本上都是仰仗先进的武器装备及其空中优势，从正面发动进攻，这次改变了战法，不再从正面展开进攻，而是沿点心河从天台观背面向守卫在这里的暂编第34师一部发动突然袭击，企图以最小的代价夺取天台观。

然而，日寇失算了。暂编第34师师长吴啸亚早已察觉敌人的企图，命令守军密切关注点心河方向的动静。当日寇进至点心河的时候，立即遭到守军阻击。这一仗，守军一举毙伤敌300多人。

这次进攻行动失败后，日寇感到强攻不是办法，遂转攻王家坝。可是，其行动又被师长吴啸亚察觉了。吴啸亚立即派遣人马，分头迎击敌人，致使日寇再度无法取得进展。就在这路日寇进退无据之际，第3师团的中畑部队开过来驰援，卡断了天台观守军与暂编第34师主力之间的联系。这样一来，这路深陷泥淖的日寇立即掉转头来，与中畑部队一道对天台观守军展开攻击。

据守在天台观的是暂编第34师麾下一个排的人马。在排长的带领下，依托地形的掩护和帮助，临危不惧，击退了敌人的多次强攻。日寇见仅凭地面进攻无法达成目的，遂又调来飞机助战。当敌机掩护日寇步兵向守军阵地展开攻击的时候，全排官兵聚集在冬荆树下坚持战斗。这一次，为了夺占天台观，日寇飞机一直狂轰滥炸，竟把冬荆树炸成秃桩，山头上的土被飞机翻了几遍，到处弥漫浓烈的硝烟，似乎没有一点活人的气息。日寇步兵趁机向山头再度发动冲锋。躲过敌机轰炸的勇士们视死如归，与敌肉搏，予敌重大杀伤，最后全部壮烈牺牲，用他们的行动和生命书写出极其悲壮而又灿烂的中国人抗日的英雄形象。

天台观陷落，意味着日寇已进入石牌外围主阵地。接下来的战斗将更加惨烈。

这时候，因为朱家坪、八斗方、柏望坪一线战况异常惨烈，以致一日之内，作战双方都有数百人的死伤。由于死人太多，来不及入棺，加之天气燥热，幸存的官兵们就地挖几个大坑，将战死者集体掩埋，史称"百人坟"。

5月29日，日寇第39师团会同划归其指挥的野地支队攻击八斗方南麓的卷桥河北方山地。把守此地的第18师官兵凭借坚固的混凝土工事抵御日寇陆空火力的狂轰滥炸，顽强地坚持到天黑，并且在优势的日寇步兵攻击之前，接连多次挫败了敌人的攻势。激战了一整天后，此处阵地方告失陷。

在第18军各部的层层阻截下，第39师团直至5月30日才基本进入朱家坪一线。

日寇攻下天台观后，派遣一支骑兵队突入窄溪口，却遭到龙家岩阵地守军迫击炮的攻击，迫使敌后撤。不久，日寇步兵在飞机掩护下强行通过窄溪口，向据守八斗方之第11师的二线阵地突进。

自日寇进入中国军队把守的石牌外围主阵地后，由于这一带崇山峻岭，日寇步兵仅能携山炮配合作战；中国军队却能够利用茂密的树林与险峻的地形，凭借手里的步枪、手榴弹，以及为数不多的机枪乃至迫击炮对日寇予以重大杀伤。于是，恼羞成怒的日寇每天保持9架飞机低飞助战，连续轰炸4个小时，用重磅炸弹和燃烧弹将石牌要塞炸得山崩地裂，弹火将山土和岩石烧得满山通红；日军的炮弹也暴风骤雨般地倾泻到这个小小的要塞上。山上巨大的岩石和石柱全被日寇1 000磅、500磅的炸弹炸得粉碎。第11师的许多工事也被日寇炮弹命中而遭到极大破坏。炮火一停，日寇就像蚂蚁一样涌向第11师阵地。

不过，日寇一次次疯狂的攻击，都被英勇无惧的官兵打退了。

到了5月30日，因为石牌要塞外围阵地陆续失陷，蒋介石下令指定第11师孤军固守石牌要塞，作为反攻时的支撑；为保存现有实力，其他部队全部后撤。据此，江防军总部命令其余各部一律向野山关西撤。

根据这项命令，军长方天率第11师以外的第18、暂34师以及配属他指挥的第13、139师等部向茅坪移防，组织第二线防御，准备等到其他战区的援军到达后，再进行反攻，全歼已被第11师拖疲的当面日寇。

为了夺取最后的胜利，横山勇集中第3、39师团的全部兵力及现有的最大火力向孤立无援的石牌要塞进行前所未有的强攻，宣告石牌争夺战进入最艰苦而又至要关键的决战阶段。随即，日寇在空军的掩护下，分成若干小股向第11师把守的阵地猛攻。只要有一点空隙，日寇即以密集队伍冲锋，作锥形深入。

当战斗异常激烈时，陈诚在恩施打电话问胡琏："守住要塞有无把握？"

此时此刻，整个石牌要塞只有胡琏指挥的第11师残余人马在继续抗击。虽说他也有过希望第11师撤离的愿望；但在提议遭到否决后，他实现了自己的诺言，亲临战场，指挥人马与日寇进行最后的战斗。他当即斩钉截铁地答复："成功虽无把握，成仁确有决心！"

当企图迂回三斗坪的日寇窜到距离三斗坪只有50~60里的伏牛山时，胡琏立刻率参谋数人在最高峰上升起了国旗，严令官兵不许退后一步，并电话要求前线将士："打仗要打硬仗，这一次一定要使日寇领教中国军队的作战精神！"

第11师全体官兵看见国旗在山顶上飘扬，不由得士气大振，战胜日寇的信心一下子增强了几倍。在胡琏的指挥下，他们沉着应战，每当日寇接近，辄以猛烈火力与突然逆袭阻击敌人，取得了显赫的战果：在曹家畈附近的大小高家岭上曾有3个小时听不到枪声，这不是双方停战，而是敌我两军扭作一团展开肉搏。攻击三官岩、四方湾、北斗冲一带阵地之敌约有1 000余人，他们一进入山谷，即被埋伏在此的第11师主力从四面八方冲过来将其团团围住，堵在这条石谷中，进退不得。紧接着，第11师官兵用机枪、步枪、手榴弹、迫击炮狠狠地打击敌人。日寇黔驴技穷，为了逃命，一度施放催泪瓦斯弹。我军官兵无防化设备，官兵们用血肉之躯与敌近战肉搏，将敌歼灭殆尽。八斗方更是这次战斗最为激烈的地方。日寇要想夺占每一寸土地，都必须付出巨大的血肉代价。此战，国军将士浴血奋战，击毙日寇近2 000人。但由于日寇施放毒气的影响，守军最后仍然不敌，阵地还是没能守住，沦入了敌军之手。

中央社当时曾向全国播发消息称："宜昌西岸全线战斗已达激烈。每一据点均必拼死争夺。"

在高家岭一带，千余名日寇突破第11师防线，胡琏立刻收拢部队上前堵住缺口。由于双方距离过近，飞机大炮等重火器有误伤友军的风险，于是，日寇无法使用重武器，与中国军队进行惨烈的白刃战。日寇一群一群地蜂拥而上，中国军队则迎头扑上去，数千把闪着寒光的刺刀在高家岭上碰撞在一起，原本在远处可以听到的枪炮声一时全部消失，不知情的人以为双方停战了，但在近处两军的嘶吼声、哀嚎声此起彼落，尸体在阵地前堆积如山。狭路相逢勇者胜，这场惨烈的刺刀大战最后由第11师英勇的官兵获得胜利；日寇经此一役元气大伤，锐气尽失。曾经参战的老兵回忆：

在高家岭上曾有3个小时听不到枪声，这不是双方停战，而是敌我两军扭作一团展开肉搏战。"日本人一群一群地冲上来，中国人迎头扑上去，搅在一起，用刺刀拼。"那3个小时的拼刺，是日本陆军在第二次世界大战中所遭遇的最大规模的白刃战。

随后，在日寇休息补充的时候，胡琏派出小分队展开袭击骚扰，不给敌以喘息之机；并迂回到日寇的后方，展开伏击、侧击、偷袭，组织一些专业狙击手，专打日寇的指挥官和机枪手。经历了无数次惨烈的战斗，石牌要塞一直控制在我军手中，从来没有丢过。

第四部分 湘鄂境内建功勋

5月31日,由于伤亡惨重且石牌屡攻不下,已成强弩之末的日寇开始掉头败逃。胡琏率领第11师官兵在付出了重大伤亡后,取得了石牌保卫战的胜利。

紧接着,轮到中国军队反攻与追击敌人了。这天,陈诚除了下令江防军原有守军展开追击外,另从湖南调了第74、79军前来支援追歼逃敌。第18军亦派出第33团附山炮、重迫击炮各一连追击敌人,小有斩获。

日寇兵败如山倒,纷纷向宜昌、宜都、枝江、公安等地逃窜。围攻石牌之日寇第3、39师团在渡过长江时遭到中美空军轰炸,伤亡惨重。而其他日寇亦遭江防军追击,有着不同程度的损伤。第6战区各路大军乘胜追击,连克宜都、枝江、松滋、公安等县城。战至6月中旬,中日两军战线大致回到战前态势,鄂西会战宣告结束,日本想要打通长江航道,直攻中国陪都逼迫中国政府结束战争的幻想宣告破灭。

此战艰苦异常,几乎每个阵地都是守军与日寇拼死争夺,牺牲了无数将士才得以保全,战后石牌要塞被媒体喻为"中国的斯大林格勒"。为了奖励此战有功的将士,国民政府特于1943年10月9日,颁发青天白日勋章给陈诚(第6战区司令长官)、吴奇伟(长江下游江防军总司令)、方天(第18军军长)、罗广文(第18军副军长)、胡琏(第11师师长)5人。第11师的各团营长,也都获得了应得的最高级别的奖章。

20章 吸纳新队伍再度换血液

跟以往一样，每一场大战结束后，第18军都要吐故纳新，把除第11师之外的一支或数支正在麾下效力的旧部推出去，同时吸纳一支或数支新部队，并在人事方面进行一系列调整，以达成迅速消化、吸收新鲜血液，使之变成土木系人马的目的。鄂西会战落下帷幕，第18军将石牌要塞交由第30军防守，调往三斗坪一带整补，新一轮的调整又开始了。

这一次，调整是先从编制系列开刀的。鄂西会战之前刚刚加入第18军大家族的暂编第34师经过了半年多的培育，并且在鄂西会战中受到了战火的检验，差不多已经拥有土木系的血统，便领受继续发展土木系人马的使命，离开了第18军，被拨入第32军阵营；同时，第94军下辖之第55师进入了第18军麾下。

第55师是什么来历呢？追溯第55师的来源，可以发现，其前身是孙传芳组织的5省联军的第5方面军陈调元部。1926年，陈调元率部投靠北伐军后，所部被改编为国民革命军第37军。1928年底，国民革命军进行编遣的时候，该军缩编为第46师。后改编为第55师，改隶驻赣绥靖公署。1937年7月，抗日战争全面爆发后，该师划归第69军建制，由李松山担任师长，率部参加了淞沪会战。

鄂西会战前，杨勃升任第94军副军长，师长换成了吴光朝。1943年春，第94军调驻松滋县刘家场至长阳右岸一带，以第55师担任江防。

吴光朝率领该师，奉命驻防李家口、百里洲至宜都一线。具体安排好第163、第164、第165团的防务后，因单位副职及参谋均未到任，他集全师军政战参事务于一身。为了固守防线，他日夜巡梭督战，慰劳官兵。

1943年5月6日子夜，日寇大举渡江，向第163团防区之洋溪、宜都阵地发起猛攻。该团官兵立即依托早就修筑的工事奋起抵抗，顽强地将敌人的攻势阻挡下来。次日，另外一支日寇亦从弥陀寺向第164团阵地进犯，被该团官兵压制在阵地当面，一天一夜没取得任何进展。不过，这两个投入作战行动的团队亦付出了很大的伤亡。更严峻的是，当与日寇陷入苦战的第163团、第164团急需增援之际，第165团却奉军长直接指挥调至聂家河待命。这样一来，继续坚守下去，注定会遭到日寇毒手，吴光朝立即传令王、谢两位团长将两团兵力向后撤退至有利位置，集中使用，以对付敌人。当部队行抵梅溪河时，侦查人员发现日寇大队骑兵正向北进。当时天色已晚，吴光朝抓住机会，命令谢团长率兵迅速从侧突袭。敌猝不及防，被打得人仰马翻，遗尸遍野，只得仓皇逃窜。随后，该部进至陈家冲。接到当地农民报告，一股日兵数百余人经此往南而去。吴光朝命谢团长率所部跟踪追击。该团赶至王家厂，敌军正在渡河，该团猛击敌兵，使敌无法迎战。敌军伤亡众多，敌舟倾覆过半，幸免于死者仓皇向石门逃遁。

随后，第55师撤至枝江镇、石牌之间，与第94军其他各部一道，坚守这一线的阵地。5月12日晚，日寇进至第55师阵地跟前，随即全线发起进攻，第55师立即迎战，与日寇一连激战了两天两夜。至5月15日，由于日寇已经向第94军其他各部发起了攻击，第55师与日寇的战斗更趋白热化，双方在大堰垱、刘家场、茶园寺亘枝江西侧之线鏖战竟日，杀得天昏地暗。

这时候，防守刘家场至长阳右岸之第94军第55师、第121师和暂35师的总体形势都不妙。由于受日寇第13师团和东线野沟部队的包抄，第94军各部与敌激战终日，处境十分险恶。尤其第55师已与军部及集团司令部均失去联系，该师第164团团长谢世钦仅率一个营残部突围；另有一部日寇扑向第121师，先后在刘家场至松滋地区激战竟日。就这样，第94军全军与日寇鏖战，终不敌日寇的凌厉攻势，逐次撤向五峰渔洋关至长阳资丘一线崎岖山地。

随后，陈诚亲自指挥第6战区各部作战，调整部署，以第55师守备沙道观、松滋、枝江亘宜都之线。在这里，第55师又开始了与日寇的残酷战斗。

日寇进犯长阳龙舟坪时，第55师在予敌以沉重打击后，奉命从磨市向都镇湾转移。为保障主力安全，吴光朝命令第165团一个加强班设防于龙舟坪对岸的叹气沟。该沟上靠果酒岩，下接将军岭，中夹一道小溪，直通清江，溪畔仅一条曲上高山的石径，其一边是刀砍斧削的石壁，另一侧是乱石如刀的深沟，为绝佳的设伏之要地。

5月25日，占领龙舟坪的日寇，派遣一个加强中队以抢来的木船和逼迫艄公强渡江家河，妄图打乱第6战区调兵计划。冲上河坎后，日寇一进入路窄山陡之处，隐蔽在石洞里、丛林间的第165团加强班即将一阵弹雨劈头盖脸地泼下来。顿时，一批批日寇及战马来不及"叹气"就倒地气绝。麻痹大意的日寇突遭袭击后，却不知子弹从何而来，更不见对手的踪迹，唯恐崎岖难攀的山路上又有更大的杀机，指挥官遂令后军变作先锋，向后撤退，终于在枪弹结织的火网中逃出少数败兵。担心日寇大队疯狂报复，该班迅速清扫战场，发现日寇竟遗尸达200人之多，战马倒毙100多匹，还抛却20担枪支弹药。此战，该部连草鞋也没丢一只。吴光朝师长当即给予表扬，并通报全师隆重庆祝。

吴光朝率部抗敌的事迹远不止于此。尔后成为著名书法家的黄埔军校16期毕业生的欧阳造极回忆：

> 1个多月后，把我分到了炮兵第51团，我被任命为1营3连指导员。我们营最初驻守在衡阳，后来长江防线吃紧，又把我们调到宜昌南津关。这时，日军已经占领了宜昌，并且逐渐向上游逼近，侵占南津关以南高地。南津关在今天宜昌夷陵区，是长江中上游重要渡口，属长江三峡西陵峡的东口。从地理上讲，它是三峡末端天然门户。日寇如果沿江进犯重庆必走此地，历来为兵家必争之地。我们连配备了4门战车防御炮。这种炮威力很大，能高射也能平射，是对付日军坦克、军舰的有力武器。我们配属第55师，为他们提供炮火支持。第55师师长吴光朝（吴寄虹），也是平江人，不过他是黄埔6期毕业。早在鄂西前线时我们就相识了。有一年中秋夜，突然接到命令，要求我们做好战斗准备，配合第55师敢死队的进攻。原来，吴师长看到这晚夜色好，组织了百人的敢死队，乘坐着小木船，借着月色，向宜昌城日军军营发起了突袭。这场战斗来得十分突然，日寇正在睡觉，毫无防备，遭我袭击后，仓惶乱窜。敢死队杀伤了数百日寇。后来，由于寡不敌众，没有后援，百名敢死队员战死沙场。

第55师在抗战中，随着与日寇交锋的时间越来越长，次数越来越多，越来越养成了奋勇杀敌的豪迈之气。也许，正是由于这点，陈诚在鄂西会战结束后，立即将该部输送到第18军帐下，以便他与其他土木系部队一样，尔后能够独当一面地扛起土木系另一分支的大旗。

第四部分 湘鄂境内建功勋

时任第18军军长的方天在征得陈诚的同意后，立即将师长吴光朝调出第55师，由陈诚给予他战区高参的名分，而将该师师长的宝座交给了武泉远（据陈诚向重庆呈报鄂西会战应行奖惩电文里说，第55师师长吴光朝能力薄弱，掌握不确，致损失过大，拟请调为本部高级参谋。遗缺拟以副师长兼本部参谋处长武泉远升代）。

武泉远为什么能够在第55师投入第18军旗下的时候当上该师师长呢？熟知第18军高级将领人事变动惯例的人都非常清楚，他要么有能力，要么早就与陈诚建立了某种联系。他到底凭的是什么呢？请看此人的简历。

武泉远，1903年12月出生。河北巨鹿人，原名武浚，字子哲。东北讲武堂第10期步兵科、陆军大学正则班第12期毕业。1930年9月讲武堂毕业后历任东北陆军第1旅（旅长王以哲）少尉见习官、独立第7旅（旅长王以哲）中尉排长、上尉副官。1933年2月调升第67军（军长王以哲）参谋处少校参谋。12月考入陆军大学正则班第12期深造。1936年12月陆大毕业后派任第139师（师长黄光华）参谋处上校主任。1937年9月调任第20集团军（总司令商震）参谋处上校科长。1938年6月调升第34军团（军团长王东原）参谋处少将处长。1939年2月调任第15师（师长陈为韩）少将参谋长。1940年7月调升第6战区司令长官部（司令长官陈诚）参谋处少将处长。1942年3月调任第15师（师长梁祇六）少将副师长。

从武泉远的这份简历上可以看出，此人能够担任第6战区司令长官部参谋处处长，一定凭借他的工作能力赢得了陈诚的信任，跟陈诚建立了良好的感情。不过，他在陈诚身边干的日子不长，陈诚将他调任第55师师长，恐怕也包含了把他置于自己的核心部队继续接受熏陶的目的。

这次编制上的变动后不久，也就是1943年10月，种子军的人事关系就进行了一次大的调整。

这次大调整首先从军长开始。军长方天因鄂西会战立了功，高升一级，调往滇西远征军之第20集团军担任副总司令兼第54军军长，遗缺由同样在此战中荣膺青天白日勋章的第18军副军长罗广文接任。为此，罗广文就成为第18军的第6任军长。罗广文一升任军长，其副军长的职位就成就了胡琏。

胡琏留下的师长空缺应该由谁来填补，就引发了争议。刚升任军长的罗广文力保第18军参谋长赵秀昆接任；第11师有过驱逐前师长叶佩高的先例，理由是该师师长必须是黄埔出身，并在该师担任过主要领导职务，胡

267

琎就是这场驱逐叶佩高运动的主要参与者甚至是幕后推手，他现在交出了师长指挥权，当然不希望接手的人缺乏这两方面的资格，另一方面，又非常忌惮赵秀昆，担心他与罗广文联手架空、排斥自己，就坚决反对赵秀昆出任师长，另外举荐一直在第11师干到副师长位置，然后升任第13师师长的罗贤达接任师长。

这样一来，军长与副军长刚上任履职，就为第11师师长人选顶上牛了，谁也不愿让步，最后只有让种子军精神领袖陈诚做出裁决。陈诚为免不必要的争执，否决双方的提议，直接命令第5师师长刘云瀚接任。第11师师长人选尘埃落定。

那么，刘云瀚究竟是何许人也，又立下了多大的战功，能够让陈诚对他另眼相看，把这么一位迄今为止名不见经传的人推上师长宝座呢？

事实上，任何列入经传的人物都有一个发展或者成长的过程，没有多少人一出生就广为人知。刘云瀚也是这样。他其实在第11师干过很多年，而且在第11师的时候参加过淞沪会战，只不过，他那时仅是一个中校副团长。

说起刘云瀚此人，他出生于1911年12月，江西大畲人。1929年考入黄埔军校第7期，毕业后又经过3次努力，于1933年考取陆军大学第11期正则班。1934年分配到陈诚门下。由于陈诚很喜欢这个白白净净的年轻上尉军官，很快就对他予以重用。在陈诚长官的提拔下，刘云瀚担任陈诚最精锐的第18军11师少校营长、中校副团长。1937年抗战爆发后，随第18军参加了淞沪会战。1942年，他升任第18军第11师副师长。1943年，他再获提拔，调任第32军第5师少将师长，并率部参加鄂西会战，沉重打击日寇，歼灭日寇2 000余人，颇有战功，战后跟方天、罗广文、胡琏等人一样获得了青天白日勋章。

第四部分 湘鄂境内建功勋

21章 常德外围战场再立新功

横山勇以日寇第11军为主，从其他方向搜罗了大量人马，为了达成歼灭第6战区的中国军队以及打通江防通道，确保长江航运的安全，进而窥伺陪都重庆的目的，发动了规模宏大的鄂西会战；可是，在中国军队的顽强阻击下，他不仅什么目的也没有达成，反而损兵折将，不得不率部退回此次战役之前的阵线。按理说，他应该吸取教训，不要继续妄动刀兵，然而事实是他不顾部队连遭失利、士气低迷、兵力不够的事实，拼命集结重兵，再度发动一次较大规模的战役。这一次，他把目标锁定在夺取湘西重镇常德上面。

常德位于湖南省的西北部，是湘西北的重镇，历来为兵家必争之地。常德东屏长沙，西扼川东，南窥岳衡，西南通滇黔，东北倚洞庭湖，自古以来就有"荆湘唇齿、滇黔咽喉"之称，所以，在抗战中很自然地便成为拱卫西南大后方的屏障。武汉失守后，常德成为重庆大后方的唯一物资补给线，战略地位更显重要。

横山勇下定再度发动大规模作战行动的决心后，从10月上旬开始，便从皖南、赣北、武汉、信阳等地频繁地调动兵力，向江陵、沙市、石首集结，预备集结完毕后，立即向中国军队开战。是他再也想不到更好的战术，还是觉得自己在前面已经接连搞了2次声东击西的把戏，自以为可以在这次行动中采取一样的战术，会取得跟枣宜战役一样的效果？谁也不清楚。事实是，这个曾经在枣宜战役中尝到甜头却在鄂西战役中没有占到丝毫便宜的日本战犯确实再一次拾起了声东击西的故伎，先不将主要进攻目标直接指向常德，而是指向鄂西地区，意在将中国军队调出常德，然后乘虚攻占之。

其作战计划分为三个阶段：第一阶段消灭王家场周围地区的中国军

队,第二阶段攻占常德并消灭该方面集结反攻的中国军队,第三阶段是各参战部队返回原驻地。

常德地区重要的军事作用决定了国民政府军事委员会以及第6战区司令长官部都会时刻盯住日寇在这个方向的一举一动。在鄂西会战的时候,第6战区代理司令长官孙连仲就曾经判断横山勇当时的目的就是为了夺占常德,因而,准备把作战重心放在常德一线。是陈诚回到恩施,看清了日酋的真正面目,扭转了孙连仲的判断失误。

这一次,日寇一频繁调动,重庆军事委员会立即命令人马全面监视敌人的动向,并根据各种情报来源,判断日寇可能抽调其他战场的兵力,向长江、洞庭湖三角地带进攻,便迅速制定了"以诱敌歼灭之目的,将日军主力引到澧水及沅水两岸后,正面抵抗,再以外翼攻击,然后把日军消灭在洞庭湖畔"的战略方针。

据此,国民政府军事委员会于1943年10月28日,电示第6战区:以第29集团军与第10集团军之各一部,于滨湖地带阻止敌人,各集团军主力,利用澧水及暖水街之山地,以侧击、伏击手段击破进攻的日军;第74军以第57师固守常德,主力位于太浮山,机动出击;第100军进至益阳待命;中美空军积极活动,向沙市、监利、石首、华容的日军侦察轰炸;第26、33集团军各以2到3个师向当面日军的弱点进击。

同时,军事委员会还指示第5战区以2个师向京山、皂市出击;规定各部应于11月4日前到达出发阵地,待命出动。

事实证明,军事委员会这一次对日寇主要攻击目标的判断基本上准确。不过,也许是对鄂西会战中日寇的损失估计过高,军事委员会没有预料到日酋横山勇能够在一次大败后,半年不到的时间就能再度集结起10余万人马发动大规模进攻,用于第一线的部队人数太少,还是导致了中国军队的被动。

第6战区司令长官部遵照军事委员会的电令,决心以一部占领既设阵地,逐次抵抗,消耗日寇,主力向澧水、沅江两岸集结,待机发动全面反击。其中,战区司令长官部并没有给予头等主力部队第18军主要的反击任务,而是把该军列入二线兵团系列,和其他二线兵团部队一道,在石门、暖水街、聂家河、三斗坪、窑湾溪、兴山、报信坡、刘侯集、安家集一带集结。

1943年11月1日,日寇第11军第3、13、39、68、116师团主力与伪军4

个师约10万人兵分4路,从长江南岸的宛市、弥陀寺、藕池口、石首、华容之长达百余公里的战线上正式发起全线进攻;并以第17旅团,第34、32、58师团各一部,另以整个40师团牵制第9战区。其如意算盘是先一举歼灭中国军队一线兵团,然后以第68、116师团钻隙突进,攻下常德,使整个正面的中国军队进退失据,阵脚大乱。紧接着,用5个师团的兵力前后夹击,消灭第6战区的中国军队。

因为军事委员会以及第6战区司令长官部都没有预料到日寇会出动如此大规模的人马发动攻击,用于阻挡日寇进攻的一线兵团兵力远逊于日寇。为此,一线兵团各部虽说凭借阵地奋起迎战,顽强抵抗,但因实力不济,损失惨重,一线阵地多处被日寇突破。尤其是左翼阵线,已被日寇撕得支离破碎。

这时,陈诚指挥第6战区打完鄂西会战后,离开了司令长官部,司令长官任由孙连仲担任。根据当前战况,尽管军事委员会的命令很明确,重点在澧水及沅水两岸歼灭日寇,孙连仲却还是担心横山勇仍然效仿鄂西会战前期,先在湘西及其临近地区大举进攻,造成主攻假象,最后将主攻矛头还是指向陪都重庆的门户石牌,指示沿江一线战场的部队尽量坚守重镇安乡,并凭借既设阵地逐次抵抗,却不敢贸然调动江防军东进应援,也不敢将战区预备队调往湘西,重点仍然放在策应江防军作战上。

为此,尽管一线兵团各部在日寇的强力攻击之下,很多阵地被突破,很多部队被打散被击溃,第18军还是在原驻地集结待命,作壁上观。

即便如此,孙连仲亦吸取了枣宜会战时期李宗仁判断失误的惨痛教训,担心类似事件会在自己身上重演,经过深思熟虑后,作了另一手准备,对日寇有可能会攻击常德做出相应安排,请求军事委员会将直辖的第74军转归第6战区指挥,以该军下辖之第57师守备常德,主力在太浮山西南集结,作为战区机动力量。军事委员会不仅批准了孙连仲的请求,甚至电令第5、9战区各出动2个师的兵力分别攻击钟祥、岳阳方向上的日寇,以策应第6战区作战。

到了11月5日,由于日寇的主攻方向已经很明朗了,第6战区代司令长官孙连仲终于判定日寇的主攻方向为常德,电令各部调整部署。这一次,终于轮到第18军出山了。该军此时接到的命令是在江防阵地中向前推进,准备南下应援。

第18军军长罗广文在接到命令时,肯定是迫不及待地要率部冲上战场，与日寇见一个分晓的。这次率部上战场，对罗广文来说，确实是个千载难逢的证明自己的大好机会。在鄂西会战期间，第11师功劳最大，遭受的损失也最惨重。会战结束还不到半年，就要进行下一场战争，第11师元气大伤，根本来不及恢复，当然不可能成为主攻力量。第55师呢，刚刚投入第18军旗下，师长又是新换的武泉远，此人熟悉情况还得一段时间，贸然率领一支不熟悉的部队冲锋陷阵，是兵家大忌，历来为军事指挥官所不为。情况如此，担任主攻力量的只能是第18师。这是罗广文带过的部队，是罗广文的嫡系。如果能够依仗这支部队，打出了像石牌要塞保卫战一样的战绩，既是第18师的光荣，也是他的光荣。那样一来，还有谁敢挑战他军长的权威呢？

抱定了这样的想法，罗广文对第18军走上战场的部署，早就有了腹案。只要一接到命令，他就可以按照自己的构想，把第18师置于最前沿位置，与日寇作战。

事实上，因孙连仲没有下定最后的决心，第18军还没到投入战场的时候，罗广文率领第18军向战场靠拢的动作确实太过缓慢，甚至比蜗牛还要慢半拍，在三天的时间里，该部几乎没有前进一步，一直在原地徘徊。

第18军行动缓慢，日寇却进展神速。11月8日，日寇差不多快要打到该部的防线了。这时，第18军进入战场，与日寇一决高下，再度建功立业的机会到了。罗广文喜不自胜，立即召集师参谋长以上高级将领开会，以商讨作战方案的名义把自己的腹案当作预案拿出，与强势的副军长胡琏以及军参谋长、各位师长、师参谋长磋商。

胡琏对罗广文心里的盘算心知肚明，自己也有小九九：第11师确实在鄂西会战中打残了，至今还没有恢复战斗力，把该师推向最前面，即使不是送羊入虎口，也无异于故意损伤它的战斗力。何况，新任师长刘云瀚与他关系不错，他也不能眼睁睁地看到刘云瀚一接手弄个灰头土脸，乐得一口同意军长的方案。

于是，罗广文的腹案以集体决定的方式正式成为此次行动计划。

第18师正式以第18军绝对主力的身份，登上了这次作战行动的舞台。在鄂西会战时期，第18师未能建立像第11师那样的功勋，也没有像刘云瀚的第5师一样打出辉煌的成绩，师长覃道善感到很窝火，跟军长罗广文一样，也很想在这次战役中打个翻身仗，因而，对如何激励部队的士气、如何展开兵力部署、如何与日寇交战等一系列问题都有了全盘考虑。针对军

第四部分 湘鄂境内建功勋

长交代下来的任务，覃道善对各团的具体部署是：第53团防守渔洋关至茶园寺一段，第52团防守甘溪滩至刘家场一线，第54团作为师预备队，置于机动位置。

在第18师开进阵地之前，日寇已经击破一线兵团的防线，以凌厉的攻势打到这一线来了。此时此刻，眼见中国军队已经及时占领了阵地，日寇遂暂时停止进攻，等待有了增援后，才在1943年11月9日大举向第18师第52团、第53团阵地发动攻击。第18军参加常德会战的战斗遂拉开了序幕。

敌人对这一线阵地志在必得，来势甚猛，首先使用炮兵向这两个团的阵地实施猛烈地轰击，然后再出动步兵在炮火的牵引下向我军阵地发起冲锋。

覃道善战前对全师人马做了极好的动员，战斗一打响，他时刻关注每一个方向、每一个阵地上的情况，命令部队坚决抗击敌人的进攻，牢牢地守住阵地。为此，当日寇步兵冲向这两个团的火力范围时，官兵们在充满浓烈硝烟的阵地上，依托有利地形的掩护，扣动扳机，一时间，步枪、机枪子弹犹如暴雨似的扑向敌人，手榴弹活像冰雹一样砸入敌人的队形，将日寇的第一次进攻阻截下来。

日寇万分恼怒，遂于午后出动10余架飞机在第18师据守的阵地上狂轰滥炸。几乎刹那间，整个第18师把守的阵地到处硝烟弥漫，山石飞溅。紧接着，日寇步兵在炮火的掩护下，再度向守军发起冲锋。第18师阵地已经在敌机的轰炸下搞得千疮百孔，可是第18师据守前沿阵地的官兵们仍然能够凭借弹坑的掩护沉着应战，英勇顽强地再次击退了敌人的进攻。日寇似乎没有想到中国军队仍然具有如此强大的作战能力，攻击再次受挫后，稍事休整，调整攻击队形，在飞机、大炮的支援下，一连几次向中国军队阵地展开强攻。第18师官兵付出了很大的伤亡，成功地瓦解了日寇的攻势，迫使日寇在他们的阵地面前陈尸累累。

但是，在这一天的战斗中，第52团团部遭到日寇突击队的袭击，团长失踪，幸而部队坚决抵抗，没有受到多大的损失。

当天晚上，为了配合在石门、慈利的右翼友军以及中路主力作战，第18师师长覃道善接到军长罗广文的命令，率部撤下阵地，按计划在渔洋关、清水湾、子良坪、磨市、皂角市一线重新布防。为了加强鄂西地区中国军队左翼各要点的防守，从防守宜昌西北之西陵峡的第11师抽调了一个团的人马，由三斗坪渡江赶来，加强第18师第53团大桥边、长阳、聂家河阵地。

翌日，侵占了姚家河的日寇向刚进入聂家河阵地的第18师第53团以及从第11师抽调过来的那个团发动了凶猛的进攻。强强迎面对碰，比的不仅是哪一方武器装备先进、技术战术过硬，更是耐力与毅力的比拼。当日寇一头撞在坚硬的石头上，碰到了第18师与第11师两个团的坚决反击后，两支人马立即陷入了一场惨烈的交战。终于，在中国军队的顽强阻击之下，日寇耷拉了脑袋，退回了攻击出发位置。这一天，因为日寇损失惨重，再也无力发动新的攻势，第18军据守的阵地上呈现出难得的寂静。官兵们趁机抢修被毁的工事，补充弹药和体力，为即将到来的更加激烈的战斗做准备。

可是，1943年11月11日，日寇也许被第18师第53团以及第11师给予的加强部队打怕了，深感难以从聂家河打开攻击的道路，遂改变攻击方向，集结庞大兵力主攻暖水街，进而向王家场、八王岭及方石坪进犯。这一线中国军队的防守薄弱，阵地很快就被日寇攻破，这些地方全部落入日寇之手。

第18师师长覃道善得知消息，急令第54团从磨市急进石门北面，将占据在笔架山、乌凤寨、白云山一线的日寇击溃，收复了龙凤坪、凤虎山、林家桥以及大堰垱等据点。

同一天，中路日寇在青泥滩会合后，分头向澧阳桥、桃花滩进犯，澧县县城被围。守军依托澧水与敌激战数日，终于不支而退。11月17日，澧县遂告失守。

中路日寇与中国军队激战不休，第18军其他各部当面阵地仍处在沉寂状态。

随后50~60名日寇骑兵从皂市进至王子岩山口，冲进了两河口河谷，见河谷没有通路，便由原路返回。这里正是第18师第52团1营防守区域。营长迅速派遣1连埋伏在山口，准备趁日寇返回时，打他一个突然袭击，一举歼灭之。果然，日寇刚返回山口，1连官兵立即用步枪、机枪、手榴弹热情招待这些来自东瀛的强盗，一下子就把10余骑日寇打下马来。其余日寇见势不妙，再度折回身子，朝着河谷狂奔，脱离了1连的火力打击范围。团长得知消息，遂增派一个迫击炮排，向河谷展开猛烈炮击。紧接着，1连官兵冲进河谷，一番厮杀，将这股日寇全部消灭，打了个不大不小的胜仗。

这时候，其他方向日寇的攻击行动仍然异常快捷。自从发起进攻以来，半个月内，第6战区一线兵团各部坚守的石门、慈利一线重要阵地纷纷被日寇击破。

慈利是常德的门户，攻常德必先取慈利，而日寇若要北上攻取渔洋关，慈利也是关键的侧翼掩护。因而，日寇取得慈利之后，既对常德构成了现实的威胁，又可以侧击渔洋关。孙连仲获知消息，异常震怒，严令第73军以现有部队编成敢死队侧击南下日寇的侧翼。但是，该军在此之前接连经过2次战斗，人马损失惨重，仅剩下一个团的兵力，自然无法挡住日寇的进攻。

攻占慈利以后，日寇接连攻破第6战区部署在踏水桥、大龙站、斋阳桥、王化桥、易家桥、观国山一线的国军阵地，向此战的主攻目标常德步步紧逼。

这样一来，日寇的意图就非常清晰地展露在孙连仲以及军事委员会面前了。军事委员会虽说在战前曾经做出过基本准确的判断，在实际作战过程中，受日寇攻击势头强劲的影响，并没有预先部署充足的人马防守常德地区。此刻，军事委员会深感常德地区兵力单薄，急令第10军由衡山向常德急进，同时命令第18军迅速向津市、澧县出击。

与此同时，孙连仲见日寇全力攻击常德，判断日寇已无意在慈利以西地区发展攻势，且第6战区第一线兵团当面之敌，均已停止主力攻击，转为守势拒止国军应援，乃决心将第6战区第一线兵团各部完全转入攻势，全力击破日寇第39师团与第13师团的阻击阵线，同时将二线兵团投入使用，将日寇主力压迫于常德城郊，予以包围歼灭。

根据军事委员会的命令，结合自己对战场情势的判断，孙连仲制定了应敌之策后，立即电令此时已转向常德的第10集团军，集中全力向进攻常德之敌的侧翼推进；第185师李仲莘部攻占石门；第18军向公安、澧县之间推进以切断日寇退路；第29集团军方面，以第73军与第44军夹击之势努力推进，攻克慈利，消灭日寇防御阵线之突出部；第74军则突破当面日寇第3师团，务求及时解常德之围。

11月26日，罗广文一接到最新命令，立即调整队形，将阵地移交给友军之后，向预定地域迅速开进：以第18师与第55师为双箭头两路并进；第11师因在石牌要塞之战中伤亡太重，实力尚未完全恢复，仍作为后卫尾随军部前进。

这一次，因为常德形势非常严峻，加之第18军全体官兵在军长罗广文的激励下，普遍立功心切，部队前进速度非常之快，加之对日作战准备亦十分充分，当天就攻占了刘家场。翌日，该部乘胜进击，进抵暖水街一线，与其他中国军队一道，以大包围的态势将已经进入沅江、澧水之间袋形地带的日寇实施包围，准备第二天，也就是11月28日发起总攻，歼灭这部分日寇，彻底断绝进攻常德之敌的退路，并进而向常德靠拢，出击攻击常德日寇的侧后背。

第18军突入日寇第39师团防线，攻克刘家厂之后，日寇第39师团为之震动，师团长澄田紧急收缩兵力，死守交通要道之各处要点。

部队进抵暖水街以后，第18军军长罗广文立即命令第18师向甘溪滩、河口、王家场、暖水街、大堰垱等处要点之敌展开攻击，迅速收复这一线阵地，为次日的总攻造成有利的攻击环境与态势。

第18师长覃道善深知此举的重大意义，迅速部署人马，分头向这些要点展开攻击。关键时刻，第55师师长武泉远亦派遣人马，帮助第18师攻击暖水街之敌。第55师一部遵照师长的命令，向日寇发起强攻，突破了日寇的阵地后，一口气冲入暖水街与敌展开巷战，全歼该敌，收复暖水街。与此同时，第18师各部亦完成了收复预定目标的任务。

1943年11月28日，总攻开始。第18师趁势向石门发起攻击。日寇在石门立足未稳，阵地很快就被第18师攻击部队突破。收复石门以后，覃道善遵照军长的命令，立刻分兵向新安、澧县两座县城攻击前进，准备同时收复它们。

这样一来，日寇第11军的退路眼看就要被切断了。从军事学的角度来说，日寇第11军司令官横山勇现在的当务之急是要在第13、39师团崩溃前，赶紧撤往长江北岸，以免陷入被中国军队合围的灭顶之灾。但是，如果没攻下常德即北撤，重走鄂西会战未能达成原定目的就灰头土脸地后撤的老路，他横山勇不但没办法向大本营交差，而且11军以及他本人的声名，也将毁于一旦。他没有选择，只能继续不择手段地命令进攻部队猛攻常德，希望尽早结束常德战事，然后率领人马快速撤离战场，回到原有的阵线。

在使用灭绝人性的毒气攻击以及空中狂轰滥炸之后，11月29日，日寇终于击破国军第57师在城垣的防守阵线，冲进了常德市区，与该师展开了血腥的巷战。

当日寇正在常德城里与守军第57师展开巷战时，第18军已经于12月2日攻占了新安，逼近修桥。该军另一部人马则在石门、皂市一带与北退的日寇第13师团一部相遇。第18军该部迅速抢占有利地形，据守要隘，将日寇阻挡下来。经过二天二夜的激战，第18军歼灭了1 000余日寇，另一股日寇打开一条血路逃窜了。不过，第18军另一部接到消息后，迅速在仁和坪设下埋伏，等待日寇逃至阵地面前，又歼灭200余日寇，并生俘12人。

这时候，常德城里的战斗已经进入最后阶段。为了救援常德守军，给予攻击常德之敌歼灭性打击，孙连仲命令第18军向临澧出击，和第44军一起，从西北迫近常德。

第18军迅速行动，于5日抵达澧水。这时候，中国军队展开救援行动的其他各部的大体位置是：第79军逼近常德以北，第63师攻克桃源，德山尚在苦战之中，欧震兵团也在全力推进中。

以当时沅水南岸援军的兵力总数计算，与日寇相比，占有绝对优势。如果这些部队能够迅速推进，一举歼灭沅水南岸的日寇，进而收复常德，应该不是太大问题。可是，军事委员会接到了错误的情报，认为常德方面仍有8个联队的日寇，担心第18军以及欧震兵团反攻失利，就再也无力收拾残局，便没有下令迅速攻击常德，只是要求各部保持现有态势，发动一些小规模进攻，收复一些城郊据点，以观敌情变化，然后作出下一步决定。

就在第18军以及其他中国军队迅速赶往常德地区的时候，12月3日，第57师官兵伤亡殆尽，师长余程万率余部不到百人突围。常德遂落入日寇囊中。

日寇第11军达成攻占常德的目的后，司令官横山勇向中国派遣军及日本大本营发表电报，虚报战绩，声称占领常德，全歼中国军队之第10集团军、第29集团军、第10军和第74军，并重创王牌第18军，试图以此作为撤出常德、退回进攻出发阵地的筹码，逃脱被派遣军司令部以及大本营追究责任的命运。

但横山勇聪明反被聪明误。他发表的大捷电报让日寇高层大喜过望，以为国军真的死伤惨重，遂命令第11军继续坚守常德，并打算立即抽调第3师团和第13师团转归南方派遣军，增援马里亚纳群岛。横山勇接到命令当场傻眼，攻占常德后，部队本来已经在遵照他的命令撤退了，但现在大本营来了命令，他不敢继续撤下去，怕葬送了部队的性命，又不敢回守常德，只有命令主力部队在澧水与常德之间摆开一字长蛇阵，既不渡江也不守城。

横山勇摆出的古怪阵势使重庆军事委员会产生疑惑，以为是日寇布设的圈套，采取了更加谨慎的态度，命令各部不得随意向日寇发起攻击。

不过，中国军队仍在进一步向常德方向推进。12月6日，第18军直逼临澧，其他友军亦有重大进展。至此，常德地区日寇已经陷入国军第6、第9战区最少7个军的围攻，且后路已有被截之虞，局势相当被动。次日，第18

军与第79军以临澧、津市、澧县为目标，步步向前推进。第66军正在扫荡长江南岸日寇渡口。第74军则向桃源步步紧逼。

从这时起，日寇战线开始动摇，并迅速恶化，很快就发展到崩溃的边缘。横山勇知道再不跑就来不及了，遂不管上级的命令，命令第3、13师团分头阻击第18、第79军，其他师团分别挡住当面中国军队，全军迅速向长江以北返回。

至此，重庆军事委员会终于明白了日寇的意图，赶紧电令第6、8战区："常德之敌已动摇退却，仰捕抓好战机，截敌猛追，以收歼敌之效。"

12月9日，横山勇下达了撤退的命令。于是，日寇于当天兵分三路向北逃窜。

西路第39师团逃至石门东畲家铺，遇到了第79军的强力阻击。这一路日寇不仅两天无法向前推进一步，而且在第79军阵地前面遗尸700余具。最后，该敌丢弃了无数军械，不得不向东溃退。

日寇第13师团窜至新安、合口，试图从这一带渡江回撤，但第18师已经遵照军长罗广文的命令，在师长覃道善的率领下，推进至澧水北岸，迅速在对岸布设阵地，隔江向日寇实施攻击。日寇为了打开逃跑的通路，组织人马强渡澧水，遭到了第18师的猛烈火力打击，强渡企图宣告失败。既然无法强攻，这路日寇为了逃命，立刻分成两支人马，一支从停弦渡涉水过河，向青泥潭方向北逃；一支在新安上游渡河，向大堰垱逃跑。

师长覃道善对日寇的企图做出了准确判断，迅速命令第53团和第54团分头拦截该敌，务须全歼。第54团官兵在团长的率领下，向大堰垱方向展开迅猛追击，赶上敌人以后，立即展开攻击，打死打伤日寇数十人，其余敌人向西溃退。第54团全歼该敌的任务遂没能完成。第53团以3营并配备一个工兵排为前卫营，其余各营随后跟进，追击向青泥潭北逃之敌。

第53团前卫营在营长马千毅的率领下，以急行军速度向前挺进，迅速将青泥潭澧水大桥炸毁，断绝了日寇打从桥上通过的通道。随后，该营继续前进。

12月13日，前卫营营长马千毅判断日寇将会打从青泥潭以北10华里通往公安的五显庙经过，迅速赶到这里，布列阵势，准备截击敌人。当天夜晚，马千毅接到侦察兵的报告，知悉山下松树林里有日寇骑兵300~400人，于是定下了消灭该敌的计划：机枪连潜行下山，隐蔽接敌，火力封锁敌人的所有退路；迫击炮排在山后沟构筑阵地，做好对松树林之敌的射击准

第四部分 湘鄂境内建功勋

备；步兵连队在机枪与迫击炮的掩护下，一同向日寇发起攻击。攻击时间定在日寇防备最弱的子夜1时。

时间一到，营长马千毅立刻发出了展开攻击的信号弹。刹那间，机枪、迫击炮、手榴弹一齐发作，凶猛地奔着日寇宿营地冲去。日寇猝不及防，一下子被打懵了，到处人喊马嘶，四处乱跑。此战，该营打死打伤日寇战马200余匹，活捉战马20余匹；击毙日寇20余人，其中有一个名叫永井一郎的骑兵大尉。

这一仗，前卫营算是取得了一些战果。紧接着，该营继续前进，于16日来到易家坪，与一股日寇迎面相遇。狭路相逢勇者胜，营长马千毅立即指挥人马抢占有利地形，率先向敌人开火。日寇却不敢恋战，初一接火，立即撤出战斗，向北逃跑。营长马千毅随即展开追击。终因日寇逃得太快，该营仅击毙日寇少尉军医1名，缴获一整箱医疗器械和药品，没能取得更大的战果。

此后，该营继续搜索前进，直至江边也没有再遇到敌情，便在公安县城宿营待命。12月18日，该营奉命开回冷水滩，在那儿与第53团其余人马会合了。

第53团前卫营的追击行动只不过是该团追击敌人行动的一部分，从稍大一点的范围来说，是第18师追击行动的一部分，从更大的范围来讲，也是第18军追击日寇的一部分，更是整个向北鄂西地区中国军队追击行动的一部分。因而，可以把它看做常德会战后期第6、9战区中国军队追击逃窜日寇的缩影。

就在第53团前卫营追击日寇的时候，12月12日，日寇第11军主力已退至临澧，开始抢渡澧水，剩下的掩护部队更是无心恋战，节节后撤。

不管是按照预定计划把日寇压迫到澧水、沅江一带的三角地区也好，是日寇主动撤退的也好，反正日寇已经进入了军事委员会以及第6战区预定的全歼日寇的区域。第6战区司令长官孙连仲没有丝毫的犹豫，立即于12月12日训令全体部队向临澧、津市三角地带进击，务求全歼北窜之敌于澧水之线。

这时，对整个第18军而言，该军除主力集结在河口外，根据孙连仲司令长官的命令，军长罗广文派遣第55师第165团先行奔往津市，切断敌人后路。

从第18军建制里发展起来的第79军则以暂6师为前锋，直插临澧。成立于淞沪会战之初的第74军转向北进,进出临澧。连在这次会战初期被打残的第29集团军下辖之第73军与第44军都奉命出击,肃清当面之敌。

就这样,根据第6战区司令长官孙连仲的命令,隶属于该战区的二线兵团朝澧水沿岸日寇第11军勇猛进击,官兵们个个奋勇争先,誓报常德死难同胞之仇,进攻锋芒颇有些锐不可当的架势。

12月13日,王耀武率第74军、第100军齐头并进,大破日寇第13师团。日寇澧水南岸防线遂彻底崩溃。随即,王耀武集团兵锋所向,直指临澧。与此同时,第79军杀进澧县;第18军则在军长罗广文的指挥下,除了正在追击日寇的第53团以外,其余人马全部一线展开,随后超越追击,攻势顺畅。当天下午,淞沪会战时期曾隶属于第18军的第98师攻克了临澧。第66军主力则沿长江南岸扫荡日寇第39师团死据各渡口之敌。一时间,中国军队的绳索套上了日寇的脖颈,并且越拉越紧,似乎很快就会令不可一世的日寇窒息而亡了。

这时候,似乎老天爷也不愿意看到违背天道人伦的日寇继续为非作歹,帮助中国军队惩罚凶残暴戾的日寇来了。突然之间,气温骤降,令日寇苦不堪言。几乎每一寸土地,甚至连横山勇的司令部旁边亦挤满了瑟瑟发抖呻吟待毙的伤兵;那些侥幸没有受伤的日寇,同样难以忍受突如其来的严寒。

比老天爷惩罚更加严重的是,日寇第11军阵线这时候已经支离破碎。已经渡过澧水的日寇遭到了第18军迎头痛击;第74军随时可能冲入11军指挥所;第13师团也即将在第79军的强攻下崩溃。一句话,第11军已经陷入绝境。

远在战场之外的日寇高层直到这时,仍然搞不清状况,对横山勇不经同意就率兵北撤很不谅解,严令其率部迅速返回常德,实施对常德的长久占领。横山勇知道纸包不住火了,只有据实上报第11军在战斗中惨重伤亡,已经无力继续作战,且军事态势亦不利于日军,恳求高层批准撤退。日寇中国派遣军司令畑俊六以及大本营终于知道常德战事到底发展到了什么程度,不仅原计划将第3、13师团抽调到太平洋战场的打算化为泡影,而且整个11军都陷入了极度危险之中,不得不于18日同意该军北撤,等于是首肯了横山勇在此之前的撤退行动。

其实,大本营首肯不首肯对横山勇来说,已经不重要了。在此之前,他早就已经下达了全线撤退的命令,并且在撤退遇阻之际,命令第39师团主力向对其北撤造成最大危险的第18军展开反攻，以便掩护第11军主力安全撤退。

军长罗广文一心想打出成绩，虽说在前期的作战过程中第18师颇有斩获，第55师以及第11师以残破之师也能够顺利完成交给的任务，但那些行动无法与石牌要塞保卫战相提并论。现在，第18军以一个军的兵力横亘在日寇北撤的道路上，如果能够将日寇全部阻截下来，等待第6战区麾下的各路友军全部到位，一举聚歼这数万日寇，这份功劳，将无人能够与之相比。因而，他精心策划这次作战方案，将一部分人马用来牵制其他日寇，主力集中于攻击日寇的左翼防线，打算在打垮了左翼日寇以后，迅疾扑向中间的日寇，彻底瓦解日寇的反扑，封锁日寇北撤的道路。

当日寇展开反扑的时候，罗广文亲自督战，全军人马奋勇出击，挫败了日寇的反扑，并且按照罗广文的预定计划彻底打垮了日寇掩护主力的左翼防线。但是，很遗憾，第18军没能将日寇完全阻截下来，甚至也没能将左翼日寇彻底歼灭。

日寇第39师团的攻击势头在第18军的强力拦截之下濒临涣散以后，因为该师团亦在撤退之中，再也无心继续跟第18军打下去，赶紧各自逃命。横山勇掩护大军左翼的整个师团防线，就这样被第18军独自击垮了。陆路撤退看来是没有指望了，横山勇拿不出更好的办法，只能借水路撤军，准备傍洞庭湖而窜。

罗广文察觉了日酋的企图后，立即率领第18军追击，希望能取得更大的进展，乃至将敌人拦截下来。

这时候，第18军已经冲垮了日寇第39师团的防线，士气愈发旺盛。全体将士在罗广文的率领下，奋勇追击敌人。不过，因为只有第18军一个军的人马对这支日寇展开追击。第18军将士就算攻击再犀利，毕竟也是孤军而已，难以与北撤的数万日寇相抗衡。由于日寇的疯狂反扑，第18军未能达成将日寇全部滞留下来的目的，不过，仍然重创了日寇的后卫部队。

就在罗广文率领第18军将士孤军奋勇追击日寇的时候，已经渡过澧水的第79军发觉情况有变，亦再度渡过澧水，准备协同第18军一块追击日寇，将其全部阻挡下来，以便其他中国军队能够迅速调整部署，赶过来合围并歼灭敌人。可是，该部两度渡河，花费了大量时间。当他们全部渡河以后，日寇早已逃之夭夭。

日寇的逃跑能力确实令人叹为观止。12月25日，第11军即全部渡过长江。随即，因担心受中国军队的攻击，日寇尽弃长江南岸跳板据点公安、松滋等地。这样一来，中日双方大致恢复了本次会战前之态势。中国军队方面，为了进一步扩大战果，第6战区司令长官部则下令各部乘胜追击，肃清当面日军，收复失地。各部迅速展开行动。但是，日寇龟缩起来之后，依靠原来的工事，顽强地抵抗中国军队的进攻，致使中国军队几乎没有取得任何进展。鉴于这种情况，1944年1月6日，军事委员会不得不下令停止进攻，常德会战就此落下帷幕。

在这次会战中，国军伤亡近3万人（其中阵亡师长3人，包括第150师师长许国璋、暂5师师长彭士量、预10师师长孙明瑾，另师长以下军官790人，士兵23 000人）。3位师长及1位团长（第57师169团团长柴意新）死后皆被国民政府追授为陆军中将。日寇则死伤约2万人（其中被击毙1万人，含大佐级高级军官7人，包括3名联队长），毙伤和缴获战马共1 300匹，击落敌机45架，击毁日寇汽车、装甲车75辆，击沉、击伤敌舟艇100余艘。

第18军尽管不是这次会战的绝对主力，在会战前期并没有投入作战，却在进入战场后，奋力拼杀，交出了一份不错的成绩单，为常德会战取得胜利做出了应有的贡献。

第五部分
雪峰山上显神威

第十八军抗战风云

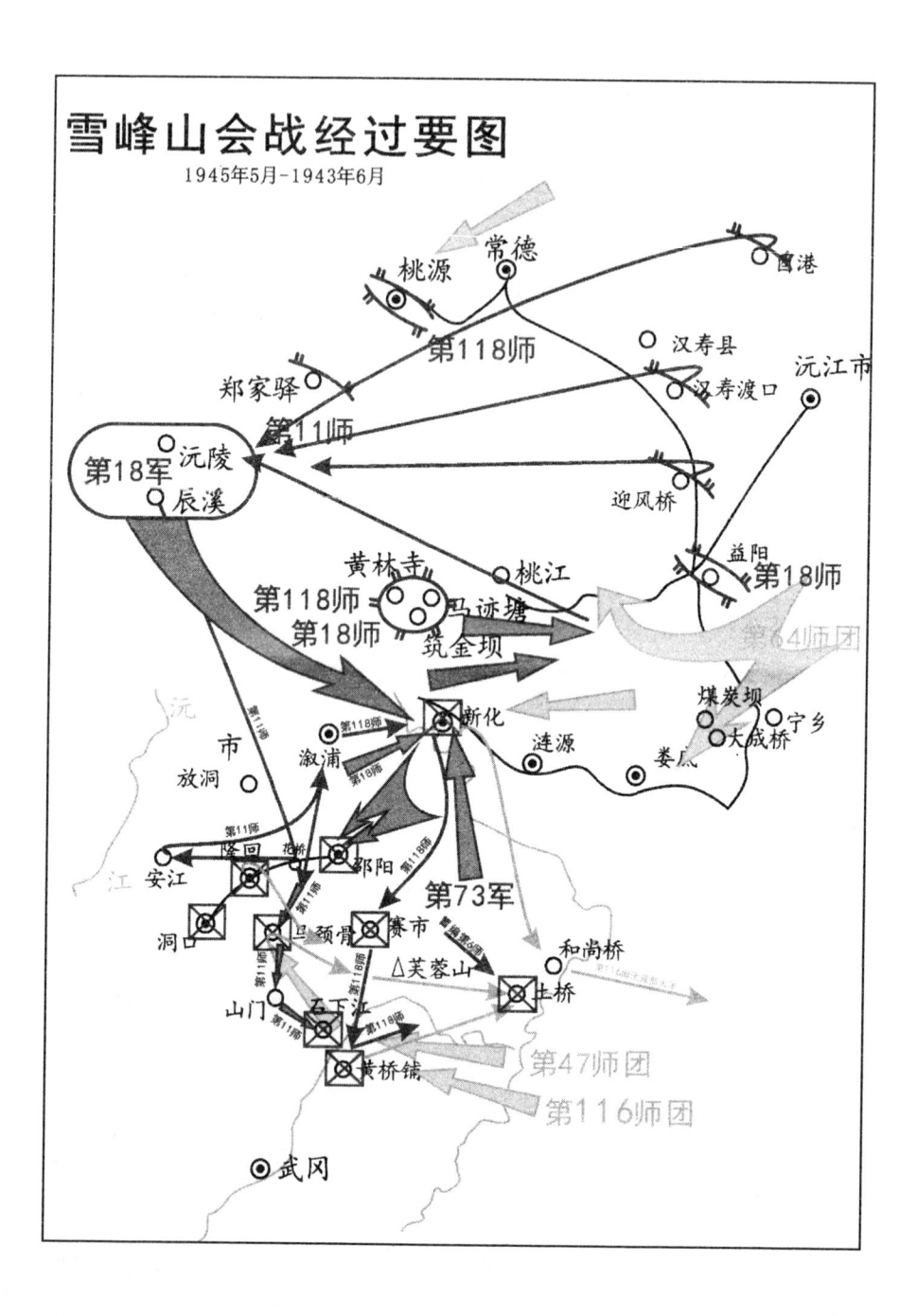

雪峰山会战经过要图
1945年5月-1943年6月

第五部分 雪峰山上显神威

22章 最后的编制与人事调整

常德会战结束了，可以预见的是，第18军又将遵循以往的惯例，对编制与人事进行一次大调整。不过，跟以往不同的是，这一次的调整是在整个抗战期间的最后一次。也就是说第18军将维持这次调整以后的编制与人事结构，直到日本鬼子举手投降为止。

这次调整首先是从第11师师长开始。刘云瀚是陈诚亲自选择的，第18军、第6战区司令长官部乃至陈诚个人绝不会向第11师现任师长刘云瀚头上动刀，把他踢出第11师；而刘云瀚是主动找关系离开的。这在整个国民党军系列里，是一件让人大跌眼镜的事情。无数人军校毕业，宁肯到第11师当排长，也不愿到别的师当连长，更多的中高级军官都把眼睛盯着这个师的师长位置，挤破脑袋想在该师卡上一个好位置，但刘云瀚却主动要求调离，实在匪夷所思。那么，他为什么会离开呢？

事实上，刘云瀚跟叶佩高担任师长的情形有些类似。在此之前，刘云瀚主搞参谋工作，虽然他在鄂西会战期间作为第5师师长，带领该部亦打出了不错的战绩，但在第11师官兵眼里，他仍然是一个外来户，一个政客，根本不是带兵的料。因而，即使他是陈诚亲挑过来的师长，也同样遭到了该师官兵的抵制。不过，他比叶佩高要幸运得多。因胡琏跟他颇有交情，不仅没有在背后推波助澜，反而帮助他对抵制的官兵做说服疏导工作。即便如此，刘云瀚还是受不了被该师官兵轻慢的刺激，在上任之初就动了准备交出师长宝座的念头。

常德会战结束不久，他听到一个传闻，说是前任师长胡琏将存放在万县的军服、衬衣全部盗卖了，或许是联想起上一年第18军参谋长梅春华因为私下里使用军部运输工具倒卖食盐等日用品，被时任军长方天找到把柄，指使别人向陈诚告发，结果将事情闹到蒋介石面前，使得梅春华因此而被枪毙的往事，不禁在心里打了一个寒战，觉得稳坐第11师师长宝座虽说可以给人带来许多名利，却同样是个是非窝，更坚定了非走不可的信念。1944年3月，经过一番私下运作，他成功地为自己在军政部谋到了一个人事处处长的美差。

刘云瀚一走，第11师师长职位再次空缺，得有人填补进来才成。这次依然是陈诚亲自指定的师长人选。

陈诚直接指定的接替刘云瀚的新任师长是杨伯涛。

杨伯涛，1909年4月出生，湖南芷江人，侗族。幼年丧父。生活虽说艰难，他到了读书的年龄，母亲还是把他送去了学堂。不过，他读完小学后，仅仅在中学读了一年，就因母无力供给学费而离开学校，于1926年投入黔军王天培第10军教导团当学兵，随即参加了北伐战争。1927年转入程潜第6军教导团学习，毕业后任第6军第19师排长。同年8月，他考入陆军军官学校武汉分校第7期。时教导第3师在武汉分校成立，他尚未毕业即调任教导第3师排长。1930年中原大战后，教导第3师并入第18军。1931年9月，他升任连长。1935年考入南京陆军大学第14期。淞沪会战爆发后，他弃学赴沪，返回部队参加对日作战，由军长罗卓英委任他担任第11师营长，率部与日寇作战，后调任军部参谋。淞沪会战结束后，他返回军校继续学业，1938年7月毕业，担任第18军第11师上校参谋主任，参加了武汉会战。

武汉会战结束后，日寇攻陷岳阳，窥伺湖南省会长沙。长沙告急。第18军奉命驰援，由瑞武路星夜行军转移至湖南平江，奉第9战区司令长官薛岳之命向汨罗江北岸之敌展开攻击。杨伯涛率领一个营的兵力作为第18军先遣队，先期抵达汨罗江南侧之南江桥，与汤恩伯部会合，向汤报告了第18军所在位置，并与之共同协商了两军联手作战的方案。随后，第18军与汤恩伯部按计划对日寇发起攻击，迫使日寇不支而退，造成中日双方军队在岳阳以南形成对峙状态。

1939年2月，应第94军第185师师长方天的邀请，杨伯涛离开第11师，担任第185师第553团团长。1940年5月，参加了枣宜会战。次年任第185师参谋长，参加了反攻宜昌之战。1943年1月，任第86军参谋长，参加鄂西会战。同年7月，担任第6战区司令长官部参谋处长；10月，参与策划常德会战。

然而，自从杨伯涛担任师长以来，整整一年时间里，该师几乎没有跟日寇发生过像样的战斗，甚至整个第18军也没有与日寇有过较大的作战行动。因而，他只能利用这段时间继续主抓部队的训练工作，以便时机一到，即能率部投入战斗，交出一份令人满意的成绩单。

不过，杨伯涛接任师长5个月后，第18军出现了很大变化，是人事上的变化。说得夸张一点，这次变化就是直接在军长头上动刀。第18军换帅的具体情况是：现任军长罗广文调任第87军军长，副军长胡琏接任该军军长。由此，胡琏成了第18军第7任军长，也是抗战时期该军最后一任军长，乃至在抗战以后，整个国民党军实行整编，将第18军压缩为第11师，使得胡琏成为第18军最后一位军长。不过，后来，该军又恢复编制。

事实上，这次罗广文调离第18军，不仅给胡琏腾出了位置，更重要的意义在于，第18军经过方天、罗广文两位没曾担任过第11师师长的国民革命军将领坐上军长交椅后，重新回到了该军军长应由第11师师长升任的传统轨道。在以后的解放战争时期，第18军恢复编制后，第8任军长就是此时的第11师师长杨伯涛。

好了，闲话少提，书归正传。胡琏接任第18军军长，成为该军的第7任军长。由此，进入了胡琏时代。胡琏的血性、胆略及其军事谋略，将会给这支部队注入新的活力，使之在以后的雪峰山战役中建立了不小的功勋。

这时候，军内的人事变动初告结束，胡琏履职后，并没有根据自己的喜好进行人事调整，部队进入了一个相对稳定的时期。在胡琏的领导下，第18军下辖各部根据各自领受的任务，开展各种训练工作，为下一步进入战场与日寇再决雌雄积蓄力量和资本。

很快他们迎来了湘西会战，也即雪峰山会战，或者芷江会战，第18军又有了新成员，也是抗战期间的最后一次调整。

和以往不同，此次，只是吸纳了新成员，并未把原有的成员推出去，也没有将原有的成员全部保留下来，而是把一个师的人马给裁撤了，然后合并到新吸收的成员当中。按理说，应该是把新接纳的成员合并到原有部队当中去才对，第18军这次的编制调整却反其道而行之，这确实很有点奇怪。究其原因，也许，被裁撤的这个师自从进入第18军以来，迟迟未取得预期的成绩，没有达到上级领导的要求，故而被反吸纳。当然，也许还有其他原因。无论如何，事实就是这样。

那么，被裁撤的成员是哪个师呢？新近进入的成员又是哪个师呢？通过全面的介绍，每一个读者心里都非常清楚，被裁撤的绝不会是第11、18师，只可能发生在第55师。第55师是最后一支进入第18军的部队，它既没有像样的功绩，又没有可靠的后台，它不落得一个被裁撤的命运，还能是谁？事实确是如此，哪怕陈诚费尽心机，把自己很欣赏的武泉远调到该师担任师长，还是没有阻挡该师最后被裁撤的命运。而吸纳到第18军的新成员就第118师。

第118师的来历跟第199、18、11师大相径庭。它既不是从保安部队改编，也不是由地方势力派的武装改编，更不是像陈诚一样直接从别人手里抢过来的。它的前身就是马垱、湖口要塞之战时，当马垱要塞遭到日寇攻击之际，奉第16军军长李韫珩之令前去救援的第167师，师长是薛蔚英。结果，因薛蔚英贻误军机，致使马垱落入日寇之手，即使第18军军长黄维率部在其他国民党军的帮助下，向日寇多次展开猛烈反攻，也无法收复马垱。国民政府军事委员会委员长蒋介石为此雷霆大怒，在副总参谋长白崇禧的逼迫下，不得不挥泪斩马谡，将黄埔出身的薛蔚英送交军法审判，一枪毙命；同时，军事委员会将第167师编制取消，重新整编为第118师。该师师长王严，黄埔军校出身，原第18军11师31旅旅长、在淞沪战场上负伤离职，在伤愈归队后，便坐上了第118师师长的交椅。

第55师被裁撤，第118师投入麾下，第18军的人事关系又将进行一番新的调整。

那么，第118师师长到底应该谁来担任呢？第55师师长武泉远，还是第118师师长王严？武泉远以一个被裁撤部队的师长身份自然不可能担任第118师师长，而第118师师长王严升任第18军副军长，第118师师长则由戴朴担任。

戴朴，1908年出生，湖南浏阳人。1927年8月毕业于黄埔军校第7期步兵科，后来又进入陆军大学正则班第15期深造。1939年3月，戴朴因在陆大毕业考试中名列第一，被陈诚延揽至麾下，从此成为土木系的干将。他在土木系中的第一个职务是第76师277团上校团长。1942年8月起，戴朴又先后担任过第6战区参谋处处长和远征军参谋处处长，常随陈诚左右，出谋划策，是为陈诚的智囊之一。陈诚为了培养戴朴，完善他的资历，于1944年初又派他下了部队，担任第55师副师长。

王严，1905年出生，回族，原名王礼贤，字力行，山东郯城人。1925年考入黄埔陆军军官学校第3期学习，先后参加了第2次东征以及北伐战争。1929年10月担任国民革命军第52师3团3营少校营长。1930年9月升任中校团副。1932年10月任第11师61团上校团长，正式成为土木系的一员。1935年10月任第98师292旅少将旅长，后调任第11师31旅旅长。1937年9月在上海罗店抗日战役中负伤。1938年8月伤愈归队后，出任新组建的国民革命军第118师师长，率部先后参加了南昌会战、桂南会战、鄂西会战、常德会战。

那么，在王严率领之下的第118师究竟在对日作战行动中打得怎样呢？在这里，尽量使用最简洁的文字介绍一下，让诸位读者对该师有一个初步印象。

第118师在第79军编制里参加南昌会战，是该师组建以来打出的第一仗。这一仗打得很不好。

在这次作战中，该师隶属第79军，由于第79军没有完成第9战区司令长官部赋予的使命，作战行动是失败的，因而，在该军编制里的第118师一样毫无建树。本来，在日寇强渡修水河、击破了守军防线时候，第118师奉命前去驰援南昌右翼守军，很可能因日寇亦相当疲乏而有所斩获，却因雨后河水暴涨被阻，失去了机会。

接下来，在桂南会战中，第118师打得相当不错。这时该师虽说仍在第79军编制下，实际上却接受第99军指挥。因为此战，第118师赢得了虎军的称号。

1939年11月13日，日寇从海南岛三亚港起航，向桂南地区展开进攻。由于桂南守军兵力空虚，未能组织有效的抵抗，致使优势日寇迅速深入。国民政府军事委员会即令第5军由湖南衡山乘火车至桂北永福，在宾阳集中后向南宁前进；另派第99军从湖南湘潭及贵州贵阳向柳州集中；令第36军自重庆及湖北当阳南下，在宜山附近集中。第118师在第99军旗下，投入了这次作战行动。

12月16日，桂林行营下达了作战命令。其作战方针是："军以攻击北攻之敌，收复南宁之目的，乘敌后续部队未到以前，一举转移攻势，将敌包围于邕江南北地区而歼灭之，攻击开始时机，预定12月18日拂晓。"

各部的具体兵力部署是：北路军以主力从宾阳方面，配合坦克，攻击昆仑关，一部切断南宁至昆仑关敌之联系，歼灭昆仑关之敌，而后协同其他部队攻取南宁；东路军以陆屋、灵山为根据地，配合地方武装，破坏郁江以南敌后交通，阻敌增援昆仑关；西路军以2个师攻击高峰隘之敌，将敌主力吸引于该方面，一部袭扰郁江以南敌后交通，一部进至巨宾路之四塘，阻止南宁日寇增援昆仑关；第99军之第99师、第118师为总预备队，于宾阳古辣附近待机。

18日下午，日寇第5师团下辖之第21联队联队长三木吉之助率主力由南宁乘汽车赶到九塘，指挥昆仑关作战。

桂林行营随即令总预备队第99师、第118师向日寇之后方七塘实行包围攻击。王严立刻率部向日寇展开攻击。仅用一天时间，第118师就与第99师一道攻占了山心和七塘，切断了昆仑关日寇后方交通，为昆仑关大捷奠定了基础。

攻克昆仑关后，为收复南宁，中国军队继续向桂南增调部队。这时候，第118师在第99军系列里担负守备昆仑关及其东西一线的任务。

1940年1月26日，日寇先发制人，发动了"宾阳作战"。1月28日，日寇第5师团下辖之一个旅团以及台湾混成旅团、近卫混成旅团主力，在第5师团统一指挥下，向邕宾公路以北高地第99军之第99师、第118师阵地实施步、炮、坦克联合攻击。次日，防守八塘的日寇第5师团第9旅团向西夹击第99军。30日，日寇第18师团会同近卫混成旅团进至甘棠一线；邕宾路西侧日寇亦同时向第99军正面和第36军右翼攻击。

面对强大的日寇，第118师师长王严指挥所部英勇抵抗了三天三夜，为友军开进战场争取了时间。之后，在中国军队的强力打击下，日寇终于在当年11月30日被全部逐出桂南地区。至此，桂南战役以中国军队的胜利宣告结束。

随后，第118师转隶第87军，参加了鄂西会战。这次战役于5月4日晚8时打响。第87军是日寇攻击的第一个目标。不过，第一个遭受攻击的不是第118师，而是新编23师。发动攻击的日寇是第3师团下辖之中畑部队（步兵第6联队主力）。该敌首先向第10集团军第87军新编第23师据守的张家祠、高河场一线阵地发起进攻，拉开了鄂西会战的序幕。随后，第118师正式与日寇接火。两天之后，到了5月7日，第87军之新编23师、第43师、第118师在东港及于家台一带向日寇第3师团主力实施猛烈侧击。这是一场异常惨烈的战斗，经过3次夜战，第87军各部伤亡惨重，其中，第118师354团2营仅存40余人。

5月9日，日寇攻占了三仙湖，形成了对第73军的包围圈。为援救已经丧失了战斗力的第73军，第118师、第43师主力分别向酉港、青石碑各处侧击日寇，迫使日寇不得不分出人马来应付侧翼的威胁。

即便如此，日寇依然顽强抵抗，在飞机大炮的支援下，分别向被围的第73军以及前来解救的第118师、第43师、第44军展开猛烈攻击。第118师跟其他中国军队一样，英勇作战，前仆后继，挡住了日寇的攻击，在付出了巨大的人员伤亡后，终于在5月11日将第73军残部解救出来，使其从河湖港汊中拼死突出重围，南渡常德东面的沅江、酉港整理。

紧接着，日寇第3师团于5月12日晚8时向据守在东港水乡地带之第118师把守的白洋堤、汪家嘴阵地发起攻击。据守在这一线阵地的第118师官兵奋起抵抗，顽强地阻击敌人。但日寇终在飞机支援下突破白洋堤阵地，并乘势向西急进。师长王严立即调集人马在白洋堤后面之孟溪寺附近重新占领阵地，准备阻截日寇。当次日中午时分日寇进至该阵地时，王严亲自指挥第118师官兵，与日寇展开了激烈的拼杀，将这一方向上敌人的攻击势头挡了下来。

可是，当晚，日寇第3师团攻破了第10集团军右翼之第87军防线，使得该军下辖各师全部受创严重。为此，日寇趁势占领了杉木铺。在这次作战行动中，尤其第118师伤亡甚巨，第352团薛团长力战殉国。其余各师在日寇猛攻下，苦撑不支，全部相继撤至西斋、大堰垱以西地区重新设防。

接下来的战斗对中国军队越来越不利。渔洋关丢失后，重庆震怒，责令第87军等部迅速收复之。第87军奉命立即对渔洋关、天柱山方面之日寇实施侧击与尾击，其新23师于5月29日首克渔洋关，切断了日寇退路。

这样一来，中国军队的颓势立即发生扭转。日酋横山勇却鉴于进攻的日寇之后路被切断，人马损失严重，不得不下令收兵北撤。

向宜都方面败退之日寇第13师团主力及独立混成第17旅团，遭宜都西方中国军队之第79军第98师、第87军第118师以及聂家河附近之第79军暂6师，枝江附近之该军第194师包围。将该部日寇围困于宜都城郊之狭小地区以后，第98师、第118师、暂编第6师、第194师立即同时向该敌发动攻击，试图一举歼灭该敌。

关键时刻，松滋之敌向洋溪、枝江回窜，向第118师侧背展开猛攻。这时候第118师在前期的作战行动伤亡太大，仅剩下4个营的兵力。王严率领这批人马既要向被包围的日寇发动攻击，又要抵御另一股日寇对其侧翼的攻击，感到力不从心了。在日寇孤注一掷的猖獗攻势面前，第118师很快就招架不住，被迫退至余家桥附近。这样一来，被包围的日寇第13师团宛如一条撞进迷魂阵的大鱼，撞破了迷魂阵的一面渔网，得以从这一缺口方向逃窜而去。

此役，第118师虽说没有建立什么功勋，却在与日寇的搏杀之中，付出了重大的牺牲，证明该师在王严的领导下是一支敢于同日寇奋力拼杀的部队。

随后，该师参加了常德会战。但由于该师在鄂西会战中损失惨重，在这次战役中作为第6战区司令长官部直辖部队，只充当了后备角色。

这一次，将第118师吸纳到第18军阵营后，该师师长也换成了戴朴，实际上并不需要戴朴将该部改造成一支能打善拼的以土木系精神领袖陈诚的意志为意志的部队，而是让戴朴率领这支部队迅速走上战场，与日寇再度交锋。

第118师被吸收到第18军阵营，与第55师合并，恰好是1945年4月，湘西会战已因日寇率先发动进攻而拉开了序幕。

戴朴带领的第118师依靠的仍然是过去的武器装备，而不像第11师和第18师一样换上了美式装备（这两个师是1944年11月换装美式装备），进行了美式军训，别说胡琏，就是军事委员会也没有指望该部能在湘西会战中打得那么威风八面。即便如此，戴朴还是指挥人马打出了一些成绩。

后来他与军长胡琏为接受日寇投降之事发生了冲突，陈诚将其调离该军。

第五部分 雪峰山上显神威

23章 守备洞庭湖与换装整训

常德会战结束后，第18军并没返回战前驻防的鄂西地区，而是和第74军一道，驻防在常德、汉寿一带，担负洞庭湖滨湖地区的守备任务。1944年7月，长衡会战揭开序幕，第74军奉命南下，增援友军去了，第18军便独自负起了常德附近的防务。从这时起，一直到湘西会战爆发为止的近10个月时间里，第18军再也没有挪过窝。这时期，该部主要承担了剿灭盘踞在洞庭湖一带的土匪以及其他一些小任务，为了随时走上战场与日寇再决雌雄而积极进行整军备战。

在第18军编制系列里，第11师仍然而且永远居于核心地位，是该军拥有较高战斗力与独立特色的具体体现者。所以，第11师担负的任务，该师的一举一动，最能体现该军特点。因而，介绍这一时期该军剿匪以及备战任务的具体情况，就将以第11师为基轴来讲述；当然，也会兼顾着说一下第18师、第55师，乃至第118师的一些做法。

1944年9月份，杨伯涛上任第11师师长以后，首先要抓的工作是加强防御工事的建设。用强固的防御工事弥补武器装备的弱点，不失为一个行之有效的方法。因而，他一直非常注重防御阵地与防御工事的建设。他不是一个固步自封的人，视野开阔，目光锐利，深知通过7年来与日寇交战，中国军队已经普遍掌握了日寇的作战特点，特别是日寇武器装备及其战术特点，找到了如何修筑工事以便在作战过程中尽量避免遭到日寇飞机、大炮杀伤的有效方法。为此，他根据自身的经验，并借鉴这些方法，召集相关人员全面研究了常德地区原来的城防结构后，为了达成将常德打造成固若金汤，坚不可摧的堡垒，不会重蹈1943年被日寇攻破覆辙之目的，重新修订了城防结构。并且，在重新构筑城防工事的时候，他亲自带领参谋人员到阵地工事一线视察，发现纰漏，要求部下立即修正或者改建，毫不懈怠，也毫不放松标准。

作为长期带兵的指挥官，杨伯涛同样清楚，再好的防御阵地与防御工事，都不能保证部队据守的阵地不会丢失；能够起决定作用的是部队的军事素质。一支军事素质很高的部队，即使没有较好的防御工事可资利用，一样可以战胜敌人。为此，抓部队的军事素质，占据了杨伯涛的绝大部分精力。

他还注重加强全体官兵的爱国主义教育，利用一切机会向官兵们灌输爱国主义思想，使每个官兵都能在爱国主义的旗帜下为抗战救国奋力拼杀。

做这些工作的时候，他具体到什么程度呢？引用《杨伯涛的回忆录》上的文章对此做一说明：

> 我的师司令部是在靠沅水北边城墙内，利用城墙构造了防空洞，洞前面建造了一长列木结构平房，作为师部住所。平房前是一片被炸毁房屋的瓦砾场，不仅有碍观瞻，连人员出入都不方便。我住进这里很闷气，即命令工兵部队，扫除瓦砾，填平坑洼，开辟成为一片广场，在广场中央北面建了一座讲台，广场东西竖立两座牌坊，上面大书抗战救国及军民一家等标语。我每天黎明起床，召集驻附近的师部直属部队作朝会，会后各自开始早操或执行既定的任务，我则到各团的防地视察访问。我在原常德师范学校旧址，开办全师军士教导队，专门训练连队中班长这一级。我常到队上讲课，灌输爱国主义思想，勉励大家奋勇杀敌，抗战救国，有时我提出一些政治或军事上的小问题，要他们对答，以活跃气氛。我的口袋里经常装有一个小日记本，内中记载全师连、排长姓名籍贯年龄，熟记在心。我每到一连，一看体型和年龄和听说话的口音，对照日记本，就可以判断出谁是排长，谁是连长，不需随同行动的营团长介绍，可以直接叫出他们的名字，他们对我都有一种亲切感。经过半年时间，全师军官绝大部分我都认识。

那么，第11师这个时期各团团长是谁，他们又有过怎样精彩的战斗经历呢？

首先说一说第31团团长尹钟岳。此人1898出生，又名全铎，湖南洞口人，生于浙江宁波。浙江陆军武备学堂肄业、中央军校高等教育班第1期毕业。在第11师获得的第一个团长职务是担任第33团团长，1941年秋才改任第11师第31团团长。本书中介绍的枣宜会战、鄂西会战、常德会战中第31团与日寇交锋的所有作战行动，都是此人指挥。从他指挥的这些作战行动上可以看出，此人有勇有谋，是一员虎将。

第32团团长则是张涤瑕。此人是湖南湘阴人，第2军军官学校毕业。这位张涤瑕其实就是在枣宜会战时期的第18师第53团团长。在那次战役中，整个第18师，唯有第53团打得最好。如果不是团长张涤瑕受伤，由他继续指挥人马与日寇战斗下去，镇境山恐怕不会稀里糊涂就那么丢失了。伤愈以后，回到第18军，或许是因为他作战勇敢、指挥有方，军长彭善直接将他调到第11师，担任第32团团长。

第33团团长则是石牌要塞保卫战关键时刻，率领一个班的人马前去解救四方湾守军并最终打垮了敌人的那个第31团副团长李树兰。此人是河北滦县（今唐山市）人，生于1907年。曾考入黄埔军校5期，但因丁忧而在中途辍学返乡奔丧。后来，他再度投身军旅。1928年即在北方军第47师担任排长，参加过洛阳讨冯、郑州伐阎诸战役。因骁勇善战，他屡获上峰嘉许，并接连提拔为连长、营长以至团附。1932年入中央军校高等教育班第一期深造，毕业后转入国民革命军蒋介石嫡系部队服务，再度从基层干起。淞沪会战期间，任职陆军第11师上尉连长。在罗店保卫战中身负重伤。因此战功，伤愈返部后，他即获得晋升，先是营附，随后又晋升为营长。1940年当阳战役中，他率领部队痛歼日寇，因而功勋显赫，被擢升为第11师第31团中校副团长。

第11师有了3位铁血团长，杨伯涛当起师长来自然不会感到很困难。更何况，副师长王元直也是一员不错的战将。说起王元直，即前面介绍过的那位暂编34师第1团团长。当该师编入第18军系列后，军长方天将该师师、团、营3级主官全部换成第11师、第18师的人，王元直因与赵秀昆关系好而被保留下来。与赵秀昆关系密切，自然是他能够留在第18军军官主力阵容之中的一个主要原因，但与他自身乃是黄埔6期毕业，在浙赣会战中打出了一些名堂也有一定关系。后来，在石牌要塞保卫战时期，此人担任第11师参谋长，协助师长胡琏调度兵力，督促部属严守阵地，与日寇拼死血战，战后获得了最高级奖章。这一次，他担任第11师副师长，既有熟悉该师官兵情况的优势，又有曾经做过幕僚的经历，无疑会帮助杨伯涛迅速掌握部队情况，使得该师在杨伯涛的带领下，能够承担得起第18军、第6战区乃至军事委员会赋予他的使命。

这时候，常德设有洞庭湖警备司令部，原警备司令调任他职，第18军军长胡琏将军部设在桃源，跟第118师相邻，虽说兼任洞庭湖警备司令，但管理起来很不方便，便交给杨伯涛就近管理。

洞庭湖西北地区与日寇占领区接壤，无人管理，遂自动兴起了一股围湖造田的风气。只要与达官贵人有过交往的人，无不打着他们的名义，到湖边树立旗帜，圈起一大片湖地，筑起堤坝，将它变成良田。于是，就有人打上了杨伯涛的主意，希望能够与杨伯涛接上关系，好打着他的名义，也干起这种勾当。杨伯涛虽说无法阻止其他人圈湖造田，自己却洁身自好，把来人大骂一通。一时间，这种风气暂时得到了遏制。他还为一些商人在危难之际提供了一些帮助。沅水历来是湘西木材与桐油的输出管道。虽是抗战期间，因有需要，木材运输亦时有发生。一次，因暴雨冲击将木排的缆绳冲断，一根根木材满江漂流，沿江的老百姓捞起来就据为己有。木材主人无法阻拦，就跑到师部找杨伯涛哭诉。杨伯涛派遣政工人员前去劝说老百姓，维护秩序，并帮助打捞，赢得了信誉。

如果说这些事根本算不上档次的话，那么，接下来的一件事，就让第11师在洞庭湖一带真正建立起了很好的声誉。

这件事就是剿匪。在洞庭湖畔政令难以普及的死角地区，有一批不轨之徒，啸聚了100多人，在此打家劫舍，四处骚扰百姓，民众饱受其苦。常德专员公署专员、常德县长双双出面，商请杨伯涛派兵解决此患。杨伯涛立即派遣部队前去剿灭。这支与日寇作战屡屡打出了不错战绩的王牌部队，对付这些乌合之众自然丝毫不在话下，人马一出动，很快就将这批土匪一网打尽。除打死了部分顽抗分子外，其余全部被俘。为了彻底弭平匪患，杨伯涛决计采取攻心战术，将抓获的土匪全部解到常德关押，命令政工人员对他们进行教育，劝导他们弃恶从善，许诺只要他们洗心革面，痛改前非，就可以给予证明宽大释放。

经过一段时间的教育，这批土匪似乎全部服服帖帖了，杨伯涛按照承诺准备全体释放。不过，在施放之前，杨伯涛亲自出面对他们训话，希望他们重新做人。然而，匪首当场走出队列来大声喊叫，向杨伯涛提出一些苛刻要求。紧接着，其他土匪蠢蠢欲动，大声附和。为了打击土匪的嚣张气焰，迫使他们不敢轻举妄动，杨伯涛马上命令人马将匪首枪毙。其随行卫兵当即拔出手枪，将匪首击毙。匪徒们这一下不仅老实了，而且不住地战栗，再也不敢说出一个字来。

第18军驻防常德、汉寿期间，因沅水一带土匪横行，为祸乡邻，民众苦不堪言。看到这种情况，军长胡琏决定出动人马剿灭匪患，便任命作战科长尹俊为沅水清剿指挥官，将直属部队3个营约千余人交给他指挥，令他前往剿匪。尹俊不负胡琏所望，率部出击，很快就剿灭了胡琏指定的那伙匪患。随后，尹俊奉命返防。途中，他乘此机会，率部乘夜奇袭，将匪众3 000余人悉数歼灭。是役在第18军军史上，被誉为勇谋机断、以寡击众的典范，甚至很多人把这次行动拔高到可媲美李愬破蔡州的程度。不管怎么说，正是因为这次剿匪有功，他被擢升为第18师第53团上校团长。

第18师另外两个团的团长分别是：第52团的沈熙文，第54团的李维勋。当年在李维勋带领的第54团一名老兵吴常青在回忆中提到：

我于1944年抽壮丁应征入伍，战事紧急，没有什么新兵训练，直接编制到第18军第18师第54团，军长是胡琏，师长覃道善，还有尹俊、夏建勋也当过师长，团长李维勋，部队驻湖南安乡，那时部队要创办无线电干部培训班，我调往桃源县无线电培训班学习通讯技术，班主任陈华封。1945年日寇进犯邵阳、武冈等地，所有培训班学员提前结束学习，各回原部。

我回第18军第18师第54团3营无线电排任中尉技术通讯员，当时3营营长王德厚、通讯连连长冈子良、排长李浮洲，与他们一起同赴前线抗日，并大败日军。

日寇投降，中国人民取得了抗日战争的伟大胜利，我军奉令赴岳阳接受日军所有武器装备，尔后调武汉，归属林映东副师长率领。1946年调赴豫皖苏等地，1948年淮海战役第18军第18师被困双堆集，我腿部受伤，转江苏徐州宿迁县后方医院接受治疗，后转浙江金华医院治疗，伤愈后于1949年6月15日回家，从此一直在家务农，遵纪守法，本分做人。

在吴常青老人的回忆里，确实有些绕，把尹俊、夏建勋二人曾经担任过第18师师长的事情，与当时的师长覃道善混杂在一块，真的有些不知所云。不过，他还是说清了该部发生在第18军换装期间的一些事情，而且明确指出了第18师最后的结局。一支在抗战中与日寇浴血奋战的王牌部队，在尔后的内战中却一败涂地，证明了一个颠扑不破的真理：民心向背是战争胜负的决定因素；任何政党，任何军队，违背了民众的意愿，最后必然会走向灭亡。

还需要说明的是，第18军的换装并不是当时的第11师、第18师、第55师全部换成了美式装备，而是只有第11师和第18师换装了，第55师是即将被遗弃的孩子，自然不可能赢得这份殊荣。至于该师官兵心里是不是有种酸溜溜的感觉，就没有人去理会了，因为战争历来偏爱强者，绝不会同情弱者。优胜劣败，淘汰弱者，永远是战争必须坚守的信条。

第18军系列里的第55师没有换装，第87军麾下的第118师也没有换成美式装备。不过，在第11、18师换装之后积极备战之际，第118师却在干另外一件事，那就是奉命修建临时机场，以便与芷江机场形成掎角之势。

需要说明的是，第118师在修建临时机场时，已归于第18军麾下，师长换成了戴朴，湘西会战也已打开。那时候，第118师奉命驻防隆回魏家锻、金潭村一带。

这次，日寇发动湘西会战的目的，就是要攻占湘西芷江中国空军基地，并企图打通湘黔通道，进窥贵州。为了达成这一目的，日寇集中了6个师团大约20万人的兵力向湘西雪峰山地区发动进攻。由于芷江机场承担了中国军队绝大多数的人员与物资运输，此时遭到日寇的疯狂攻击，势必会造成中国战场上的各种作战物资与保障补给品难以及时运送到最需要的前线与部队中去。为此，国民政府军事委员会决定在靠近芷江机场的地区另外建立一个临时机场，以便在芷江机场遭到日寇攻击的前提下，各种作战物资与人员能够正常流动。军事委员会选定的地址就是魏家锻、金潭村一带。承担修建任务的就是驻防该地的第118师。

戴朴受领任务后，立即在技术专家的指导下，勘察地形，确立兵力展开方案。预定修建机场的位置坐落在魏家锻（今金潭乡合理村）金水河畔，下起移丰店，上至麻洲桥，长约2 000米。这时已是1945年5月初，那一带全是稻田，里面已有了青苗。给予第118师的时间只有一周，连同征用土地，到简易机场修建完毕，全包括在内。时间紧，任务重。戴朴别无选择，首先从军费中拿出一部分，赔偿了拟征用土地的种植者与土地所有者的青苗费、土地使用费，顺利地解决了土地使用问题。随即，他将全师人马分成几波，轮流赶工，昼夜不停地修建机场，终于在规定的时间期限里完成了任务，是他上任第118师师长以后一次漂亮的亮相。

那么，第118师修建的简易机场到底起到了多大的作用呢？老实说，作用不大。因为在中国军队的强大反击以及中美空军的联合打击下，日寇空军及其地面部队无法对芷江机场造成危害，使得第118师修建的简易机场仅仅降落过3架次飞机。即便如此，第118师完成任务坚决的态度及其事实，无疑会令人对这支部队在对日作战中的行动充满期待。

现在，就来具体说一说第11师与第18师的换装以及换装之后的训练情况。

不过，在此之前，有几个重大问题需要首先作出说明：

第一，此次国民党军队更换的美式装备，是美国政府无偿提供的。正如上面所说的第55、第118师都没有换装一样，并非全部国民党军队，也不是全部蒋介石嫡系，而仅只有30个师的部队得到了更换，并同时接受美式训练。

第二，美国政府不是慈善家，并不完全是为了帮助中国政府抗击野蛮的日寇，而有它自己的目的。在中国政府正式动员全国军队与民众进行全面抗战时，全世界只有苏联因担心受到日本的攻击而给予过中国政府具体的军事以及物资援助，当然也是有代价的援助，美国及其他资本主义强国没有一个肯向中国伸出援手。在抗战前期，德国曾给予过中国政府一些帮助。苏联的援助在德国即将攻击苏联的前夜而停止。美国正式向中国政府提供援助，是在日本人轰炸了珍珠港，美日战争爆发后。其目的是为了使中国军队有能力拖住日寇，不使其调往太平洋战场与美军决战，减轻太平洋战场压力。为此，美国政府与中国政府达成以美国先进的武器装备武装30个师的国民党军队，并担负后勤补给任务的协定。

第三，美军提供的武器装备与中国军队此前的使用相比，有了相当大的进步，甚至可以称得上是鸟枪换炮，但与美军自己使用的武器装备相比，还存在很大的差距，可以看出美军还是有所保留。

对于任何一支军队，换装都是一件重大的事，牵涉到方方面面的工作。换装并不等于增加了战斗力，那只是装备的更换，距离战斗力标准还有相当长一段路程。只有当这些武器装备完全被使用者或者更准确地说，是被接受这些装备的军人完全掌握了，才有可能发挥出其应有的作战能力。因而，掌握这些武器装备是最基础乃至最关键的一步。但是，即使如此，如果不能根据这些武器装备的特点，搞好相应的战术训练，让每一件武器装备都能在军事人员的手里取得协调配合，还是无法发挥最大的作战能量。甚至可以说，最后决定接受这些武器装备的部队能不能极大地提高战斗力的主要因素就是其战术上的配合能力。

要做到这一点，如果是一件从来没有投入使用的武器装备，那么，需要接受者在极其严酷的训练环境乃至作战环境中去找到将它的性能发挥到极致的办法。这需要花费大量的时间。

事实上，这些武器装备是美军提供的。美军早就在对日作战的战场上使用了它们，早就摸索出了一整套行之有效的战术，并且在训练新兵时极力地推行这些战术。为了尽快让接受这些武器装备的中国军队熟练运用它们，在战场上狠狠打击日寇，美军没有时间让中国军队自己去摸索，而是直接派遣大量的军事人员充当教官，到接受武器装备的部队去直接指导。

在美式武器装备还没有运到中国之前，与中国军队高层达成协议以后，美军即已成立了驻华指挥部，派遣很多联络官分头进入准备接受这些美式装备的中国部队，提前对这些部队的军官进行训练。

其中，美军派遣到第18军的联络官是金上校。他带领了数十位美军军官，携带即将提供给中国军队的各种美国制造的武器装备，诸如战防炮、火焰喷射器、火箭筒、冲锋枪、步枪、轻重机枪以及步行通信机等，在常德东门外开办了一个训练班，轮流召集第18军所有的连长前来参加培训。

这个训练班的管理由中美共同负责。中国方面负责全盘教育计划的实施以及提供所有保障；美国方面则负责制订教育计划，并负责讲解示范各种美式装备的结构与使用等问题。中国方面由第11师师长杨伯涛担任班主任，具体负责训练班的日常管理以及落实训练计划。由于中美双方语言不通，在具体实施教育计划的时候，有专门的翻译在一边沟通美军教官与中国军官的联系。这样的训练一连举办了好几期，直到第18军全体连长都接受了训练，且均达到了美军的要求，训练班的使命才宣告终结。

与此同时，美军驻华指挥部还派遣了大量的教官到准备接受美式武器装备的中国军队师级单位，帮助各师军官进一步熟练掌握美式武器装备，并提供战场服务类型的训练。

以第11师为例，驻华指挥部派遣到第11师的联络官是司乐。此人率领10余名美国官兵，携带陆空通信电台以及其他提供战场服务的必要器材，进入第11师，一面帮助第11师参加训练班的连长加深对已经接受的武器装备的影响，一面为他们提供以掌握战场服务为主的装备与器材的训练，使之能够熟练掌握并运用它们。

训练班结束后，美式武器装备差不多快要运到中国，交到中国军队手里了。

第五部分 雪峰山上显神威

对于第18军来说，这些先进的洋枪洋炮是从昆明运到常德，交给第18军的。不过，这些直接交给接受部队的武器装备不包括榴弹炮与山炮。

装备到军直属部队的榴弹炮以及各师的山炮，则由军事委员会炮兵指挥部成立新的炮兵营，将准备接受这些武装的军官与士兵集中在昆明单独训练，等待参与训练的人员全部掌握了榴弹炮与山炮的性能与使用后，由他们带着这些榴弹炮与山炮归建各自的军或师。

而各部，仍然以第11师为例，接受美式武器装备以后，立即组织全师人员加紧训练。各连连长前期通过进入训练班接受培训。

经过半年的紧张训练后，杨伯涛组织训练检阅小组，逐一对各部进行检阅测验，最终结果：各部对各项武器装备性能的掌握和实地操作，已经达到了娴熟的程度；对战术的运用，也渐入佳境，表明部队基本上具备应有的作战能力。

那么，已经初步训练成型的第18军之第11师、第18师以及其他美械国军手里到底拥有什么样的武器装备呢？这些东西跟中国军队以前的武器装备相比，到底具有什么样的优势呢？

首先，包括第18军在内的已换装美式装备的部队，因为运输问题、适应国军组织的需要以及其他一些难以说清的原因，战斗性能指标仍低于一般美方标准，略逊于美军的普通步兵师装备。

这些美械部队有两个特色：一是仿效美军传统，大量编组了炮兵（军辖105mm榴炮团，师辖75mm山炮营，团辖42mm迫炮连，营辖82mm迫炮排）。与一个美军师级单位往往可直接指挥几个团级单位的炮兵支持相比，毋庸讳言，这些炮兵确实不成气候，但对虽接受数百门俄造火炮，但此时早已耗用殆尽（俄造火炮以76.2mm山炮为主，炮弹补充不易且品质不良）的国军来说，这些炮兵火力已经非常难得。二是轻武器装备在质量上有了很大提高。这些美械部队除全面换装30步枪（口径7.62mm）外，团级以下单位还大量发配了各种近战兵器，团配战防连（火箭筒，9mm战防枪），营配重兵器连（除7.9mm机枪9挺外，还有火焰喷射器及60mm迫击炮），步兵连中则配发汤姆逊冲锋枪，使美械国军之近战能力有了大幅提升，这些兵器在近战中所造成的火网，足以使当面日寇胆寒。

为此，美械国军部队虽然够不上美军普通步兵师的一般水准，但新兵器已提升了国军的战斗力，再加上几个以道奇卡车编成的汽车兵团，使国军在装备上迈入前所未有的鼎盛期。

其次，美械部队拥有的装备：跟其他接受美式装备的中国军队一样，第18军拥有一个榴弹炮营，配备105mm榴弹炮12门；每师一个山炮营，配备75mm山炮12门；每团一个战防炮连，配备57mm战防炮4门；每营一个追击炮排，配备82mm追击炮2门；每营一个火箭筒排，配备火箭筒2具；每个步兵连配有轻机枪9挺，汤姆逊冲锋枪18支、60mm迫击炮6门及火焰喷射器1具。军部及师部各有野战医院1所，另外还有通讯设备和工兵器材、运输车辆等。这些装备虽还比不上正规美军步兵师，但对于武器装备一向窳劣的中国军队而言，已经非常不错了。

不过，任何战争，先进的武器装备固然是赢得胜利的一个重要条件，却不是决定性因素，更不是唯一条件。决定战争胜负的关键因素是人。通过7年的抗日战争，中国军队不仅顶住了穷凶极恶的日寇的一次又一次大规模进攻，遏制了日本这头凶猛的野兽的攻击锋芒，迫使其深陷中国战场的泥淖，进退无据，而且大量击毙击伤了日寇，并在对日作战中学会了如何有效地保护自己、打击敌人。由这样的军队来操控那些美式装备，一定会在训练过程中充分发挥中国军人的聪明才智，把这些武器装备的性能发挥到极致，不仅可以弥补与美军使用的武器装备之间的物理差距，而且可以创造出新的战术，用来狠狠地教训毫无人性的日本军人，使他们恢复人性。这一点，很快在雪峰山战役中得到印证。

第五部分 雪峰山上显神威

24章 最后一战前的军事形势

　　为了更好地理解第18军的湘西会战，或称之为雪峰山会战、芷江会战中的作用，以及第18军为什么会在此战进行到关键时刻才投入战场，就必须交代清楚中日双方发生这次会战的原因，即中日双方想通过此次会战，达成什么样的战略目的。这样一来，就必须对开战之前的整个战争形势作一个全面回顾。毫无疑问，这不仅需要简单地说一说中国的抗日形势，更重要的是，必须把中国的抗战置于整个世界反法西斯战争的大背景中思考，才能更好地理解日寇为什么会发动这次战役。

　　日本确实是一个非常令人难以理解的国家。这个弹丸岛国，地处偏狭，悬浮于大洋之中，陆上与任何国家都不相邻，资源稀缺，人口不多，境内时常发生这样那样的天灾，在明治维新之前，一直以中国为师，却在跟中国一样遭受西方列强的侵略之后，走上了一条与中国截然不同的道路，发动明治维新，在很短的时间就实现了工业化，从此以西方为师，加入西方列强欺凌中国的阵营，屡屡从中国这头毫无反抗之力的大白象身上榨取了难以计数的好处后，野心膨胀，不仅要吞并中国，甚至试图征服世界。尽管现在看来，日本的这种做法是蚍蜉撼大树，可笑不量力。可是，它就这么做了，而且差一点就达成了目的。即使在二战失败以后，它仍然可以肆无忌惮地无视中国的领土主权以及人民的尊严，觊觎乃至攫取中国领土，帮助美国政府围堵中国。

　　不管日本这个国家多么令人难以理解，它已经成为工业化国家，并且脱亚入欧，凭借手里掌握的武器装备在中国获取了它希望得到的东西，刺激了它"征服中国、征服世界"的欲望，发动了全面侵略中国的战争。这一次，在中国政府以及中国军队的顽强抵抗下，日本不仅没有实现3个月灭亡中国的计划，甚至3年也没能实现，且永远也不会实现。在这样的情况下，国内没有什么资源用以维持庞大的对华战争机器运转的日本，按理说应该收敛急剧膨胀的野心，与其他国家搞好关系，竭尽全力对付中国；然而，刚好相反，日本这头被战争机器熏瞎了眼睛的野兽根本看不到未来，竟然不再继续执行与美国的亲近政策，反而偷袭珍珠港，发动了太平洋战争，将美国拉入与日寇作战的阵营里来了。紧接着，日寇一不做二不休，向东南亚各国发动攻击，把战争的锋芒指向了东南亚各国的殖民统治者——英国。

这样一来，原本对日本发动侵华战争采取绥靖政策、大量输送给日本战略物资的英美，为了自身利益，不得不改变过去的对日对华政策。美国积极争取同中国合作，他们的第一步就是给中国军队——当然是国民党军提供军需，以便让中国军队在中国战场上拖住日寇，迫使日寇不能从中国战场上抽调兵力去与英军和美军作战。于是，日寇的这些行动，促成了中、美、英三方合作，推进了世界反法西斯阵营的产生。从此，世界反法西斯阵营的绞索已经套上德意日法西斯国家的脖颈，轴心国的覆灭在劫难逃，最后的灭亡只是一个时间问题。

为了对付共同的敌人——日寇，同时又是为了维护给中国提供援助的唯一可用的一条国际线路——中缅公路的畅通，1942年，在日寇大举进攻缅甸之际，应同盟国的要求，中国国民政府派遣了远征军第1路军将士，进入缅甸，开辟外国战场，援助英军。因为英军作战不力，中国远征军第1路军遭受了巨大的损失，一部被迫转进到印度，一部退回中国。两年以后，在被迫转进到印度的那部分远征军第1路军的基础上成立起来的中国驻印军与在中国境内重新组建的中国远征军相互配合，打通了中印公路。另外，美国开辟了空中走廊，以巨型运输机飞越喜马拉雅山驼峰，源源不断地运送军用物资至昆明，用以武装中国国民党的军队，更换国民党军装备，以便这支军队有能力在中国东南海域策应美军作战。

美英这不仅在军事上援助中国，而且在政治上给中国国民政府提供了巨大的帮助，增强了中国国民政府在国际上的影响力。1943年11月，美国总统罗斯福、英国首相丘吉尔，邀请中国国民政府领导人蒋介石，在埃及首都开罗举行三巨头会议，向全世界宣布：中、美、英等国将组成反法西斯联盟共同对敌，彻底消灭德、日法西斯，标志着因为贫穷落后饱受帝国主义列强欺凌的中国从此可以与帝国主义列强平起平坐了。

根据同盟军的作战计划，以中国大陆和越南为中国战区，成立了中国战区陆军总司令部，全面负责这一地区的作战指挥。总司令由何应钦担任。其战斗序列是：驻云南地区卢汉第1方面军，驻广西地区张发奎第2方面军，驻黔桂边地区汤恩伯第3方面军，驻湖南湘西地区王耀武第4方面军。

按照中美双方达成的协议，以上4个方面军都由美国无偿提供美械装备及后勤补给；并建立中美混合空军部队，开辟大型飞机场，积极收复中国沿海地带，开拓太平洋战场，配合美军向日寇本土展开进攻。

事实上，从1943年起，世界反法西斯阵线就已经出现了重大转折：苏联红军开始战略反攻；北非战场德意法西斯军队向同盟军队投降；墨索里尼下台，意大利政府投降；太平洋战场上美军夺取了战略主动权，日寇转入战略防御；中国战区方面，敌后战场展开了局部反攻，正面战场常德会战取得胜利，日本法西斯面临着彻底灭亡的命运。

对于日本来说，显然，太平洋战场是其战略重点。为了改变太平洋战场上的不利态势，挽救失败命运，日寇试图及早结束对华战争，然后倾尽全力，把兵力全部用于太平洋战场。如何结束对华战争呢？过去几年的经验表明，和谈是行不通的，摆在日寇面前的似乎只有一条路：以凶猛凌厉的攻势彻底摧垮中国军队；或者以打促和，逼迫蒋介石坐到谈判桌上。

为此，从1944年4月至1944年底，日寇发动了旨在摧毁中美空中力量、迫使中国战场上的中国军队以及中美空军无法对日寇进行攻击作战的代号为"一号作战"的大规模战役。从战斗打响的那一刻起，日寇历经豫中会战、湖南会战、桂柳会战等一系列战役，先后攻占了河南、湖南、广西和广东的部分地区，摧毁了衡阳、零陵、宝庆、桂林、柳州、丹竹、南宁等地的7个中美空军基地和36个飞机场，基本上达成了预定战略目的。更重要的是，通过这次作战行动，日寇发现了一个对驻华派遣军构成极大威胁的潜在目标——一处来历不明的机场。

因为从这个机场起飞的中美飞机数量实在太大，对日本空军的打击也实在太大。在保卫衡阳机场的战役中，中美空军即从那个来历不明的飞机场出动战鹰1 600架次，击落日寇飞机66架，毙敌3 000余人。尽管在日寇不惜血本拼死搏杀下，中国空军被迫放弃衡阳，退守芷江，但这个飞机场对日寇的威胁仍然令其不忘。综合各方面的情报来源，1945年3月，日酋判断该机场位于鄂北老河口地区，遂迅速出动人马攻占了此处的美军机场。可是，中美空军的出动次数并没有因为这个机场被摧毁而有所减少。很明显，日酋并没有找到那个神秘飞机场的具体方位。这样一来，那个来历不明的机场就成了日酋心里难以克服的痛,使其非得花费大量人力物力找到并摧毁它不可。

事实上,那个机场位于芷江,也就是人们常说的芷江机场。这是一座大型军用机场。修建这个机场,是1944年的事儿,目的是满足中美混合空军部队进驻的要求。修建完成后,该机场进驻了中美混合空军一个团的兵力,担负对日寇的战略攻击任务。在这个机场,停驻多达400余架的各型飞机,美国的地、空人员亦达到6 000余人。从该机场起飞的飞机除对日寇军事目标进行轰炸之外,还执行瘫痪日寇交通的任务,特别是远程轰炸机B29,即美国"空中堡垒"的轰炸,致使日寇在湘桂、粤汉两铁路线的交通陷于瘫痪,整个长江航运不能畅通。

此时已经进入二战后期了。日本军队在太平洋战场上兵败如山倒,在中国战场上的日寇却更加疯狂,更加嚣张跋扈。在接连受到中美空军的沉重打击后,华中派遣军司令深感头痛,侵华日寇总司令冈村宁次更是视其为心腹大患,决计想尽一切办法查出可供中美空军起降的飞机场,然后出动人马一举摧毁之。

1945年初,日酋冈村宁次终于获悉中美空军的神秘机场在湖南芷江。为了确保东南半壁的水陆交通,同时破坏中国军队积极调整装备待机反攻的部署,他决定以芷江机场为作战目标,紧急调集军队发动湘西会战。

事实上,冈村宁次决定发动湘西会战,还与日寇的整个战争局势密切相关。

1945年1月,美军进攻琉球群岛,以中国驻印军及英军为主体的东南亚盟军也正在进逼仰光,日寇大本营陷入极端惶恐状态。大本营坚信唯有与中国达成和平协约,迅速解决"支那事变",才能挽救全局。但是,大本营亦自知在过去的岁月里中国政府就没有吞下它抛出的诱饵实现所谓的体面的和平,在日寇已成强弩之末的情势下,中国政府愈发绝无在这个时候片面停战的道理,遂决定再度发动一次攻击,以有力一击彻底歼灭中国国军主力,迫使重庆政府和谈。

为此,大本营对中国派遣军总司令冈村宁次下达了训令:以武力压迫与中国蒋主席谋求和平为大本营对冈村将军最殷切之期望。

大本营并没有指定冈村宁次在什么方向发动多大规模的攻击。但是,要想达成歼灭中国军队主力的目的,规模肯定不能小。所以,对冈村宁次来说,大本营提不提作战规模都是一回事。至于进攻方向,在大本营下达这一训令之前，冈村宁次就有过进攻重庆的计划。

那个时候，冈村宁次刚刚接任驻华派遣军总司令。考虑到日本本土已经遭到美军的威胁，南方军在美军以及盟军的打击下，处境维艰，战场情势对日寇南方军极为不利，为了解除南方军面临的威胁以及减轻日本本土面临的压力，转移美国军队以及中国军队的注意力，冈村宁次决定调集部队，直接向重庆发动进攻，一举攻占重庆。此獠先在私下里反复考虑，然后与属下反复磋商，终于拟定了攻击重庆的具体计划，然后派遣驻华派遣军参谋长回去日本向大本营提交并说服大本营支持驻华派遣军执行这一计划。

然而，大本营的想法与冈村宁次相距甚远。大本营认为，一旦驻华派遣军采取这样的行动，美军势必会在中国东海岸登陆，对在华日寇发动进攻，迫使在华日寇陷入两面作战，情势将会更加严重，因而，基本上否决了攻击重庆的计划。不过，为了安慰冈村宁次，也是为了减轻南方军以及日本本土的压力，大本营倒是支持冈村宁次对中国军队发动一次大的会战。冈村宁次再三向大本营解释，说美军没有在中国东海岸登陆的企图，即使美军在中国东海岸登陆了，更能减轻南方军以及日本本土的压力，试图使自己的计划得以顺利批准。但最后还是不能成功。于是，就有了大本营对冈村宁次的最新训令。

这样一来，到底在什么方向发动进攻，发动多大规模的进攻，就需要由冈村宁次自己做出决定了。

既然是迫使蒋介石政府与日本媾和，冈村宁次当然不能把战争规模搞得太小了，那样根本打不痛蒋介石。为了打痛蒋介石，迫使他走到谈判桌上来，发动较大规模的进攻，力争歼灭中国军队一个集团军的有生力量，是冈村宁次的底线。至于把攻击目标选择在哪儿，冈村宁次还是倾向于尽量靠近重庆方向。

恰在这时，此獠得悉对日寇交通线给予致命打击的中美混合空军部队是从芷江机场起降的，便以摧毁芷江机场为主要目的，正式把攻击的目标定在湘西地区，决定立即集结兵力，发动大规模攻势，指示第6方面军执行第二号作战计划，其战略目标为："消灭洞口、武周间第24集团军主力，摧毁芷江机场"。

为此，综上所述，可以得出结论，冈村宁次之所以将会战地域选择在湘西，是为了达成一箭双雕的目的：夺取并摧毁芷江机场，进而对重庆形成威胁。

湘西地区究竟有什么得天独厚的地理条件呢？事实上，湘西乃川黔门户，位于负责掩护战时首都重庆安全任务的第6战区的右翼。境内雪峰、武陵两山南北纵列，资、沅、澧诸条大河蜿蜒东流。芷江则位于雪峰山脉的环抱之中，湘黔铁路、湘黔公路、川湘公路在此交会，是通往大西南的必经之路，又是大后方联系抗战前线的枢纽，素称"全楚咽喉"，是国民政府重要的战略基地之一。中美空军在粤赣边区及湘桂一带的基地于上一年度被日寇摧毁后，芷江机场遂成为中国空军最重要的基地之一。中美空军利用芷江机场，不断出击，威胁到日寇的后方补给线和地面部队的作战。

为此，冈村宁次选择这个地方作为战役的主要攻击目标，确实一下子打中了中国军队乃至中国政府的要害，势必引发中国军队的强力抵抗。而这又为冈村宁次聚歼中国军队提供了大好机会。

目标已经确定，接下来，冈村宁次必须为实现这个目标搜集投入作战的部队。1944年夏，在太平洋及东南亚各战场皆僵持不下的情况下，日寇发动号称规模空前的一号作战，投入兵力80万以上，使得国民党军损兵10余万，失地1 000余里，但日寇亦因遭到国军的重击而趋于强弩之末。在桂柳会战结束后，驻华日寇素质皆急速下降，且对新扩张战线之防守左支右绌。因而，尽管已定下了湘西会战的决心，但却无法调集足够的兵力发动进攻，达成预定作战目的，对于冈村宁次来说，这仍然是一个非常艰巨的乃至不可能完成的任务。

即便如此，为了实现预定的作战目标，冈村宁次还是竭尽全力，几乎拼了老命，搜罗到了自以为够用的投入作战的人马。它们分别是：第116师团、第47师团、第34师团、第68师团、第64师团一部及独立第86旅团，另附特种部队，总兵力大约20万人。

根据冈村宁次的命令，负责指挥这次作战行动的是第20军司令官坂西一良。

在这些部队中，只有第116师团是主力部队，其他师团均相对较弱。作为主力师团的第116师团是常德战役时期日寇的主攻部队，以善于攻坚闻名，但在衡阳战役中几乎全军覆没。因而，到底还有多大的战斗力需要打一个问号。根据日寇战史记载，该师团在战前人员仅正常编制之三成，步兵重武器（迫击炮、机关枪及枪榴弹等）六成，马匹及火炮四成。每个中队仅有2名军官。其他师团的情况是：第64、68师团是1943年新编的警卫师团，为8个大队制。第47师团原先只负责海防，是预备队。

这支由一号作战的残兵及本来负责地方秩序的次级防卫部队编组的野战部队，其素质可想而知。为了提高它们的战斗力，派遣军总司令官亲自下令参战各部应组织"武士刀砍杀队"，以发挥精神战力，颇有与神风特攻队相呼应的味道。

为了遂行这次作战任务，日寇自1945年3月起开始调集部队，并修复公路铁路，修整交通通信，屯积粮食弹药，进行会战之前的各种准备。

会战前日寇的集结地域如下：第20军司令部驻长沙；第116师团、第47师团集结于邵阳、永丰地区；第64师团一部附独立第86旅团集结于宁乡地区；第34师团集结于广西之全县、兴安地区；第68师团集结于东安、零陵地区。

冈村宁次频频调动部队为发动湘西会战做实质部署时，国民党军队的换装工作，仅仅只完成一半。敌人已经挥起屠刀，国民党军不得不紧急应对。

1945年3月，鉴于湘桂粤敌军调动频繁，国民政府军事委员会考虑到上一年度日寇在攻陷桂林、柳州后，重庆震动，一度被迫作出向西康转移的决定，现在，更是敏感地意识到重庆可能面临来自湘西方面的新的威胁。为了预防日寇西犯，军事委员会立即制定湘西会战指导方案，判断敌军可能以3个师团以上兵力会攻芷江，训令陆军总司令部及第6战区司令长官部监视敌军，准备相机应援芷江方面第4方面军之守势作战。

4月8日，军事委员会委员长蒋介石电令陆军总司令何应钦从速完成作战准备："以确保芷江机场，并利尔后反攻为目的，以第4方面军所属部队为主力，务于洪江、溆浦以东地区选定主阵地与敌决战"。

根据蒋介石的电令，陆军总司令何应钦立即召集人员研讨当前军事形势，判断日寇攻击方向，制订作战计划如下：

一、第4方面军，应以主力于武冈、新化附近之线与敌决战。

二、第3方面军，应以第94军准备向武冈以东进出，参加第4方面军之决战。

三、第10集团军王敬久总司令率所部3个师及第18军之1个师，准备由常桃向新化以东进出，协力第4方面军之决战。

四、新编第6军应准备1个师空运芷江，为第4方面军之总预备队。

五、为保障第4方面军之作战安全，第3方面军应确实拒止黔桂铁路及桂穗公路之敌使不得越过南丹、龙胜两要地。

单纯从陆军总司令部的这一部署上看，对日寇的攻击目标做出了准确判断，并且用于防御作战的兵力部署是：屯驻于预估敌军主攻方向的第4方面军以武冈、新化为轴心展开战线，作为第1线兵团，第3方面军位右翼，第10集团军位左翼，以相呼应，构成一条完整的战线；新6军及后续开来援军（第10集团军的第86军及第94军）编为第2线兵团，集结于芷江周围，似乎没有多大问题。但是，如果拿在此之前陆军总司令部制定的攻势行动之作战方针，以及当地原有的第4战区因为应野战军的调用而裁撤（第4战区野战部队均编为第2方面军）与之相比较，就可以发现，以原定的攻势部署在很短的时间里改变成防御部署，并且在感到兵力不够使用时，还要从千里之外空运新编第6军过来芷江担负预备队，表明国民党军对湘西会战的这一部署，显得相当草率。这种草率的部置如果发生在抗战中期，一准会酿成大祸。但此时参加这次会战的国军基本上换成美式装备，战斗力已今非昔比，也就被尔后的胜利所掩盖。

比较特别的是陆军总司令部并没有决定2线兵团的夹击点（用以吸引日寇主力，方便国军合围之用，如常德、石牌、衢州等战役中国军都用过此法），要么体现了总司令部的莽撞，要么反映他们此时对本身的机动能力及固守定点的持久能力深具信心。也许，后一种成分居多。因为连军事委员会的指导要领，也是要求在第1线兵团节节阻击日寇的时候，第2线兵团就应该直接进入第1线兵团地域，向进攻受阻之敌转移攻势，而不是一定要等敌军推进到芷江等要地，各路大军集结一处时才实行包围。如果早期国军采用这种做法，会造成第1线兵团地域中的大混乱，而各路分进的日寇必乘国军两线兵团粘在一起的良机点点突进，突入国军后方，演成枣宜会战后期的惨状。

根据陆军总司令部制订的作战计划，中国方面此次作战的主要任务由王耀武的第4方面军承担：担负湘西沅江以南地区以及芷江机场的全面守备任务。

第4方面军下辖第73军、第74军与第100军。其中，第4方面军司令部驻扎辰溪附近；第74军在雪峰山东麓占据山险要隘有利地形，构筑决战主阵地带，于武冈、石下江、洞口各点，构筑坚固纵深前进阵地，对盘踞东安、邵阳方面之敌，以游击部队保持接触，施行游击侦察，严密监视；第100军居于第74军左翼，主阵地配置于雪峰山东麓之山口、龙潭一线，于隆回、山门等要点配置有力部队占据据点工事，坚强守备，以游击部队对永丰、湘乡之敌保持接触、侦察、监视；第73军以主力占领新化、安化县城，一部对资水东岸宁乡之敌保持接触。

湘西会战之中国军队最高指挥官是中国战区陆军总司令何应钦。他原驻昆明，在战况紧急之际率领中美幕僚在安江设立前线指挥所，亲自来到安江指挥部队作战行动。根据第4方面军当前形势，判定日寇对以夺取芷江机场为目的的战役志在必得，为了确保战役的胜利，何应钦将打通中印公路以后回到昆明的廖耀湘之新6军迅速空运到芷江，作为战役总预备队。但是，该军来到芷江地区后，还没有来得及参战，雪峰山战役即以中国军队的胜利落下帷幕。

与国军异常积极地投入作战部署相比，日寇的动作却显得极度缓慢，乃至狐疑不决。日寇参战部队虽达20万人（5个师团及3个支队），但其第20军一反常态，在初期实施进攻的时候虽说投入了不少军力，但能够一直作战到底的主力部队只有第116师团外加2个支队的人马，第47师团与第68师团均在开战前期即停顿下来，使第116师团呈现孤军深入的局面；而隶属于第11军的第34师团更是一反往日对华作战的积极态度，仅在其防地前缘对中国军队略事滋扰就停止行动。军司令官坂西一良虽然表面上强硬请战，但观其上述实际作战配署，与日寇早期在第一波攻势中至少使用八成部队的气焰相比，完全是截然不同的两种指挥风格。事实上，恐怕他自己也承认日军兵力与昔日相比，已日落西山，不敢冒险孤注一掷。后来，国军在检讨这次会战中都颇有些感叹日寇畏缩，明确指出日寇逐次投入兵力的做法是其失利的主因，可谓一语中的，切中要害。

无论如何，日寇的战争机器已经启动，就再也不会停止下来。1945年3月下旬，日寇各路进攻部队按计划进入预定位置，4月正式发动进攻。

首先与日寇对阵的中国军队是益阳守军。其时，日寇兵分两路，一路是集结在宁乡之右翼部队第64师团一部附独立第86旅团从正面向益阳中国守军发动攻击，一路是在沅江之数千日寇亦南下向益阳北面会攻益阳。中国方面益阳守军受到日寇的两面夹攻，采取依据既设阵地逐次抵抗的方式，节节后撤，节节抵抗日寇的进攻，稍作抵抗，即主动撤退到下一道阵地。日寇在占领益阳以后，继续向桃花溪、安化西进，在这里遭到了第73军的猛烈阻击。双方一直交战到5月中旬，日寇才勉强推进到烟溪、新化附近地区。两军遂在这一带战成胶着，谁也无法取得进展。

集结在零陵、全县方向的日寇左翼部队之第68师团、第34师团,亦兵分两路,向据守在那一线的中国守军展开了攻击。在全县方向的日寇第34师团首先攻占了新宁,接着继续西犯,由武冈南侧向武阳进犯。守备武阳的是第74军一个连的兵力。他们拼死抵抗,全部壮烈殉国。随即,日寇进攻至瓦屋塘、水口之线,遇上了把守在雪峰山主阵地的第74军的猛烈反击;另一个方向上,日寇第68师团则沿着新宁、武冈大道西犯,在攻占了中国守军的前进阵地后,对武冈县城实施三面包围。据守在武冈县城的是第74军之另一部。他们在重创了日寇后,放弃武冈,主动向主阵地转移。

日寇集结于邵阳、永丰地区的第116师团、第47师团为中央攻击队,是日寇这次会战的主攻部队。该敌利用湘黔公路运输的便利,附有坦克、炮兵部队,企图在左右两翼攻击队的掩护下,以优势兵力,突破第4方面军布设在雪峰山中心公路线之主阵地,循公路直取芷江机场;并以邵阳为后勤补给基地,事先囤积了大批粮食弹药以及其他各种作战物资,可以源源不断地供应进攻部队。

敌酋第20军司令官坂西一良由长沙进至邵阳前线指挥,箭头直指芷江飞机场,妄图一举击破中国军队雪峰山主阵地,短期内解决战斗。为此,当日寇的前锋抵达新化、隆回、武冈一线后,坂西一良调整部署,将中央主攻部队分成四股,分别沿邵阳循湘黔公路线西犯、由邵阳公路北侧向西进犯、由邵阳向西北进犯、由邵阳向北进犯。

第一股日寇,即沿邵阳循湘黔公路线西犯之日寇,在窜至桃花坪中国军队第74军的前进阵地后,受到该部的坚决阻击。日寇遂采取两面攻击战术,企图将据守此处的中国守军包围起来,予以歼灭。为了避免遭到歼灭,中国守军主动撤出桃花坪阵地。日寇随即跟踪追击,继续向前进犯,付出重大伤亡后,相继攻陷中国守军把守的高沙市、竹篙塘等梯次阵地,直抵第74军雪峰山主阵地之洞口一线。把守在洞口一线的是该军第58师官兵。他们凭借山险和坚固的防御工事,狠狠地回击来犯日寇,予敌重创,迫使日寇的攻势受挫。此后,该股日寇虽说一再向我师发动进攻,但都被英勇顽强的我师官兵阻截下来。从此以后,这个方向的战况遂成胶着状态。

由邵阳公路北侧向西进犯的是第二股日寇。这伙倭寇面临的对手是第74军之第57师,也就是死守常德的那个师。在第100军一部的协同下,第57师逐次阻击敌人,最后退至雪峰山东麓放洞一线既设阵地,在那儿与日寇鏖战一周,坚决地挡住了敌人的攻击,迫使这伙敌人无力进攻,不得不转取守势，等待增援。

第三股日寇，也就是由邵阳西北进犯的日寇，与把守在石马江、巨口铺、顺水桥、六都寨各点既设阵地的中国守军第73军各部发生激战，突破了第73军的防线，进而驱逐了据守山门的中国军队，进抵雪峰山龙潭第100军主阵地面前。在这里，日寇的攻击势头终于遭到了阻截。从第74军分离出来另外成军的第100军军长李天霞指挥人马，凭借有利地形，运用各种火力狠狠打击敌人，经过数日激战，顽强地坚守住了主阵地。自从以后，这一路日寇亦不得不在中国守军的阵地面前停顿下来，与中国守军形成犬牙交错的形势。

由邵阳北犯的日寇则在击破了第73军的一些阵地后，窜至新化迤西至洋溪地带，与敌右翼部队联合起来，共同对第73军展开攻击。一时间，第73军处在极度危险之中。恰在这时，第18军之第18师及时赶到，与第73军协同阻击敌人，在大量击毙击伤了日寇以后，迫使日寇停止了进攻，顿兵新化城下。

不过，这只是第18师的救援行动，并非整个第18军从此以后就全部投入到湘西会战当中来了。在后面的内容会详细介绍第18军在雪峰山战役中的作战行动。

纵观日寇这一阶段的作战行动，实质上全都处于进攻地位，似乎掌握着战争的主动权，其实不然。从1945年4月9日，敌主攻部队第116师团开始偷渡资水，以及第47师团同时自永丰发起助攻，与中国军队第73军接战，以此吸引国军注意，到4月12日，第34师团于东安发起助攻这几天的时间里，尽管日寇的进攻看起来非常凶悍，可是，国民党军第一线兵团均未擅动，仍习惯性地静候日寇暴露其此次会战真实攻击目标之进攻路线，所以日寇早期助攻并没有产生多大效果。为此，日寇虽说表面上是主动进攻方，但掌握主动权的仍然是中国军队。

1945年4月15日，日寇第20军坂西一良司令官发出进攻电令，正式启动中国战场上最后一次大规模攻势。敌第116师团为进攻主力，自益阳西向进攻，属中央兵团；南路为关根支队（第58旅团），在第34师团助攻下自东安跃出，直指新宁，属左翼兵团；其右翼兵团第47师团则向孙家桥进攻。

日寇的三路进攻态势十分明显，有意在合兵芷江之前先进行一次合围，以围歼第4方面军。

第4方面军自4月10日起即与敌接战。司令官王耀武奉命在武冈、新化之间与敌决战。不过，该方面军第1线部队顽强地阻截了敌人的攻势，以致日寇根本没能在先期攻势中突破国军战线。第4方面军则在4月14日已于武冈、新化等雪峰山周围据点组成一个守势轴心，意图直接将敌军包围（不待敌军推进到芷江周围），静候日寇入彀。

这样一来，日寇第一阶段的整体作战目标全部化为泡影。战场主动权始终为中国军队所控制。接下来，中国军队前线指挥部弄清了日寇的真正作战目标后，重新调整部署，调集未曾参战的精锐部队投入战斗。

通过前面的介绍，读者已经非常清楚：第18军本不属于第4方面军系列，而是隶属第6战区管辖，担负洞庭湖西岸的守备任务。其中，杨伯涛之第11师守备常德、汉寿地区；覃道善之第18师守备益阳地区；戴朴之第118师随军部控制在桃源附近地区。当湘西会战正式打响的时候，本来没有该军主力部队什么事（第18师担负益阳地区的守备任务，因益阳处于湘西会战的范围，所以，该师与其他部队一道最先投入了战斗），但日寇攻击到雪峰山附近，战况十分紧急，中国战区陆军总司令何应钦遂决定将该军调离常德地区，到沅陵、辰溪一带集结，归其直接掌握，以便适时将该军投入战斗。于是，跟其他历次大型会战一样，湘西会战到了关键时刻，第18军主力便进入战场，与日寇再度交锋了。

在第4方面军与日寇兵戎相见的时候，空军以及第3方面军也没有闲着。驻扎芷江机场的中美混合空军一个团，拥有远程轰炸机、战斗机群、侦察机群。当日寇出动飞机前来轰炸的时候，该团奋力迎战，在芷江上空发生了激烈的空战，凭借绝对优势的力量，击落日寇多架，迫使日寇飞机再也不敢进犯。

与此同时，驻扎黔桂边地区汤恩伯第3方面军以主力据守龙胜、城步各要点，另派遣牟廷芳的第94军向武冈东南之敌采取攻势，以威胁日寇左翼兵团，给第4方面军与日寇决战造成有利的军事态势。

如前所述，日寇自4月中旬开始运动，5月初展开攻击以来，遭到中国军队的节节阻击。敌人每前进一步，都必须付出极惨重的代价。为了一个要点，敌我双方都要经过反复争夺，以至于阵地反复易手。为此，日寇行动迟缓，于5月下旬到达中国军队第74军、第100军占领的雪峰山主阵地前沿时，大量消耗了兵员弹药，其残余部队亦精力疲惫。凭借这些人马，在掌握了制空权的中国军队面前，日寇要想防守占领地区已经很困难了，遑论进攻。

反观中国军队，前期与日寇接触的中国军队利用大纵深阵地节节抵抗，让出空间，赢得时间，以深入了解敌之虚实，得以加强主阵地的防御力量；并乘敌兵力分散、正面仰攻、部队运动暴露之际，招来空军以及炮兵部队同时对敌人实施猛烈轰击，前线守备部队则大胆组织逆袭，轮番向日寇展开反扑，迫使敌人处处被动，难以应付；己方则始终掌握着行动的主动权。

空军方面，早在4月间，已侦知日寇调动兵力，运输频繁，判断日寇有大规模攻击企图，中美混合空军部队即加强兵力，日夜出动飞机轰炸铁路和公路交通枢纽，以破坏敌人的兵力集结和补给线。战斗打响后，大力支持前线部队的战斗，应情况需要，随叫随到，陆空联合向敌展开攻击。这时候，日寇空军已经大部分转移到太平洋战场对付美军去了，从此丧失了制空权。对于饱受日寇掌握制空权之苦的中国军队来说，既解除了己方的空中威胁，又能对日寇形成空中威胁，就真的是主客移位，可以挥舞起杀敌钢刀痛快淋漓地向侵略者头上砍去了。

5月初，中国军队前线指挥部已知悉日寇全部进入战场，攻势即将到达顶峰，遂决心使用新锐兵团转移攻势，以歼灭当面之敌。为此，中国战区陆军总司令何应钦命令在黔桂边区汤恩伯第3方面军，以主力对湘桂铁路沿线之敌发动攻击，令以该方面军所属第94军由城步、绥宁疾进，向武冈西北与第74军对阵之敌左翼展开进攻。经过激战，第94军逐渐进至武冈、瓦屋塘一线。日寇受到左侧背压力，只得对雪峰山正面暂停进攻。第74军趁机转守为攻，协同第94军围歼当面之敌，使日寇整个攻击队形之左侧背受到了严重威胁。

同时，根据何应钦与王耀武的作战计划，乘日寇攻势顿挫之际，将未参战的精锐部队第18军用于雪峰山正面阵地作战，居高临下，对敌出击，给日寇以粉碎性打击，一举结束整个会战。为此，终于轮到第18军登场杀敌了。

不过，给第18军下达的并不是这道命令。而且，在下达进入战场命令前，该军已在4月末受最高统帅部的指示，拨归第4方面军指挥。遵照总司令王耀武的命令，胡琏率领第18军已经向沅陵、辰溪地区集结，听候任务。

第18军走上战场的时刻终于来临了。尽管并不是原定的进入雪峰山正面阵地与敌人进行硬碰硬的战斗，而是向日寇的侧背发动攻击；但他们还是走上了战场，与日寇展开了最后一战。那么，他们到底是怎样进入战场，又是怎样与日寇展开最后一战的呢？这些内容，将会在后面文章中为读者揭晓。

第五部分 雪峰山上显神威

25章 雪峰山杀敌立功显神威

如前所述，在雪峰山会战开打之前，第18军一直担负洞庭湖西岸的守备任务。那时，按照军长胡琏划定的守备地域，覃道善的第18师守备益阳，戴朴的第118师守备桃源。这2个师守备的地方恰好在日寇准备发起攻击的首波打击范围之内。为此，尽管从一开始，第18军并没有接到全体参与这次战役的命令，驻扎在前线的这两个师必然会在日寇发动进攻时，成为中国军队首波与日寇交锋的部队之一，投入作战行动。在这一时期，两个师与日寇的战斗，可以看作是第18军在此次战役中的前哨战，也可以当做第18军换装以后对日寇的实验性战斗。

第18师与第118师跟日寇直接展开交锋的时间是1945年4月13日。这天，为了策应湘西会战，集结于益阳、宁乡地区的日寇第64师团，兵分两路，一路由沅江向益阳桃花江展开进攻，一路由宁乡向大成桥、煤炭坝发动进攻。守备该地区的第18军之第18师及第118师各以一部担负益阳、迎风桥、酉港、汉寿渡口一线的警备任务，以主力分别集中于马迹塘、筑金坝、黄林寺等地，准备随时迎击敌人；第18军旗下的核心部队第11师则集结于郑家驿一带。

向益阳发动进攻的日寇约莫有2 000余人。这路日寇一路横扫了守军的据点，于4月14日迫近益阳城郊。据守在城郊的是第18师第54团6连。该连官兵在连长的率领下，依托原先修筑的工事，奋起阻击日寇。日寇接连发动了几次攻势，都无法突破守军的阵地，前进不得，遂改变进军方向，留下一部分兵力牵制6连，却将约莫1 500人的主力部队转向攻击桃花仑。可是，日寇的企图同样遭到了失败。在那儿，遭到第54团另一部的顽强阻击，日寇又被击退。

接连打退了日寇的多次进攻后，第54团士气更加旺盛。为了坚决阻击日寇西进，团长李维勋立即调整部署，以有力一部占领养朋山、猴子山、南竹山地区，挡住了日寇的去路。4月15日，第54团主力在团长李维勋的率领下，向进抵大花冲、贾家冲的日寇发起攻击，迫使日寇退守谢琳港。

不过，在益阳方向，日寇终于突破了第54团6连的防守阵地，攻占了益阳县城。这样一来，李维勋不得不将部队向桃花江一线后撤，准备在那儿阻击敌人。

守备桃花镇的是第54团主力。益阳失守后，团长李维勋率领人马一进入该镇，立即查勘地形，准备部署并阻截敌人的阵地。他发现，作为沅江的一支，桃花江在崖下拐了一个大弯，水面开阔湍急，崖高数丈，难以攀登。具有丰富作战经验的李维勋深知，这里地势险要，易守难攻，是很好的防御阵地，遂将兵力收拢在桃花镇背后的高崖一线，准备利用那儿险峻的地形条件阻击日寇的疯狂进攻。为了充分利用好这里的地形，他在崖畔上的古塔顶上布置了一个观察哨，用于观察敌情；以古塔为中心，布置了三道扇形防线，均配备有重机枪火力。

为了便于各种武器发挥应有的作战效能，并便于官兵观察敌情，李维勋选择好了逐次阻击日寇的阵地后，立即命令人马改善地形环境。在预备修筑的第一道防线前面，是一大片住房，居住了大量的农民。这些民房不仅阻碍了官兵们瞭望敌情，实施作战行动，而且，日寇进来后，可利用房屋作掩护，与中国军队对抗，为此，必须把它辟成开阔地，以有利于该部的作战行动。为了达到这一目的，李维勋发动官兵动员农民全部迁走，拆毁了农民原有的房屋，完成了地形的改造任务。当日寇呈攻击队形前进，向第54团第一道防线发起进攻时，一进入开阔地即遭到我军官兵各种火力的猛烈打击，死伤无数。

日酋遂恼羞成怒，先用炮火猛烈地轰击阵地，然后指挥人马发起连续冲锋。在严重伤亡代价下，日寇最终突破了第一道防线，进入第二道防线面前。

第二道防线是桃江镇的老百姓帮助第54团官兵修筑的，有些地段的工事全部用青石筑成，有的地段则是用江边的鹅卵石黏合三合土垒砌起来的，坚固无比。

日寇刚进入第二道防线，54团官兵再一次大显神威，将各种火力猛烈打向这些残暴的侵略者，迫使倭寇遗尸无数。倭寇手里的轻重机枪都不能让工事有丝毫损伤，只好祭出了最后的武器，调来大炮对准这道工事实施猛烈的轰击，终于轰开了一道口子。随即，日寇蜂拥着冲向这道打开的缺口。第54团官兵依托残破的工事，仍然给予日寇很大的杀伤，随后才撤退到最后一道防线。

第三道防线是第54团必须坚守的最后一道防线。所以，构筑这道防线，李维勋花费了不少心思，几乎把他学到的构筑明碉暗堡的方法以及在战斗中熏陶出来的精明本领全部运用出来了。在山顶上，部署了一挺重机枪，利用地形的掩护，可以居高临下，横扫进入阵地面前的日寇。自山顶往下，直到崖边，各依地势，修筑了几座碉堡，然后在各碉堡之间，修筑了一些暗堡，它们的火力交叉起来，可以覆盖整个阵地；它们的位置又非常巧妙，日寇即使用大炮轰击，也难以准确命中目标；出动步兵炸碉堡，只要日寇一露头，就会遭到火力的致命打击。

日寇一冲到崖边，从明碉暗堡里吐射出来的火力就好像一张巨网一样从各个方向朝他们挤压过来，刹那间，一大片日寇倒地身亡。日寇指挥官勃然大怒，立即命令部下用钢炮猛轰中国守军暴露出来的火力点。可是，日寇接连发射了三枚炮弹，不是哑弹，就是偏离了方向，中国守军的任何一个火力点都毫发无伤。这样一来，日酋无计可施，只有放弃了从正面进攻第54团防线的企图，组织两支突击队，从侧翼迂回攻击古塔下面的最后一道阵地。

这次，因为另一股日寇，也就是日寇第64师团下辖之一部2 000余人的队伍向回龙埔、大成桥、煤炭坝发起攻击，遭到第18师第52团1营的阻击后，不得不于4月19日派遣800余人南渡资水进攻桃花江，以便迂回桃花江西北之舒塘。这一下，这股日寇一下子攻击到桃花镇守军之左侧背，并与正在进攻第54团最后一道阵地的日寇形成了合围。

在两股日寇的合力夹攻下，54团主力坚守不住，不得不遵照团长李维勋的命令，放弃了最后一道防线。

不过，第54团主力在撤退时，担任掩护的一个连队在古塔之下一直坚守到最后。他们在与日寇交战中，牺牲了一大半，剩下的官兵皆跳崖投江，只有少数被当地农民救得性命，其余皆葬身江中，很多连尸首都没有找到。

第54团和第52团在与日寇的首轮交锋中，虽说大量杀伤了日寇，并且阻击了日寇的攻击势头，却接连丢掉了很多要点。因而，在师长覃道善看来，第18师并未建立任何功勋。此人精通兵法，打仗极有路数，深知日

319

寇在接连攻下了几座城池后，气焰一定会更加嚣张，自以为中国军队不堪一击，绝不会防备中国军队会立即反戈，展开反攻的。覃道善决定趁此机会，迅速收拢部队，向桃花江、大成桥的日寇发起反击，一举歼灭这一带的日寇，收复失地。

覃道善部署严密，第18师攻击力度强劲，一出手，攻势就十分凶猛。

这下，果如覃道善预料的一样，日寇猝不及防，瞬间就被打懵了头，人马死伤无数，一片惊慌失措的样子。不过，日寇毕竟训练有素，很快就反应过来。日酋立即收拢人马，向中国军队展开反击。

这是一场强强对抗的战斗，比拼的不仅是双方的军事素质，更是双方战斗意志。哪一方能够坚持下去，哪一方就能够赢得胜利。覃道善深知这个道理，因而，即使部队从早晨一直打到落日时分，双方的人马损失都很惨重，他仍然没有停歇下来的念头，不停地激励士气，适时调整兵力的攻击方向，以一往无前的战斗精神，继续与日寇战斗下去。日寇终于顶不住了，再不敢恋战。日酋遂趁着夜幕降临之际，躲开大道，选择村庄山路向益阳方向撤退。这时候，覃道善迅速调整部署，命令各团向日寇展开追击。该师各团一鼓作气，在收复了既定的桃江镇、大成桥2个目标后，又攻下了回龙铺、么店子等地，然后乘胜追击，一直逼近宁乡西郊和益阳南郊。至此，第18师参加的首波战斗宣告结束。

4月24日，在确定这一线的日寇无所作为后，何应钦电令第18军将防务交给王敬久兵团接替，全军迅疾向沅陵、辰溪集结，听候授予任务。打从这一刻起，军长胡琏就意识到第18军正式投入到湘西会战的时刻来临了。为了再展雄威，胡琏经过紧急动员后，立即编列行军队形，以第11师为先头部队，第118师居中，第18师殿后，率部以每日40公里的速度向指定地点进发。

这时候，整个湘西会战的战场上，换上美械装备的国军展现了和以往不同的战斗力。他们节节抵抗，不但使日寇前进速度缓慢，而且遭受到空前未有的伤亡。鉴于作战不利，日寇第20军在5月3日便已决定向后转移，暂时避免和中国军队决战，将主力向山门口、洞口、花园市一带后撤。

但此时中国军队已布好天罗地网，岂有让日寇顺利后撤之理？就在日寇的后撤过程中，他们遭到了中国军队的分割围歼。5月4日，何应钦下达转移攻势的命令。5月6日，军事委员会也先后两次致电何应钦，指示他："如敌崩溃，务速穷追，以衡阳为目标，奠定全面反攻之基础。"

各部奉命后，随即积极转移攻势。8日，王耀武根据日寇已从湘西撤退、驻常德的第18军已到达战场等情况，下令第4方面军进行全面反攻。

中国战区陆军总司令何应钦与第4方面军司令官王耀武原定的作战计划是：待日寇攻势顿挫时，将未经战斗的新锐第18军使用于雪峰山正面阵地，居高临下向敌转移攻势，予以粉碎性打击，一举解决整个战局。

第4方面军参谋长邱维达及其他一些高级幕僚人员则提出了不同的建议。他们指出："日军主力部队在雪峰山正面，企图直驱芷江，而其两翼则是助攻掩护部队，兵力较为薄弱。中国军队如由正面阵地出击，适撄其锋、针锋相对，日军正面主力部队攻势受挫，虽有损失，但仍保持强大兵力，难保必胜。不如向敌侧面薄弱部分出击，较有把握。"

最后，这次战役的总指挥部接受了邱维达等人的建议，改变了原定计划，决定以第18军由溆浦、新化方面南下，向日寇右侧背之邵阳、隆回、洞口以北展开攻击，直取日寇后方要点，斩断前线日寇与邵阳的联系，形成包围态势。

当时，第18军先头部队第11师，已通过花桥、辰溪到达了安江附近，因计划有变，该师立即掉头向溆浦前进；第118师则向溆浦以东前进；第18师向新化前进，协同第73军进击围攻新化之敌。

为了协调战场各部的行动，王耀武派遣邱维达进驻溆浦，与第18军密切联系。

王耀武之所以做出这样的安排，是因为邱维达跟第18军军长胡琏是黄埔4期同学，关系非同一般。尽管自抗战以来，邱维达与胡琏各属于不同的系统，并没有产生交集，但私下的交情从未中断。这一次，邱维达进驻溆浦，其实就是为了与胡琏取得联系，协调第18军与其他各军的作战行动。

5月13日，胡琏随前卫部队到达溆浦第100军军部时，见到了他的黄埔同学，参谋长邱维达将军。老同学在战场上相逢，分外亲热。胡琏对湘西情况比较陌生，寒暄几句后，马上向邱维达参谋长了解战场情况，以及这次会战的计划，敌我双方各部队的位置和态势。

详细介绍完情况后，邱维达要为老友设宴洗尘。胡军长婉言谢绝，说道："兵贵神速，不敢久留，等打败了日本鬼子，咱们长沙再见，再叙友情！"

事实上，第18军正式投入雪峰山会战的战斗仍然是由第18师首先开打的。

5月6日，第4方面军将第18师拨归第73军军长韩浚指挥，给该部的任务是全力击灭当面之敌，并遏止日寇第47师团西进支援。

5月8日，第73军（含第18师）配合第4方面军全面转移攻势，空军第5大队以P-51全力协攻。在中国军队的强大攻击面前，节节后退的日寇为了改善战场态势，准备出动一个加强大队约莫1 000余人的队伍向中国军队展开反击，他们还未发起进攻，即先后遭到攻击凌厉的中国军队之杨明支队与第18师的猛烈攻击，反击试图宣告失败。此时，日寇第20军已决定以第47师团攻击前进，救出被围的第116师团。但第73军采取三路推进、灵活运用钻隙迂回的战术，将日寇第47师团分割包围。随即，为了歼灭这支日寇，军长韩浚决定调整部署，以第15师及第77师两路并进，正面进攻该敌；第18师与杨明支队则实施侧翼迂回，包围敌人。

5月11日拂晓，第73军各部（含18师）调整部署后，立即向被围的日寇发起攻击。日寇第131联队两面受敌，挡不住国军的奋力冲杀，在混战中节节败退。5月13日，这支日寇撤至株木山主阵地后，凭借有利地形向中国军队发起了反击。日寇的反击方向选定在第15师的正面。该师官兵奋勇拼杀，打退了敌人。随后，该师第45团强攻株木山，迫使日寇不得不再度向后败退。第73军其他各部抓紧时机奋力冲突，大胆钻隙，第18师则运动到日寇后方，与第73军其他各师一道，对日寇再度形成包围态势。韩浚军长意识到日寇崩溃在即，立即电令所部全面发起攻击，围歼该敌。日寇在国军奋勇冲杀下纷纷溃退，各大队残部丧失斗志，一击即退。此时日军第131联队已被冲散，师团主力尚能维持联络，但已无心接回前线部队。5月20日，国军对重广支队残部实行最后一次包围。日寇拼死突围，意图向师团靠拢，而第47师团主力则已撤回原位。第131联队因无支持，所以全面溃败，各单位自行逃出，失去控制。第73军在重广支队瓦解后仍放胆猛烈追击该支队残部。5月29日，这支日寇残部终于与第47师团靠拢，杨明支队在恢复原有态势后不得不停止追击，与敌对峙。此役，在第73军前所未有的积极攻势下，不但重广支队被击退，日寇第47师团主力也因侧翼时常被威胁而不敢妄动，终而导致全军撤退，遗弃重广支队任国军宰割。

介绍了第18师在第73军系列里的整体作战情况后，回头说一说该师第54团前卫营在半山镇的作战情况，以便读者能对该师在对日作战的最后一战中是如何精心部署的展开准确的判断，了解该师的作战精神与意志。

5月6日，第18师进入新化后，以第54团为先头部队，向半山镇急进。该团一抵达半山镇，立即指派人员四处侦察敌情，大部队则埋锅造饭，准备吃晚饭后好好休整一下。这时，突然接到敌情报告，说是敌大部队正在向石碴排前进。师长覃道善得知消息，立即命令第54团团长李维勋率部前去堵击敌人。

经过紧急动员，当天下午2时左右，李维勋以万程营为前卫，率领全团官兵，向石碴排进发。

石碴排地形险要，南北两面均为大山峻岭，两山中间约有半公里宽的农田和小高地，并有乡村大道直贯东西，是敌人西进的必经之路。黄昏时分，前卫营的先头部队尖兵连与敌人遭遇上了，营长万程立即将部队全部展开，趁敌尚未反应过来，就夺占了石碴排附近的几个小高地，占据了主动地位。

这时，天已经完全黑下来了，因为敌情不甚明朗，部队连续行军，又与敌人短促接火，已显疲劳，为了应对即将到来的更大规模的战斗，必须对部队稍加整顿，并调整部署。在征得团长李维勋的同意后，前卫营长万程命令人马就地构筑工事，准备拂晓向敌人展开攻击。可是，到了午夜，日寇竟然率先动手，向该营阵地发动了进攻。该营一时来不及反应，被日寇攻入阵地。万程随即率领官兵与日寇展开白刃战，经过激烈的搏杀，终于打退了敌人的第一次进攻。

紧接着，为了抢夺制高点，打开西犯通道，日寇接连向前卫营发动了多次进攻。前卫营凭借有利的地形，将敌人的进攻全部击退。战至拂晓时分，中国空军出动飞机前来助战，向日寇的队形投掷炸弹，迫使日寇不得不终止战斗。

这不仅在第18师与日寇的作战行动中是第一次，甚至在整个第18军乃至全体中国军队在对日作战中都是第一次。在以往的战斗中，都是日寇的飞机肆意横行，在中国军队的阵地上狂轰滥炸，中国空军却无能为力；现在，完全颠倒过来了，轮到中国空军可以任意在日寇的阵地上狂轰滥炸，日寇失去空军掩护了。这是历史性的改变，似乎预示着由中国空军取得制空权的作战行动，是对日最后一战。

万程组织人马打扫战场，发现了日寇尸体23具，并俘虏了2名受伤的日寇士兵。这次夜间作战，前卫营阵亡排长1名，伤亡士兵30余人。审问俘虏得知，与前卫作战的日寇有一个联队的兵力，后面还有日寇大部队。

敌情很严重。情况迅速汇报到上级以及上级的上级。中国空军立即出动更多的飞机对聚集的日寇进行轮番轰炸与扫射，并侦察日寇的进一步动向。

在确定了日寇的动向后，上级立刻部署人马围歼当面之敌，命令第54团前卫营继续坚守现有阵地，严防敌人向西逃窜。为了增强该营的作战能力，使其确保完成任务，团长李维勋给前卫营增配了一个步兵连，并调拨2门迫击炮归万程指挥使用。

接到命令后，万程立即重新调整部署，命令各连加紧增强工事，同时命令迫击炮进入阵地，向日寇的阵地实施猛烈轰击，以便扰乱日寇的攻击部署，打掉日寇的嚣张气焰。日寇挨打后，尽管对空中可能会出现中国飞机非常忌惮，不敢出动步兵对前卫营发动进攻，却还是不甘心屈服于中国军队的打击，随即使用平射炮向前卫营展开还击。这样一来，日寇炮兵阵地的位置便暴露出来了。前卫营正好可以向飞机指示准确的轰炸目标，炸毁了日寇的炮兵阵地。

黄昏后，因为中国空军停止活动，没有了来自空中的威胁，龟缩起来的日寇立即蠢蠢欲动，组织攻击队形，开始向前卫营阵地发动全面进攻。

这时，万程已经调整好了部署，并且指挥部属加强了工事。他立即率领全营官兵依托阵地，阻击前来进攻的日寇。因为在前一天的战斗中已经取得了夜战经验，前卫营的官兵们可以凭借战火准确地捕捉到日寇的踪迹，判断日寇的攻击方向，一旦日寇发动攻击，就用猛烈的子弹、手榴弹乃至迫击炮弹迎击敌人，接连打退了敌人的多次进攻。

可是，日寇深知在失去制空权的前提下，白天进攻的危险会更大一些，只有夜间展开进攻才是最安全的。因而，虽说每次进攻都被前卫营挡下来了，日寇却仍然不到黄河不死心，持续不断地拼凑力量，与中国军队一直纠缠到天明时分。这时，中国空军的飞机已经飞临阵地上空，日寇才不得不再度停止进攻。

经过一夜激战，前卫营的伤亡是前晚的一倍，二连连长彭绍生亦不幸阵亡。不过，他们给予日寇的杀伤更大。在阵地面前，日寇横尸遍野，不计其数。

这场仗打下来，前卫营与日寇相互对峙于约百米的平坦农田地区，彼此都不敢暴露目标。为此，白天除了零星的枪击炮战之外，几乎没有发生激烈的战斗。

当天中午，团长打电话告诉万程："我军歼敌部署已基本完成，今夜是关键的一夜，你今夜能将现阵地坚守下来，就算完成了任务；如有所失，你我都会受到军法制裁。"

万程坚决地回答："请团长、师长放心，有我万洪昌在，阵地一定在！"

就是团长没有给他打电话，这天从早到晚，前面的枪炮声就一直没有停歇，而且非常激烈，万程就已经作出准确判断，知道这意味着友军正在围歼作困兽之斗的敌人；日寇绝不会束手待毙，一定会在今晚发动更加凶猛的攻击，以便从自己把守的阵地上打开一道缺口，突围出去，逃出生天，因而，考验前卫营的时候到了。为了打好这一仗，将日寇的攻击阻截下来，便于兄弟部队全歼这股穷凶极恶的敌人，一放下电话，他即刻召集全营主要军官进行战地鼓动，表示了与阵地共存亡的决心。紧接着，他带领各连连长深入一线阵地，检查备战情况，激励官兵的斗志，为当晚应对日寇有可能发动的更大规模的攻击行动做充分的准备。

果然，黄昏后，敌人开始向前卫营发动进攻。作困兽之斗的日寇确实穷凶极恶，他们的攻击行动比前两晚更加猛烈，第一次攻击还没有停歇下来，第二次攻击就马上开始，如此这般不间断地冲击着前卫营的阵地。

前卫营即使做好了应有的准备，还是在日寇亡命的攻击下，阵地被一点一点突破，就是万程指挥所前面的主阵地，亦被日寇两次突入进去。万程立即抽调人员，在付出了很大的伤亡后，终于歼灭了突入之敌，堵住了缺口。然而，前卫营伤亡确实太大，万程不得不把营部的10余名官兵全部组织起来，准备跟敌人做最后一搏。拂晓前，敌人第三次攻入前卫营指挥所主阵地。营长万程立刻率领营部官兵冲向敌人，与敌人展开肉搏，并命令附近部队赶来救援。经过激战，前卫营官兵将攻入阵地的日寇全部击毙。随即，官兵们以密集的手榴弹轰击日寇后续部队，迫使日寇的最后攻势遭到挫败，整个阵线遂稳定下来。

恰在这时，营长万程身负重伤，右脚踝骨被打碎，不能行动，但神志清醒。为了防止日寇再度发动攻击，身负重伤的他立即抽调部队加强主阵地，并命令重机枪、迫击炮轰击溃退之敌。

在战场上，奇谋往往会起到意想不到的战果，迫击炮这么一轰，果然让日寇识得厉害，再不敢向此处展开攻击了，不得不调转方向，向东边退去。

万程得知情况，连忙报告给团长李维勋，请求团长部署人马展开追击。可是，第54团已经有一个营被师长覃道善抽调到围歼日寇的主战场上去，前卫营又被打残了，团长李维勋手里只有两个连的兵力，无法实施追击。

即便如此，前卫营在付出了阵亡2名连长、伤1名连长、阵亡3名排长、伤4名排长、阵亡100名士兵的惨痛代价后，击毙日寇100多人，坚守了半山

325

镇阵地，给兄弟部队围歼日寇创造了条件，仍然功不可没。

第18师官兵与日寇鏖战不休的当口，第11师官兵正在师长杨伯涛的率领下，遵照命令，向日寇侧背猛进，执行截断其后方联络的任务。该师通过溆浦后，即以战备姿态向南搜索前进。其预定第一攻击目标，指向敌右翼兵团之交通要隘山门镇；第二攻击目标指向敌中央兵团之主要交通动脉——邵阳至洞口的公路。

当第11师先头部队抵达山门以北15公里处之马颈骨附近时，即遭遇日寇迎面阻击。杨伯涛即刻命令部队向日寇展开猛攻。就这样，第11师投入雪峰山会战的第一仗就在不期而遇的情况下打开了。

双方激战方酣之际，适逢日寇一个步兵联队（团）和一个辎重联队经山门向龙潭方向前线之敌增援补给。得到消息后，那个步兵联队的日寇随即转援马颈骨之敌。这时，杨伯涛亦得到消息，决定乘该敌展开运动之际，组织突击队迅速肃清当面之敌，然后将锋芒转向这个增援联队。突击队果然发挥了作用，很快就将当面之敌歼灭。随即，杨伯涛命令人马向增援之敌扑去。

这时，增援之敌尚未部署完毕，突然遭到第11师的袭击，伤亡很重，一度陷入混乱。惊魂稍定之后，该敌在日酋的指挥下，占据附近高地和村庄进行抵抗。当第11师官兵冲到日寇阵地跟前时，素以白刃战见长的日寇便端着闪亮的刺刀，咆哮着冲向第11师官兵。

第11师已经拥有美式近战武器，再也不愿与日寇拼刺刀了，使用冲锋枪于数步之内密集向日寇迎头扫射。日寇中弹纷纷倒地。此战，第11师终将该联队大部歼灭，缴获山炮2门、步枪多枝，生俘日寇60余名，胜利结束了这场战斗。

第4方面军总司令王耀武闻报，大喜过望，立即电令军长胡琏以第11师与第118师两路并进，向山门攻击前进。为此，第11师来不及打扫战场，即于次日向山门展开进攻。

山门是雪峰山东侧的一个小集镇，从那里有一条长隘路曲折地通向山脊，是雪峰山东麓的门户。敌人占据这里，可以阻挡中国军队进出山地；中国军队如果攻占此地，则可以截断衡阳至芷江的公路交通，威胁敌之侧背。为此，无论对日寇来说，还是对中国军队来说，山门都是这次战役的一个必争之地。

接到王耀武与胡琏的命令后，第11师师长杨伯涛将攻打山门的任务交给了第32团，并命令副师长王元直率领该团即刻从马颈骨出发，向山门展开攻击。

5月9日清晨，第11师副师长王元直与第32团团长张涤瑕指挥该团官兵沿隘路向山门方向搜索前进。当天上午11时左右，前卫营行进到横断隘路的时候，被据守这一线小高地上的日寇警戒部队发觉。敌人立即向前卫营开枪射击。王元直随即命令一个连抢占南侧高地，以掩护团的侧翼，并指挥前卫营向当面之敌展开进攻。经过一个多小时的战斗，前卫营歼灭了据守此处的日寇，占领了小高地，不过，付出了10余人伤亡的代价，甚至连营长牛镇江亦身负重伤。

小高地被第32团占领后，日寇担心受到中国军队的攻击，被迫沿隘路向东撤退。王元直、张涤瑕岂容日寇逃脱？立即命令轻重机枪以及迫击炮等重型火器封锁隘路转弯处，一举击毙击伤日寇上百人，迫使日寇不敢从此处逃生，只有窜入一栋大而坚固的屋子内，依托门窗，向第32团发动进攻的官兵实施射击，试图以此固守待援，并且阻挡中国军队的前进。

如果不拔除这钉子，第11师主力开过来后，将无法前进。王元直、张涤瑕深知个中道理，决定等待黄昏时分，用火攻的办法消灭敌人，于是，他们命令人马收集引火之物，等待黄昏临近，立刻向敌人盘踞的屋子放起火来。刹那间，火势便成燎原之势。日寇见势不妙，蜂拥着冲出屋子，等待他们的却是密集的子弹与手榴弹。日寇倒下一大片后，终于有一部分侥幸逃脱。

当天夜晚，打了胜仗的第32团官兵在隘路上露营，王元直则与张涤瑕商议第二天的行动计划。二人认为，如果部队仍然沿隘路前进，一定会遭到日寇的逐次阻击，这样一来，部队必须一路清除阻截部队前进的敌人，在这样的情况下，除了人员伤亡外，还需花费不少的时间，就是到了晚上，第32团也不一定能进入山门。为了尽快攻取山门，他们决定次日拂晓以一个连的兵力沿隘路前进，迷惑敌人，主力却取山间樵径，从隘路北侧翻越大山，出敌不意，袭占山门。

次日天一亮，第32团即按照王元直与张涤瑕的最新部署展开行动。当那个吸引日寇注意力的连队继续从隘路往山门方向前进，遭到日寇阻截时，第32团主力部队却在王元直、张涤瑕的率领下，迅速按照预定计划向山门偷袭而去。他们行动诡秘，动作很快，中午稍过即抵达了雪峰山山麓，紧接着，乘敌不备，向山门迅疾奔袭。

327

据守山门的日寇其实并不多，他们受到突然袭击，顿时惊慌失措，纷纷向山门以南高地溃散。第32团官兵随即跟踪追击，用冲锋枪和迫击炮猛烈打向敌人，毙伤日寇无数，俘虏日寇20余名，缴获轻武器20余件，战马300余匹。

该团主力的作战行动结束之际，从隘路前进的那个连亦抵达了山门。

第32团成功夺占山门后，因为部队前进速度很快，还没与师部架通电话，用无线电报也不能经常联系，王元直根据当时的情况，决定率部乘胜向竹篙塘前进，遮断日寇的退路，等待师主力到达后，协同友军夹击敌人。

下午4时左右，当王元直率领工兵排随第32团主力超越前进的时候，突然遭到来自道路左侧的步枪和机枪扫射。工兵排即刻在原地抵抗，掩护团主力继续前进。战斗了10多分钟，听出对方的枪声不像日寇的三八大盖，看到对方的服装也不像日寇，经过喊话，才查明那是第31团的一个分队。

这场误会枪战还造成了另外一个后果，就是跟随在后面的后勤分队立刻向后方退却，误传第32团被日寇包围。

事实上，第32团继续向前行进的时候，前卫营确实遭到了敌人的包围。团长张涤瑕不得不从主力中抽出一部分人马前去援救，迫使日寇大部向东逃走，仅有约莫200余人的日寇被前卫营压迫于道路左侧的一个村庄里。该团主力赶到后，立即从东、北、西三面包围敌人，准备将其压迫至南侧的山麓消灭之。

恰在这时，与师部的电话联系架通了，副师长王元直与师长杨伯涛取得联系，两人均认为部队连续作战，已经很疲劳，不宜继续夜战。随即，杨伯涛将第31团沿山脊进到村庄南侧高地的一个营交给王元直指挥，嘱其先将敌人四面包围，等待拂晓再行围歼。这给了日寇逃生的机会，被包围的日寇竟然趁隙逃脱。

第11师收复山门镇后，日寇右翼侧背阵地开了一个大口子，后方交通有被完全截断的危险。为了迅速扭转这一不利状况，日酋立即从雪峰山的前线部队里抽集兵力反扑，企图夺回山门。

对敌情做出准确判断后，杨伯涛迅疾调整部署，指挥部队在山门北面高地占领侧面阵地，组织火网控制了东西隘口。结果，日寇一扑到第11师的阵地面前，根本摸不清该师主阵地所在，只有使用惯常的战法，向山门盲目射击一阵后，随即贸然向山门前进。敌人一进入第11师主阵地，杨伯涛一声令下，各个阵地上枪炮齐吼，各种火力宛如一张巨大的火网向敌人

第五部分 雪峰山上显神威

兜头罩了下去。日寇毫无还手之力，其先头部队几乎被全歼，后续部队只得翻山越岭，觅路逃窜。

与此同时，第18军旗下之另一路第118师在师长戴朴的率领下，也不甘示弱，一路勇往直前，奋勇杀敌，一举夺取了赛市、黄桥铺。

为彻底截断日寇后方交通，协同友军全歼日寇，第11师官兵没有停止前进的脚步，在师长杨伯涛的率领下继续向南攻击前进，以实现第二个攻击目标，截断邵阳至洞口间公路。

这时候，日寇在雪峰山展开进攻的部队，由于形势不利，已开始向东后撤，部队猬集在洞口至邵阳公路两侧，占据了沿途的每一山头和村庄。

第11师向既定目标推进的过程中，每前进一步，都要遭到日寇的顽强抵抗。但此时的第11师已全换上了美械装备，火力较日寇已占有优势，加之中美混合团的空军积极协同作战（美军联络官司乐中校携带陆空联络电台，随杨伯涛身边行动，在战场呼叫飞机驾驶员，指示射击和轰炸目标），使敌遭受重创。而日寇则因失去了制空权其飞机只能在拂晓时分，以单机低空飞行，从杨伯涛师阵地上一掠而过，根本不起威胁作用。为此，日寇的抵抗对于第11师来说，已不是大问题了，该师仍能够掌握主动权，乘隙猛进，席卷敌阵。

事实上，第11师这次作战行动和过去相比确实大不相同。在此之前，只要在战场上同日寇交锋，该师就必须小心隐蔽行动企图，秘密窥伺日寇行动，以便在尽量保护自己的前提下消灭敌人，达成作战目的，如稍不小心，行动意图一被日寇发现，会立即招致日寇飞机大炮的猛烈轰击。这次，轮到第11师可以毫无顾忌地大踏步前进，并在发现日寇的行动方向与目标时，召唤炮火与飞机轰击日寇。

当杨伯涛带领师部指挥人员以及美军联络官司乐中校等人到前线侦察敌情和地形时，发现小河对岸大约700米处，也有刚刚到来的10多个日寇在那儿探头探脑，东张西望，似乎也在侦察情况。敌人一发现他们的踪迹，就立即钻入森林里隐蔽起来。杨伯涛等人目睹日寇的窘态，都哈哈大笑起来。随即，杨伯涛根据侦察获知的各种资讯，从容展开了进攻部署。

向占据石下江的日寇发动进攻的时刻终于到来了。在飞机大炮的掩护下，杨伯涛命令一个团的兵力向石下江镇展开攻击。

这里是湘黔公路的要点，一旦攻占该镇，就完全截断了日寇赖以补给运输的唯一交通线，并形成对围攻雪峰山的日军四面包围态势。为此，该团接受命令后,立即编组进攻队形,向日寇阵地发起进攻。日寇占领该镇的时间不长,还来不及修筑坚固的工事,在美械装备的攻击面前,阵地很快就被攻破。

这时,戴朴率领第118师在第11师的左翼攻击前进。当他们前进到荷香桥附近,正向邵阳前进途中,遭到了日寇极其顽强的阻击,进展特别艰难。军长胡琏接到报告后,立即命令第18师师长覃道善就近抽调一部分人马,从侧面增援第118师,压制日寇的火力,为第118师顺利推进打开通道。

到了5月20日,第118师解除了前进道路的障碍之后,与友军暂编第6师齐头并进,迅速推进至石下江、横板桥一线,向退却的日寇展开了追击。21日,第4方面军指挥部下达了全线追击命令。第118师官兵凭借已取得的有利态势奋勇争先,实施追击部队,在和尚桥附近截击了正在渡河的日寇,缴获一批辎重;暂编第6师攻克土桥,与第11师取得联系。日寇赖以补给的交通线至此完全被截断,陷入了被国军四面包围的危险情况。但因与友军第74军联系不上,两军之间没有配合好,使得包围圈出现漏洞,致使日寇第116师团残部得以逃掉大半,是此次湘西会战美中不足之处。

主战场鏖战方酣之际,第3方面军之第94军,经过激烈战斗,击破占据武冈、新宁的日寇阵地,迫使当面日寇向东溃退。随即,第94军衔尾追击,封锁了南部战场。

据守在雪峰山东麓的第74军、第100军,不失时机地发动全线反攻。将士们不顾长期苦战的疲劳,奋勇前进,咬住敌人,毫不放松。陷入包围圈的日寇脖子上的绳索越拉越紧,濒临窒息。

根据整个战场的军事形势,杨伯涛判断,第11师占领石下江,卡住日寇咽喉,进攻日寇处在被全部包围的严峻关头,势必孤注一掷,竭尽其全力打开一条血路。为此,第11师必须为应付日寇突围的大战做好充分准备。反复权衡了敌我双方的军力对比与战役意图后,杨伯涛决定以师主力面对由雪峰山涌来的日寇,占领有利地形,构筑工事,加强封锁,迎击突围之敌;另以一个团的有力一部,占领石下江镇一座坚固建筑,卡住公路,断绝日寇逃窜的交通,成为阵地锁匙;该团主力以此为依托,占领公路两侧有利地形,迎击东窜之敌。

杨伯涛做出这样的部署,是渴望能协同各方面友军,全部歼灭被围日寇,以抒8年来国土遭到日寇铁蹄践踏、人民遭到日寇蹂躏的深仇大恨。

率领第11师正在秣马厉兵严阵以待最后决战之际,杨伯涛忽然接到军长胡琏传来上级命令：令杨伯涛将扼守石下江镇的一个团，全部撤离，该师集中全力向敌侧面攻击。

这样一来，就等于是放开了让日寇逃窜的口子。

乍一听到这个命令，杨伯涛惊呆了，随即大声嚷道："军座，执行这样的命令，我的包围网就会开一个大口子，被围日军就会不顾一切地往外冲啊！"

"没有办法，这是上峰的命令。你执行命令吧。"胡琏军长说完，撂下话筒。

杨伯涛仰天一声叹息，不得不执行命令。日寇一见有路可逃，就不顾一切蜂拥逃窜。杨伯涛虽督率第11师向敌侧击，只可惜口子一开，他斩获不多。

6月2日至3日，第63师第189团连克岩口铺、长福铺；第118师第353团连克清江庙、杨柳林；第77师第231团连克新田铺、温泉山。至6月7日，日寇残部在第20军新调来的近10个大队的部队掩护下，逐渐退至宝庆地区。第4方面军收复了所有在此次战役中失去的阵地，恢复了战前的态势。

这次战役，日寇虽是强弩之末，却依然率先发动了攻势，在中国军队的坚决反击面前，攻击受挫，势穷力竭，陷于重围。中国军队本来可全歼日寇，取得更大胜利，不料上级命令开放口子，致使大部分日寇逃脱。大胜之局，功亏一篑。杨伯涛作为这道命令的执行者，不能不深感惋惜，一生都对此耿耿于怀。

杨伯涛事后了解到：因重庆此时正召开国民党六中全会，全体与会人员对湘西战事十分关注。尤其当第11师攻克山门时，战场形势顿呈有利态势，在安江指挥所的总司令何应钦及王耀武等高级官员、美军高级官员，额手相庆！美军作战司令麦克鲁将军，立即打开香槟酒，举杯连连互庆胜利！重庆方面更为兴奋，立即发动各界组织慰劳团，携带慰劳品来到芷江犒军。在这种形势气氛下，中国战区陆军总司令何应钦不愿战事拖延，影响六中全会情绪，踌躇再三，才决定开放石下江锁匙，给日寇一条生路，从而提早结束了历时两月之久的湘西会战。

了解到事情的真相，杨伯涛又能怎么样呢？他无力回天，只能抱憾。

何应钦的计策虽妙，自然会遭到老对头陈诚痛骂："政治算盘真是打绝了。"众将也气得破口大骂："不是我们不小心，而是何应钦太愚蠢。"

被围住的日寇全跑掉了，在重庆的"六大"代表们并不知情，他们只知道雪峰山会战胜利,把鬼子打跑了,都沉浸在胜利的喜悦中。何应钦也因此人气井喷,在"六大"会议上得票率飙升。

历时两个月的湘西会战,中国军队以伤亡19 000余人的代价,毙伤敌人近3万人,俘敌200余人,缴获大小火炮24门、步枪1 300余支、机枪100余挺、战马300余匹、其他战利品20余吨,粉碎了日寇攻占芷江的企图。

第18军在此次湘西会战中表现不俗,尤其以第11师最为出色,以伤亡400余人的微小代价,打得日寇抱头鼠窜,迫使日寇从此对国军闻之色变,和抗战初期日寇以优势装备屠戮中国军队相比,情况根本是颠倒的,不可同日而语。

第六部分

老树新苗话抗战

26章 陈诚是个主战派

陈诚是国民革命军陆军第18军的创建人，也是首任军长。为了拉起一支部队，并且把它打造成一支令人生畏的雄师，无论古今中外，几乎所有具备独立作战能力的军事集团的创建者与首任长官都必然会对他一手创建的军队倾注全部的心血。陈诚也是一样，作为国民革命军陆军第18军的创建者和首任军长，他的印记深深地铭刻在第18军的军史上，不仅他的指挥风格、军事理念强烈地影响着第18军的后继者，而且他那种为了扩充实力不惜使用一切手段的做法，亦被继他之后的第18军历任军长效仿。

他确实值得罗卓英等第18军继任军长效仿。外有蒋介石的支持与默许，内有一帮子小兄弟的鼎力相助，陈诚在排挤走第11师原师长曹万顺之后，夺取了第11师的控制权，竟然能把这支本来与他毫不相干的部队改造成他自己的人马，使得他以第11师为起家资本，竟然在几年的时间里就把第11师扩编成第18军，进而从第18军分离出其他大大小小的军级以及师级单位，建立了以第11师为核心的第18军，成为南京国民政府实力最强劲的军事集团。纵观整个国民革命军的发展历程，能够如此轻而易举地取得成功的人，除他之外，还真难找到与之匹敌的人选。为此，在陈诚离任后，由他打下的基础及其强大的影响力，第18军继任军长们，无论是罗卓英，还是黄维、彭善、方天、罗广文、胡琏，无不按照他的节拍跳舞，并且联合所有从第11师乃至第18军阵营走出去的国军高级将领，将他奉为土木系的共主，使他实质上成为第18军乃至土木系的精神领袖。

那么，陈诚究竟何许人也，又是如何攫取第11师师长宝座的呢？并且以此为基础，创建了第18军，继而建立了庞大的土木系军事集团？

陈诚，字辞修，乳名德馨，别号石叟，1898年1月出生，浙江省青田县人。1917年毕业于浙江省立处州第11师范专科学校。次年考入杭州省立体专学校，毕业后由师长杜志远介绍，进入保定军官学校习武。1922年6月，保定军校第8期炮兵科毕业后，在浙江陆军第2师任见习军官。1923年随邓演达去广东参加国民革命军，在粤军第1师第3团任上尉副官，后调任大元帅府警卫。1924年夏，任黄埔军校上尉特别官佐，教育副官，从此与蒋介石结缘，并且逐渐成为蒋介石的心腹爱将。1924年1月，陈诚任炮兵连连长。9月，参加第2次东征，在攻打惠州时立下战功，升任炮2营少校营长。1926年7月，陈诚任北伐军总司令部中校参谋。后任预备第1师第3团团长，11月改任第21师第63团上校团长。1927年3月，陈诚率部在浙江龙游、桐庐战役中再立新功，升任第21师少将副师长，不久后又升任该师师长，在3个月内完成了从团长到师长身份的转变。不过，同年10月，他即被何应钦借故免职，后由严重保荐任军事委员会军政厅任副厅长。1928年4月，任南京国民革命军总司令部中将警卫司令。

这时候，国民革命军第1集团军第17军被缩编、裁撤。该军下辖之第53、第55师被缩编为国民革命军第11师，第54师缩编为第2师第6旅。原第17军军长曹万顺担任第11师的首任师长。由于蒋介石对非嫡系将领严重不信任，不愿意非嫡系将领掌握自己的部队；而第1集团军所属的6个师里只有第11师师长不是黄埔出身，因此，蒋介石便指派陈诚率领北伐军总司令部的两个警卫团改编为第31旅隶属第11师，担任该师副师长，对曹万顺进行监视，并且随时准备以陈诚接替曹万顺。

曹万顺出身行伍，虽说大字不识几个，却对蒋介石的用意心知肚明，加之陈诚到任后对曹万顺显得恭恭敬敬，且办事认真，以身作则，便在表面上任由陈诚掌管全师事务，好让蒋介石对他放心。

陈诚到任后为了改变第11师原有的旧军阀习气，立即采取措施，整肃军纪，并时常与全师官佐共进早餐和谈心。此举获得了部分原第17军老人的支持。

1929年3月，蒋桂战争爆发，第11师拨归张发奎第4军指挥，作为先头部队从江南进军武汉。4月初，该部攻占贺胜桥，切断了桂系军队与湘鄂等地的联系。同时，蒋介石相继分化拉拢了桂系军人，使他们率领桂系主力撤出武汉宣布服从中央，使得作为第11师先头部队的第31旅于4月5日顺利进占武汉。不久后桂系军阀即宣告战败。第11师，尤其是陈诚带来的第31旅立下了赫赫战功，为陈诚尔后全面掌控该师树立了声威。

随后，第11师调防湖北的襄阳、樊城等战略要地，以防止冯玉祥手下的西北军对中央造成威胁。

同年6月，在副师长陈诚因公前往汉口出差时，发生了师长曹万顺因委派私人前往第62团任职、遭到团长萧乾及其他黄埔出身的军官抵制的事件。事情传到武汉行营后，蒋介石便以这个理由将师长曹万顺调职，陈诚正式接任了该师师长，是为土木系逐步发展壮大的开端。

事实上，陈诚到第11师任副师长时，并非一帆风顺，而是遭到以桂永清为首的部分黄埔将领的抵触。为了巩固自己的地位，陈诚利用桂永清反对杜从戎到任第31旅副旅长的机会给桂永清下套，纵容他直接向蒋介石发电报拒绝委任状。结果，导致桂永清被撤职。随后，陈诚又找了一些理由将支持桂永清的关麟征也排挤出第11师，使该师成了陈诚的家天下。此举招致关麟征极度不满，此后，关麟征便处处找机会与陈诚对着干，令陈诚头痛不已。

陈诚接掌该师后，立即对所属各部进行新一轮的整顿。他公开提出选拔使用干部的条件是：不贪财，不怕死，会带兵，能打仗，没有不良嗜好；忠于蒋总司令，服从其命令。条件摆出来了，在实际录用军官的时候，他大量吸纳黄埔生为中下级军官，其中黄埔3期生多充任团附、营长；黄埔4期生多充任营附、连长。同时，他还裁汰了原第11师曹万顺旧部军官，以参谋长罗卓英接任第33旅旅长，旋即又将罗卓英升任副师长，将第33旅番号撤销，使得第11师成为2旅6团制的部队。随后，他又相继改编曹万顺派系的4个团，使曹系旧势力被缩编为1个团（第66团）。师参谋长由周至柔担任。从此，第11师形成了以陈诚任师长、罗卓英任副师长、周至柔任参谋长的局面。这就奠定了以陈诚为核心，罗卓英、周至柔为左膀右臂的土木系军队发展壮大的基础。

1930年2月，当该师移防武汉后，陈诚突然将原曹万顺残部缩编的第66团缴械，军官遣散，士兵分编其余各团。这下，第11师就真的全变成陈诚嫡系了。

同年4月，陈诚收编了徐声钰的独立第14旅。将其改编为第11师独立旅，并将第11师补充团改为补充旅第1团作为骨干，使该师成为3旅9团制的甲种师，实力大为增强。这是土木系扩张军队的首次尝试，也是一次成功的尝试。从此以后，尝到了甜头的陈诚及其追随者无所不用其极，只要找到机会，就吸纳、吞并其他的部队，扩大土木系的阵容。

1930年4月，中原大战爆发。在作战过程中，第11师因战功卓著，被南京政府军事委员会升格为国民革命军陆军第18军。第11师师长陈诚担任第18军首任军长,同时兼任该师师长。中原大战结束后,通过蒋介石的帮助,陈诚收编了由唐生智一部改编而成的教导第3师,改其番号为第14师后,便将第11师的师长职务交给了副师长罗卓英,自己正式担任第18军军长。

随后,第18军采取类似手法,使得下辖各师的人马像滚雪球一样增大,最多的时候达到了8个师之众。任何一个军都不可能经常拥有如此多的人马,哪怕陈诚已成为蒋介石的心腹,在军界红极一时,也不可能让第18军长时间保持如此庞大的编制。于是,他和他的左膀右臂就以第18军为基地,广泛吸纳其他部队进入,经过孵化培育,变成了陈诚的嫡系后,就另外让其单独成军,或者将一个个的师推出去,让它们进入其他军级单位,伺机将该军全部演变成陈诚的嫡系。因为陈诚的基干是第18军,第18军的基础是第11师,从这延伸出来的陈诚嫡系部队便被人称为土木系。

第18军的这个传统做法一直延伸到了抗日战争。在本书前面5部分讲述该军抗战历程时,亦用了很多笔墨描写第18军是如何改变编制结构的。

这里主要描写第18军乃至土木系的精神领袖陈诚对抗日战争持什么样的立场、在抗日战争时期做出了怎样的事情。所以,在简单地介绍了第11师、第18军、土木系的来历后,读者已能够很好地理解该军在抗战中的所作所为,就不再深入说下去,转回本部分主旨上来。

在对日关系问题上,自从日寇侵占东三省以来,陈诚一直是主战派。不过,由于蒋介石一直执行攘外必先安内政策,陈诚的主战观念与蒋介石的政策格格不入,自然无法通过适当的途径表达出来。1936年,广西事变解决后,他似乎找到了机会,作为蒋介石的心腹爱将,他直接上书蒋介石,分析当时的国际情势,指出:(此时)正是日寇横行东亚之时,美国只图自顾,欧洲国家正陷于互争短长之中,列强只图维护其在东亚之利益,对日本只有妥协以至于讨好,中日之间虽说还没有爆发全面战争,乃系日本仍在"不战而亡中国"与"战而亡中国"之间,踌躇未决而已,中日之战终不可免。两广事变后,中国又获表面上之统一,而国人救亡图存之念更炽,所寄望于中央政府者,则更深切。今日挽救危亡之道,实非做到因地之利与固结人心两点不可。中央政府应迅为整个之部署,任贤以救亡,相地而择守。对旧日地方军事领导人如李宗仁等,则应推心置腹,释其疑念,去其困难,严予督促,以将反对之力量,化成为抗日救国之助力。

1936年10月，也许是他的上书起了作用，也许是蒋介石认为中国工农红军已经被政府军赶到了陕甘宁交界的贫瘠地带，遭到了数十万国民党大军的包围，国民党人很快就可以消灭这股红色力量，是考虑对日作战方略的时候了，蒋介石电召陈诚由庐山随节进驻洛阳，共同策划抗日大计。

就在这时，针对日寇制定的"速战速决"战略，他们首次明确制定了持久战、消耗战与全面战等基本策略。在讨论如何制敌，而不为敌所制的时候，他们认为：敌军入寇，利于由北向南打，沿平汉、粤汉铁路，将我一分为二；而我方为保持西南、西北基地，并争取时间，使东南富裕地区之工业、资源及人员顺利西迁，利在上海作战，诱敌自东向西仰攻。至于最后国防线，北自秦岭经豫西、鄂西、湘西以达黔滇，作为退无可退之防线，均于此时作大体的决定。

换句话说，南京政府制定的以牺牲争取空间，以空间争取时间，以时间争取最后胜利的最高作战原则，就是在陈诚的参与下，制定出来的。

1937年春，陈诚担任军政部政务次长，兼武汉行营副主任。4月，他邀约张发奎、黄琪翔等高级将领到温州、台州沿海视察地形。这时候，部属问他："内战停止了，国家总算统一了。国共两党曾经合作北伐，今后是否能合作抗战呢？"

陈诚回答说："抗日迟早要抗日，但委员长的政略、战略思想，不是我们能够揣度的。我们只有服从命令，不好随便揣测。"

再次充分表明，陈诚是主张抗战的，但是，对蒋介石的忠心限制了他的言行。

7月初，国民政府军事委员会在庐山开办训练团，聘请名流学者、大学校长、教授为讲师，轮训部队的中、上级军官和文职人员的中学校长、国民党各省市党部委员，以及县长、专员等，以统一国民党内对抗战的思想，可以看作是国民政府对抗战所做的实际准备工作之一。该训练团由蒋介石兼团长，陈诚担任教育长，直接参与其事。可惜的是，训练团只开办了两期，"八·一三事件"就发生了。

8月18日，陈诚奉蒋介石电召抵达南京，策定抗战计划与战斗序列。在上一年度已经做出最高作战原则的基础上，他进一步认为：我国因军事落后，且未有充分作战准备，不宜实施迅速决战之战略。但我国国土广大，人口众多，经济资源散在各地，具有长期作战之条件。故我国对倭作战之最高指导方针，不能不根据现实之客观条件，实施持久消耗战略。在此项大方针下，国军作战之具体运用，可分为三期：第一期为持久抵抗时期；第二期为敌我对峙时期；第三期为我总反攻时期。

在抗战第二时期，国军对倭寇之攻势，仅作有限度之抵抗，尔后主动转进，以消耗敌人战力，保存我军主力，借以空间换时间，扩大战场，分散敌军兵力，以求达成提早阻止敌人前进，及建立长期抗战力量之目的。

陈诚的看法显然打动了蒋介石的心。当即，蒋介石给予了他三项任务：一是赴华北向晋、陕将领说明中央之决心与应抗准备；二是赴上海视察张治中部作战，并协助之；三是速拟定战斗序列。

但是，陈诚当时没有担任直接抗战之任何职务，不知道以何种名义从事所赋任务，便向蒋介石明确提出这件事。蒋介石似乎也没有想到这一点，立即反问："以何种名义为宜？"陈诚说："如果领袖对余欲机动使用，可给一高参名义。"蒋介石觉得高参的名义太小了，说以"行辕为佳"。

他们返回南京后，陈诚如实反馈了前线态势，并分析了作战关键。显然，陈诚的态度跟正在上海指挥战事的张治中趋于一致，却跟何应钦具有天壤之别。起初，当张治中向军事委员会报告他准备将部队化装成保安队进驻上海时，因得到了蒋介石的首肯，何应钦当面不敢说什么，却在张治中离开之际，私下里拍着这位京沪警备司令的肩膀，说道："文白兄，这样会出事的呀。"不敢抵抗的态度昭然若揭。

听了陈诚的建议后，蒋介石当即任命陈诚为第3战区前敌总指挥，兼第15集团军总司令，指挥所部在上海与日寇决战，并增调部队赴沪参战。于是，由日寇率先挑起的华东战事，演变成了一场具有决定中国抗战形势朝什么方向发展的大规模会战。

8月22日晚，日寇以大将松井石根为司令官，率第3、11师团等部，在吴淞、川沙强行登陆。

这时，陈诚已经被任命为第15集团军总司令，亲临上海指挥所部对日寇进行阻击。他一上任，立即调集自己的嫡系部队土木系人马开赴淞沪战场，尤其是被誉为国民党军中头等主力的王牌军也是他一手创建起来的第18军，本已在赶赴华北战场的道路上，在他一声令下，该部迅速调头转赴华东战场。临战前，陈诚命令第18军："只要完成任务，打光打尽也在所不惜。"

在国民党高级将领中，几乎人人都爱兵如命，生怕自己的人马受到损失后，自己便会失去应有地位；相较而言，陈诚宁愿自己的人马打光，也要与日寇拼一把的精神与气魄，确实体现了他是一个爱国将领，是一个真正的主战派。

他的第一次对日作战部署是：以第87师之一部及教导总队之一团、上海保安总团一部向张华浜登陆之敌攻击；令在吴福线之第11师及在杨行、宝山方面的第98师转向狮子林、川沙口方面之敌攻击；用汽车输送在昆山、吴县附近集结的第67师向罗店挺进；并急调正向常熟、福山前进之第14师，向太仓、罗店方面前进，以求会歼登陆之敌。

但当上述各路人马赶到指定位置时，日寇主力已登陆成功，中国军队无法达成陈诚赋予的任务，一直在罗店及其附近地区与日寇展开前所未有的大血战。尤其是第18军下辖之核心部队第11师，凭借手里简陋的武器装备，在罗店地区与优势的日寇激战一个多星期，竭尽全力，打残了敌人，也打残了自己，为中国军队树立了典范。可惜的是，由于日寇增援不绝，中国军队不仅未能将敌压迫在江中而歼灭之，反而损失了很多人马，逐渐失去战役初期的主动权。

在情势发生逆转的前提下，继续向日寇发动进攻，只会增大中国军队的伤亡。因此，陈诚向上峰提出建议：迅速转移阵地，逐次抵抗。此建议获得了第3战区司令长官以及军事委员会的同意后，9月17日，陈诚命令所部人马退守北站、江湾、庙行、罗店、浏河口一线，转入防守。

9月21日，国民政府军事委员会调整第3战区作战部队，将第15、19集团军组成左翼军，任命陈诚为左翼军总司令，全面负责这一线的作战指挥。

第二天，日寇为确保其侧背安全，在战车、火炮、飞机掩护下，向浏罗公路猛扑。中国守军奋力抵抗，死伤惨重。

这时，鉴于中国军队已失去了作战主动权，继续采取原有的战法与日寇死拼，不仅损失会更加惨重，而且整个战线有被日寇攻破的危险，为了保存抗战力量，陈诚立即向蒋介石提出：如无生力军加入，即应转移阵地，调整部队，继续抗战。获得蒋介石同意后，陈诚即部署左翼作战军向蕴藻浜南岸、陈行、广福、施相公庙、浏河一线转移。

10月11日，为了控制大场、南翔，切断闸北、江湾、庙行中央作战军归路，日寇向蕴藻浜中央作战军发起攻击。

尽管投入战场的中国军队已经打得精疲力竭，但增援部队之第5军以及桂系人马第171师、第173师、第174师和第176师还在陆续向上海输送。于是，陈诚认为可以利用这些生力军对日寇发动一次攻击战，以改善中国军队的防御态势。根据各路增援部队抵达战场时间的不同，他对这次作战提出了三条意见：

第一是以第5路军由蕰藻浜滨北岸，同时以2个师由蕰藻浜滨南岸，各以一部由南岸及罗嘉公路以北取攻势，对敌实行歼灭战；

第二是以第5路军据守蕰藻浜滨南岸，以第16军和第66军之一部，再另抽调几个师，由蕰藻浜滨北岸突击，将渡过蕰藻浜滨南岸之敌包围歼灭；

第三是暂取守势，待第5路军集中后，再相机出击。

按照陈诚对自己所提建议的排序来看，显然，他自己最中意的是第一条，最后一条在他看来实为下下策。然而，南京政府军事委员会做出的决定是采用第3条建议。但因情况所迫，不得不做出一些调整，决定乘敌攻击疲惫之机，突予猛击，以求击破渡过蕰藻浜滨南岸之敌。

10月25日晚，中国军队发起了总攻。经过三天激战，中国军队不仅无法达成作战目的，反而损兵折将，丢失了不少阵地。在这样的情况下，中国军队不得不撤至苏州河南岸到小南翔一线。

11月初，敌第6、第18师团登陆杭州湾。9日，整个淞沪战场上的中国军队全部陷入敌人的大包围圈中。

这时，按照已被任命为整个淞沪战场前敌总指挥的陈诚的想法，各部应迅速转进至武进一带的国防线，依托修筑好的阵地逐次抵抗野蛮的日寇。可是，蒋介石以九国公约正在比利时首都布鲁塞尔开会，为争取国际荣誉为由，需要部队再支持三天。委员长发了话，陈诚不得不遵令率部继续苦苦支撑。

中国军队接下来的战斗情形就只能用混乱两个字来形容了：部队伤亡惨重，每师只余数百人，整个战线已被日寇冲得支离破碎。

这时，陈诚不得不下达后撤命令。后撤引发的混乱更加骇人听闻，高级将领如薛岳、胡宗南、孙元良、桂永清等，均仅以身免。陈诚亲自到昆山坐镇指挥中国军队的后撤，使出浑身解数，终于抑制了崩溃之势。

12月1日，江阴要塞陷落。日寇分4路进犯南京。蒋介石召陈诚入京，询以战守方略。陈诚说："如令我守城，谨当遵命。否则，我军应迅速脱离战场，撤至皖南，以南京为前卫阵地。"蒋介石思考再三，决定放弃南京，命陈诚赴皖南布置。这时，跳出一个唐生智。此人极力向蒋介石进言南京不可轻易放弃，应该增调劲旅，自己愿意死守南京。蒋介石被打动，乃决定由唐生智率军保卫南京。可仅过数日，12月13日，南京即告不守。

守军三面受敌，北临大江，无路可退，数万国军惨遭杀害，牺牲之惨烈，为8年抗战所仅见。

南京即将失守之际，国民党军政领导机关大部分迁移武汉。这年春，国民政府军事委员会成立了武汉卫戍总司令部，任命陈诚为总司令。同时，陈诚还兼任军事委员会总政治部部长、湖北省主席、航空委员会委员、中央训练委员会主任委员、三民主义青年团中央团部书记长、中央训练团教育长等要职。随后，为了保卫大武汉，国民政府军事委员会成立了第9战区，任命陈诚担任第9战区司令长官。因为他一举一动皆刻意追随乃至模仿蒋介石，国民党内部称他是"蒋介石的替身""袖珍版的委员长""第二号人物"。

武汉是中国内地水陆交通枢纽，在南京陷落后，成为抗战的军事、政治、经济中心。陈诚认为徐州弃守后，武汉就是敌人势在必取的唯一目标，保卫武汉战略要点，应以三镇为核心，使其灵活运用，发挥抗战的最大力量。

还在整理陆军期间，陈诚鉴于当时中日关系日趋恶化，对武汉城防设计曾经作了两次调整。其防务要点是：

第一，对敌潜在的势力，预作歼灭之处置。

第二，对长江上下游侵入武汉之敌舰，则巩固江防，以歼灭之。

第三，对将来武汉会战，使中国军队得以依武汉要塞为轴，在武汉附近歼灭敌人。

当武汉已面临现实危险的时候，继续停留在设计层面上显然是不够的。为了尽快构筑核心阵地，陈诚决定，对武汉城防附近之要塞筑城，分为"江防""陆防"，根据蒋介石"选择要点，构筑必要工事"的手令，先构筑为阵地骨干的永久性工事，其他只准备材料，俟作战部队临时构筑。

纵观尔后武汉会战的进程，中国方面正是按照这一构想展开作战行动的。不过，由于中日双方武器装备、官兵的军事素质、战斗意志等诸方面的原因，一些江防要塞并没经过激烈的战斗就落入敌手，致使武汉很快沦陷。

武汉会战的关键战斗是从1938年7月22日开始的。

那天夜里，日寇波田支队从鄱阳湖滨的姑塘登陆，继而侵占九江。紧接着，日寇以5个师团分左右两路，夹大江南岸向西展开猛烈攻势。第9战区司令长官陈诚命令李汉魂的第29军团撤至庐山两侧及南浔路一带，依托有利地形，与向南昌进攻的敌左路军相持一个月之久，予敌第106师团重创。8月10日，第2兵团的第3军团，在瑞昌东北一线与登陆的右路日寇波田支队激战两星期。后来，日寇以主力第9、第27师团，在数十架飞机掩护下，分三路合击瑞昌，并施放毒气，致第3军团伤亡惨重。瑞昌失守后，陈诚又令第31集团军和第32集团军，阻击向赣北马头镇和箬溪进攻的该路日寇，双方激战20余日。9月14日，马头镇陷落。24日，该路日寇再占富池口时，第2兵团续调第6、第53、第75、第98军驰援，双方相持于鄂东南大冶、阳新一线。后日寇一部苦战月余，于10月5日占领箬溪，续陷辛潭铺，迫近粤汉铁路重镇威宁。

此时，左路日寇第101师团、第106师团沿南浔铁路会攻江西德安。薛岳第1兵团第9、第20集团军在德安北部马回岭地区层层设防，给敌人以有力打击。10月上旬，第1兵团再调第4、第32、第66军在德安西北万家岭一带组织包围反击，歼敌4个联队。

经过4个月的节节抵抗，陈诚奉蒋介石命令，按预定计划，于10月25日将部队全部撤出武汉，退至江西、湖南两省的永修、幕阜山、岳阳以南一线。

武汉沦陷后，陈诚将第9战区司令长官交由薛岳代理，自己赴渝请训。他向蒋介石报告说："以兼职过多，不仅招致物议，抑且有误事公。请就可能，畀以专职，或可无大遗误。"当即受蒋面谕："以办理政治部事宜为主，鄂省主席则令严立三兼代。"但实际上，陈诚仍不时奉派赴湘、粤、桂等地指挥战事。

1939年9月，日寇以赣北、鄂南两路策应湘北主力军，会攻长沙。陈诚奉命和副参谋总长白崇禧抵湘，协助第9战区代理司令长官薛岳指挥作战。

出发前，陈诚曾将"守"与"不守"长沙的选项及其理由报告给蒋介石，从蒋介石那儿得到了"不守"的批复。因此，一到达渌口，他就将蒋介石的旨意转告给薛岳，希望薛岳执行不守的命令。

薛岳在北伐时期曾被白崇禧撤销过第1师师长的职务，因而与白崇禧产生了怨恨心结，转投正在招兵买马的陈诚，受到了陈诚重用，从此以后成为陈诚土木系的重要将领，对于陈诚的对立者白崇禧与何应钦，他是坚决反对的，以此显示对陈诚的忠诚。只要何应钦以参谋总长或者军政部长名义给他发来的电报或公文，白崇禧以军训部长或者西南行营主任的名义给他电报或公文，只要不合他的心意，他就批上"不理""胡说"，置之不理，乃至讥笑怒骂。在整个抗日战争时期，论国民党高级将领指挥部队对日作战，取得的战果最大、击毙击伤日寇数量最多，薛岳当属不二人选。对于这样一个人，只要他认为可以对敌作战，他就会一直坚持到底，无论谁说情，他都会坚持己见。

不过，薛岳并不是常常打胜仗的人，有时候，甚至更多的时候，在对日作战过程中，打的都是败仗。此前在刚刚代理第9战区司令长官时，他指挥所部与日寇进行了南昌会战。这一仗，他就稀里糊涂地打败了，使得陈诚尔后因为丢失了宜昌，连同武汉会战时期丢掉了武昌，被人讥讽为"三昌将军"。

这次，陈诚与白崇禧一道来到薛岳的第9战区司令长官部，执行蒋介石的指示，试图说服薛岳不守长沙。面对陈诚的劝说，薛岳自然无法顶撞他，只有朗声说："长沙不守，军人之职责何在？"

白崇禧则坚持持久战之义，以保全实力为务的道理劝说薛岳。薛岳哪里肯听他的劝说，再三坚持自己的观点，与白崇禧唇枪舌剑，展开了激烈的争论。陈诚见二人相持不下，心里已有些偏向薛岳了，乃建议且就当前敌我情势，审度国军有无一战之可能，再作决定。薛岳极言士气可用，可以一战。据此，陈诚向蒋介石如实汇报。蒋介石也想打一次胜仗，遂改变初衷，收回成命。后来，第9战区将士在薛岳的指挥下，先逐次阻击敌人，后因时因地制宜，下令反攻，迫使敌人狼狈北窜，于10月6日恢复战役前之态势，造成第一次长沙大捷。

1939年12月26日，粤汉路湘粤边界战局趋向紧张之际，国民政府军事委员会命令陈诚前往协助指挥这一方向的中国军队作战。在陈诚临行前，蒋介石特意告诉他："已告第4战区张长官发奎，必要时可以放弃韶关，因无援军可派。"

陈诚当即报告韶关不可放弃，并说服蒋介石将第9战区之第54军调粤增援。

1940年1月2日，进攻韶关之敌，被第54军击破，狼狈南窜。中国军队随即展开追击，并相继克复翁源、良口、清源等地，完全恢复战役前的状态。纵观此役，陈诚力举坚守韶关，并调动土木系人马应援，乃是获胜的关键。

1940年6月2日，因宜昌方面军事紧急，军事委员会委员长蒋介石命令陈诚赴战地督师。次日，陈诚即抵达宜昌西郊，驻节三游洞。从4日起，日寇出动10万大军，陆空协同，兵分南北两路，侵犯宜昌。敌人挟其优势装备与陆空协同之力，攻破了中国军队的防御阵线，以至荆门、当阳、沙市、江陵等要点，相继失陷，宜昌直接暴露在日寇的攻击面前。随即，日寇出动飞机日夜轰炸宜昌，守军伤亡殆尽，至6月12日晚亦告不守。次役，李宗仁判断失误，调走了宜昌守军第94军和第75军诚然是最大的败因；但陈诚未能按蒋介石的意旨，令汤恩伯部由襄樊南下援宜，不能说不是此次失败的一个重要原因。为此，几乎可以肯定地说，陈诚是一个军事人才，却绝对不是军事干才。

宜昌失守，重庆门户洞开。敌人在侵占宜昌后，已有大举西犯之迹象。为了拱卫陪都重庆，军事委员会虽说大多数成员不主张反攻宜昌，却决定增设第6战区，全权负责指挥湘鄂川黔交界地带中国军队的行动。第6战区司令长官的人选，确定为陈诚。为此，陈诚得以再负战区责任，并重新主持湖北省政。

如何才能达成第6战区担负的使命，是摆在陈诚面前的首要问题。对敌我双方的军事形势进行反复思考后，陈诚于1940年8月7日拟定了如下作战方针：本战区以确保酉（酉阳）、秀（秀山）、施（恩施）、巴（巴东）及三峡一带要区，相机规复荆、宜、武汉之目的，以有力一部扼守长江南北岸山地，及沿江湖现据各要点，拒敌进犯，予以严重打击。并于桃源、慈利，及资邱、贺家坪、庙河，亘大峡口之线，预为韧强之防御设施，以主力先控置施巴路，诱敌于山岳地带，予以歼灭之打击。但乘敌通过江湖及山地之过失，我主力军应对常德、澧县、平原及长阳、曹家畈、石牌以西山地，为机动之准备，将敌各个击破而歼灭之。

后来，军事委员会颁发的拱卫陪都作战计划，就是根据陈诚上书计划制订的。

制定作战方针，并没有什么困难，困难的是如何执行这些方针。这里面要解决的问题很多，诸如部队缺额问题、军粮问题、军需问题、部队政工问题、卫生医务问题、训练问题等等。如何一一解决它们？陈诚采取的办法是先以大义电告所属各部队高级将领。

原电云：

> 当此国际情势骤变，抗战已届严重阶段，本战区扼守行都门户，责任尤为重大，故委座最近曾有"军事第一""第六战区第一"之训示。良以倭寇侵华三载，其势黔驴技穷，今后恐将不惜孤注一掷，加紧军事

进攻。其进攻目标,自在我最感威胁之重庆,而其进攻之路线,定取与重庆距离最近之长江两岸。本战区既负有拱卫行都之任务,必与敌作最后之决战,故较其他各战区尤为重要。而吾人所负责任之重大,亦于此可见。深望诸同志一本委座之训示,淬砺奋发,痛改前非,以达克敌制胜之目的。本战区成立伊始,一切犹待吾人之努力者固多,然我革命军所赖以克敌制胜之自信者,端在吾人亲爱精诚与不成功便成仁之革命精神与决心。相信本此精神与决心,必可克服任何困难,争取最后胜利。于此尤应为我诸同志告者,过去少数部队,由于对己认识不足,缺乏与敌作战之坚强自信;由于对敌估量过高,发生败北主义之动摇观念,此种错误卑怯之表现,实属无异助敌。吾人必须发扬我革命军人大无畏之精神,彻底粉碎过去畏敌之心理。至于后方一切应行准备事项,诚此次赴渝,大体均有头绪,正在逐步进行。诚既负本战区之军事责任,自当尽个人最大之努力,以减少诸同志之困难,而免影响于作战。深望诸同志兢兢业业,咸抱有敌无我、有我无敌之气概,与死得其时、死得其所之决心,利用时间,加强训练,积极准备。应知为主为奴,系此一战,各人必须尽最大之努力,完成革命之使命。临电神驰,愿共勉旃!

在上电发出的同时,陈诚即着手解决部队缺额及军粮问题,并决定了重要的部队教育方式,制定了一系列有助于招募和训练兵士的政策,收到了良好的效果。

1940年9月27日,陈诚正式指挥第6战区将士发起了反攻宜昌战役。

此次作战之前,陈诚做了很多方面的准备,并且调集了雄厚的兵力,与日寇相比,成十倍之,处于绝对优势地位,故兵锋所指,几如泰山压顶。日寇在这种情形下,只能困守据点,不敢与中国军事对战。饶是如此,因日寇的工事构筑坚固,武器装备占据优势,中国军队每攻下一据点,均须付出很大代价。

随后,陈诚调整部署,命令各部应不顾一切,猛向敌后突进,务使日寇不能集中防御;随即又对第6战区各部划分了攻击地域,指派突击部队,以面的占领,先将敌全部据点各个围攻或监视之,使其陷于无法援助,并集中炮火逐点击灭。

至10月6日,整个战况已经进入掌握钳制敌人阶段。为此,陈诚再度命令各军急攻鸦鹊岭、土门垭、杨岔路、荆门、当阳等要地,以牵制敌军并掩护主力部队进攻宜昌。7日，中国军队兵分两路向宜昌市区猛攻，曾一度占领该城。不过，日寇随即猛烈反扑，致使该城旋即丢失。这天，宜昌城内受炮火袭击，整天大火不断。8日，陈诚派江防军副总司令李延年为宜昌攻城司令，统一指挥围攻部队的作战行动，并命令第33集团军所属各部确实阻止荆门当阳之敌西上增援。9日，江防军编组3个突击营再度向宜昌市区展开猛攻，于夜间攻入市区，与敌人展开激烈的巷战，并最终打败了敌人，迫使敌人仓皇逃避。次日天亮之际，敌由西岸及杨岔路，抽调部队，向中国军队展开逆袭；敌机30余架亦凌空向攻城部队轰炸，并投掷毒气弹。中国军队伤亡惨重，不得已转移原阵地。

于是，反攻宜昌战役功败垂成。即便如此，第6战区还是取得了不少的战果：敌军伤亡官兵6 400余名、马40余匹，俘虏敌军23名、马15匹；掳获山炮2门、重机枪8挺、轻机枪26挺、步骑枪180支、掷弹筒70具，其他军品甚多；击毁敌机16架、兵舰1艘、装甲车汽车115辆、野炮2门；破坏公路75段、桥梁38座、仓库3所；攻克据点80余处。

自反攻宜昌之战结束后，第6战区方面之敌我对峙状态一直保持了一年多。这期间，皖南事变爆发，国民党当局掀起的第2次反共高潮达到顶峰。军事委员会委员长蒋介石亲自指示陈诚配合行动，在湖北境内展开对新4军的攻击。为了保存抗日实力，陈诚没有投入正规部队进行反共战争，而是指示游击队对新4军第5师发动一些小规模袭击事件，以应付蒋介石。他甚至勾勒出一个计划，准备命令人马化装成新4军第5师，广泛袭击日寇，挑起日寇与新4军第5师之间的直接冲突。可是，这个计划遭到了蒋介石的否决。

在这一年多的时间里，陈诚主持湖北省政，基本上能使辖区老百姓生活安定、军民协调，并在此基础上，在军事方面随时都准备和敌人较量一下身手。

1942年底，侵入苏联的德军已成强弩之末，苏联红军已展开反攻。在北非方面，从1943年10月阿拉敏一役起，英军已掌握了战场主动权。在太平洋战场上，美国已由守势地位，逐渐转换成攻势。轴心国与同盟国之间的整个战局从此发生了颠覆性变化。在这样的情况下，日寇唯有在中国战场上找出路，或有一线希望。于是，日寇发起了鄂西会战。

当时第6战区的正面，右翼自湖南南县起，沿湖沿江经石牌要塞而至江北之远安县属，左翼则直到襄河西岸一带，均属该战区作战范围。如何迎战敌人的进攻？第6战区所辖9个军的兵力，平均使用在幅员如此广阔的山岳纵横水网迭起地带，很容易被日寇逐一击破，为此，必须判定日寇的主要进攻方向，或者哪一个方向对自己的威胁最大，集中兵力部署于此，才能形成重点，在战场上构成对敌人的局部优势，坚守住既设阵地，并进而打破敌人的进攻。恰恰在这个问题上，第6战区高级将领存在争议。

大多数高级将领认为鄂西山地崎岖，人马难行；三峡天险中，又有坚固的石牌、庙河两要塞，敌人绝不敢溯江西犯。敌如进犯，必由两翼，或则北犯襄樊、老河口，转趋巴东、兴山；或则南由松滋、枝江渡河，直扑石门、澧县、常德。因此他们极力主张第6战区的兵力应保持重点于两翼，不应置于敌人进犯公算较少的江防方面。对于这种看法，陈诚却不敢苟同。他认为大势所趋，轴心国已渐走上日暮途穷之路，敌人欲于死中求生，唯有铤而走险。重庆为中国战时首都，是指挥全国抗战的神经中枢，敌人既已据有宜昌，如因利乘便，溯江西犯重庆，仍为解决"中国事件"之最简捷途径。为此，陈诚坚决主张应配置重点于以石牌要塞为中心的江防，而不应偏重襄樊或常德两翼。在他看来，退一步而言，即使敌军进犯两翼，中国军队失利，亦犹有补救余地，至少尚不致动摇国本。如江防空虚，万一敌由此路长驱直入，则后患不堪设想。

最后，军事委员会核准了陈诚的意见。为此，第6战区在江防正面配置了3个军的精锐部队。

尔后的作战行动表明，陈诚根据"毋恃敌之不来，恃吾有以待之"的兵法原则做出的判断异常准确。中国军队的部署与调动没有重走李宗仁枣宜会战的老路，是鄂西会战赢得胜利的重要基础。从这个意义上说，鄂西会战的胜利，陈诚居功厥伟。

但是，当鄂西会战爆发之际，陈诚已经离开第6战区，正主抓远征军的训练、补充、整顿工作。接到重庆林蔚文的电话，陈诚知道蒋介石要亲赴恩施，指挥第6战区战事，立即请求林蔚文转报委员长批准他回鄂指挥作战。

蒋介石当然很清楚，如果自己亲自指挥鄂西会战，万一失败，自己的威望必定会受到很大打击；倘若发生不测，问题会更加严重。因此，陈诚能够主动要求代替自己前去指挥第6战区的作战行动，蒋介石大喜过望，即刻顺水推舟，将这副担子交给陈诚。

时军事紧急，第6战区代理司令长官孙连仲已赴常德，鄂西境内人心不免浮动。陈诚一回来，立即做稳定民心军心工作，在执行疏散计划的同时，分电前方各总司令、各军长，勉全体官兵，振作精神，严明纪律，戮力同心，共歼顽寇。

1943年5月19日，日寇由暖水街、刘家场、茶元寺等地，全力西犯。中国军队抵挡不住，节节后移。至23日，渔洋关失守，敌军继续西犯。次日，长阳失守，宜昌西岸之敌，亦合力进犯。

危急关头，蒋介石电话指示陈诚："石牌要塞须独立固守十天，希望成为我国之斯大林格勒，如无命令撤退，即实行连坐法。"

为了执行蒋介石的电令，陈诚命令自己赖以起家的部队第18军第11师胡琏部死守石牌要塞，并预作孤军作战准备。

5月29日，敌军攻势已达高潮。石牌要塞前，敌军攻势甚烈。攻击石牌要塞之日寇，死伤极重，但仍强攻不舍。陈诚当即与胡琏通电话，把蒋介石的命令告诉了他，胡琏回答道："请放心，我誓与要塞共存亡，以保持第18军荣誉。"

5月30日，日寇攻势已告顿挫，综合各方面的情报，陈诚判断敌军有退却模样，当晚即下达了全军追击的命令。

5月31日，第6战区各部开始进击，于长阳、聂家河、枝江、宜都、茶店子等地，先后遮断敌人的退路，几经激战，斩获甚众。至6月3日，江防军已完全恢复会战前之态势。9日克复枝江，12日克复松滋，14日克复公安。至6月中旬，除藕池口一地外，江南方面一律恢复原来态势。鄂西会战至此遂告胜利结束。

1942年5月，中国远征军第1路军入缅作战失败后，中国入缅部队除一部辗转撤入印境外，大部均转进怒江东岸，隔江与敌成对峙之势。

这时，国民政府为防止滇西敌军东窜，并为准备反攻，调集了大量部队进入云南，为统一指挥起见，设立远征军司令长官部。1943年2月，蒋介石将远征军司令长官人选圈定为心腹爱将陈诚。

1943年3月23日，蒋介石审定了军政部云南练兵的具体计划，命令有关部队迅速向云南集中。随后，陈诚带领大批人员到云南，在楚雄建立了"远征军司令长官部"，并将楚雄以西所有军队指挥权从昆明行营的系统分割出去，掌握在自己手里。

与史迪威经过数日咨询研讨，明了敌我的总体情势以后，陈诚提出了调整部署的方案：

一、滇西方面：以第71军任怒江防务，第36师改为独立师，属第

11集团军，接替腾北游击任务。第6军之第93师任车里、佛海守备，军部率其余2个师开盘县、普安整训。第2军主力2个师开顺宁镇接替第6军之云滚路方面任务，余1个师开祥云附近。第93军军部及所辖2个师开西昌会理整训，余1个师另有任务。

二、滇南方面：第1集团军仍旧，第9集团军所属第52、第54军开文山附近。

三、昆明防守：第5集团军所属第5、第6军任之。

四、其他：第53军暂驻镇远、黄平，第8军先开兴仁、兴义，第74军暂驻衡山。

1943年5月5日，陈诚拟定远征军作战计划，预定在中国驻印军和英美盟军同时发动攻势时，远征军就从云南出击，相互呼应。正在此时，日寇进攻鄂西，陈诚奉命赶回第6战区指挥那儿的中国军队进行鄂西会战。打胜了鄂西战役后，直到6月中旬，陈诚才返回楚雄，继续挑起远征军的担子。

此时，情况已发生了变化。1943年10月12日，陈诚修订作战计划，预定在美英盟军对缅甸发动攻势的同时，以远征军主力攻击腾冲、龙陵，进出八莫和九谷一线，然后攻击腊戍，12月完成作战准备，实施安纳吉姆战役计划。

可是，从10月中旬开始，陈诚胃溃疡发作，勉强支持到11月底，仍无痊愈希望，势必回渝调治不可，这才不得不辞去远征军的职务。因而，1943年11月23日，就在反攻作战即将打响之际，蒋介石任命在成都赋闲的原第1战区司令长官卫立煌为远征军代理司令长官，全权指挥远征军作战训练。

从此以后，国民党高级将领、蒋介石的心腹爱将陈诚再也没有直接指挥部队对日作战。不过，他在抗日战争中的所作所为无疑表明他不仅是一个主战派，而且是一个尽心尽力为抵御外侮贡献自己力量的主战派。历史会永远记住他。

第六部分 老树新苗话抗战

27章 抗日先锋罗卓英

罗卓英是第18军的第2任军长。他在第18军的发展历程上，同样起到了不可替代的作用。

跟其他任何一支部队的第2任首长一样，罗卓英是陈诚最信任的人。凭借他跟陈诚保定军校第8期炮兵科同窗好友的关系，打从陈诚担任第11师副师长的时候起，他就一直陪伴在陈诚左右，为陈诚出谋划策。

罗卓英与师参谋长周至柔一道，帮助陈诚以第11师为依托，极力扩充人马，使得第11师很快就发展成第18军。继而，随着队伍的迅速发展壮大，在第18军的基础上，又剥离出来了一个第5军，由罗卓英担任第5军军长，跟第18军军长陈诚可以并肩而立。尽管第5军仅昙花一现，很快就因在与中国共产党领导的工农红军作战中败北而撤销番号。随后，陈诚获得提升机会，罗卓英当上了第18军军长。作为续任军长，罗卓英继续按照陈诚、他自己以及周至柔这三驾马车制定的政策，扩充实力，使得第18军在他的手下得到了更加迅猛的发展。因而，可以毫不夸张地说，如果陈诚是第18军乃至于整个土木系的奠基人、精神领袖的话，罗卓英就是第18军乃至于整个土木系的推动者、扩充者，实际的操盘手。正如一说到第18军，就不得不说到陈诚一样；一说到第18军，同样必须说到罗卓英。

尽管罗卓英没有陈诚一样的地位与气魄，能够决定尔后军长的继任者人选以及整个土木系高级将领的任命，但凭借他在该军的地位以及他与陈诚的亲密关系，实事求是地说，如果他觉得谁能够胜任军长以及土木系其他任何高级将领的职位，一样可以轻而易举地办到。不过，纵观他在抗日战争时期对第18军军长乃至土木系其他高级将领的任命上，除了黄维的第3任军长是他推出来的，他再也没有介于其事，说明了此人确实小心谨慎，以及坚决维护陈诚作为第18军乃至土木系精神领袖地位的良苦用心。在这一点上，说明这个人十足聪明：他深知，维护陈诚的地位其实就是维护自己的地位。毕竟，陈诚是蒋介石的浙江同乡，赢得了蒋介石的欢心，成为了蒋介石的心腹爱将，这为第18军扩充实力提供了一道可靠的保护伞；他罗卓英自己，虽然一样受到蒋介石的重用，但如果离开了陈诚，也很难得到蒋介石的彻底信任。

说到这里，我想，诸位读者一定会对罗卓英产生浓厚的兴趣，迫不及待地想弄清罗卓英这个人的出身及其经历。那么，在这里，简单介绍一下。

罗卓英，字尤青，别号慈威，1896年3月出生，广东省大埔县人。此人7岁入乡塾读书，1914年毕业于该县官学，次年入大埔中学读书。1919年，他考入保定军校第8期炮兵科，成为陈诚的同班同学，并与陈诚结成莫逆之交，为尔后从军帮助陈诚建立土木系打下了基础。不过，他1922年6月毕业后，并没有立即从军，而是回到家乡广东，先后在大埔中学任教务主任、湖山官学任校长，并倡导开办了湖山中学。3年以后，也就是1925年东征军回师广州，进行大改编时，他正式投军，参加了讨伐刘、杨之役。第2次东征时，他担任第1师炮兵连连长，在惠州攻城战中指挥炮兵准确地摧毁城楼，打开缺口，使持续两天、屡攻不下的惠州城得以迅速攻破，立了战功，升任炮兵副营长。

1927年，陈诚升任第21师师长，即将罗卓英招入他的麾下，出任该师参谋处长、参谋长。从此，二人联手打造土木系的友情一直持续到抗战结束。1928年秋，陈诚担任第11师副师长，罗卓英随之任该师参谋长。1929年春，陈诚如愿以偿地当上了第11师师长，罗卓英被任命为第33旅旅长，旋即升副师长。几年后，他们就以该师为核心，建立了第18军，使得土木系正式浮出水面。

此后，在土木系发展壮大过程中，陈诚每高升一步，罗卓英必定会得到相应的提升；二人相依相伴，密不可分，尽管没有时下青春少年的海誓山盟，但这种政治与军事利益上的联姻比海誓山盟来得更可靠。

1931年7月，陈诚升任第18军军长，同时兼任第14师师长，第11师师长由罗卓英担任。为了建成一支敢打善拼、忠心耿耿的队伍，罗卓英在注重军事训练的同时，经常向官兵灌输忠于蒋介石和陈诚的思想。

1931年5月，第11师在进攻中央苏区的同时，乘机吞并杂牌军，罗卓英因此被加以"整军经武，屡建殊勋"的功劳，提升为副军长。此后不久，陈诚升任第3路总指挥，虽说他仍然兼任军长，却已把该军的指挥权交给了罗卓英，使得罗卓英从这时起就已经成为实际指挥官。1933年2月，由于第18军下辖的师级单位太多，为指挥方便，陈诚请准蒋介石，临时决定成立第5军，任命罗卓英为第5军军长。

为什么要把罗卓英看做抗日先锋。这不仅是因为在全面抗战即将爆发之际，他是第一个率部走上抗日战场，增援正在与日寇浴血奋战的中国军队的人，更重要的是他的抗战功绩决定了的。

关于第一点，在第一部分介绍第18军走上淞沪战场的时候，曾经介绍过，在这里仅用一句话概括，即：在华东方向，在张治中率领人马与日寇展开搏杀之际，罗卓英率领的第18军是第一支从中国腹地开进战场、增援张治中所部的部队。按照惯常的说法，这支部队可以看作是先遣部队，是对日作战的先遣军；那么，作为这支部队的军长，罗卓英理当是抗日先锋。就是这位抗日先锋，在率领人马进入淞沪战场后，指挥部队与日寇进行了惊天地泣鬼神的大搏杀，顶住了日寇的进攻，为后续部队源源不绝地开赴战场创造了条件，是淞沪会战能够坚持3个月之久的一个非常重要的原因，给中国国民政府以及中国军队全面展开、全面动员，进行全国性的抗战，赢得了时间。甚至在以后的时间里，罗卓英无论是担任第15集团军代理总司令、第16军团军团长、武汉警备司令部代理总司令，还是第9战区前敌总指挥、中国远征军代理总司令，他的角色都具有先锋官的意义。为此，评价罗卓英在抗日战争时期为中华民族所做的贡献，无疑可以用抗日先锋来称呼。

在履行上述职责时，罗卓英指挥所属部队与日寇展开了许多大规模较量，尽管大多数以失败告终，但他指挥的部队亦给予了日寇极大的杀伤，基本上达成了国民政府军事委员会赋予的使命。特别是在上高会战中，由于罗卓英的出色指挥，中国军队取得了伟大胜利，更加体现了罗卓英不凡的指挥艺术与不屈不挠地对日作战精神。在整个国民党高级将领中，抗战期间，指挥所属部队击毙击伤倭寇最多的将领是薛岳，这一点几乎没有人怀疑；长期担任薛岳的前敌总指挥的罗卓英，为薛岳在抗日战场上交出光彩夺目的成绩单贡献了自己的力量，甚至可以说，罗卓英的功劳不比薛岳小。这一点，亦不应怀疑。

后来，在军事委员会按照同盟国的意图组建中国远征军第1路军开赴缅甸作战时，任命罗卓英为远征军第1路军代理总司令，指挥中国军队第一次走出国门，在缅甸配合英军对日作战，无疑也是考虑到他在前期的抗战过程中打出了威风，建立了功勋，才有如此殊荣的。

那么，到底应该对罗卓英作出什么样的评价呢？首先必须明确一点，评价负责基本战役集团的军长是骁勇善战，还是平庸之辈，决不能看他是否亲自操持武器装备去与敌人进行面对面的厮杀，而是看他是否能够随着战役的发展变化，及时洞察敌人下一步应该采取什么样的行动，因之以及时调整己方的部署，赢得战争的胜利。按照这个标准，罗卓英既不是骁勇善战的猛将，亦不能归结到平庸之辈的行列。这是由他的性格特质决定了的。纵观罗卓英在整个抗日战争期间中指挥所属部队对日作战的行动上，可以清楚地看出来：他多谋，善于吸取别人意见，但决心容易动摇；带兵要求以身作则训练严格，但对下属要求过松。这样的人，在独当一面时往往可以大胆作出决策，一旦与人合作共同指挥时容易受到他人的影响难以决定，致使作战过程中常常贻误战机，导致败绩。

其次，无论罗卓英在指挥部队对日作战的时候打过多少败仗，出现了多少失误，他能够坚持抗战，不逃避自己应承担的责任，仍然表明他是一个不错的爱国将领。

以上介绍，是不是已经为诸位读者勾勒出了罗卓英的抗战画像呢？当然，有一些属于个人的推断，诸位如果不满意，或者想从罗卓英的抗战经历中寻找新的东西，请接着往下看；诸位有兴趣的话，也可以广泛搜集资料深入研究他。

七·七事变后，日寇在华北不断挑动战事，其全面侵华的企图已经昭然若揭。在这样的情况下，南京政府即使还没有做好抗战准备，亦被迫调动军队，以应对危局。为此，军长罗卓英一接到命令，经过紧急动员，编列好了开进顺序，立即率部赶赴战场。不过，最初，罗卓英带领第18军是准备开赴华北战场的，途中，突然接到命令，说是日寇正在上海另辟战场，遂急令该军改变原定路线。军情如火，罗卓英不容拖宕，立即命令所部人马转头向上海方向开进。

依据部队的开进顺序，第98师最先抵达上海，接受张治中的指挥，最先加入战斗；紧接着，第11师亦到达了战场，同样接受张治中的指挥，参与了战斗；随后，军部、第67师、第14师相继赶赴上海。

罗卓英率领第18军军部于1937年8月23日下午到达太仓县城。当晚，他接到了第11师师长彭善关于第33旅当天下午攻克罗店，并且在夜间击破日寇三路进犯罗店的战斗经过报告以及川沙一带日寇情况，初步了解了淞沪战场最初的战况。紧接着，他接到第15集团军总司令陈诚关于第18军必须立即对宝山、狮子林、川沙一带登陆之敌展开进攻，就地歼灭日寇的命令，遂发出了参加淞沪会战的第一道命令：以第98师攻击宝山之敌，第11师攻击狮子林、川沙之敌，由已到嘉定的第67师第201旅接替第33旅守卫罗店，并将军部推进到嘉定城。

同时，罗卓英决定于24日傍晚在罗店之第33旅旅部，召集全军团以上干部会议，部署作战任务。

次日，罗卓英发出的第一道命令已经得到了落实，第98师、第11师相继扼制了日寇的进攻。当天傍晚，第18军进入淞沪战场以来的第1次军事会议准时召开。针对敌我双方的作战态势及其可能发展，罗卓英军长作出如下决断：

一、第98师自宝山、三官堂之线向狮子林出击；

二、第11师由月浦、新镇一线向石洞口、川沙口出击；

三、第67师据守罗店及其附近要地，以第199旅（欠398团）取捷径自界泾河西岸向浏河推进，同该地守军第56师第168旅密切协同，严防日军西窜；398团可置于曹王庙保持机动；第201旅以一部固守罗店，该旅主力应向尤家楼出击，协助第11师作战；

四、炮16团各以野炮1连配属第98、第11师；

五、兵站分别开设在嘉定城。并规定各部于25日拂晓前开始进攻。

会议在当晚9时左右结束，罗卓英立即亲赴罗店阵地前沿察看情况。

1937年8月25日凌晨，第11、第98、第67师遵照罗卓英的命令，同时对狮子林、石洞口、川沙口、尤家楼各处日寇展开了猛烈进攻。

当天，第11师在新镇这一仗，不但挫败了日寇第11师团准备同吴淞方向之日寇第3师团联成一体的企图，而且全歼了日寇一个步兵大队，极大地打击了日军士气。罗卓英高兴地称赞："第11师本（25）日在新镇之役中，再次予敌重创，既挫敌焰，更扬我威，诚为对淞沪会战有重大价值之胜仗，殊堪嘉许。"

但是，因为日寇已经深入罗店，第67师虽仍在罗店西南角和罗店站、小石桥一带拒敌，但形势甚为危险，且日寇后续部队又在川沙口、石洞口登陆，使第11师已陷入日寇的南（罗店）、北（石洞口、沈家桥）夹击之包围圈中,处境十分不利。罗卓英遂果断决定:第11师自现地移至罗店以东的顾家角、北塘口、马家宅一带占领阵地;第98师立即攻占狮子林并守备月浦新镇地区;第67师固守现阵地;第14师以一个旅向曹王庙附近集结,一部沿新泾河布防。

8月26日晚,得知各部队已陆续到达指定地区集结完毕后,罗卓英随即下达了第二号作战命令:

一、军以歼灭突入罗店日军之目的,决对该敌于28日拂晓前展开三面围攻,力求全歼。

二、第98师以第292旅自南长沟、潘宅之线向罗店东北角进攻,左与第11师密切协同。

三、第14师以一个旅自曹王庙方面对罗店西北角进攻,右与第67师密切协同。

四、第11师自罗店东面的坍石桥和南面的白房子等处向罗店日军核心阵地进攻,左与第67师右与第98师第292旅密切协同。

五、第67师应固守现阵地,竭力阻止并牵制当面之敌,使其他进攻部队作战容易。

六、由第11师彭师长担任明(28)日围攻罗店之战的前敌总指挥,统一指挥各部队的作战行动。余现在嘉定军指挥所,前进指挥所设在罗店西南方的三官殿第67师师部内。

第18军所辖各部在规定的时间里向日寇发动猛烈的攻击,试图达成歼灭突入罗店之日寇的目的,却由于日寇凭借先进的武器装备,在飞机、大炮、军舰的配合下,不仅顶住了我军各部的进攻,而且撕破了该军的攻击队形。罗卓英及时调整部署,命令部队全力以赴地堵住了缺口。29日深夜,罗卓英再度亲临罗店视察,决定对敌再次进攻,务必肃清镇内之敌。这一次,主攻罗店之第11师第33旅虽说攻入罗店,却最终在日寇的反扑下,不得不退了出来。

随后,一直到9月7日,罗卓英为了遵照陈诚"立克罗店、夺取川沙"的指示,又组织了两次罗店围攻战。这两次仍然由第33旅攻入罗店,随即因日寇增援反扑,两翼友军不支而退,使第33旅孤悬罗店,反遭围攻,处于十分不利态势,以致罗卓英不得不最终忍痛令叶佩高彻底放弃罗店。

就这样，罗卓英率领第18军开赴上淞沪战场以来，在第一阶段，经过近半个月的激战，付出了重大伤亡，并没有达成预定的作战目的。第18军武器装备与日寇相比处于劣势，固然是一个非常重要的原因；但第18军将士的军事素质、各级指挥人员的军事才干不足不能不说同样是非常重要的因素。同时，第18军迫使日寇无法向上海市区发展进攻，为其他中国军队陆续开进战场赢得了半个多月的时间，同样功不可没。

9月7日，罗卓英果断决定停止对罗店的进攻，急调第14师驰赴新镇，支援正在月浦与敌激战中的第98师；以第11师附第67师的第199旅，右翼联系在新镇的第14师，沿马路河南北岸以至钱家宅一带占领阵地，左翼与在沈家湾及其以北地区的第74军第51师相联系；第67师集结于施相公庙整补。

自9月7日至11日深夜，第98师与日寇第11师团的天谷支队激战5昼夜，伤亡重大，处境甚危。罗卓英见状，即令第14师向日寇实施侧击，掩护第98师于12日晚上8时开始向广福转移，随后转进到太仓整补；同时令第14师于第98师安全撤出后，随即在第11师和第199旅掩护下向陆福桥转移阵地。

9月16日，鉴于抵达淞沪战场与日寇决战的中国军队越来越多，为了激励士气，鼓励高级将领竭尽全力指挥所部打好抗击日寇的战斗，南京政府军事委员会提升了各类指挥机构的层级，罗卓英被任命为第16军团军团长，继续指挥所属部队在原来的作战地域与日寇交战。

自9月15日开始，日寇以第11师附台湾旅团对陆福桥至龚家宅一带的第18军阵地实施猛攻，遭到沉重打击，付出了重大的人员伤亡，却难以前进一步。这是罗卓英以军团长身份指挥第18军将士作战取得的重大成果。虽说这时已经有中国军队源源不断地开进淞沪战场，但依然难挽失败的结果。

9月21日，中国军队调整指挥系统，陈诚任左翼作战军总司令，第15集团军总司令由军长罗卓英代理。也即这天起，罗卓英能够指挥的部队不仅有第18军，而且包括第15集团军麾下的所有部队。

从10月1日开始，日寇增援部队陆续在吴淞登陆，增大了中国守军的压力。

面对越来越强大的敌人，10月9日至14日间，罗卓英指挥第15集团军不但击退了日寇第11师团（附第3师团34联队）连日来的反复进攻，而且打退了日寇台湾旅团（重藤支队）先后在杨林、马桥、七丫口、鹿鸣口各处的登陆行动。

10月28日，鉴于广西部队已经抵达战场，第3战区为了击破蕰藻浜南岸之敌，决定以广西部队为主开始实施反攻。结果，反攻失败，中国军队更加被动。

陈诚鉴于日寇主力已经突破蕰藻浜，正向走马塘一线猛扑，立即命令罗卓英调集第11师、第14师、第67师兼程南下赴援。罗卓英据此命令刚刚转移到石岗门、马陆镇的第11师星夜向新泾桥急进，阻击日寇；霍揆章亲率第14师和刚整补完毕的第67师连夜以急行军向走马塘前进，迎击日寇。

事实证明，陈诚、罗卓英这一步棋走得非常不错。第11、第14、第67师奋勇阻击，终将日寇锐意进攻的第9师团和第101师团之一部予以击退，保持住了走马塘沿岸阵地，使中央作战军所属第9、第21集团军各部得以安全地转移到苏州河北岸，重新占领阵地。

11月5日，日寇突然在杭州湾北岸的金山卫附近登陆成功，中国军队的反击没能成功，于是，正在淞沪战场上的中国军队都陷入了敌人的大包围中。第3战区司令长官部不得不命令中国军队逐次撤离战场。首先撤出战场的是右翼作战军。该部撤退得异常混乱。鉴于这种情况，第3战区司令长官部于11月10日中午1时左右向左翼作战军下达向吴福阵地转移的命令。其中，第3战区给罗卓英之第15集团军的命令是：以有力部队占领石岗门、嘉定城各要点，掩护第15、第21集团军之转进。

根据第3战区司令长官部下达的这项命令，11月13日下午6时左右，罗卓英行抵常熟之后，立即与廖磊取得联系，协商了两集团军在常熟地区作战互相配合支援问题，针对当前的战况，做出如下部署：

一、第98师附第13师于今（14）晨黎明前速赴常熟城在花园里、三里桥、朝泾占领既设阵地、掩护集团军主力向城北转移；

二、炮16团在第98师后方占领阵地支援其作战；

三、第26军即以第76师第228旅占领昆承湖阵地，以第44师、第32师向湘城镇、辛庄间集结待命；

四、急调第11师火速来常熟归建；

五、令在古里镇的第60师全力协助第171师迎击来犯之敌。因徐市镇、周口泾方面敌我正在激战中，敌一股钻隙绕到我第48军后方苏家、天主堂镇一带，廖磊总司令急调第171师一部前往堵击该敌并请在古里镇的第60师协力之。

第15集团军各部严守罗卓英的命令,在常熟地区附近地带与武装到牙齿的日寇激战了六天,顽强地阻击了日寇的进攻势头,掩护兄弟部队安全撤退。

11月19日,当2个师团的日寇已从三面包围常熟时,罗卓英认为日寇占据虞山,常熟无险可守,罗、廖二集团军不但无法固守现阵地且有被敌围歼之虞,遂上报军事委员会,获得同意之后,率部向后方转进。

11月26日,罗卓英奉命调任南京卫戍司令部副长官,协助唐生智率领中国军队一部守卫南京。由于淞沪战场上的中国军队在后撤途中太过混乱,根本无法进入原先预设的工事,利用既设阵地阻挡日寇的进攻,致使日寇几乎如入无人之境,很快就兵临南京城下。仅仅几天的时间,南京就落入敌手。这样一来,罗卓英南京卫戍司令部副司令长官一职顿成空中楼阁,不得不重新返回第16军团。

恰在这时,军事委员会发来电令,将第16军团改为第19集团军,任命罗卓英为第19集团军总司令兼第18军军长(武汉会战前军长由黄维接任),下辖第18军、第16军、第49军等3个军的人马。其中,第16军的防区在马当、彭泽、湖口一线,军长兼任马湖要塞区总指挥。

1938年6月24日,日寇台湾旅团突然向马当要塞发起进攻,拉开了武汉会战的序幕。当天,日寇攻占了香山和香口。陈诚、白崇禧闻讯后,立即电报蒋介石,请速调罗卓英前往统一指挥马当之战,并调第18、第49军赴援。蒋介石当夜便电令罗卓英负责东流、马当、彭泽、湖口方面的作战指挥。

罗卓英接到命令后,为了及时了解战场情况,更好地指挥部队作战,立即将总司令部推进至浮梁,命令已赶到第60师第180旅,配合第16军之第53师第157旅于25日拂晓对入侵黄山之敌展开进攻(黄山在茅林洲南方、香山东侧),迅速收复黄山,然后向香山发展攻击。

两个旅的中国军队与日寇激战2小时后,收复了黄山,实现了罗卓英给予的第一步任务。紧接着,他们继续对盘踞香山之敌发起进攻,却未能成功。

随后,罗卓英不断地调兵遣将,部署人马反攻并且收复马当。这时,据守在彭泽、湖口一线的中国军队亦在日寇的猛烈攻击之下,阵线濒临崩溃。30日深夜,罗卓英立即作出处置如下:

一、立即复电王东原,要求第16师必须留置有力之一部固守现阵

地马路口、马家岭、双峰尖、法宫尖、龙山等要点,等待第60师派第180旅前往接防后,方能撤离;

二、令正向黄土岭奔驰的第11师加速前进;

三、令第18军军长黄维亲赴黄土岭坐镇指挥,接替第16军军长李温珩指挥第53、第167、第60师和马当要塞现有部队以及第11师担任反攻彭泽、马当的作战。

罗卓英的部署很及时,第18军的行动也非常迅速。第11师在师长彭善的率领下,遵照罗卓英、黄维的命令,赶到指定位置,通过侦察敌情,判断日寇将第106师团调来的目的在于夺取湖口,以为西取九江之基地;而台湾旅团对据守在马路口之第180旅的进攻,则是为了阻止中国军队反攻彭泽和马当,以掩护其主力进攻湖口。因此,彭善主张不待全师集结完毕,立即以现有兵力(3个团和部分特种兵)会同第180旅,断然对彭泽发起围攻,以打破日寇的企图,为反攻马当创造条件。

然而,当第11师对彭泽发动进攻时,虽说夺取了很多据点,然日寇增援部队不停开了过来,日寇的飞机、军舰对该师造成了极其重大的威胁。

在这样的情况下,罗卓英经过缜密研究,决定放弃对马当、彭泽的攻击,由第49、第16军各部采取积极的作战以达抑留敌人之目的,以第18军击破龙潭山方面之敌。据此,罗卓英下达了第十一号作战命令:

一、第18军立即停止对彭泽、中夹口日军进攻,乘夜移至太平关、大垄、吴八方湾、马影地区集结,统一指挥第11、第16、第60、第77师围攻龙潭山,梅兰口之敌歼灭之;

二、其余各部仍执行原任务。

1938年7月4日,是决定湖口命运最关键一天。这天,黄维一面指挥部队阻击日寇,一面急调各部向湖口东郊集结。而各路部队情势不容乐观:第16师自晨至午反攻龙潭山未能奏效,正同日寇在凤凰村、刘家畈激战中。守梅兰口的第26师第76旅受敌猛攻,伤亡惨重,两个团长均在激战中阵亡,兼之日寇数千人已在石钟山附近登陆,该旅便退回要塞。另一股日寇则乘艇进入鄱阳湖绕到湖口南面三里镇登陆包围湖口城,幸第65团团长陈简中率部赶到,将敌击退,但湖口仍甚危急。

当天下午3时左右，罗卓英得报后，即刻命令已到下梅村之炮7团1营和赣保第12团统归第77师指挥，全部进入湖口归第43军军长郭汝栋指挥，死守湖口；另严令黄维务须于本（4）日午夜前攻克梅兰口、龙潭山，然后挥师西进，肃清窜入湖口之敌。

然而，郭汝栋竟然放弃了湖口。罗卓英大惊失色，遂急令第11师继续反攻湖口。该师在师长彭善的率领下，猛打猛冲，曾一度突入城内攻占月亮山，却因敌第106师团来援，向该师大举反扑，彭善只得率部退回罗德岭至三里镇一带继续围城。7月20日，敌第101师团调来湖口。冈村宁次坐镇彭泽，准备进攻九江。罗卓英却调任武汉卫戍总司令，以令人遗憾的方式结束了他的马垱湖口反攻任务。

武汉卫戍总司令部的职责是担任武汉三镇及其附近要点的守备。这时候，罗卓英跟他曾经指挥的第18军一样，充当了救火队员的角色。当信阳方面局势紧张时，武汉卫戍总司令罗卓英受命担任第5兵团司令，率胡宗南、万耀煌、孙桐萱、刘和鼎等部赴援信阳，先后在柳林、九里关、涩港击退日寇第10师团的进攻；当阳新、大冶陷入危急的时候，军事委员会急调罗卓英兵团南下指挥粤汉路方面作战行动；武汉弃守后，军委会又命令罗卓英指挥关麟征、李延年、周碞、李仙洲、孙渡、张冲、汤恩伯各部转战咸宁、通山、崇阳、通城、蒲圻、岳阳等地。在每一次救援行动中，尽管没有扑灭日寇燃起的野火，罗卓英却还是尽了力。

1938年11月初，罗卓英率领第5兵团移驻平江，又可以指挥自己的老部队第18军了。不过，随后，他却再一次撇下了第18军，调往南昌，指挥南浔路作战，先后指挥了反攻南昌的战斗以及高安战役、上高战役和3次长沙会战等著名战役。

好了，闲话少说，具体说一说南昌会战的经过：

1939年3月，日酋冈村宁次率4个师团的兵力进攻南昌。3月17日，敌以一部在空军掩护下猛攻吴城镇，罗卓英命令守军阻挡敌人的进攻。守军与敌人激战七天七夜后，终于不支，弃守吴城镇，致使该镇落入日寇之手。21日，中国军队之永修、虬津阵地亦被日寇主力攻破。敌机械化部队遂分头南犯，先后攻陷靖安、安义、奉新，进而全力猛攻南昌。罗卓英指挥守军与日寇激战至27日，因实力悬殊，伤亡巨大而命令人马放弃南昌。

南昌失守，严重影响到西南战局，蒋介石极为愤怒，将前敌总司令兼第19集团军总司令罗卓英撤职查办，旋即命令其戴罪立功，迅疾收复南昌。

4月下旬，罗负责全面部署并指挥第9战区的国民党军对南昌实施反攻，试图夺回该市。21日晚，罗卓英统率三军，兵分三路：一路由上官云相指挥陈保安第29军沿赣江西岸北进，正面攻击南昌；一路由第1集团军代总司令高荫槐指挥，以第58、第60军向靖安、安义、奉新地区之敌进攻，并以一部进入南浔线、乐化地区，截断敌人后方联络；一路由俞济时指挥第74军东渡赣江，进攻南昌东面地区之敌，以分兵合击之势对南昌进击。

战斗打响后，由于中国军队未能按照罗卓英的部署完全切断南浔铁路，使日寇得以增援，加之在反攻南昌的关键时刻，遭日寇反击的第79师师长段朗如违令畏缩，至误良机，使第一次反攻未能取得应有进展，不得不暂停下来。

5月1日，罗卓英调整部署，指挥人马发动第二次反攻。这一次，虽说第58军之新编第10师奉令向张公渡挺进，截断了南浔线，却终因日寇借助其空炮火力支援，顽强扼守南昌外围阵地，并进行反击，致使中国军队伤亡十分严重，无力攻坚。5月9日，全线停止反攻。反攻南昌以失败告终。从此后，为了牵制日寇，迫使其不能西进，罗卓英集团放弃了对城市的争夺战，改为消耗敌人有生力量为主的游击战。

在这次会战中，有一件具有非常重要意义的事，罗卓英可以全权指挥国民党五大主力之另外一支主力部队第74军的作战行动，成为第一个可以指挥两支国民党主力部队对日作战的国民党高级将领。几年以后，也就是1945年5月，第74军第2任军长王耀武也享有这种殊荣，不仅指挥他自己的第74军，而且指挥第18军参加雪峰山会战，并最终打赢了这次战役。但是，那时，罗卓英早就指挥第5军在缅甸战场上与日寇交锋过，成为唯一一位指挥过第18军、第74军、第5军，三个王牌军对日作战的军事将领。不仅如此，因为其后在印度成立的新编第1军、新编第6军基本上是从远征军第1路军脱胎出来，实际上，罗卓英等于是指挥了新编第1军、新编第6军对日作战。这样一来，罗卓英就成了国民党高级将领中唯一指挥过国民党五大主力部队的人。这个记录无人可破。

紧接着，罗卓英指挥人马相继与日寇展开了第1次长沙会战、上高会战、第2次长沙会战、第3次长沙会战。

其中，第1次长沙会战、上高会战、第2次长沙会战是一个作战计划，本来在南昌会战之前就已初步拟定出来，可因日寇进攻南昌，致使该计划不得不暂停。南昌会战结束以后，鉴于军事形势已发生了变化，必须对原计划做出一定的修改。不过，其精神不变。

第1次长沙会战从1939年9月中旬开始。日寇先由赣中、高安方面开始进攻，试图拉住罗卓英的后腿，不让他指挥的几个军参加长沙方面的决战。也许，丢失南昌对罗卓英造成的影响太大了，他一开始并没有识破敌人的企图，立即指挥人马在高安方面与日寇展开了异常惨烈的激战，在付出了重大伤亡后，保住了原有阵地。

紧接着，日寇以一部由武宁、修水、铜鼓道向西南进攻，以一部由通城、白沙岭、长寿街道向西南进攻，以主力由新墙河正面向南进攻，重点保持于杨林街、长乐街、青山寺之线，渐渐暴露出其进攻长沙的主要目的。

这时，不仅罗卓英，第9战区司令长官部也已经准确判断出了日寇的意图。已经有第79军、第37军等非常具有战斗力的部队集结在长沙周边，罗卓英认为，这些部队理当可以扛住日寇对长沙的攻击，而修水方面部队薄弱，一旦被日寇攻破，这一路敌人将会对长沙侧翼形成重大威胁，因而，从高安方面抽调最具战斗力的王牌部队第74军去支援修水方面中国军队的作战行动。

事实证明，罗卓英的判断没错，修水方向之敌约有一个师团的兵力，以凌厉的攻势向澧溪守军展开攻击，迫使守军不停后撤，转至铜鼓附近时，勉强占据既设阵地，进行顽强防御。日寇试图突破该部右翼，向北席卷，几经激战，未能达成目的。这时候，第74军接到罗卓英的命令后，迅速赶来救援，将重点保持于右翼，向日寇发动反击，终于打退了日寇的进攻。

而长寿街方向的中国守军亦在第9战区司令长官部调遣援军侧击进攻的日寇以后，迟滞了日寇的行动，然后以猛烈的反攻，将日寇的攻势瓦解，亦迫使日寇退回原有阵地。日寇的主力部队在中国军队之第79军、第37军等部的顽强阻击下，同样未能达成既定目的，不得不放弃攻击长沙的意图。

就这样，第9战区各部勠力同心，奋勇杀敌，顽强地阻击日寇的攻势，确保长沙安如泰山。这是中国军队第一次在战役作战行动中粉碎了日寇攻占省会城市的企图。对于第9战区来说，从此以后，在与日寇进行的每一次会战中，胜多败少，成全了该战区是抗日一流战区的名声。

这次会战结束后，日寇损失惨重，有一年多时间不敢再对第9战区发起大的战事。到了1941年3月，第9战区当面的日寇增加到65 000余人，即以20 000余众担负原阵地以及后方的守备任务，集结42 000余人兵分三路，向上高发动进攻，正式发起了上高战役。日寇的部署是：北路为第33

师团，兵力15 000余人；中路为第34师团，兵力有20 000余人；南路为第21混成旅，兵力8 000，配以独立步兵第102大队及独立工兵第2联队的一个大队。北路与南路的日寇最先发动攻击，试图采取合围之势，捕捉第九战区主力于高安、上高地区聚而歼之。

这时，罗卓英已升任第9战区副司令长官，兼第19集团军总司令。已经取得了第1次长沙会战的胜利，罗卓英信心大增，准确地判断出了日寇的作战意图，继续按照"后退决战"和"争取外线"的作战原则，命令第1线部队遵照既定计划引诱敌人，两翼的部队立刻向两翼作离心转进，迫使南北两路日寇不能合犯上高，摧折日寇进攻部署的两翼臂膀，然后从不重要的正面大胆抽调兵力，随战况的进展，对敌人形成反包围。

对于第9战区来说，这次战役的整个作战过程大致可以分成4个时期：诱敌时期、包围战歼敌时期、围歼敌突围军与增援军时期、追击时期。

几个月之后，到了1941年9月，日寇向长沙发动了第2次攻击。此次长沙会战进行了30多天。中国军队虽说遭受了极其严重的损失，素以凶悍著称的第74军在这次会战中亦被日寇打得落花流水，第58师几乎全军覆没，但日寇同样付出了很大代价，再也无力继续进攻，不得不撤退到出发前的位置。第9战区各部遂迅速收复了丢失的阵地，基本上恢复了战前态势。这次作战行动中，罗卓英部虽说派出了部分人马参战，却并没有跟日寇发生大的战斗。

同年12月中旬，罗卓英将第19集团军司令部由上高迁到浏阳，指挥肖之楚之第26军、夏楚中之第79军以及郭礼伯之第194师，参加第3次长沙会战。罗卓英将所属人马布置在浏阳、醴陵、株洲一带，与王陵基集团相配合，对长沙近郊构成侧击之势。

1942年1月1日，来势汹汹的日寇渡过浏阳河，罗卓英、王陵基两部一直按照预定计划静伏不动，等待日寇进入长沙近郊以后，立即全线出击。罗卓英指挥所部兵分两路，向㮾梨市之敌展开攻击，其中，第26军出永安市、杨枫坝向㮾梨市展开攻击，第79军及第194师则经黄花市向㮾梨市展开攻击。两路人马急速进军，与杨森、王陵基集团密切配合，很快就形成了对敌包围圈。经过四天血战，中国军队挫败了日寇的攻势。随后，罗卓英任南方追击军总司令，穷追猛赶，追至桃林忠场一带，与日寇对峙。

与此同时，赣北之敌亦全线出动，进犯高安、修水地区，以配合长沙作战。罗卓英在浏阳遥控指挥，粉碎了敌军的牵制计划。

就在罗卓英指挥所属部队与日寇进行第3次长沙会战的时候，远在云南的中国远征军第1路军已经成立，并且整装待发，准备进入缅甸配合英军对日作战。罗卓英这个时候恐怕做梦也没有想到，远征军第1路军会跟他有什么关系。

1942年2月中旬，第一批远征军将士进入缅甸境内。3月，中国远征军第1路军所部与日寇在同古进行第一次交锋，因为指挥系统不顺畅、情况不明、英军逃跑等原因，这次战役以第1路军所部的失败而告终。不过，中国第1支装甲部队第200师成功撤退，总算给中国远征军第1路军保留了一点体面。

担任盟军中国战区参谋长的史迪威在检讨失败原因时，认为中国军队的高级将领跟他难以配合，指挥不协调是首要原因，因而跑去重庆面见蒋介石，向蒋介石提出："要么解除我的职务，要么单独拨出一支部队归我指挥。"

当初，蒋介石确立的中国远征军第1路军司令长官人选是卫立煌，但卫立煌一直未到任，由该部副司令长官兼第5军军长杜聿明负责指挥部队的行动。杜聿明在很多方面不愿意听从史迪威的建议，而是根据蒋介石的密令，操控远征军的指挥调动等等一切事宜，使得史迪威对杜聿明大为不满。现在，史迪威动怒了，蒋介石看在中国可以从美国获得大量援助的分上，不能不安抚史迪威，立即宣布罗卓英接替卫立煌出任中国远征军第1路军司令长官，并且明确第5军、第6军服从于罗卓英，罗卓英服从于史迪威，这才让史迪威心满意足地返回缅甸去了。

1942年4月5日，蒋介石携罗卓英乘飞机到达腊戌，一来是送罗卓英上任，二来是与史迪威一道部署平满纳会战，打算将日寇引入有利地带予以歼灭。

计划制订得似乎很是严密，可是，史迪威、罗卓英还没有实施这个计划，英军就决定撤往印度，准备放弃原有的一切防地。这样一来，原来的计划不是被日寇的突然行动打破了，而是被友军英军的突然行动打破了。

没办法，刚上任的罗卓英不得不命令中国远征军第1路军接替英军的防务。但是，对于英军来说，日寇已经打到屁股后面来了，要想安全撤退也是不太容易的。为此，中国远征军第1路军说是接防，实际是为了掩护英军撤退，并且解救被日寇围困的英军。其中，新编第38师师长孙立人率领人马在仁安羌击破日寇构成的包围圈，解救被围的7 000余英军，是最令人兴奋的篇章,在英伦三岛引起了轰动。

也许,罗卓英吸取了杜聿明因跟史迪威不和导致史迪威告御状让蒋介石左右为难的教训,这次上任中国远征军第1路军司令长官,完全像换了个人一样,为了跟史迪威保持高度一致,竟从没有考虑到一直在缅甸战场上与日寇作战的中国将领特别是杜聿明的正确意见,一切以史迪威的意志为意志,给中国军队的惨败埋下了伏笔。

4月18日,因西路英军退到仁安羌以北,东路罗衣考方面的暂编第55师已经失去联系,棠吉告急,中路远征军有被东西两路日寇截断包围歼灭的危险,史迪威、罗卓英只得彻底放弃平满纳会战,准备接下来的曼德勒会战。

这时,杜聿明提出了不同的意见:既然因为东西两路吃紧,远征军必须放弃已经有所准备的平满纳会战,就必须集中兵力保全腊戍的两大门户——棠吉和梅苗,不应再作无准备的曼德勒会战。

可是,史迪威、罗卓英根本不予考虑,反而继续调兵遣将,准备曼德勒会战。

就在史迪威、罗卓英一意孤行,尽一切可能调动中国军队进行曼德勒会战时,日寇于4月28日占领了腊戍,次日即附战车回窜曼德勒,致使史迪威、罗卓英制订的曼德勒会战计划顿成画饼。

形势逼人,罗卓英不得不停止曼德勒会战,于4月30日急令各部先向伊洛瓦底江后撤,然后撤向莫八和密支那。可为时已晚,日寇攻占腊戍后,除用一部兵力向曼德勒回窜外,主力继续沿东线急进,5月3日,占领中缅边境重镇畹町,随即飞兵莫八,全速抢占密支那。5月8日,密支那失守。9日,腾冲亦沦敌手。至此,10万入缅军的归路被切断。全军被迫丢掉车辆辎重,突破日寇封锁线,进入人迹罕至的野人山,穿越原始森林,一部分于8月初回到滇西。罗卓英率长官司令部及新38师则经巴曼克、曼坎、荷马林、泰南进入印度。

罗卓英进入印度后,于6月11日率参谋长杨业孔及40余名官兵到新德里,14日参加了联合国庆祝大会,23日返回重庆述职。

10月,罗卓英与史迪威、魏菲尔等人会谈,决定在加尔各答西北开设训练基地,用以训练进入印度的远征军第22、新38师,并且取消中国远征军第1路军长官司令部,成立中国驻印军总指挥部,由史迪威和罗卓英分任正、副指挥。为了保持中国军队的独立性,另设副总指挥部,由罗卓英节制。

打从这时起,罗卓英也许是对自己就任中国远征军第1路军司令长官以来，在指挥部队对日作战行动中处处迁就史迪威，使得所属人马损失惨重进行了深刻反省，认识到了其中的错误；也许是领受了蒋介石的教诲，懂得了中国军队必须控制在中国人手里的道理，再也不愿一切唯史迪威马首是瞻了，在控制指挥中国军队方面，开始坚持自己的主张了。这时，史迪威一提出驻印军营以上的军官必须全部由美国人担任，罗卓英立即坚决予以抵制。史迪威再度要挟蒋介石。蒋介石尽管跟罗卓英一样坚决不同意史迪威的要求，却为了解决纠纷，不得不以撤销副总指挥部，调回罗卓英为条件与史迪威达成妥协。这年冬，罗卓英离印返渝，从此再也没有指挥部队对日作战。

1943年5月，罗卓英出任军令部次长，不久后调任军事委员会桂林干训团教育长，任务是：与驻华美军合作，首用轮带式教育法，训练反攻部队。

28章 第79军御外侮

从本章开始，将用4章的篇幅简要介绍从第18军分离出去的其他各军的抗战情况。这些军级单位，都是在抗战时期从第18军分离后，吸纳并升级为军级单位参加抗战的，包括国民革命军陆军第79军、第54军、第86军、第87军、第37军、第66军、第32军等。

在上面提到的基本战役集团里面，有一些是由从第18军中分离出去的师级单位直接升格成军的；有一些则是在抗战初期已经拥有军级编制，由原本在第18军阵营里待过一些时间的师级单位，在脱离后进入这些军的编制序列，将它们逐渐演变成由土木系人马控制的军事集团；还有一种情况是，脱离了第18军阵营的各师并没有完成把已经成军的并不从属于土木系的军级单位完全控制起来，只是在该军的编制里发挥作用的。具体说来：

第79军和第54军就是在淞沪会战期间，分别由第18军下辖的第98师和第14师直接升格变成军的。

第86军则是抗战之初由贵州部队编列成军的，后来，贵州部队遣散了，第67师以及另外一些师级单位借用原贵州部队的躯壳，重新扛起了这支军队的招牌，并且把它变成了由土木系完全控制的军级单位。

第37军、第87军、第66军、第32军均非由脱离第18军的各师直接升格而成的，那些进入这些军级单位的曾经隶属第18军的各师似乎没有完全掌控这些军级单位，但在这些军级单位中起到了非常重要的作用，甚至这些军的军长几乎全部换成了土木系人马。

所有上述军级单位，无论是从师级单位直接升格成军的，还是其他两种情况，毫无例外，进入这些军级单位都无法绕开第18军，它们秉承了第18军的军风，逐渐发展壮大的土木系人马，几乎在整个国民党军占有五分之一的份额。而要把这些事情全部讲清楚，无疑是需要花费很多时间，占用很大篇幅的。显而易见的是，这些内容，已经远超出了本书的范畴。为此，在以后的文章中，我们简单扼要地介绍这些军级单位的抗战情况。

首先介绍第79军的精彩抗战历程。在第一部分里已经说过，第79军是在淞沪会战的后期，由隶属于第18军的第98师直接升格成军的。刚刚升格成军时，军长由第98师师长夏楚中担任，第98师师长则由该师副师长王甲本升任。

在淞沪会战结束后，第79军迅速吸纳了第12军团之第76师和第67军之第108师。

这时，该军隶属于第3战区。武汉会战爆发后，军事委员会调集了大量人马在武汉外围与日寇展开了整个抗战史上规模最大的大型会战。这场大战主要由第5战区和第9战区承担，第3战区并没有全力参与，仅仅只派遣了一些部队在武汉外围战场周边声援。第79军亦在皖南地区参与了一些具体的战斗，这一点，在前面的章节里有过介绍。该军在这一时期与日寇的交战情况，跟其他任何时期相比，都显得太小儿科，并没有进行过多少惨烈的战斗。其中，王甲本率领的第98师曾经赠给新4军罗炳辉部子弹20万发，并与新4军相互配合，攻下了孙家铺车站，进而占领了宣城，算是很有影响的大事件。为此，该军在这一时期与日寇交战的细节，就不再详细叙说了。

武汉会战结束后，第108师改隶第25军，新组建的第118师编入该军。此时，该军下辖第67师、第98师、第118师。1939年春，该军改隶第9战区，重新回到第19集团军总司令罗卓英的麾下，参加了南昌会战。

此战后，军事委员会对第79军进行了整编：原辖第67师改隶第2军，第118师改隶第87军，另将第92军之第82师以及第140师拨给该军编制。随即，该军即以这样的阵容参与了第1次长沙会战和1939年冬季攻势作战。

日寇发起第2次攻击长沙的作战行动的准确时间是1941年9月17日。这天，日寇突然强渡新墙河，一路猛打猛攻，连续突破了前沿中国守军的阵地。至9月20日，日寇即已渡过汨罗江，随即兵分三路，攻至长沙外围。

一时间，长沙告急。驻防常德附近的第79军在军长的率领下，立即赶来增援。

最先采取行动的是第98师。该师在师长王甲本的带领下，昼夜兼程，于26日赶到了长沙东北近郊，立即占领了新河街杨家山阵地。这时候，该师布设在石子铺的警戒营与日寇遭遇上了。该营与日寇激战至天黑，战火越烧越旺，并且迅速延至土桥一线。与此同时，日寇主力则从右翼迂回，窜入长沙。王甲本当机立断，命令第294团坚守阵地，自己亲率主力连夜向高沙坪望仙桥迎击后续日寇。27日凌晨，第98师主力在三窖堂、白茅铺一线与日寇第40师团之早渊支队遭遇上了。师长王甲本即刻命令第292团抢占有利地形，与敌展开激战。

日寇为了一举攻占长沙，吸取了第1次长沙会战的经验教训，一出手就是飞机大炮轮番向中国军队实施凶猛的轰炸，掩护步兵向中国军队把守的阵地发动冲击。为此，第98师将士面临极其严酷的考验。

趁第292团与敌人激战的机会，王甲本将师主力全面展开，顽强地阻截敌人的前进。该师在这一带与日寇血战三天，到了30日，接到军长夏楚中发来的最新命令，王甲本将第293团留在原地，与突入长沙的敌人继续周旋，率领其余人马向捞刀河以北的霞凝港、罗汉庄一线侧击日寇。

同日，第79军下辖之另外一个师暂编第6师赶了过来，从橘子洲头的猴子石强渡湘江，配合友军以及第98师在城内的第293团，内外夹击，当晚将攻入长沙城内的日寇驱逐出去。

从这时起，日寇因受到中国外围部队的分割包围，伤亡重大，补给线被切断，粮食和弹药消耗殆尽，士气低落，不得不停止攻击，于10月1日开始突围。

第98师与日寇在第一线交战，一下子就洞察了日寇的企图，师长王甲本命令人马果断地向牛头嘴之敌发起侧击。日寇担任后卫的第40师团主力被迫回头阻击该师，以掩护其他部队逃跑。日寇深知，不将这支侧击它们的中国军队彻底消灭，其逃跑之路将不会顺当，为此，愈发穷凶极恶，终日出动飞机向第98师官兵的阵线实施狂轰滥炸，致使该师官兵伤亡剧增，师指挥所被迫转移到霞凝港。紧接着，日寇对第98师发动凶猛的反击，试图在湘江将其消灭。第98师陷入背水一战的危局。关键时刻，师长王甲本临危不乱，指示师搜索连抢占鹤羊山，控制制高点，形成对日寇的威胁，掩护全师的安全。

搜索连据守在鹤羊山，一连打退了日寇的多次强攻，全连官兵大部牺牲，仅剩一名排长率领15名战士坚守阵地。

当天晚上，副师长向敏思为了打破危局，率领10名战士冲过石子铺日寇据点，与湘阴友军第99师取得联系，向该师师长通报了敌情。该师立即出动人马向攻击第98师的日寇展开侧击，将日寇的攻势瓦解了。随即，第98师与第99师相互配合，截击向北撤退的日寇，一直将日寇追到青山铺附近,方才奉命结束战斗。

打完了这一仗后,军事委员会对第79军的编制系列再度进行调整,将第82师拨出去,归于其他部队,却没有给予该军新的成员。这样一来,该军就只剩下第98师和暂编第6师两个师的人马了。旋即参加了第3次长沙会战。

这次会战亦是日寇首先发起的,目的仍然是夺取长沙。这一次,日寇确实处心积虑,在第2次长沙会战结束之后不到2个月,就组织了10万之众,悍然向长沙发动了第3次进攻。显然,日寇的如意算盘是,以突然的行动、凌厉的攻势,迅速突破中国军队的前沿阵地,突入并占领长沙。但日寇的算盘还是打错了,自从他们发动攻击的刹那间,就遭到了中国军队的顽强抵抗,以至于跟前两次一样举步维艰。

第79军并没有从一开始就投入战斗,而是在战斗打响以后,接到第9战区司令长官薛岳的命令,从休整地域赶过来参战的。

这次战役后第79军又吸纳了新成员,它就是第19集团军直辖的第194师。

1943年3月,第79军隶属第10集团军,同时,该军军长夏楚中升任第10集团军副总司令,王甲本继任军长。此时,该军下辖:第98师,向思敏任师长;第194师,龚传文任师长;暂编第6师,赵季平任师长。

直到1944年12月,该军先后参加了鄂西会战、常德会战、常衡会战和桂柳会战等大型战役。

鄂西会战爆发之初,第79军下辖的第98师以及暂编第6师在益阳附近休整,并担任守备任务;第194师则在汉寿附近休整守备。渔洋关沦陷后,军事委员会从后方急调第94、第86、第87、第79军前去御敌,严令各部协同作战,夺回渔洋关要塞。

第79军的行动非常迅速。5月30日,奉命调隶第10集团军的第79军便由常德、石门向五峰渔洋关方向前进,其前锋部队第194师已抵达淮子坪。6月4日,第79军奉"急向宜都溃退之敌追击"的命令,向宜都之敌发动正面攻击。该军以第194师为右翼,以第98师为左翼,向敌攻击前进。

日寇困兽犹斗。第79军一发起进攻,就遭到日寇的顽强反抗。与日寇激战了半日,反复冲杀三次,还是无法击破敌人的防线。到午时左右,已退过白洋之日寇第39师团第233联队吉武部队又回头过江增援,使得我军遭到的反抗愈加激烈。战至第二天早晨,双方已呈拉锯战状态。这时,退向枝江方面之日寇第34师团第217联队长野部队前来支援;独立混成第17旅团也于4日从公安赶来增援,经老咀、磨盘洲,向枝江突进,在肖家岩、滥泥冲、狮子山之线展开，对第79军采取包围态势。宜都被困之敌第13师团第65联队及第39师团第233联队趁机向第79军展开反扑，试图与陆续开来的救援部队一道，内外夹攻，消灭第79军。为了达成目的，日寇同时出动5架飞机向第79军阵地投弹轰炸。但未能取得成功。

在第79军与多路日寇奋力拼杀时，其他中国军队对另外的日寇亦构成了包围态势。6日，在据守磨市的残余日寇受到中国军队的猛烈打击行将覆灭之际，被第79军围困在宜都的日寇为了救援同伙，冒险向第79军第194师、第98师正面强行发起突围。第194师因后续部队第4营未能及时赶到，在日寇的猛烈冲击下，防线很快就被日寇突破。

这时，第79军军部腹背受敌，与前线部队已失去联系，情况十分危急。于是，第98师与第194师2师长用电话商定，前线各留一半兵力死守现阵地，其余兵力集中使用，先击溃滥泥冲、肖家岩方向救援之樱井部队第2大队，从那儿打开一个缺口，然后分别向其他增援之敌展开进攻。

当第98师、第194师极为困苦地与敌奋战之际，后续部队暂编第6师终于在6月6日赶了过来。该部立即向肖家岩之敌发起攻击。

在空军的支援下，战斗不到3小时，便从日寇的阵线上突破了缺口。随即，该军下辖的3个师向日寇包围过来。摆在日寇的面前只有一条路可走，就是迅速逃跑。

当日寇逃至朝礼寺、凌家沟、田树河一线时，重新陷入第79军构筑的包围圈。战至午夜，日寇独立混成第17旅团被击溃，第87大队大队长浅沼吉太郎中佐、第88大队大队长小野寺实中佐接连被击毙。然而，日寇为掩饰败绩，竟大言不惭地声称"歼灭79军"。

7日，磨市东南之残敌，借助飞机的掩护，并释放毒气，终于突出重围，与聂家河之敌会合，向原路东窜。第98师追击至公安县虎渡河，与敌夹河对峙。

这次战役结束几个月后，日寇便发起了以占领常德为目的的常德战役。这次，该军担负的任务是和第66军一部，共同守备甘家厂、公安、新江口（不含）一线。

常德会战结束将近半年后，日寇又发起了长衡战役。

1944年6月19日，中南重镇长沙城失守，第79军在王甲本率领下奉命由公安、藕池口一带出发，经湘乡、谷水、娄底赶赴邵阳、廉桥一带，控制衡（阳）宝（庆）公路，策应衡阳前线对敌作战。

7月中旬，日寇攻至衡阳，第10军陷于重围，军长方先觉向重庆连电告急。蒋介石乃电令王甲本率领的第79军直接归大本营指挥，担任解衡阳之围的重要任务。

王甲本率第79军驰援衡阳，向西北挺进，攻击日寇围城部队侧背，想一举打开重围，杀出一条血路，援救友军。在王甲本的周密部署下，第79军突击部队数次猛攻衡阳外围日寇。经过激烈战斗，该军虽说突破日寇重围，一度攻到衡阳西北城区附近，却在日寇的猛烈反击之下，再也前进不得。为此，王甲本在城西北鸡窝山彻夜观察敌情，研究解围办法，调整作战部署，但终因日寇兵力强大，无法扩展战果。这时，衡阳守军已与日寇激战了数十昼夜，伤亡很大，弹药奇缺，无力配合解围部队发动攻势。

8月8日，衡阳沦于敌手。日寇继续分兵向西进犯：右路日寇有一个师团的兵力，由衡阳出发，经过宝庆边界——芦洪市向东安方向窜犯；中路日寇主力部队沿湘桂铁路向祁阳冷水滩方向进犯；左路敌军约2个师团由衡阳附近出发，向零陵方向前进。

这时，王甲本奉令率第79军从衡阳外围西渡地区迅速向南转进到祁阳以北地区及冷水滩附近阻击日寇，屏障广西大后方的安全。王甲本率部奔袭300里，赶到指定地点，立即展开部署：以第194师之580团、581团配备于祁阳以北湘桂铁路线（不含）以南及山麓之线上占领阵地、军事委员会新拨给该军的一个炮兵连临时拨归第194师指挥，位于110高地后半山坡上；师部及预备队582团位于山后陈家大屋。第98师的兵力配置在冷水滩附近。第79军军部则设在冷水滩南端。

9月2日，日寇于上午10时左右向第194师阵地进犯。该师阵地前是一片开阔平坦的稻田，等待敌人进至火力打击范围之内时，该师即行猛烈射击。战斗持续到黄昏，日寇死伤无数，却始终无法取得进展。天黑后，敌人接连发起了4次冲锋，都被击退。

次日，一部日寇迂回友军第46军左侧后，迫使友军转移阵地。第194师左翼没了依托，有被日寇包围的危险，即以一个营的兵力作掩护，主力向祁阳以西地区转移。黄昏时分，该师即转移到冷水滩以南地区。

此时，第194师得到了军部命令："该师迅即开赴冷水滩以西地区占领阵地，和第98师相互交替，作逐次抵抗，迟滞敌军前进。"

第194师师长立即命令581团开赴指定位置，在湘桂铁路附近（含）及其右侧地区占领阵地；582团在湘桂铁路（不含）及其左侧地区占领阵地，

并作纵深兵力配置；580团为预备队，随师部位置于邵家冲附近。

4日，日寇主力同由祁阳窜犯之敌会合后，向第98师阵地发起猛攻。激战至天黑，第98师完成了当天的阻击任务，便留一部分兵力作掩护，主力向西转移，进入预定阵地。

次日上午8时，日寇迫近第194师阵地后，立即展开攻击。

第194师与日寇激战约4个小时后，军长王甲本得知其他日寇已从2个方向朝第79军所在地域开了过来，担心部队受敌包围，迅即命令军部非战斗人员及非战斗部队由副军长率领驰往凌家渡，利用船只渡过湘水，经零陵向桂林转移；军部指挥所向东安转移；第194师留一团兵力作掩护，主力跟第98师向东安方向转进。

部署完任务后，王甲本带领军部直属部队转移到东安县附近的一个小村庄。

次日拂晓，当王甲本率部行至山口铺大树脚附近时，不期与日寇遭遇，双方立即展开了激烈的战斗。由于寡不敌众，第79军警卫营仅有手枪等短程武器，在日寇机枪扫射面前，士兵不久就全部壮烈殉国。当日寇逼近王甲本时，他拼死战斗，用手枪击毙几名日寇，又赤手空拳与日军肉搏。他的头部、胸、颈都被日寇用刺刀与大刀砍伤，两手血肉模糊，最后被敌人刺刀刺中腹部，壮烈牺牲。是8年抗战中我军唯一与日寇拼刺刀牺牲的高级将领。

与此同时，第194师、第98师全部被日寇包围于冷水滩以西地区，要想安全转移谈何容易。他们与日寇激战至日落时分，日寇的包围圈越压越紧，战况亦随之更加激烈。全军集中兵力向北突围，与日寇反复冲杀，一连4次都未获成功。晚上8时左右，两位师长认为情况紧急，在第98师指挥所召开紧急会议，决定了突围计划：鉴于阵地东面之敌只有一个联队的兵力，系日寇的薄弱点，敌后方是一片丘陵起伏的山地，有利于部队的转移，决于当晚10时左右，由第98师派出两个营的兵力，分头向敌之西面发动佯攻，第194师派出两个团的兵力向东面之敌勇猛突击，突破敌人的阵地后，一面发出两颗红色信号弹表示突破成功，一面向敌人两翼卷击，扩大突破口，主力即利用夜暗乘势转移。佯攻部队及第一线和日寇保持接触的部队在主力转移后，即自行迅速脱离敌人，随主力转进。为了确保突围之后能够摆脱日寇的追击，在阵地北面所有要道及小路埋设地雷；第一线部队亦用木柴堵绝其他方向的要道和小路，并作纵深设施，将手榴弹悬于木柴上，使敌人的追击部队触动爆炸，迟滞日寇的追击。

当晚10时，各部按照受领任务分头展开行动。第194师580团和581团分为左右两翼，爬行至敌人的阵地前，向敌人突然展开攻击，并且使用突击队炸毁了敌人的重机枪，一举打开了突围的缺口。被包围的第79军主力迅速向东转进，到次日凌晨4时全部脱离危险。

随后，第79军调往武冈附近整训了。这期间，因为军长殉国，军事委员会将第66军军长方靖空降到该军，接替了军长职务。9月底，该军奉命经过广西龙胜到桂林城东北高尚田一带地区，归第4战区副长官兼第16集团军总司令夏威指挥，加入桂林外围战斗序列（暂编第6师没有参加这次战役）。

第79军的进军队形是第98师在前，军部居中，第194师在后，向桂林方向开进。第98师首先抵达既定地域，因为军情紧急，立即投入战斗。

1945年4月，该军由广西调至四川内江地区休整时，暂编第6师在第100军系列里打完了雪峰山战役后归建，却于6月被裁撤，第93军下辖之暂编第2师改隶第79军。此时，该军下辖第98师、第194师、暂编第2师。

29章 第54军战日寇

跟第79军一样，第54军也是淞沪会战后期从第18军下辖的师升格变成军的。这个师就是第14师。在第18军以及整个土木系列里，第14师是第一个被陈诚纳入第18军阵营的，陈诚亦曾兼任过该师师长，是以在某种程度上说，如果说第11师是第18军建军的基础，那么，第14师则是仅次于第11师的次核心队伍。为此，从第14师直接升格成军的国民革命军陆军第54军在土木系阵营里，也应该是仅次于第18军的基本战役集团。事实上，从第54军对日作战的历程来看，尽管它在起初的武汉会战中打得并不是太好看，却在腾冲之战中用铁的事实证明它确实是一支非常有战斗力的部队，几乎可以与第18军并驾齐驱。

第54军拥有第14师、第18师的阵容，参加了武汉会战。陈诚对第14师以至于第54军的偏爱，是要远远超过其他部队的。

有一点需要指出的是，打从抗日战争中诞生出来的国民党5大主力部队中，新6军也是从第14师，或者说是第54军的肌体上成长起来的。尽管新6军的基本力量还包括曾经在中国远征军第1路军旗下在缅甸抗击过日寇的新22师，但新6军剩下的两个师则由第54军的第14师、第50师空降缅甸而成。

在南昌会战、随枣会战、第1次长沙会战等1940年以前的长江沿线的大型会战中，第54军均为配合行动。因而，这一时期，要想找到与该军身份相配的对日作战情况介绍给诸位读者，几乎是难以完成的任务。

不过，这一时期，第54军的编制以及人事发生了很多变化，倒是很值得一提。首先是编制的变化。该军旗下的第18师被输送到第18军，成为第18军的直接下属部队，而先后吸纳了第50师以及第198师。其次是人事上的变化。最主要的是该军首任军长、原第14师师长霍揆章被提拔到第20集团军副总司令的岗位，空出来的军长职位由陈烈接任。

第六部分 老树新苗话抗战

1940年2月9日,陈烈率领全军挺进红水河边,派遣先头团队成功地实施潜渡,占领了迁江一带。紧接着,第54军军属工兵部队趁夜搭造浮桥,使得全军迅速通过了红水河。随即,第54军将士在陈烈的指挥下,向日本侵略军发起猛烈反攻,先后收复宾阳、芦圩以及上林等地。

这时候,昆仑关守敌负隅顽抗,与中国军队形成对峙。为了彻底消灭该敌,再度收复昆仑关,第54军的主要任务是配合其他中国军队,展开打援围困和切断敌人的供应线的作战行动。经过近一个月的恶战,由于第54军等各部的齐心协力,中国军队终于再度攻下昆仑关,迫使敌人弃关南逃,龟缩在南宁城里。

事实上,正是因为打下了这场战役,第54军再也没有离开过南方战场。随即,第54军奉命进驻云南贵州边界,负责拱卫这一带的安全,屏障陪都重庆。

将所属各部全部安顿停妥以后,第54军第2任军长陈烈因病去世。也不是什么大病,就是牙痛,请来一位曾留学法国的牙医给他看病。牙医给他拔了两颗磨牙,致使他在数日内面部肿大非常厉害,情况十分危急。于是,军部立即向重庆方面报告了这个情况。蒋介石遂派专机前来接他去重庆医治。谁知专机还没有到达,陈烈就不治身亡。

牙医见情况不妙,连医疗器具都没要,逃跑了,以致有人怀疑牙医是汉奸,被日寇收买,来谋害陈烈的。

陈烈一死,军长的位置就空出来了。蒋介石马上决定调原第18军军长、现军校教育处长黄维前去接任第54军军长。黄维当即请调被胡琏排挤出第11师的叶佩高随他赴滇任第54军参谋长。蒋介石当即批准了他的请求。随即,黄维赶到陈诚、罗卓英处,把他受到蒋介石召见的情况告诉了他们。陈、罗二人对黄维都很关心,分别提出了很中肯、很重要的嘱咐。随后,经周至柔特意安排,黄维、叶佩高一行于10月20日飞抵昆明,并于24日到达第54军军部。

从10月31日到12月下旬,黄维一行历时2个月,行程千里,走访了全军绝大多数连队,深入了解了部队装备状况、训练程度、官兵及军民关系、纪律与士气等实际情况。

为了努力提高部队的战斗力,叶佩高为黄维出谋划策。他得到了回报,1942年11月,原第198师师长郑挺锋调任第50师师长,黄维便推荐他继任第198师师长,使他重新执掌了军权。1943年9月,他率领第198师开赴祥

377

云整训。同年12月，该师被纳入远征军编制，并于次年5月作为第54军右翼军参加了滇西反攻作战。

之后不久，黄维被调离军长岗位。集团军总司令关麟征将副司令张耀明派去接任第54军军长。紧接着，关麟征向第54军所属的师长下手了，准备把第198师师长叶佩高调去集团军司令部任参谋，由姚国忠继任该师师长。可关麟征的算盘没打响。叶佩高虽说不敢面对面地跟关麟征顶牛，却以再考虑为由婉拒了他。这个事情很快就传开了，立即引起了第54军官兵的不安。在副军长陈正模的授意下，第198师的骨干刘金奎起草了一份报告，由该师副官主任黄福荫亲自找第54军上校以上人员签名盖章，一式三份，分别寄往重庆陈诚、何应钦与蒋介石，希望他们主持公道。这一下，即使何应钦想继续在背后捣鬼也捣不成了，蒋介石一发话，张耀明马上就离开了第54军，该军军长由第18军第5任军长方天接任，该军随之很快调离关麟征属辖，调到昆明附近。

大约在黄维离开第54军前后，陈诚奉军事委员会之命在云南组建中国远征军。这样一来，第54军自然被陈诚纳入远征军系列。不过，随后，由于中国驻印军在接受了美式装备与美式训练后，在史迪威的率领下，正式从印度出发，向缅甸发起了攻击，驻印军急需扩充军队，以便组建新编第1军和新编第6军，第54军下辖的第14师与第50师便被抽调出来，由副军长阙汉骞率领，乘坐飞机，分批通过驼峰航线前往印度，第54军便将第36师纳入帐下，完成了抗战结束之前的最后一次编制调整。

随即，该军接受第54军首任军长、现任第20集团军总司令的霍揆章指挥，遵照他的命令，在军长方天的率领下，集结在怒江东岸，准备随时与其他中国军队一道向盘踞滇西的日寇发起进攻。

1944年5月11日，中国军队正式发动了滇西大反攻，向怒江对岸的日寇发起了攻击。第54军对日最后一战开始了。这一战，是中国军队在整个抗日战争时期最艰苦而又最成功的攻坚战，成为抗日战史的典范，永远留驻史册。

卫立煌指挥的这支远征军主要由第11和第20两个集团军组成，其中，第11集团军下辖3个军，第20集团军旗下有2个军。另外，卫立煌手下还有2个军和6个炮兵团。这些人马多数是美式的最新装备，总人数约为15万。其作战方案是：宋希濂指挥第11集团军为左翼，渡过怒江，直取松山龙陵；霍揆章指挥第20集团军为右翼，渡过怒江后，立即翻越高黎贡山，重点攻击方向就是腾冲城。

霍揆章命令第198师、预备2师为集团军的右翼攻击部队,从栗柴渡过江,沿马鞍山、冷水沟、北斋公房一线进攻;第36师为左翼进攻部队,从双虹桥渡口过江,攻取大塘子、南斋公房。两路人马翻越高黎贡山后直奔腾冲。

为防止日寇从对岸伏击,第20集团军所有的榴弹炮团和山炮营都布置在了渡口东岸的山头上,只要对岸日寇枪声一响,就全速给予覆盖。

第54军确立的最先渡江部队分别由第198师、第36师的一个团承担。他们的任务是在栗柴坝、双虹桥之间以橡皮艇、竹筏、木船强渡怒江,在对岸夺取了登陆地域后,警戒敌人的行动。

第594团是第198师的先锋团,被该师师长叶佩高选作第一波渡江部队。该团凭借军部拨过来的16条橡皮船,按照预定计划,从黄昏开始,到深夜2时,全部渡江完毕,然后,迅速在西岸警戒日寇的行动,准备随时与日寇展开激战,以掩护主力部队陆续过江。

第54军之第36师一部亦在同一时间里完成预定任务。但事实上,日寇一直没有发觉远征军已在渡江,更别说阻拦远征军的行动了。为此,主力部队凭借美军提供的900条橡皮艇,至次日拂晓,即全部渡过怒江,来到了西岸。

右翼部队全部过江后,霍揆章命令人马迅速按预先部署抢登高黎贡山。按照霍揆章的部署,第198师3个团为右翼,负责攻打北斋公房一线;第36师的3个团和第53军第116师346团为左翼,攻击南斋公房一线上的日寇据点。

左翼第54军之第36师师长给所属各部划分的任务是:第108团占领雪山、高粱弓各个隘路口,以一部向高黎贡山通往界头、瓦甸的小道搜索前进;以第107团先攻唐习山寨,进而攻取大塘子,再进一步进攻南斋公房;第106团为师预备队;第346团为左侧支队,掩护师的左侧背。

在第107团的攻击下,据守唐习山寨的日寇抵挡不住,遂向大塘子方向退却。第二天,第107团逼近大塘子。日寇第56师团第148联队之宫原春树少佐第3大队1 600余人驻守大塘子,配有4门山炮。该团接近日寇阵地后,遭到了猛烈的火力阻击,第1次进攻宣告失利。随后,第107团调整部署,再次发动进攻,却跟前次一样,再度受挫。

第36师师长闻报,遂请求集团军总司令霍揆章派遣空军前来助战。但当时漫天浓雾，飞机无法助战。直到下午5时浓雾才散开，飞机终于姗姗来迟，飞抵大塘子。因为日寇的对空射击阵地使飞机没有形成大的威胁。死守阵地等于送死，宫原少佐不得不率队从山上分路向下猛冲，这样一来，却无意之中对第107团形成了包围态势。随即，日寇一阵猛打猛冲，迫使第107团在付出了惨重伤亡后溃退了。

第36师没打好，被调到唐习山以北整顿，作为右翼第198师的后援部队。

第198师师长叶佩高决定以第594团为右翼，第592团为左翼，第593团迂回到敌人后方阻断敌人的运输线和退路。

第594团团长覃子斌命令1营快速爬上高黎贡山，向斋公房敌堡作牵制性进攻，亲率另外两个营攻击通往山顶小路两侧的3座敌人堡垒。当攻击部队快要摸近敌人堡垒时，被日寇发觉。日寇仓促之间要想抵抗，哪知第594团官兵动作更为迅速，利用火箭筒和火焰发射器摧毁了敌人的堡垒，击毙日寇50多人、驮马30多匹，缴获山炮1门，弹药1堆，取得了一次小小的胜利。从此，上山的小路为该团控制。随即，团长覃子斌命令一部分官兵重新架起江上浮桥，以便源源不断地运送后续部队以及补给物资；主力部队则追击败退的日寇，相继攻占了日寇的十几座堡垒，于第四天攻击到了山顶，肃清了高黎贡山东侧的敌人。

然而，在这四天的时间，第592团的攻击却不顺畅。团长陶达纲率领的3个营，连续四天没能拿下敌人的据点，反而付出了巨大代价：1个营长负伤，1个营长阵亡，9个连长中有7个伤亡，全团死伤250多人，团长陶达纲也不幸负伤，部队被阻在了北斋公房前一个叫冷水沟的阵地上。

紧接着，中日双方在冷水沟一线展开了残酷的战斗。

冷水沟是一道类似峡谷式的沟壑，中国军队只要往上冲，日本军队从两边一封就可以将进攻的中国军队全部罩进一张巨大的火网，在兵法上是死地、绝地。按理说，中国军队是不能从这里展开进攻的，却没有其他的路可走，只有从这个地方强攻敌人的堡垒，才能打开一条血路，所以只能硬往上攻。结果，日寇似乎在那儿摆上了一架绞肉机，中国军队只要一冲上去，就会倒下。战况如此惨烈，中国军队别无出路，只有加强力量，不断地展开进攻。

这一天，由于部队伤亡太大，身负轻伤的第592团团长陶达纲只得亲自带领部队冲锋。在日寇的火力扫射下，该团官兵全部倒了下去。日寇以为他们全部死光了，停止开枪，准备检查中国军队的动静。这时，陶达纲突然率领人马从死人堆里站起来，端着机枪冲上去。敌人立刻在层层尸体上架起了机枪，开始扫射，再次把攻势压制下去了。

最后，警卫排冲上去才把斋公房冷水沟这个山隘口给抢占了。

接下来，第198师的下一个攻击目标就是北斋公房。指挥这场战斗的是第594团团长覃子斌。这时，按照师长叶佩高的部署，第593团已经完成了穿插任务。综合分析了当前的敌我情形之后，覃子斌决定利用第593团穿插到马面关、桥头，把日寇的后方运输切断，迫使北斋公房日军的运输供应不上、粮食供应不上、弹药供应不上、兵援也供应不上的机会，放弃对北斋公房的正面攻击，采取先牵制、后集中兵力围攻日寇的战术，一举歼灭之。

覃子斌的战术奏效了，十多天以后，部队付出比攻击冷水沟时小得多的代价，就拿下了北斋公房。不过，中国军队在冲锋的时候，团长覃子斌因手脚都被日寇机枪打断了，失血过多，来不及抢救，壮烈殉国。他是远征军第一位在滇西战场上牺牲的团级军官。

奇袭日寇补给点——桥头和马面关的任务是第593团之2营和3营完成的。这两个营的官兵在团长廖定藩的率领下于5月16日黎明发动突然袭击，当天就达成了作战目的。其中，2营夺取了桥头日寇据点之粮秣被服仓库；3营攻占马面关，截获了日寇的骡马输运队。

桥头、马面关的奇袭行动，打开了远征军全局胜利的契机，严重破坏了日寇第56师团的后勤补给。但是，这一行动也使日寇第56师团作拼死一搏，集中兵力对中国军队第20集团军所属各部发动猛烈反扑，尤其是第54军面临的敌情更为严重。经过一个多月的反击阻击，第198师终于将当面日寇击溃，同时亦解除了友军预备第2师的危机，并于6月16日协同第36师彻底攻占了桥头。

仰攻高黎贡山的战斗直到6月21日才结束，历时40天。远征军以伤亡近万人、第198师594团团长覃子斌阵亡的代价终于翻越了高黎贡山。7月初，他们终于可以走向最后一个目标——腾冲城。

腾冲是一座小城池，方圆不过3平方公里。但它的周边却有着4座小山和1条江，其中距离该城最近的就是城南的来凤山。山峰比腾冲城高出150米，可俯瞰全城。对于中国军队来说，只有把来凤山等外围高地控制住，才能居高临下攻打腾冲城；对日寇亦然，只要守住了来凤山，就等于守住了腾冲。为此，日寇深知来凤山的重要性，早在1942年日军占领腾冲城的时候，就在来凤山上依山势修筑了坚固的防御工事，工事共有4层，每层都筑有钢筋水泥的地堡，这些工事还与城里相通，增援和退守都很方便。据守腾冲城的是日寇第148联队。这时，他们已经知道中国远征军的几万大军正向着腾冲城进发。联队长藏重康美希望凭借山岭、大河的地理优势，并以高大的城墙为依托守住腾冲城。

霍揆章的攻城部署是：第53军为左翼，攻取飞凤山；第54军为右翼先攻占宝峰山，再夺取来凤山（将集团军直属之预备第2师加强给第54军，用于主攻来凤山）。并且规定进攻的日期为1944年7月2日清晨。

几天后，霍揆章接到了来凤山，宝峰山相继拿下的捷报，却使用第20集团军直属部队预备第2师3个团，再加上第54军第36师1个团做预备队的庞大兵力，来攻击仅有400余名日寇把守的来凤山，发来的竟然是部队死伤近千人，拿不下来凤山的报告。不拿下来凤山，掌握住腾冲城外的制高点，部队就无法进攻腾冲城。为此，霍揆章焦虑万分，命令第54军不惜一切代价，迅速攻占来凤山。

于是，远征军将士迎着日寇的枪林弹雨不断地冲锋，伤亡，再冲锋，再伤亡。半个多月过去了，来凤山依然没有攻克。

日寇的气焰如此嚣张，既和日寇掌握了远征军的密电码，知道中国军队弹药不足、缺乏火焰喷射器、缺乏大炮大有关系；也有中国军队在战术上的问题，就是说他们并没有集中全部火力攻击来凤山。

霍揆章通过几天的观察发现，第54军将士只会利用人多枪多与日寇硬拼，既不使用美式装备的火炮猛烈地轰击敌人，又在战术上缺乏灵活性，为此大怒，问身边的军师长们："为什么不多用炮？"随即，严厉地斥责军长方天。

这时，亲自把第14师和第50师送往缅北战场的第54军副军长阙汉骞早已回国，协助军长方天指挥该部的作战行动。他顺势提出：集中所有炮火狠攻来凤山，把日寇明暗工事摧毁后，再投入步兵发动冲锋，清扫残余的日寇。

这一招迎合了第54军首任军长、现任第20集团军总司令霍揆章的心意，使得霍揆章满心欢喜，立即临阵换将，把第20集团军副总司令兼第54军军长方天免了职，而将阙汉骞提升为军长，命令他指挥第54军全力攻占来凤山，并进而夺取腾冲。

无论是改变攻打来凤山的战法，还是提拔阙汉骞担任第54军军长，远征军司令长官不同意，军事委员会不批准，就不能作数。为此，霍揆章将两个方面的内容同时上报给卫立煌,并由卫立煌将阙汉骞的任命呈报军事委员会。

卫立煌对远征军迟迟打不开局面万分恼火,接到报告后,十分赞赏霍揆彰的新攻势,为了增强攻击力度,尽快摧毁日寇的抵抗意志,他特别请求美军空军提供火力支援。

美国空军满足了远征军司令长官的请求。次日,美国空军即对来凤山实施了猛烈的轰炸。飞机轰炸刚结束,地面的几百门大炮又开始轰击。立体攻势果然奏效,来凤山上的日寇很快就停止了抵抗。7月25日,经过23天奋战,来凤山终于掌握在了远征军手中。

与此同时,霍揆彰接到卫立煌转发来的重庆大本营命令:中国远征军第20集团军副总司令兼第54军军长方天,被免除军长职务,只留任第20集团军副司令一职。原第54副军长阙汉骞任军长。

7月28日,清理完城外日寇的大小据点,第20集团军准备正式攻城。

这时,在城中埋伏的眼线已将准确的军情情报送到了第20集团军指挥部:城内的百姓已被日寇撵出,腾冲成了一座没有居民、全是侵略者的城市,人数也比前些日子少了1 000多人。

据此,霍揆彰随即展开攻城部署:第54军附迫击炮1一营向南门至西门、北门至东门之线攻击,配属给该军的预2师先固守来凤山、来凤寺等处,准备随时策应作战;第53军第116师附重迫击炮一个营、军山炮营向东门之南门之线攻击;第130师主力占领龙川江西岸,控制腾龙桥,阻击龙陵日寇北上,抽出一部布置于倪家铺附近,策应第116师作战;同时报告卫立煌,请求美军轰炸机前来助战。

8月2日,60多架轰炸机和战斗机飞临腾冲城上空,对困守城内的日寇进行轰炸;随后,所有地面大炮一齐轰向腾冲城,拉开了腾冲攻坚战的序幕。

紧接着,第54军之第198师、第36师以及配属第54军作战的预备第2师分别从不同的方向朝城内发起了步兵攻击。他们同时向日寇发起攻击后,各以一个团的兵力利用小山的掩护接近城墙,准备登城。日寇似乎被猛烈的空中轰炸与炮火攻击打懵了,一开始根本没有反应。可是,等待登城部队正在爬城的时候,日寇突然跃上城墙,以手榴弹、小炮、轻机枪向登城部队迅猛地打了过来。登城部队人员伤亡惨重,登城失败。

第二天,加大了对日寇的空中轰炸力度,亦延长了炮火支援的时间后,第54军各部再度攻城,情况依然如此,不但城没有拿下,连城墙都没

有受到重创。

按照卫立煌的计划，第20集团军和第11集团军同时对各自当面的日寇据点发动攻势，会师之后向缅甸进发，增援史迪威将军从印度对缅甸密支那的进攻。现在，两个方向都进展缓慢，卫立煌异常恼火，催逼霍揆章、宋希濂加大攻击力度。

霍揆彰被逼无奈，只能下令部队强攻。这样一来，第54军之第198师、第36师以及第20集团军直属之预备第2师等攻城部队每天都有300~400人的伤亡。

美军则连续动用强大机群，猛烈轰炸腾冲城。但都没有把城墙炸开。美军飞行员经过多次摸索后发现，在炸弹上装上钢筋，让它呈45度落下去，使钢筋刺入墙内，固定住炸弹，让炸弹爆炸，才能炸开城墙；不过，要想让炸弹保持这个角度，飞机必须超低空飞行，而超低空又是日寇防空武器的有效射程。为了打开腾冲城，8月4日，美国飞行员还是接到了超低空飞行的命令！

当天，腾冲城的城墙终于被美国空军的特殊武器撕开了不少缺口，第54军和预备第2师的将士们蜂拥着向腾冲城发动攻击。好几个团都顺利冲进了城里，从城西进攻的第54军之第36师108团亦冲了进去。但是，他们被挡在英国领事馆面前，再也前进不得。

原来，日寇侵占腾冲后，就把这里当作野战仓库，存放了大量粮食弹药，并有400多名日寇把守。日寇用轻重武器不断阻击中国军队的进攻，硬是将第36师的无数次进攻全部挡了下来。

战至8月15日为止，第108团2营包括营长陈艺在内的600多名官兵全部战死，全团的战斗兵员减少到400余人，已基本上失去了作战能力。

直到8月18日，美军派出3架飞机，急速俯冲将18枚火箭弹准确从屋顶和门窗射进领事馆后，才拔除了这颗钉子。

但并不是所有的城墙都被美国空军轰塌了，也不是所有的城门都可以攻进去的。第198师攻击的方向上就没有那么幸运，美国空军的炸弹并没有在这里炸开一道缺口。更为严重的是，第198师的攻击位置地势低洼，水深及腹，第593团1营奋勇登城，一度攻入缺口处，但日寇从西门外英国领事馆增援反击，迫使其退了回去。

第593团战斗之际，第594团继任团长董铎一直在关注战斗的进展，发现南门外大街长500米，宽20米，除靠墙约30米没有房屋外，两边都是木结构平房和两层老式楼房,觉得一旦改变攻击方向,用机枪掩护工兵在城墙根挖洞,填埋炸药,炸开缺口,就可以攻入城内,遂向师长叶佩高作了汇报。

叶佩高接受了他的建议,马上向军长汇报,军长又向集团军总司令请示。得到了肯定的答复之后,叶佩高立即调整部署:留下一部担任饮马水河、大盈江通西门大道之线警戒,主力转移至叠水、水碓间一带,向南城墙扩张战果。

这时,董铎命令官兵在南门外街道上楼上用沙包垒成20个机枪掩体,安放好重机枪;同时,师长叶佩高派遣工兵营,携带工具、炸药,在机枪的掩护下,分头潜赴城脚,挖洞、埋药、安引线,实施爆破。

城墙炸开一个巨大的缺口后,第594团1营、2营迅速向城里展开进攻。

然而,他们的进攻跟其他所有攻城部队一样,遇到了日寇的顽强阻截。日寇利用街巷以及地下水道负隅顽抗,给予了攻城部队很大的杀伤,迫使进攻部队在城内举步维艰,几乎每前进一步,就会付出巨大的牺牲。

这时,预备2师面临的敌情更加严重。他们向前推进的速度简直可以用蜗牛般的缓慢来形容。每天,该师官兵在伤亡了数百人后,仅只能向前推进10米、15米、20米,最多不会超过50米。

为了避免伤亡,预备第2师官兵只好在炮兵轰炸后,小心地确认日寇已经没有反击力量,再用火焰喷射器扫射每一栋房屋,肃清躲藏在房角屋后的伤残日寇。

9月13日,预备第2师下辖之第5团负责攻打李家塘,这里已经是敌人的最后阵地了。该团团长李颐亲自带领士兵冲锋,战至傍晚,终于攻下了李家塘。不过,团长李颐阵亡。这是第20集团军渡江后,阵亡的第二位团长。

自从攻入城内的部队遭到了日寇的顽强抵抗以来,第198师师长叶佩高就在寻找歼灭敌人的好办法。经过战地侦察,叶佩高认为一旦第198师从城南向西北与东北方向攻击,不仅会减轻打从西北与东北方向进攻的兄弟部队的压力,而且可以凭借有利的地形特点,迅速将城内日寇压缩至城西北、东北地区,予以全歼,因而于8月15日向军长阙汉骞提出了该建议,并得到了批准。

然而,日寇已经把整个腾冲变成了一座永久性防御工事,可以把地下水道当作交通壕,沟通彼此之间的联系,因而,叶佩高的计谋虽好,但一旦投入作战行动,仍然收效甚微。

仗得一步一步地打,阵地得一个一个地夺取,敌人得一个一个地歼灭。此后，第198师官兵与其他兄弟一道在城内与日寇血战近30天，终于在9月14日将城内日寇全部歼灭。

对于外逃之敌，第54军军长阙汉骞亲自严命预备第2师属下方诚团长率1团之兵力，予以追击，除30余日寇被俘外，其余全部被击毙。

此战，第54军付出了惨重牺牲，仅第198师的伤亡就达6 000余人，其中第592团2营5连全连殉国，第593团甚至将团部、营部非战斗单位遍组为杂兵连投入战斗，第594团牺牲营长1名、副营长1名、连长5名和数百名士兵。

第54军对日作战行动还没结束，攻克腾冲后，阙汉骞率领该军将士会同友军连下龙陵芒市、畹町，与驻印军会师，打通了中印公路，取得了反攻滇西的重大胜利。1945年元旦，阙汉骞荣获三等云麾勋章。1945年2月，阙奉命率部开赴黔西安龙兴安地区，不久该军改为美械装备。5月，阙获胜利勋章。

叶佩高以及第198师得到的荣誉还要高些。打通中印公路后，叶佩高率领残破不堪的第198师开赴八莫、遮放地区担负守备任务，并开始整训。从此，他离开了抗日战场。他在率领所部参加滇西反攻的4个多月中，屡立战功，为远征军与驻印军胜利会师创造了有利条件，不仅升为第54军副军长，并获得美国总统杜鲁门的勋章以及青天白日勋章，其率领之第198师亦获得"飞虎旗"一面。这项殊荣就是第18军旗下各师也没有获得过，可真谓青出于蓝而胜于蓝。

第六部分 老树新苗话抗战

30章 第86军抗倭寇

　　第86军成立于抗战全面爆发的1937年，最初是由贵州部队编成的。这时，该军的官兵结构，从军长到士兵，都是贵州人。成军后，该军立即开赴湖南平江、长沙附近整训，1938年夏，开往湖北黄安、麻城，在武汉会战期间参加了武汉的外围作战行动。完成了这项任务后不久，也就是次年春天，该军就被撤销了番号，所辖两个师的人马分别进入了第94军以及第2军。

　　到了1939年6月，为了加强华中地区的军事力量，国民政府军事委员会决定再成立一个军级单位，就将已被撤销的第86军的番号起死回生。

　　新成立的第86军之基本构成是：第18军之第67师以及在武汉会战时期曾经归第18军指挥过的第16师，再加上一个预备第10师。

　　因为新成立的第86军里有两个师的人马与第18军大有关系，因而，可以说由贵州部队组成的第86军，其实就是为了尔后给曾经属于第18军的第67师、第16师组成新的军级单位服务；也可以说，这两个师借用第86军的躯壳将第18军的血脉扩张起来，成立另外一个军了。

　　不过，起死回生的第86军首任军长并非土木系人马，而是第74军首任军长俞济时。这时，此人刚提升为第10集团军副总司令，已把第74军的交椅移交给王耀武，就兼任了第86军军长。第86军副军长则是冯圣法——俞济时担任第74军军长时的副手。

　　事实上，半年不到，该军人事结构就发生了变化，为土木系人马控制该军奠定了基础。1939年12月，军长俞济时另谋高就，冯圣法接任了第86军军长，第67师师长莫与硕担任该军副军长。再过了3个月，到了1940年3月，冯圣法又调走了，军长的宝座莫与硕接任。

　　这时，整个第86军的阵容发生了极其重大的变化。因为在莫与硕接任军长之前，预备第10师就已经调走了，只剩下第16师和第67师这两个曾隶属于第18军的师级单位，也就是说，第86军其实已经变成了土木系的一个分支。在人事结构上，第16师师长曹振铎，第67师师长陈颐鼎，再加上军长莫与硕，土木系出身的高级将领已经完全控制了第86军。

同年5月，也就是莫与硕接任军长不到2个月，国民革命军第79军下辖之第79师加入到该军阵营，使得该军重新变成拥有三个师人马的大型军级单位。

第86军重新成立后，直接隶属国民政府军事委员会管辖，首先集结于安徽徽州地区整训，紧接着，在第3战区范围里参加了国民政府发动的冬季攻势作战行动。

1939年的冬季攻势作战行动是根据国民政府军事委员会的统一部署发起的，可以说是全国性行动。对于第3战区来说，其作战行动从当年12月16日开始，到1940年2月25日结束，可以划分成两个阶段，即从进攻发起之日到次年1月初的全面攻击阶段以及其后的小规模游击作战阶段。

军事委员会给出的训令是：第3战区应将芜湖至湖口沿江300公里划分为15或20个区，指定负责长官，明定攻击目标，乘间蹈隙，突入江岸，同一时期将长江交通节节截断。

顾祝同据此将所属部队编成长江方面军，分为右翼军、中央军、左翼军3个方面作战。右翼军下辖第25军、第50军，总司令是唐式遵，负责南陵至大通正面；中央军下辖第86军、第10军及第40师，配属炮2团、炮14团，由顾祝同本人兼任总司令，负责大通、贵池、吴田铺一线；左翼军辖第21军，陈万初为指挥官，负责吴田铺、东流、湖口迄都阳湖东岸间正面。其中，中央军以大通、贵池为主攻方向，前江口为助攻方向，其任务是一举进占江岸，掩护炮兵腰击敌舰并布置水雷。其他两翼军则各编成步兵团以上的支队两个，配属炮兵突进江岸，腰击敌舰。

冬季攻势命令下达以后，顾祝同与唐式遵、王敬久以及苏联顾问等人对上述计划再作研究补充，确定中央军主力第86军为主攻，第10军担任助攻，明确规定发起攻击时间是12月16日；并且规定在中央军发起进攻的同时，其他各部在京沪杭地区广泛破坏铁路、公路交通；第10、第32集团军向杭州、嘉兴、南昌挺击，派便衣队潜入城内发动暴动。

在中国军队发动攻击以前，日寇第13军已发现第3战区在铜陵、大通以南大约40公里的青阳附近集结兵力，判断中国军队可能向担任长江航道守备任务的第116师团发动进攻，于12月12日命令该师团争取先机，在大通地区主动采取攻势,以打破中国军队的企图;还从第15师团抽出一个山炮大队,从第17师团抽出一个步兵大队,用以加强第116师团;同时命令第15师团以一部迅速进入繁昌,牵制该方面中国军队,配合第116师团作战。

但日寇第116师团分散配置在280公里的长江沿岸,还未来得及调整部署,中国军队就于12月16日发起了进攻。

12月16日,担任主攻任务的第86军对日寇第116师团发起总攻。17日,该军即在大通、荻港之间突破了第116师团左翼防线,并且在到达江岸后,立即派遣人马遂行炮击日舰,敷设水雷的任务。随后,日寇展开疯狂的反扑。第86军各部遂与日寇陷入了激烈的战斗。中央军预备第10师、第16师一度突破日寇阵线,但由于其他攻击部队没有全力出击,缺乏配合,未能予敌重大打击,中国军队之伤亡亦较重,攻势受挫。

中国军队的攻击一开始,日寇第13军即意识到中国军队的攻击力度前所未有,不迅速调集兵力扑灭中国军队的攻击,将会造成非常严重的后果,为此,将正在调运回国的第101师团、第106师团转用于增援第116师团。12月19日,日寇在飞机掩护下全线发起反攻。

担任主攻任务的第86军在友军的配合下,与日寇展开了更加激烈的搏杀,终因伤亡严重,不得不于27日退回到原阵地,与敌对峙。于是,以第86军为主的中央军在1939年冬季的攻击作战行动就此结束。

此役,在兄弟部队的配合下,第86军共计歼敌4 200余人,俘虏6人。

第86军结束了冬季攻势作战行动后,休整了一年多时间,重新恢复了战斗力,随即参加了第2次长沙会战。不过,在这次作战行动中,第86军由于隶属于第3战区,并不是作战的主力。需要着重讲述的是该军接下来参与的浙赣会战与鄂西会战。

1942年5月中旬,日寇集结5万余众,在浙赣线上发动了以打通浙赣线,摧毁衢州机场,减轻日本本土空中威胁为目的的浙赣战役。日寇的作战意图与兵力部署是:在浙赣线正面,首先击破守备钱塘江南岸的第88军何绍周部和固守浙江东部地区的暂编第9军冯圣法部以及暂编第13师史克勤部的防御阵地,以主力沿浙赣线两侧地区前进;另以一部由绍兴经东阳、永康,向金华、衢州方向深入,以求歼灭中国军队于这一地区,尔后会同南昌方面沿浙赣线东进之敌,会师上饶,以达成本次作战规定的打通浙赣线,破坏衢州飞机场之目的。

当日寇突破了暂编第9军和第88军的防线后,针对日寇的作战企图,第

3战区的作战方针是：在浙赣线上让开正面，采取逐步抵抗、逐次后撤的战术，诱敌深入到衢州地区，然后以一部坚守衢州城，各以有力部队在衢州外围两侧占领侧面阵地，以合围之势，歼灭进犯之敌于衢州地区。

其具体部署是：王敬久第10集团军下辖之第86军莫与硕部第16师、第67师坚守衢州城和飞机场外围阵地，阻止敌人向纵深发展，另以该军第79师段霖茂部在浙赣线正面与日寇保持接触，逐步诱敌深入。并且规定：当日寇进犯到金华、龙游地区后，第79师留在金华附近，打击日寇后续部队，牵制日寇沿铁路线活动；第49军王铁汉部、第74军王耀武部在衢州以东溪口、灵山地区占领侧面阵地，待机合围进犯衢州之敌；上官云相第32集团军下辖之第25军张文清部、第26军丁治磐部在常山以北地区占领侧面阵地，待命配合第10集团军王敬久所指挥的各军合围、进犯衢州之敌；以原守备浙东地区的暂编第9军冯圣法部和原守备钱塘江南岸的第88军何绍周部分别留在浙赣路的两侧地区，作敌后游击活动。

根据第3战区司令长官部下达的命令，第86军对于防守衢州的具体兵力部署是：第16师（欠64团）配属军野战炮兵一个营，守备信安江西岸以杜泽为核心的对西、西北、西南半环形阵地上的各个既设据点，阻止日寇沿信安江向衢州城左侧背迂回；第67师配属第16师64团和独立炮兵团及高射炮兵连，守备以衢州城、飞机场为核心的构成对东、东北、东南半环形阵地上的樟树潭、西伯垅、飞机场、衢州城既设阵地，确保这个地区的安全，并给予进犯日寇以重创；军部及直属部队位置于衢州城内。

侵犯浙赣线的日寇于1942年5月15日，分别由奉化、上虞、绍兴、萧山方向同时出动，主力沿浙赣路前进，一路沿富春江以西地区窜扰。日寇的攻击势头异常强劲，5月16日，即攻陷嵊县；17日，诸暨落入日寇之手；20日，敌人占领了东阳；21日，义乌又落入日寇魔掌；22日，永康被日寇攻占。

自从日寇发起进攻之日算起，一个星期的时间就攻占了如此众多的县城，一时间舆论大哗，社会各界纷纷要求惩办作战不力者。在这样的情况下，26日，蒋介石不得不通过第3战区司令长官部给守备衢州的第86军军长、副军长、师长发来电报，称：

> 当前敌人除企图割裂我东南沿海地区与中央联系外，更其重要的是要破坏我与盟军在沿海地区作战计划，第86军必须坚守衢州，造成衢州地区作战有利态势。

其用意非常明显，就是给该军将士鼓气的。军长莫与硕正确地理解了蒋介石的意图，立即将电文印发到连级单位，并在全军进行政治动员，号召各作战单位填写守住各自阵地的保证书，鼓足了全军士气。

军长莫与硕接到第3战区司令长官部转发的蒋介石的电报的次日，也就是5月27日，第86军守备衢州的部队就正式与进犯的日寇交手了。

首先与日寇交手的是第16师。这天，日寇攻占龙游县城后，即刻以一个联队的兵力渡过信安江，溯江而上，向第16师两个团的阵地发起了猛烈进攻。该师师长曹振铎立即命令人马依托已经修筑的阵地阻击日寇。该师两个团的兵力遂同时向攻击到各自阵地面前的日寇展开阻击战。中国军队士气高昂，又有既设阵地可利用，即使日寇在飞机大炮的支援下，凭借优势的武器装备向守军发动了猛攻，初期攻势还是被第16师两个团的人马给阻截了下来。而且，这两个团的守军一连两天顶住了日寇的凶猛攻击，将日寇阻挡在阵地面前不得前进一步。

可是，到了5月29日傍晚，终因中国军队伤亡过大，多处阵地被日寇攻破。师长曹振铎试图抽调人马前去夺回丢掉的阵地，但却很难组织足够的兵员。更严重的是，日寇一旦夺占了几个重要阵地，就迅猛地向前突击，一下子就将该师的防御阵地给冲破了。这样一来，越来越多的阵地被日寇突破。曹振铎意识到继续抵抗下去，无异于将人马和阵地全部送给敌人，为了保存实力，并且能够增大守备衢州城的力量，决定率领人马撤出阵地，渡过信安江，进入衢州城，与64团会合，率领他们继续抵抗。

然而，由于衢江以北茂坞、孔家山等处阵地已经全被日寇第32师团攻占，部队大部溃散及伤亡，师长曹振铎无法将全部残余人马带入城中，仅仅带了少数随从人员，与副师长顾宏扬、参谋长朱恺仁一道，于当天黄昏渡过信安江，来到了衢州城。

这时候，手里的可用之兵已经不多了，曹振铎深知凭借这么一点人马是不可能有更大作为的，遂向已经提升为副军长、仍然兼任第67师师长的陈颐鼎提议，要求陈颐鼎收留他，让他协同指挥部队进行保卫衢州的作战行动。

无论怎么说，第16师还有一个团的兵力与第67师一块防守衢州城东南樟树潭、西伯陇及飞机场等处据点群阵地，并且，第64团2营防守衢州城核心阵地，为此，陈颐鼎答应了曹振铎的要求。

令人大跌眼镜的是，曾经率部与日寇展开无数次血战的原第67师副师长、师长、第86军副军长、现第86军军长莫与硕竟然被日寇的凶猛攻击吓怕了，竟然不敢坐镇衢州指挥我军与日寇的生死战，而是以第16师各个阵地已被敌人攻破，需亲自去航埠方面收容该师残余部队的名义，给副军长兼第67师师长陈颐鼎打了一个电话，就离开了衢州城。随之，军部直属部队也相继离去。

这样一来，无形中给人造成了衢州不守的错觉。于是，本来已在城内进入了炮击阵地、并且布设好了炮位的炮兵部队不干了，挽上车马准备出城，城内的各种机动车辆也争相夺门而逃，一时间，城内城外乱作一团。

陈颐鼎正在城外指挥所里指挥第67师以及配属给该师的其他各部顽强地阻击敌人的进攻，听此消息，大吃一惊，急匆匆赶至现场，终将局面稳定下来。

已经出城的军长莫与硕到底干什么去了呢？并没有像他告诉副军长陈颐鼎的那样去收容第16师残部，而是径直沿着通往江山县公路逃去。直到第二天，第3战区司令长官部才发觉莫与硕的行为，立即通过电报勒令他即日火速重返衢州城，指挥部队与敌作战。

这时候，如果说莫与硕真的能够返回衢州，也许，他可以捏造一些事实，为自己遮掩，但他已经回不去了。日寇攻占信安江西岸第16师的阵地后，即向衢州城以南地区迂回，占领了通往常山、江山水陆交通要点双江口，形成了对衢州半包围态势，使得莫与硕无法重返衢州。于是，莫与硕从战场脱逃的事情就无法遮掩。蒋介石得知消息，即刻指示第3战区司令长官顾祝同将第86军军长莫与硕、参谋长胡炎立即免职，押解到重庆交由军法审判。

后来，莫与硕和胡炎都被判处了5年有期徒刑。而第16师师长曹振铎也因作战不力，予以撤职处分。衢州防守战斗由副军长陈颐鼎接替指挥。

6月1日，浙赣路正面之日寇第22师团主力在衢州外围向第67师把守的樟树潭、西伯陇等阵地发动猛烈进攻。为了一举突破中国守军的阵地，日寇集中了大量炮火向第86军这一线阵地实施绵密的炮击，掩护其步兵前进；同时，敌人出动10余架飞机整天轮番轰炸，协同地面作战。

在日寇凶猛的地空协同攻击下，缺少空中掩护的中国军队之西伯陇阵地很快被日寇打开了一道缺口。随即，陈颐鼎指挥人马发动反击，牺牲了无数国军将士后，收复了阵地。然而，日寇并不甘心，再度发起疯狂反扑，又一次攻入了西伯陇阵地。此后，在这一阵地上，中日双方展开了两轮较量。最终第67师官兵夺回了阵地，稳住了防御阵线。

日寇没有占到丝毫便宜，遂改变进攻方向，留下一部人马继续向西伯陇地区进攻，主力却由石室街、上叶渡过乌溪河，迂回到衢州以南地区，与双江口之敌会合，对衢州形成四面包围态势，尔后逐步缩小包围圈，企图全歼中国守城部队。

接下来，第86军的仗就更不好打了。为了防止被日寇各个击破，第86军虽说收缩了阵地，加强了核心阵地的防御力量，但在日寇飞机大炮的狂轰滥炸下，人员伤亡愈发严重。仅仅6月1—2日，两天时间守城部队就伤亡官兵1 200多人，其中，第67师石补天团长、王忠民副团长、营长戴锐、徐隆铁、闫思柱、朱正秋亦先后殉国。

尽管部队伤亡惨重，可在副军长陈颐鼎的激励下，官兵们仍然士气高昂，依托被炸得不像样的阵地顽强地阻挡住了日寇的进攻。

6月3日，日寇对衢州城发起了全面进攻。这时，敌人缩小了包围圈，出动了更多的飞机对第86军阵地肆意轰炸，几乎将该军修筑的所有阵地、野战工事以及炮兵阵地全部炸毁，连副军长陈颐鼎掌握的3架无线电收发报机也先后被敌机炸毁。于是，该军与外界彻底失去联系，陷入了尔后余程万死守常德时期一样的局面。

敌机对衢州城的猛烈轰炸还没结束，日寇就迫不及待地兵分数路，从不同的方向朝衢州展开步兵攻击。当天下午2时左右，一股约莫百余人的日寇在炮兵和空中火力的掩护下，从衢州南门附近冲进了城内。

把守在这一带城内核心阵地的是第16师第64团。该团官兵在团长谢士炎的率领下，多次对日寇展开反击，终于将这股凶残的日寇赶了出去。

这天的战斗，第86军付出了高昂的代价：第16师第64团伤亡100余人，第67师亦有同样数目的官兵伤亡。

如果说日寇的进攻是第86军目前最大的敌人，那么，天气为第86军坚守衢州增加了新的阻力。从开战以来，连日暴雨不断，山洪暴发，信安江、乌溪河大小河流都涨水，所有阵地工事都积水盈尺，给守军带来了极大困难。

日寇发起全面攻击以来，第一次攻入衢州城的人马被打退后，似乎已经找到了攻入城内的路线，将主攻方向选定在南门，于次日发起了更加凶猛的攻击。

日寇是从衢州火车站向第86军南门阵地不断发起进攻。把守在这一带的第67师将士与第16师第64团官兵在如此恶劣的条件下作战，发扬为民族而战的最大勇气，在陈颐鼎的指挥下，一连3次打退了攻入衢州城的日寇，稳住了核心阵地。不过，这天，第86军付出的代价更加惨重：第16师阵亡上校参谋主任袁福崇以下官兵100多人，第67师伤亡副团长李实以下600多人。

到这天为止，衢州保卫战已经进行5个昼夜，第86军伤亡官兵达2 200余人，更要命的是，守军已与外界断绝了联系，陈颐鼎决定于6月4日晚上召集有关部队长官研究下一步作战方案。

会议正在进行之际，第64团团长谢士炎打来电话，说把守西门的该团连长报告，由信安江上游浮来一个老百姓，说有事要见第67师师长。

原来，这个老百姓名叫乔大年，江山县清湖镇人，26岁，从事船运行业，经常往来于信安江、新安江、富春江各口岸，给人运输货物，这天晚上由后溪街游来衢州，是奉青帮老头子之命，前来送信的。

信是由第10集团军总司令王敬久用蜡纸写的：又新，速设法前来，我在凤林街等候你。平。

又新是陈颐鼎的别号；平是又平的省略，是王敬久的别号。陈颐鼎很清楚，这是王敬久向他传达了撤退的命令。不过，他很不理解王敬久为什么会下达这样的命令，因为根据军事委员会要在衢州地区与日寇决战的整体作战计划，第86军已经拖住了日寇，正是第3战区其他各部歼灭敌人的大好时机，为什么要撤退？何况，就算要撤退，日寇将衢州围得水泄不通，怎么撤退？他想来想去，定不了决心，遂与第16师师长曹振铎、副师长顾宏扬、第67师副师长戚永年、参谋长唐化南商量，终于达成一致：执行王敬久总司令的命令，利用大雨滂沱的深夜，丢掉重武器、骡马、车辆和不能行走的重伤员，准备突围。

具体的突围部署是：以原守城防的第16师第64团指派一部兵力在东南门与敌保持接触，其他部队一律到北门外飞机场集合，兵分两路，一路经茅坪、孔家，另一路沿乌溪河南岸，分别向溪口方向之第74军防地靠拢。由于随时都可能遇上日寇，每路皆组织精通日语的军官走在部队前头，准备同日寇进行答话，并组织破坏通讯设施小组，负责剪断日寇有线电话线，混出敌人的包围圈。

副军长兼第67师长陈颐鼎与第16师副师长顾宏扬走的是乌溪河南岸这一路。他们率领部队一走出飞机场就遇到了日寇哨兵的盘问。顾宏扬立即用日语回答该部是皇协军某部，奉命由胡村调去上叶，另有任务。这时大雨如注，天黑得伸手不见五指，帮了第86军的忙。该部官兵全都身着雨衣雨帽，日寇分辨不清真伪，信以为真，予以放行。

于是，这路撤退部队轻松闯出了日寇包围圈。陈颐鼎率领该部继续向前走了30多华里，抵达第74军第57师阵地前沿，通过各种联络信号同第57师取得联系后，进入了该师的阵地。

第16师师长曹振铎走的是另一路。他们一样有惊无险地突出了日寇包围圈。

第64团留下来担任掩护任务的是2营，团长谢士炎亲自留下来指挥掩护部队作战。在该营官兵英勇顽强的抗击下，已经占领了城门及城墙的日寇始终未能进入城内，亦未能阻止住突围的部队。激战至7日拂晓，考虑到主力部队已经全部脱离了危险，团长谢士炎遂率领第2营残部100余人从东门突围而出，绕道向清明镇转进。

城内已经没有中国军队的人影了，衢州至此遂完全被日寇占领。

6月9日，第86军重新会合后，在陈颐鼎的率领下，路过王敬久在信上说的凤林街，准备开往蒲城。在凤林街，陈颐鼎与王敬久见面了。王敬久告诉陈颐鼎之所以要放弃衢州，是蒋介石基于保存有生力量的考虑，改变了原定的计划。

就这样，第86军在浙赣会战中的作战行动结束了。不过，其他中国部队的作战行动并没有随之结束，而是一直延续了2个多月，直到9月初才因日寇固守已占领地区、中国军队无法取得战果而彻底停止。

纵观第86军在此次战役中的表现，与其他各军相比，除了军长莫与硕逃跑、第16师早期作战行动不是很理想外，可以说打得还是相当不错的。如果不是军事委员会通过王敬久下达了让该军撤出衢州城的命令，从该军坚守该城之五天五夜的战况上看，将士们在陈颐鼎等人的指挥下，依然能够坚持下去，纵使不能赢得第57师在常德会战中那么大的光荣，也肯定会用他们的血肉之躯拖住日寇，为友军集结赢得更多时间。

浙赣会战结束后，第86军改隶第6战区，由朱鼎卿担任军长，陈颐鼎继续任副军长，率部先后参加了鄂西会战、常德会战等大型战役。在这些会战中，该军到底交出了一份什么样的成绩单，就仁者见仁智者见智了。

鄂西会战结束后，第86军尽管还参与过常德会战，但该军早在鄂西会战后期就退居了二线，从那时起，就基本结束了历史使命。

31章 其他各军抗日志

本章为读者介绍第37军、第87军、第66军的抗战经过。他们都是从第18军走出的军队，通过对他们的抗战史的认识，我们就可以彻底完结第18军抗战纪实了。

既然如此，为什么不像介绍第79军、第54军、第86军一样独立成章，而要把它们集中放在一起呢？原因在于，前3个军在成立之初，主要是由淞沪会战时期隶属于第18军的3个师直接升格，它们打从抗战开始，就是第18军大家庭成员，而第37军、第87军、第66军虽说同样接纳过第18军旗下的师级单位，但这些师级单位均是淞沪会战后被吸纳到第18军的再分离出来，原来不属于土木系人马。

除了这3个军外，第32军旗下的暂编第34师也同样被第18军吸收过，但仅在名义上参加过常德会战、湘西会战，事实上只起过配合作用，并没有与日寇进行像样的战斗，所以就省略了。

第37军：

第37军的前身是湘系军队贺耀祖部。该军成立之初下辖2个师，即第24师和第8师。抗日战争全面爆发后，第37军由甘肃调防上海，参加了淞沪会战。这一大规模会战结束后，由于该军损失惨重，无力补充重建，仅仅保留了空头番号，该军下辖之第24师改隶第27军，第8师调归第76军建制。

1938年初，为了适应抗日战争的需要，国民党军进行了规模宏大的整编运动，恢复了第37军编制。此时，该军下辖第92师、第50师以及第197师。9月，该军由上海开赴湖北，参加了武汉会战。随后，第37军由湖北调防江西，隶属于第15集团军。

1939年初，军长黄国梁调走后，第32军团军团长关麟征兼任该军军长,对该军的编制及其人事构成进行了翻天覆地的改造,同时将其原辖的3个师全部推出去,另将第18军之第60师、国民党军事委员会直辖之第95师以及第2军下辖之第140师吸收到该军建制,并由原第60师师长陈沛以及发动马日事变的元凶许克祥充任副军长。完成了这次改编后,到了3月份,该军参加了南昌会战。

同年5月,军事委员会免去了关麟征第37军军长职务,任命陈沛为该军军长,梁仲江、罗奇为副军长,并将第140师调往第79军。为此,该军从这时起,只有两个师的人马。此后,该军相继参加了第1次长沙会战、第2次长沙会战、第3次长沙会战。

1943年4月,军长陈沛进入中央训练团受训后,罗奇继任军长,杨彬、李棠任副军长,隶属第20集团军,又参加了常德会战、长衡会战和桂柳会战。1945年1月,参加湘粤赣边区之作战后,移防江西整训。同年6月,该军番号被撤销。

从第37军的抗战历程上可以看出,自从在武汉会战时期加盟过第18军的第60师进入该军编制体系以来,该军先后参加了南昌会战、第1次长沙会战、第2次长沙会战、第3次长沙会战、常德会战、长衡会战、桂柳会战等诸多大型战役。

第87军:

在前面的章节里曾经说过,第87军的前身是湖南保安处所辖保安团总队一部。武汉会战时期组建第87军时,该军下辖第198师、第199师两个师的编制,隶属国民党军事委员会直辖。武汉会战后,第87军原有的两个师全部脱离了该军阵容,分别改隶第18军以及第54军,而先后将第79军旗下的第118师以及曾经隶属第18军的新编第23师、第43师纳入该军阵容。

1943年2月至1944年1月,第87军在长江上游江防军的编制内,先后参加了鄂西会战、常德会战。1945年5月,该军番号撤销,原辖第43师改隶第94军;第118师改隶第18军;新编第23师被裁减。

鉴于本书讲述的主要是第18军在抗日战争时期对日作战情况,而暂编第23师和第43师没在第18军旗下参与过对日作战,所以,具体介绍第87军对日作战的每个战役,也与本书讲述内容不符。在这里,就仅仅介绍一下该军参与鄂西会战的经过吧。

鄂西会战的序幕由第87军拉开。那是1943年5月4日晚上8时左右,日寇第3师团下辖的步兵第6联队向第87军之新编第23师张家祠、高河场一线阵地发起进攻，该师立即予以反击，打响了鄂西会战的揭幕战。

随即，疯狂残暴的日寇倾其全力，向第6战区中国军队把守的前沿阵地全面推进，以防守安乡为第一阶段主要任务的第87军陆续全部投入战斗。

5月7日，向安乡进犯之日寇第3师团主力推进到桃水港，立即遭到第87军新编第23师、第43师、第118师的猛烈侧击：打从胡家厂、周家场一线向安乡攻击前进的日寇，被新编第23师阻挡下来，在这一带与之展开了激烈战斗；另一部向安乡方面突进的日寇则在大庆港附近遭到第87军阻击，其中队长被击毙；从潭子头方向攻击之敌扑向安乡城郊时，遭到第43师工兵营阻截。

这时，安乡吃紧，配合第87军作战之友军第161师鉴于情况恶化，遂向羌口转进，将防守安乡的任务全部交给了第87军。在日寇的猛烈攻击下，第87军经过一天的激战，部队受到了很大损失，安乡又遭到日寇重围，为保存实力，遂撤出战斗。于是，日寇第3师团及独立混成第17旅团当晚攻占了安乡。

其后，为援救被日寇包围的第73军，第87军之第118师、第43师主力分别向西港、青石碑各处的日寇发起侧击行动，迫使日寇的攻势受挫。在随后的5月9日至11日，第44军第150师及第87军各部始终在夹堤、白洋堤之线与敌对峙。

趁着日寇受到第87军与第44军牵制的机会，第73军所部向当面之敌的阵线发起攻击，打开了一道缺口，先后突围而出，南渡至沅江、西港一带整理。至此，日寇试图在湘北地区与中国主力决战计划完全落空。

接下来，第87军的任务是防守公安。该军以公安为核心，呈扇形状地围绕公安将所部人马部署到各个要点，用以阻挡日寇的攻击，保障公安的安全。

5月12日晚，日寇第3师团向据守在水乡地带之第87军所部发起攻击，打响了攻占公安的枪声。该部立即予以反击，与日寇展开了激烈的战斗。13日中午，日寇突破了第87军的第一线阵地，前进至孟溪寺附近。

那儿是第118师的防御阵地。该师顽强阻击，与日寇激战了一天一夜，阵地被日寇撕开了一道道缺口。

日寇突进第118师的防御阵地后，于14日晚进至杨林市、新河市北侧高地。

到了15日，中日双方军队在大堰垱、刘家场、茶园寺亘枝江西侧之线鏖战竟日，杀得天昏地暗。这时，第87军已四面受敌，陷于孤立，不得不放弃公安，逐次向西面转移。防守刘家场至长阳右岸之第98军第55师、第121师和暂编第35师，由于受到日寇第13师团和东线部队的包抄，与敌激战终日，处境十分险恶，亦逐次撤向五峰渔洋关至长阳资丘一线。

5月19日凌晨，日寇分兵两路向渔洋关进犯。22日，第121师抵抗不住日寇的攻击，撤出渔洋关。渔洋关遂落入敌手。

要冲渔洋关失守，震惊恩施，陈诚为之焦虑万分。他意识到渔洋关之失，恩施门户洞开，石牌也将受到威胁，当即决定抽调部队赶往建始、野三关布防，以防不测，并且部署人马收复渔洋关。

根据陈诚的部署，王敬久率领第10集团军全部向渔洋关、天柱山方面侧击日寇，牵制日寇的注意力，以便第87军下辖之新编第23师顺利攻克渔洋关。

新编第23师决定采取"引蛇出洞，三面包围，放弃一面，伏击逃敌"的战术，对日寇展开攻势。其具体兵力部署是：以68团担任主攻，将69团部署在渔洋关外6里之有利地形处用以伏击日寇。

5月26日，担负主攻任务的第68团以2营为先锋，从驻地出发，向目标地域前进。为避开白昼日寇飞机的侦察，他们昼伏夜行，于28日黎明前到达了渔洋关附近，随即迅速占领山头。紧接着，营长姚行中经过一番观察，发现日寇并没有进入防守工事，而是困踞于街内，遂决定立即对敌人展开强攻。为了歼灭敌人，他首先命令人马用重火力居高临下向敌人展开了持续10分钟的炮击，然后出动步兵发起进攻。从睡梦中尚未清醒过来的日寇，听到猛烈的枪炮声，一时惊恐万状，仅与2营对战约一小时，便仓惶逃命。姚行中一边率部追赶敌人，一边将战况分别向师、团级指挥所报告。

师长接到报告后，立即命令第69团做好伏击准备。

当溃退的日寇逃至伏击圈时，即被该团官兵团团围住。双方军队在此弹丸之地激战竟日，中国军队毙伤日寇200多人。

皆冢大队长率一股日寇侥幸冲出包围圈，夺路北窜，这次，皆冢命不该绝。七天后，这股敌人连同皆冢一起被中国追击部队歼灭于长阳之磨市。

28日晚，新编第23师完全收复了渔洋关，截断了日寇第13师团的后路。

随后，日寇由于后方补给线被切断，人马迭遭中国军队的阻截与侧击，伤亡重大，难以继续支撑下去，不得不全线撤退。中国军队的追击行

399

动开始了。

第87军各部虽说在追击过程中均有斩获，但战果最大的还是新编第23师。他们追击的敌人是日寇第13师团之116联队及骑兵队各一部。该敌是由长阳败退过来的。当他们退至五峰栗树垴的时候，因疲惫不堪，正在该地附近村落歇息，就被新编第23师发现了。

师长当即部署兵力向敌发起攻击：以第68、第69团伏击日寇，又以第68团3营伏击日寇的后卫部队。

第68团3营官兵并没按照命令同时发动攻击，而是抢先向日寇开枪射击。日寇惊闻枪声立即展开还击，1 000多名日寇迅即将3营包围起来，双方发生激战，营长徐洪声阵亡，全营官兵伤亡甚重。紧接着，日寇向2营攻了过来。该营见状迅即移动位置，协同第69团围歼日寇。当敌进入该团伏击区内，被分别包围。这时，被该团1营包围的日寇100余人，即竖起白旗表示"投降"。待1营派出两个连前往收缴武器与敌接近时，狡黠的敌人突然向该部展开猛烈的火力袭击。该部猝不及防，伤亡很重。第69团立即集中全力向敌攻击，终将这股顽敌全部歼灭。

第66军：

第66军的前身是暂编第9军。而暂编第9军的历史很短，它是1940年10月成立的。成立之初，该军下辖3个师：暂编第32、暂编第33、暂编第34师。冯圣法为该军首任军长。该军编成后，在浙江又将暂编第35师编入该军，隶属第3战区。1942年8月，改隶第6战区。同年10月，暂编第9军改编为第66军，冯圣法他调，方靖担任该军军长，改辖第185、第199师。1944年8月方靖调任第79军军长，副军长宋瑞珂升任军长。

自从暂编第9军改编为第66军以来，该军先后参加了鄂西会战、常德会战等大型战役。不过，在鄂西会战时期，该军并没有参与前期行动，只是在追击日寇时，该军下辖之第185师出力甚多。该师并没有隶属过第18军，曾经隶属于第18军的是第199师，第199师在鄂西会战中并没有参与过多的作战行动，仅仅收复过刘家场。为此，在这里就不过细介绍该军在鄂西会战中的作战情况了，把主要篇幅用于介绍第199师参与过的常德会战。

1943年11月初，日寇发起常德会战以来，第66军就是中国军队第一线作战部队，投入了抵抗日寇攻击的作战行动。

不过，该军首先接敌的仍然是第185师。当时，该师与友军第79军一道，将主力部署在日寇的主攻方向暖水街、王家畈一带，另以部分人马在主阵地的前面迟滞日寇的行动。

11月7日，日寇主力渡江以后，以4个师团的兵力向长达上百公里的中国军队据守地域展开全面进攻。把守各地域的中国军队遂与日寇陷入激战。这时，为了策应正与日寇苦战的第79军，第66军向突进到刘家场一带的日寇发起反击，但是，由于日寇攻击力度强劲，第66军的行动未能奏效。第79军下辖之暂编第6师经数日激战，不得不退入暖水街主阵地，该军其他两个师仍在正面抗击敌人。为了减轻正面压力，第66军之第199师向暖水街侧翼出击敌人。

11月9日，日寇在逼退了第79军之第98师与第194师之后，大举进犯暖水街，但守军暂编第6师死战不退，充分利用第199师等部对日寇侧击的机会，屡屡挫败了日寇的攻击势头。历来的作战法则是正面强攻不下，就必须从侧翼打开出路。日寇亦深得此法，不得不于次日改变战术，抽调人马，试图迂回暖水街侧翼，首先清除第199师等部从侧翼对其攻击队形造成的威胁，并从那儿取得进展。但是，第199师与第194师密切协同，逐退了日寇的迂回部队。

不过，这一行动并没有为暂编第6师坚守暖水街主阵地带来实质性好处。因为中国军队主力已经后撤，暂编第6师陷入了日寇包围，第10集团军总司令部命令该师放弃暖水街，向子良坪突围。

紧接着，第199师与第79军下辖之第98师一道，凭借内线作战的诸多有利因素，突进侧击，迫使日寇即使拿下了暖水街，还是无法突破第10集团军的防御地域，只能无可奈何地在暖水街地区打转。

11月11日，日寇改变战术，以联队为单位分兵进击，企图多点施压，冲破第10集团军的防御，该部之第66军、第79军等各部以灵活的战术迎战，使日寇无法推进。次日，为了打破僵局，日寇改变主攻方向，将主力他调。

第10集团军抓住机会，对日寇实施反攻。但是，随后，该部并没有随着日寇主力的转向而进援石门，而是以第79军各部据守原阵地，以第13师固守渔洋关，第66军各部作为预备队，控置于机动位置，充分表露了国民党军只顾自扫门前雪、缺乏主动配合精神的狭隘保守主义思想，亦是国民党军即使处于优势地位也无法取得更大战果的根本原因。当然，其给常德会战带来的后果是：在常德深陷日寇围攻时，中国军队丧失了快速支援常德守军的时机，致使第57师几乎全军覆没。

11月20日，第6战区司令长官部判明日寇的主要目标是攻取常德后，终于姗姗来迟地下令第10集团军将主力转用于石门。

这时，因日寇第39师团拼死抵抗，第79军、第66军各部进展受阻，与日寇陷入胶着状态，难以支援常德方面中国军队的作战行动。常德岌岌可危之际，第79军不得不抽调一个师的兵力前往常德救援，第66军全部以及第79军余部继续与当面日寇展开殊死之战。

12月2日，常德守军与战区以及军事委员会失去了联系，第6战区司令长官部非常清楚，常德此时已凶多吉少，再也容不得第10集团军拖拉了，急令该集团军快速冲入常德，索敌决战。

12月4日，第66军下辖之第185师向津市、澧县一线进击。

到此，已攻占常德的日寇陷入中国军队的深度包围中，无力继续作战。日酋不得不决定举军回撤。

为了切断敌人的退路，便于进入战场的所有中国军队一举全歼进攻常德的日寇，第66军担负扫荡长江南岸日寇渡口，封闭日寇回撤之路的任务。如不是第79军两渡澧水，丧失了与第18军一道彻底断绝日寇渡过长江的希望，等待日寇的恐怕只能是进入永不超生之境。

参考书目

作者	书名	出版时间	出版社
宋希濂、黄维等著	《原国民党将领抗日战争亲历记：淞沪会战》	2010年9月版	中国文史出版社
薛岳、赵子立等著	《原国民党将领抗日战争亲历记：武汉会战》	2010年9月版	中国文史出版社
萧秉钧、刘炽等著	《原国民党将领抗日战争亲历记：闽浙赣粤桂黔滇会战》	2010年9月版	中国文史出版社
薛岳、余建勋等著	《原国民党将领抗日战争亲历记：湖南会战》	2010年9月版	中国文史出版社
唐生智、刘斐等著	《原国民党将领抗日战争亲历记：南京保卫战》	2010年9月版	中国文史出版社
孙连仲、刘斐等著	《原国民党将领抗日战争亲历记：徐州会战》	2010年9月版	中国文史出版社
陈家珍、薛岳等著	《原国民党将领抗日战争亲历记：中原抗战》	2010年9月版	中国文史出版社
杜聿明、宋希濂等著	《原国民党将领抗日战争亲历记：远征印缅抗战》	2010年9月版	中国文史出版社
陈长捷、韩伯琴等著	《原国民党将领抗日战争亲历记：晋绥抗战》	2010年9月版	中国文史出版社
戴守义、秦德纯等著	《原国民党将领抗日战争亲历记：七七事变》	2010年9月版	中国文史出版社
军事科学院军事历史研究所编著	《中国抗日战争史画：国难当头》	2005年版	军事科学出版社
军事科学院军事历史研究所编著	《中国抗日战争史画：山河喋血》	2005年版	军事科学出版社
军事科学院军事历史研究所编著	《中国抗日战争史画：中流砥柱》	2005年版	军事科学出版社

作者	书名	出版时间	出版社
军事科学院军事历史研究所编著	《中国抗日战争史画：冲破黑暗》	2005年版	军事科学出版社
军事科学院军事历史研究所编著	《中国抗日战争史画：华夏奏凯》	2005年版	军事科学出版社
徐志耕著	《中国抗日战争正面战场备忘录：淞沪大会战内幕全解密》	2005年版	军事科学出版社
濮继红著	《中国抗日战争正面战场备忘录：徐州大会战内幕全解密》	2005年版	军事科学出版社
陶纯著	《中国抗日战争正面战场备忘录：太原大会战内幕全解密》	2005年版	军事科学出版社
马正健著	《中国抗日战争正面战场备忘录：长沙大会战内幕全解密》	2005年版	军事科学出版社
陈道阔著	《中国抗日战争正面战场备忘录：武汉大会战内幕全解密》	2005年版	军事科学出版社
陈立人著	《中国抗日战争正面战场备忘录：滇缅大会战内幕全解密》	2005年版	军事科学出版社
楚云著	《中日战争内幕全公开》	2005年版	时事出版社
武克全主编	《抗日战争大事典》	2005年版	学林出版社
李蓉著	《中华民族抗日战争史》	2005年版	中央文献出版社
葛业文著	《图片中国抗战丛书：淞沪抗战 喋血黄浦江》	2005年版	团结出版社
高鹏著	《图片中国抗战丛书：卢沟桥抗战 抗日第一枪》	2005年版	团结出版社
高鹏著	《图片中国抗战丛书：太原会战 华北大决战》	2005年版	团结出版社
李梦文著	《图片中国抗战丛书：武汉会战 保卫大武汉》	2005年版	团结出版社
潘泽庆著	《图片中国抗战丛书：长沙会战 血洒汨罗江》	2005年版	团结出版社
新华社解放军分社、北京青年报编	《200位亲历抗战者口述历史：我的见证》	2005年版	解放军文艺出版社
中国人民政治协商会议全国委员会文史资料研究委员会《武汉会战》编审组编	《原国民党将领抗日战争亲历记：武汉会战》	1989年版	中国文史出版社

作者	书名	出版时间	出版社
宋波著	《抗战时期的国民党军队》	2005年版	华文出版社
欧阳植梁、陈芳国主编	《武汉抗战史》	1995年版	湖北人民出版社
中国人民政治协商会议全国委员会文史资料研究委员会《从九一八到七七事变》编审组编	《原国民党将领抗日战争亲历记：从九一八到七七事变》	1987年版	中国文史出版社
中国人民政治协商会议全国委员会文史资料研究委员会《八一三淞沪抗战》编审组编	《原国民党将领抗日战争亲历记：八一三淞沪抗战》	1987年版	中国文史出版社
中国人民政治协商会议全国委员会文史资料研究委员会《徐州会战》编审组编	《原国民党将领抗日战争亲历记：徐州会战》	1985年版	中国文史出版社
马洪武、王德宝等编写	《抗日战争事件人物录》	1986年版	上海人民出版社
彭荆风	《挥戈落日——中国远征军滇西大战》	2012年版	上海文艺出版社
戚厚杰等编著	《国民革命军沿革实录》	2001年版	河北人民出版社
杨刚、冯杰著	《铁血远征 滇缅会战》	2010年版	武汉大学出版社
黄勇、余吉著	《悲歌三湘 湖南五次会战》	2010年	武汉大学出版社
胡博、王勘著	《碧血千秋 抗日阵亡将军录》	2013年版	武汉大学出版社
戴峰著	《血肉磨坊：淞沪会战》	2009年版	武汉大学出版社
陈小功编著	《抗日战争中的国民党战场》	1987年版	解放军出版社
郭雄编著	《抗日战争时期国民党正面战场主要战役介绍》	1985年版	四川人民出版社
赵丰主编	《国民党抗战纪实》	1993年版	中国戏剧出版社
郭汝瑰著	《郭汝瑰回忆录》	1987年版	四川人民出版社
郑洞国著	《我的戎马生涯：郑洞国回忆录》	1992年版	团结出版社
郭汝瑰、黄玉章主著	《中国抗日战争正面战场作战记》	2002年版	江苏人民出版社
陈诚著	《陈诚回忆录》	2009年版	东方出版社
杨伯涛著	《杨伯涛回忆录》	1996年版	中国文史出版社
纯子、蔡农等著	《一江血水向东流》		北京师范大学出版社

作者	书名	出版时间	出版社
稻叶正夫编，天津市政协编辑委员会译	《冈村宁次回忆录》	1981年版	中华书局
天津市政协编辑委员会译	《今井武夫回忆录》	1987年版	中国文史出版社